Das Recht der Gegenwart im Reiche und in Preußen

auf Grundlage einer

Rechtsordnung nach Lebenszwecken

Von

Reichsgerichtsrat **Dr. Julius Ebbecke** in Leipzig

Berlin und Leipzig 1924

Walter de Gruyter & Co.

vormals G. J. Göschen'scheVerlagshandlung / J. Guttentag, Verlagsbuchhandlung
Georg Reimer / Karl J. Trübner / Veit & Comp.

Druck von Walter de Gruyter & Co., Berlin W. 10

Die umfassenden Änderungen der letzten Jahre auf dem Gebiete des Reichsrechts und des preußischen Rechts lassen es, da die jetzt in Gebrauch befindlichen Rechtsbücher zum großen Teil veraltet sind, als ein dringendes, sich immer mehr geltend machendes Bedürfnis erscheinen, eine Gesamtdarstellung des jetzt geltenden Rechts zu geben, die in zuverlässiger Weise alle diese Änderungen berücksichtigt. Das vorliegende Werk will aber nicht nur ein Führer sein, der über die zur Anwendung kommenden Vorschriften sichere Auskunft gibt. Es will auch diese Vorschriften so zur Darstellung bringen, daß der Zweck und die Bedeutung der einzelnen Bestimmung klar zu Tage treten und damit diejenige Ordnung des Rechtsstoffes gewonnen wird, die — abweichend von der bisherigen, das Privatrecht bevorzugenden Betrachtungsweise — allein den Lebensverhältnissen gerecht wird und eine gesunde Fortentwicklung des Rechts ermöglicht.

Abgeschlossen ist die Arbeit mit dem Rechtsstande Ende 1923. Beabsichtigt ist, ein jedes Jahr zu sehr geringen Kosten einen die Änderungen mitteilenden kurzen Nachtrag folgen zu lassen.

Inhalt.

Erster Hauptteil.

Gesundheitsschutz.

§ 1. Schutz gegen Gesundheitsschädigungen.

Eine jede Schädigung der Gesundheit oder Verletzung der körperlichen Unversehrtheit eines andern ist eine unerlaubte Handlung, die bei schuldhaftem Handeln zu Schadensersatz verpflichtet (§ 823 BGB., s. über den Anspruch auf Schadensersatz § 29 und über das Recht auf Abwehr § 30 im Anfang). Ist schuldhaft die Tötung herbeigeführt, so sind — abgesehen von dem Anspruch des Erben auf Ersatz der Begräbniskosten — schadensersatzberechtigt die Angehörigen, die infolge des Todes einen Ausfall an dem ihnen gesetzlich gebührenden Unterhalt erleiden (§ 844). Desgleichen kann bei Tötung und bei Körperverletzung Schadensersatz von dem Ehemann und den Eltern wegen Schmälerung der ihnen nach Familienrecht im Hauswesen oder Gewerbebetrieb gebührenden Dienste gefordert werden (§ 845). Die Ansprüche dieser Personen sind von dem Anspruch des Verletzten derart unabhängig, daß dieser über sie nach Entstehung der Schadensersatzpflicht nicht mehr verfügen kann (RG. 65, 313). Schuldhaft handelt, wer durch sein Tun, obschon er dieses bei gehöriger Vorsicht vermeiden und den schädlichen Erfolg bei gehöriger Aufmerksamkeit erkennen konnte, diesen Erfolg herbeigeführt oder hierzu, wenn auch nur durch Schaffung günstiger Bedingungen, mitgewirkt hat. Nur solche Folgen sind nicht zu vertreten, die gänzlich außerhalb des dem schädigenden Tun eigentümlichen Gefahrenkreises liegen (inadäquater Schaden). Das bloße Unterlassen macht, soweit nicht durch Gesetz die Pflicht zu einem Tun, zu einer Fürsorge auferlegt ist, nicht schadensersatzpflichtig. Ein jeder hat aber Rücksicht darauf zu nehmen, daß nicht durch seine Sachen (über die er verfügen kann) oder durch seine Leute (die seiner Aufsicht unterstehen) Dritte Schaden leiden (§§ 831, 832, vgl. §§ 833, 836);

haftbar ist jedenfalls, wer in dieser Hinsicht gewissenlos oder leichtfertig verfahren ist. Ein Eingreifen kann auch zur Abwendung der durch früheres Tun geschaffenen gefahrvollen Lage geboten sein. Wer eine Fabrik, ein Bergwerk (Gräberei, Steinbruch) betreibt, hat nach dem Haftpflichtges. v. 7. 6. 71 für das Verschulden einer Aufsichtsperson, das zu einer Körperverletzung oder Tötung geführt hat — soweit nicht die allgemeinen Bestimmungen der §§ 898 ff. RVersO. ihm zustatten kommen —, geradeso wie für eigenes Verschulden aufzukommen. Der Unternehmer einer Eisenbahn haftet nach § 1 dieses Ges. für Personenschäden bei Betrieb der Bahn bis zur Grenze der höheren Gewalt. Die Haftungssumme darf jedoch den mit der Teuerungszahl vervielfachten Grundbetrag von 10 000 M. nicht übersteigen (V. v. 24. 10. 23 — vgl. die neuere V. v. 6. 2. 24).

Strafrechtlich wird die Gesundheit dadurch geschützt, daß die durch körperliche oder seelische Einwirkung herbeigeführte vorsätzliche oder fahrlässige Gesundheitsschädigung oder körperliche Mißhandlung (die ein körperliches Mißbehagen verursachende Behandlung) als Körperverletzung unter Strafe gestellt ist. Die Strafe der einfachen vorsätzlichen Körperverletzung ist nach § 223 StGB. Gefängnis bis zu 3 Jahren oder Geldstrafe (nach Art. I des Geldstrafenges. v. 23. 11. 23 im Betrage von 3 Goldmark bis 10 000 Goldmark), der gefährlichen Körperverletzung (mittels gefährlichen Werkzeugs, durch Mehrere gemeinschaftlich usw.) nach §§ 223 a, 228 regelmäßig Gefängnis nicht unter 2 Monaten, der schweren Körperverletzung (Verlust eines wichtigen Gliedes, einer wichtigen Lebensverrichtung, erhebliche Entstellung) nach § 224 Zuchthaus bis zu 5 Jahren oder Gefängnis bis zu einem Jahre. Die vorsätzliche Tötung wird, wenn sie mit Überlegung ausgeführt ist, als Mord mit dem Tode (§ 211), andernfalls als Totschlag und zwar in der Regel mit Zuchthaus nicht unter 5 Jahren (§§ 212, 213) bestraft. Teils milder, teils schwerer zu bestrafende Abarten des Tötungsverbrechens finden sich in den §§ 213 bis 217. Strafbar ist auch die fahrlässige Tötung (§ 222). Die den Tod der Leibesfrucht herbeiführende Abtreibung und die Tötung im Mutterleibe bilden das besondere Verbrechen der §§ 218 bis 220.

Einen Schutz gegen gesundheitliche Unannehmlichkeiten bietet auch die Strafbestimmung des § 360 Nr. 11 über die die Allgemeinheit berührende Erregung ruhestörenden Lärms. Der gesundheitliche Schutz wird in dieser Beziehung ergänzt durch polizeiliche Vorschriften, welche der Verbreitung starker Geräusche oder übler Gerüche entgegentreten (wie z. B. die straßenpolizeiliche Vorschrift, daß Metallstangen in einer das Klirren abschwächenden Weise gelagert sein müssen). Der Nachbar ferner braucht das Eindringen von Geräuschen, Gerüchen, Lichtreizen und dergleichen, die das Maß des Erträglichen überschreiten, in seinen Eigentumskreis sich nicht gefallen zu lassen (§ 906 BGB.).

§ 2. Schutz gegen elementare Gefahren.

Eine große Reihe von Vorschriften dient dem Zwecke, einen Schutz gegen die Gefährdung der Gesundheit zu gewähren. Diese Vorschriften, deren Übertretung Strafe nach sich zieht, lassen sich sondern in solche, die eine Sicherung gegen elementare Gefahren — Feuersgefahr, Entzündungs- oder Sprengungsgefahr, Wassergefahr — oder eine Sicherung gegen äußere Unfälle oder endlich eine Sicherung gegen die Gefahr einer schädlichen Einwirkung auf die innere Gesundheit bezwecken.

Die vorsätzliche Brandstiftung wird wegen der damit verbundenen gemeinen Gefahr in den Fällen des § 306 (Gefährdung von Menschen durch Inbrandsetzung von Wohnräumen) mit Zuchthaus bestraft. Die gemeine Gefahr ist auch der Grund für die Strafbarkeit des in § 308 behandelten Tatbestandes, daß die inbrandgesetzten sonstigen Baulichkeiten oder größeren Vorräte geeignet sind, das Feuer den in § 306 bezeichneten Räumen mitzuteilen. Strafe regelmäßig Zuchthaus bis zu 10 Jahren. Die Zerstörung einer Sache durch Herbeiführung einer Explosion wird der Inbrandsetzung gleichgeachtet (§ 311). Strafbar ist auch die fahrlässige Inbrandsetzung (§ 309). Die vorsätzliche Herbeiführung von Gefahr durch Anwendung von Sprengstoffen und die vorbereitenden Handlungen sind durch G. v. 9. 6. 84 (§§ 5 ff.) mit Strafe bedroht. Für die Verhütung von Feuersgefahr wird durch polizeiliche Vorschriften, die vielfach in baupolizeilichen Verordnungen enthalten sind, Vorsorge getroffen (siehe auch §§ 367 Nr. 4, 5, 5 a, 6, 8; 368 Nr. 3, 4, 5, 6, 7, 8 StGB.). Die Errichtung einer Feuerstätte ohne polizeiliche Genehmigung ist nicht gestattet. Es dürfen hierfür nur feuerfeste Stoffe verwendet werden und es dürfen in der Nähe keine leicht Feuer fangenden Gegenstände ihre Platz haben. Die notwendigen Treppen in den Gebäuden müssen feuersicher sein. Vgl. den in der Vfg. des Staatskommissars für das Wohnungswesen v. 25. 4. 19 mitgeteilten Entwurf einer Bauordnung, abgeändert am 28. 4. 21, den im Erlaß v. 24. 2. 18 bekanntgegebenen Entwurf einer Baupolizeiordnung für Kleinhäuser und das durch Erlaß v. 6. 4. 09 mitgeteilte Muster einer Polizeiverordnung für öffentliche Versammlungsräume, abgeändert durch Erl. v. 29. 9. 21. Schornsteine und Schornsteinrohre müssen in regelmäßigen Zeiträumen von Ruß gereinigt werden, zu welchem Behufe auf Grund landespolizeilicher Vorschriften (vgl. § 9 GewO. in der Fassung v. 26. 7. 00) Kehrbezirke gebildet zu sein pflegen, die von Bezirksschornsteinfegern versehen werden. Über die Anstellung der Bezirksschornsteinfeger und ihre Pflichten ist in Preußen der Erlaß der M. für H. und des J. v. 18. 12. 22 ergangen. Um bei Ausbruch eines Feuers den Brand sofort löschen zu können, müssen die vorgeschriebenen Löschgerätschaften von der Gemeinde und den Hausbesitzern bereitgehalten werden. Zur Ausführung der Löschungsarbeiten pflegen überall Feuerwehren (Pflichtfeuerwehren oder freiwillige Feuerwehren) eingerichtet zu sein. Im Notfalle ist auf polizeiliche Aufforderung jedermann zur Hilfeleistung verpflichtet (§360 Nr. 10 StGB.). Besondere Vorschriften gelten für Dampfkessel. Zur Anlegung eines solchen ist nach § 24 GewO. die Genehmigung der Behörde erforderlich. Der Inbetriebnahme muß eine Abnahmeprüfung vorhergehen. Die näheren Bestimmungen hierüber, insbesondere über die Kesselwandungen, die Feuerzüge, die mindestens 100 mm unter dem festgesetzten niedrigsten Wasserstande liegen müssen, über die Ausrüstung mit mindestens zwei Speisevorrichtungen, zwei Wasserstandsvorrichtungen, Wasserstandsmarke, Sicherheitsventil, Manometer sind in der Bekanntmachung des Bundesrats v. 17. 12. 1908 über die Anlegung von Landdampfkesseln und vom gleichen Tage über die Anlegung von Schiffsdampfkesseln (Ausführungsanw. des Pr. M. v. 16. 12. 09), abgeändert durch Bek. v. 14. 12. 13, 30. 1. 19 und 25. 4. 22, enthalten. Dampfkessel für mehr als 6 Atmosphären Überdruck dürfen über Räume, die häufig von Menschen betreten werden (mit Ausnahme der Kellerräume), nach § 15 der Bek. nicht aufgestellt werden. Den Dampfkesselüberwachungsvereinen kann die Vergünstigung erteilt werden, gegenüber den Mitgliedern die Prüfung und die weiteren regelmäßigen Untersuchungen durch die Vereinsingenieure vornehmen zu lassen (§§ 3, 28 ff. der Anw.). Auf bewegliche Dampfkessel und Motore beziehen sich die in Preußen zufolge Erlasses der beteiligten Minister v. 25. 3. 08 eingeführten Polizeiverordnungen. Die polizeilichen Bestimmungen über die Anlegung von Landdampfkesseln sind hinsichtlich der Zulässigkeit der Verwendung von Handpumpen durch die V. des RAM. v. 27. 4. 23 geändert, ebenso in Anlage II dieser V. die Bauvorschriften für Schiffsdampfkessel, was insbesondere die Blechdicke und Stärken angeht. Für die Anlegung von Land- und Schiffsdampfkesseln sind nach der V. v. 14. 12. 23 die Baustoff- und Herstellungsvorschriften des Deutschen Dampfkesselausschusses zu beachten. Bei der Lagerung und der Versendung leicht entzündlicher Stoffe sind besondere Vorsichtsmaßregeln zu beachten, wie sie für den Verkehr mit Mineralölen, Benzin usw. durch die im Erlaß der beteiligten Minister vom 20. 1. 06 mitgeteilte Normalpolizeiverordnung, für die Herstellung und Versendung von Azetylengas sowie die Aufbewahrung von Kalziumkarbid durch den im Erl. v. 8. 6. 05 veröffentlichten Entwurf einer Polizeiverordnung, für den Transport und die Aufstellung mit flüssiger Kohlensäure gefüllter Flaschen durch die im Erl. v. 6. 1. 92 anempfohlene Polizeiverordnung vorgeschrieben sind. Der Besitz und die Herstellung von Sprengstoffen (abgesehen von den vorzugsweise als Schießmittel gebrauchten Sprengstoffen), auch die Einfuhr aus dem Auslande, sofern die polizeiliche Genehmigung für diese Handlungen nicht eingeholt oder die polizeilichen Vorschriften über die Behandlung der Sprengstoffe übertreten sind, ist durch §§ 1, 4, 9 des G. v. 9. 6. 84 unter Strafe gestellt. Besondere Vorschriften über den Verkehr mit Sprengstoffen gibt die für Preußen von den M. des J. und des H. erlassene Polizeiverordnung v. 14. 9. 05. Zum Handel, zum Gebrauch in gewerblichen Betrieben und zur Versendung sind nur zugelassen die in §§ 2 und 9 bezeichneten Sprengstoffe, wozu auch Pulver gehört. Wer Sprengstoffe feilhalten will, muß, abgesehen von der nach dem G. v. 9. 6. 84 erforderlichen polizeilichen Erlaubnis, der Polizeibehörde besonders Anzeige machen (§ 24). Die Aufbewahrung ist in größeren Mengen nur außerhalb der Ortschaft in besonderen Magazinen zulässig (§§ 29 ff.). Über die Einkäufe und Verkäufe ist Buch zu führen (§ 25). Die Abgabe von Sprengstoffen an Personen, von denen ein Mißbrauch zu besorgen ist, ist verboten. Die Versendung und das Verladen darf nur in der Weise stattfinden, daß eine jede Erschütterung oder Verschiebung ausgeschlossen ist (§§ 4 ff.), Dynamit nach Maßgabe der eisenbahnpolizeilichen Vorschriften nur in Patronenform (§ 6). Die Fuhrwerke müssen als

Warnungszeichen eine schwarze Flagge mit einem weißen P führen (§ 11). Feuer und offenes Licht sind fernzuhalten, jede Annäherung an geheizte Lokomotiven oder ähnliche Maschinen ist in möglichst weitem Umfange zu vermeiden. Mit den Fahrzeugen oder Schiffen, die Sprengstoffe führen, dürfen Personen nicht befördert werden. Über die Beförderung der bedingungsweise zugelassenen explosionsgefährlichen Gegenstände auf der Eisenbahn s. Anlage C der Eisenbahnverkehrsordnung v. 23. 12. 08, über die Beförderung von Sprengstoffen s. V. v. 10. 11. 23. Das Verzeichnis der in dieser Anlage aufgeführten Gegenstände hat in jedem Jahre (s. z. B. Bek. v. 1. 4. 09) vielfache Ergänzungen erfahren. Für den Verkehr mit verflüssigten oder verdichteten Gasen in geschlossenen Behältern hat für Preußen der M. des H. unter dem 2. 7. 14 den Entwurf einer besonderen Polizeiverordnung erlassen. Sie enthält Vorschriften über die Beschaffenheit und die Ausrüstung der (eisernen oder kupfernen) Behälter, über die zulässige Höchstfüllung, die Druckprobe und die Stempelung der Behälter, über ihre Sicherung gegen Werfen und Erhitzen. Über die zur Verwendung im Bergbau zugelassenen Sprengstoffe ist eine dem Erl. des M. für H. und des J. v. 25. 1. 23 beigefügte Polizeiverordnung erlassen.

Den Gefahren durch elektrische Starkstromanlagen wird vorgebeugt durch die dem Erlaß des Pr. M. des H. v. 25. 3. 08 entsprechenden Polizeiverordnungen. Die in § 2 bezeichneten Anlagen unterliegen der Überwachung durch Sachverständige, hauptsächlich durch Sachverständige der Überwachungsvereine. Von der Errichtung oder wesentlichen Erweiterung einer solchen Anlage ist, sobald mit der Ausführung begonnen wird, dem zuständigen Sachverständigen Anzeige zu machen und spätestens bei ihrer endgültigen Inbetriebsetzung die Abnahme durch diesen zu beantragen. Die Prüfung der Anlage hat der Sachverständige der Regel nach in jährlichen Fristen zu wiederholen.

Gegen die vorsätzliche oder fahrlässige Herbeiführung einer Überschwemmung mit gemeiner Gefahr für Menschenleben richten sich die Strafbestimmungen der §§ 312 u. 314 StGB. Dem Schutze gegen die Gefahr von Überschwemmungen durch das Meer oder durch Flüsse dienen die Deiche. In dem für jeden Wasserlauf nach §§ 285/6 des Pr. Wassergesetzes v. 7. 4. 13 zu bestimmenden, nicht hochwasserfreien Überschwemmungsgebiet dürfen Deiche und deichähnliche Erhöhungen nicht ohne Genehmigung beseitigt werden, gleicherweise ist, um den Abfluß nicht zu stören, auch das Anbringen von Erhöhungen ohne Genehmigung nicht erlaubt. Weitere Handlungen dieser Art können durch Polizeiverordnungen (§ 284) verboten werden. Zur Erhaltung eines bestehenden Deiches kann nötigenfalls polizeilicher Zwang ausgeübt werden (§ 319). Ist es zur Abwendung gemeiner Gefahr notwendig, so können die Eigentümer der sämtlichen der Überschwemmung ausgesetzten Grundstücke auch ohne ihre Zustimmung nach den für Wassergenossenschaften geltenden Grundsätzen (§ 294, vgl. § 245) zu einem Deichverbande vereinigt werden. Die auf den Grundstücken ruhende Deichpflicht gehört zu den öffentlichen Lasten (§ 310). Die örtliche Polizei zum Schutze der Deiche wird von dem Deichvorsteher oder einem Vorstandsmitgliede wahrgenommen (§ 307). Bei Gefährdung des Deiches durch Hochwasser können sämtliche Bewohner des bedrohten und nötigenfalls des benachbarten Gebiets zu Schutzarbeiten aufgeboten werden (§ 315).

§ 3. Schutz gegen Unfälle.

Zur Verhütung von Unfällen ist es durch §§ 833 ff. dem Tierhalter (der als Unternehmer das Tier hält, mag er auch nicht der zeitige Besitzer sein) zur Pflicht gemacht, den aus der tierischen Natur entspringenden Gefahren vorzubeugen. Er hat sich, um von Schadensersatzpflicht frei zu sein, darüber auszuweisen, daß er mit gehöriger Sorgfalt das zur Gefahrabwendung Erforderliche getan hat. Neben dem Tierhalter haftet in gleicher Weise der Tierhüter, der die Beaufsichtigung vertragsmäßig übernommen hat. Für den Schaden durch Luxustiere (die nicht dem Berufe, der Erwerbstätigkeit oder dem Unterhalt des Tierhalters dienen, wie letzteres bei Schlachtvieh der Fall) hat der Tierhalter unbedingt aufzukommen. Strafbar ist nach §§ 366 Nr. 2, 5; 367 Nr. 11 StGB., wer die zur Verhütung von Tierschaden erforderlichen Sicherheitsmaßnahmen unterläßt, wer insbesondere gefährliche Tiere frei umherlaufen läßt. Für Unfälle aus mangelnder Bausicherheit (infolge Einsturzes des Bauwerks oder Ablösung von Teilen) ist nach §§ 836 ff. der Besitzer verantwortlich, wenn er seine Schuldlosigkeit nicht nachweist. Voraussetzung der Haftung ist aber, daß der Unfall nachweislich in mangelhafter Errichtung oder mangelhafter Unterhaltung des Werkes seinen Grund hat. Die Außerachtlassung der für die Bausicherheit erforderlichen oder polizeilich vorgeschriebenen Maßnahmen zieht nach §§ 330, 367 Nr. 13, 14, 15 StGB. Strafe nach sich. Nach polizeilichen Verordnungen (vgl. § 2) ist zur Vornahme eines Neubaus oder größerer Ausbesserungsbauten die Genehmigung der Polizeibehörde einzuholen. Bevor der Bau in Benutzung genommen werden darf, ist Rohbauabnahme notwendig. Für den Bergbau ist in § 73 Ges. v. 28. 7. 09 vorgeschrieben, daß zur Aufsicht und Leitung nur Personen angenommen werden dürfen, die ihre Befähigung der Bergbehörde nachgewiesen haben. Unfälle können ferner durch den Betrieb von Maschinen entstehen. Die hier zu beobachtenden Sicherungsmaßnahmen (Verhütung einer gefahrbringenden Annäherung usw.) sind regelmäßig durch Polizeiverordnungen festgesetzt. Außerdem ist den Berufsgenossenschaften durch §§ 848 ff., 1199 ff. RVersO. die besondere Pflicht auferlegt, die nötigen Unfallverhütungsvorschriften über Einrichtungen und Anordnungen in den ihnen unterstehenden Betrieben und über das zur Vermeidung von Gefahr von den Versicherten zu beobachtende Verhalten zu erlassen. Die Überwachung der Befolgung dieser Vorschriften liegt ebenfalls den Berufsgenossenschaften ob (§§ 874/5).

Besondere Sicherheitsmaßregeln zur Verhütung von Unfällen sind für den Straßenverkehr, den Eisenbahnverkehr und den Schiffahrtsverkehr vorgeschrieben. Sowohl für den Eisenbahndienst als die Leitung der Schiffahrt dürfen nur Personen verwendet werden, die hierfür befähigt sind. Die für die Eisenbahnbetriebsbeamten geltenden Bestimmungen sind vom Bundesrat am 8. 7. 92 erlassen. Seeschiffer, Seesteuerleute, Maschinisten auf Seedampfschiffen und Lotsen, die ihre Vorbildung auf Navigationsschulen empfangen, bedürfen eines von dem Regierungspräsidenten auszustellenden Befähigungszeugnisses (GewO. §§ 31, 40; Vorschriften über den Befähigungsnachweis und die Prüfung v. 16. 1. 04). Die Befugnis zur Ausübung ihres Gewerbes kann ihnen durch Spruch des Seeamts, das ihre Schuld an einem Seeunfalle festgestellt hat, entzogen werden (G. v. 27. 7. 77 §§ 26, 34 und G. v. 11. 6. 78).

Der Straßenverkehr ist in den Straßenpolizeiordnungen geregelt. Allgemeiner Grundsatz ist gemäß dem Bundesratsbeschluß v. 3. 5. 06, daß die sich begegnenden Fuhrwerke nach der rechten Seite auszuweichen haben und auf ein Zeichen des überholenden Fuhrwerks das vordere so weit nach rechts ausbiegen muß, daß das nachfolgende links vorbeifahren kann. Die Fuhrwerke müssen nach Eintritt der Dunkelheit beleuchtet sein. Nach § 366 Nr. 2 ist strafbar, wer in Städten oder Dörfern übermäßig schnell fährt. Der Verkehr mit Kraftfahrzeugen (Kraftwagen oder Krafträdern) hat seine Regelung gefunden durch das die bürgerlich-rechtlichen und strafrechtlichen Vorschriften enthaltende G. v. 3. 5. 09 und durch die V. v. 3. 2. 10 in der Neufassung v. 23. 3. 23. Kraftfahrzeuge, die öffentliche Wege oder Plätze benutzen, müssen von der höheren Verwaltungsbehörde zugelassen sein, die hierbei auch die zulässige Höchstgeschwindigkeit (§§ 18, 30) festzusetzen und dem Fahrzeuge das an der Vorderseite und der Rückseite leicht sichtbar anzubringende polizeiliche Kennzeichen (§§ 6 ff.) zuzuteilen hat. Jedes Fahrzeug muß mit zwei voneinander unabhängigen Bremsvorrichtungen und — mit Ausnahme der Fahrzeuge der Feuerwehr (§ 37) — mit einer zur Abgabe von Warnungszeichen am Fahrzeug befestigten, einen klaren Ton gebenden Huppe (außerhalb geschlossener Ortschaften darf hierfür auch eine Pfeife benutzt werden, §§ 19, 4 letzter Absatz) sowie während der Dunkelheit mit mindestens zwei hellbrennenden Laternen versehen sein (§ 4). Der Führer hat die von der höheren Verwaltungsbehörde erteilte Erlaubnis bei sich zu führen. Zur Erlangung der Erlaubnis hat er die in der Anlage zu der V. bestimmte Prüfung abzulegen (vgl. über die Ausbildung V. v. 1. 3. 21). Die Fahrgeschwindigkeit hat der Führer so einzurichten, daß Unfälle und Verkehrsstörungen vermieden werden, er hat bei Gefährdung von Menschen oder Tieren die Geschwindigkeit zu mäßigen und nötigenfalls zu halten; beim Einbiegen in eine andere Straße ist nach rechts in kurzer Biegung, nach links in weitem Bogen zu fahren (§§ 18, 20, 21 der V. v. 3. 2. 10). Die Bedingungen, unter denen das Mitführen von Anhängewagen zulässig ist, sind in §§ 25, 27 festgesetzt. Der Fahrschein kann dem Führer, wenn seine Unzuverlässigkeit sich herausstellt, jederzeit entzogen werden (§§ 4, 5 G. v. 3. 5. 09). Für Betriebsunfälle ist der Halter des Fahrzeugs haftbar, wenn der Unfall nicht durch ein unabwendbares Ereignis verursacht ist (§§ 7 ff. das.). Haftbar ist nach dem G. v. 21. 7. 23 auch der Dritte, der das Fahrzeug ohne Wissen und Willen des Fahrzeughalters benutzt hat. Daneben bleibt die Haftung des Halters, wenn durch sein Verschulden die Benutzung möglich geworden ist, bestehen. Der Höchstbetrag der Haftung ist durch die V. v. 3. 10. 23 neu bestimmt.

Genaue Vorschriften über den Bau und die Ausrüstung der Eisenbahnen (Bahnspur, Steigungsverhältnisse, Krümmungsverhältnisse usw.), über die Beschaffenheit der Fahrzeuge und den

Betrieb enthält die Eisenbahn-Bau- und Betriebsordnung v. 4. 11. 04, abgeändert am 18. 11. 12 und 23. 12. 20. Lokomotiven und Wagen dürfen erst nach amtlicher Prüfung in Benutzung genommen werden. Die Untersuchung ist mindestens alle 3 Jahre, bei vorzugsweise in Schnellzügen laufenden Wagen schon früher zu wiederholen (§§ 43, 44). Die Bahn soll innerhalb 24 Stunden der Regel nach mindestens dreimal (bei Nebenbahnen einmal) auf ihre ordnungsmäßige Beschaffenheit untersucht werden (§ 46). Die Belastung der Achsen (§ 32) und die Fahrgeschwindigkeit (§ 66) darf bestimmte Grenzen nicht übersteigen. Bahnstrecken, auf denen die für gewöhnlich zugelassene Fahrgeschwindigkeit ermäßigt werden muß, sind durch Signale kenntlich zu machen (§ 48). Die Höchstzahl der Achsen, die zu einem Zuge zusammengestellt werden dürfen, ist in § 55 bestimmt. Die einzelnen Wagen sind durch doppelte Kuppelung und durchgehende Zugstange miteinander verbunden zu halten (§§ 33, 61). Jeder Zug muß mit den nötigen Bremsen versehen sein, die bei schneller fahrenden Zügen (mit einer Geschwindigkeit von mehr als 60 km oder bei Nebenbahnen 40 km) so eingerichtet sein müssen, daß sie auch von den einzelnen Abteilungen der Personenwagen aus in Tätigkeit gesetzt werden können (§§ 35, 55). Der Verschluß der Personenwagen darf nicht ein solcher sein, daß er von den Insassen des Wagens nicht geöffnet werden kann (§ 61 Nr. 3). Auf zweigleisigen Bahnen haben die Züge regelmäßig rechts zu fahren (§ 53). Die Züge müssen Signale führen, die bei Tage den Schluß, bei Dunkelheit die Spitze (durch weißes Licht) und den Schluß (durch rotes Licht) erkennen lassen (§ 58). Die Bahnhöfe (das sind Stationen mit mindestens einer Weiche, § 6) sind mit Einfahrsignalen, soweit sie Ausweichgeleise haben, auch mit Ausfahrsignalen zu versehen (§ 21). Einfahrsignale sind auch für Streckenabschnitte (§§ 22, 6 Nr. 3) vorgesehen. Die Weichen außerhalb der Bahnhöfe, soweit sie unverschlossen sind, und die von den einfahrenden Personenzügen durchfahrenen Weichen innerhalb der Bahnhöfe müssen mit den für die Fahrt geltenden Signalen derart in Abhängigkeit stehen, daß die Signale erst auf freie Fahrt gestellt werden können, wenn die Weichen dementsprechend gestellt sind (§ 21). Die Signale (Hauptsignale und Vorsignale) müssen der für die Eisenbahnen geltenden Signalordnung v. 24. 6. 07, abgeändert am 23. 12. 20 (weißes Licht z. B. zeigt freie Fahrt an, während rotes Licht Sperrung bedeutet) entsprechen. Bahnkreuzungen in Schienenhöhe dürfen außerhalb der Einfahrtsignale nicht angelegt werden (§ 13). Bahnübergänge sind, wenigstens für Hauptbahnen, durch Schranken abzuschließen (§ 18). Das Öffnen der Wagentüre und jeder Versuch zum Ein- und Aussteigen, solange der Zug sich in Bewegung befindet, ist nach § 81 bei Strafe verboten. Verboten ist ferner das Betreten der Bahn durch unbefugte Personen außerhalb der für den öffentlichen Verkehr freigegebenen Strecken (§ 78). Die vorsätzliche oder fahrlässige Gefährdung eines Eisenbahntransports fällt unter die Strafbestimmung der §§ 315/6 StGB. Besondere Vorschriften für die mit Maschinen betriebenen Straßenbahnen sind in dem für Preußen durch Erlaß der beteiligten Minister v. 26. 9. 06 veröffentlichten Muster einer Polizeiverordnung aufgestellt.

Der Gefahr des Zusammenstoßes von Schiffen will die auf Grund des § 145 StGB. erlassene Seestraßenordnung v. 9. 5. 97/5. 2. 06 begegnen. Die in Fahrt befindlichen Schiffe müssen während der Zeit von Sonnenuntergang bis Sonnenaufgang durch bestimmte Lichte (auf der rechten, der Steuerbordseite, grünes Licht, auf Backbordseite rotes Licht, außerdem bei Dampffahrzeugen helles weißes Licht auf der Vorderseite und, wenn sie andere Fahrzeuge schleppen, zwei oder drei weiße Lichter) gekennzeichnet sein. Manövrierunfähige Schiffe müssen zwei rote Lichter übereinander (Art. 4), Fahrzeuge, die vor Anker liegen, müssen zwei weiße Lichter führen (Art. 11). Kleinere Ruder- und Segelfahrzeuge müssen in der Nähe eines andern Fahrzeugs sich durch eine Laterne mit grünem und auf der entgegengesetzten Seite rotem Licht, Ruderboote durch weißes Licht kenntlich machen. Ein Fahrzeug, das von einem anderen überholt wird, muß diesem vom Heck aus ein weißes Licht oder ein Flackerfeuer zeigen. Besondere Lichter sind in Art. 9 der Seestraßenordnung v. 5. 2. 06 für Fischerfahrzeuge vorgeschrieben. Bei Nebel, dickem Wetter, Schneefall oder heftigen Regengüssen sind die in Art. 15 bestimmten Schallsignale zu geben, auch ist die Fahrgeschwindigkeit zu mäßigen. Über die Verpflichtung zum Ausweichen sind in Art. 17 ff. Bestimmungen getroffen. Das überholende Schiff muß dem überholten, das bei günstigem Winde segelnde Schiff dem andern Segelschiff aus dem Wege gehen. Bei Gefahr des Zusammenstoßes zwischen zwei Dampfschiffen müssen beide ihren Kurs nach Steuerbord ändern, damit sie an Backbordseite einander passieren können. Die bürgerlichrechtlichen Vorschriften des HGB. über Haftbarkeit, Bergung und Hilfsleistung sind durch G. v. 7. 1. 13 geändert. Im Falle eines

Zusammenstoßes durch Verschulden der Schiffsbesatzung ist der Reeder haftbar. Liegt das Verschulden auf beiden Seiten, so ist nach Verhältnis der Schwere des Verschuldens die beiderseitige Haftung zu bemessen (§ 736).

§ 4. Schutz gegen Gefährdung der inneren Gesundheit.

Die Gefahr einer schädlichen Einwirkung auf die Gesundheit wird namentlich durch ansteckende Krankheiten herbeigeführt. Zur Sicherung gegen diese Gefahr ist durch RG. v. 30. 6. 1900 wegen Bekämpfung gemeingefährlicher Krankheiten (Ausführungsbestimmungen v. 21. 2. 04 u. 24. 2. 20, vgl. auch internationale Übereinkunft über Maßregeln gegen Pest, Cholera und Gelbfieber v. 17. 1. 12, ratifiziert von Deutschland am 30. 12. 20) eine Anzeigepflicht bei jeder Erkrankung oder Verdacht der Erkrankung und bei jedem Todesfall wegen Aussatz, Cholera, Flecktyphus, Gelbfieber, Pest oder Pocken eingeführt und durch Pr. G. v. 28. 8. 05 (Ausführungsbestimmungen v. 7. 10. 05, 10. 8. 06) ausgedehnt auf jede Erkrankung und jeden Todesfall wegen Diphterie, Ruhr, Scharlach, Typhus und andere übertragbare Krankheiten. Die Pflicht der Anzeige liegt in erster Reihe dem zugezogenen Arzt, sodann dem Haushaltungsvorstand, jeder mit der Behandlung oder Pflege des Erkrankten beschäftigten Person, dem Wohnungsinhaber und dem Leichenschauer ob. Sobald die Polizeibehörde von dem Krankheitsfalle Kenntnis erhält, hat sie durch den beamteten Arzt, der indes bei Gefahr im Verzuge schon vorher einschreiten darf (§ 9 G. v. 30. 6. 00), den Stand und die Ursache der Krankheit zu ermitteln und für die Dauer der Krankheitsgefahr die in §§ 11 bis 21 dieses Ges., auch § 8 des G. v. 28. 8. 05 zugelassenen Absperrungs- und Schutzmaßregeln, insbesondere die Absonderung kranker oder verdächtiger Personen, die Desinfektion von Gegenständen oder Räumen, nötigenfalls die Vernichtung der Sachen anzuordnen (vgl. auch die in der Bek. v. 24. 10. 21 über die vorgedachte internationale Übereinkunft Art. 11 ff. vorgesehenen Abwehrmaßregeln). Nach § 9 des G. v. 28. 8. 05 können außerdem die an Körnerkrankheit (Granulose) Erkrankten und nach der V. v. 11. 12. 18 Geschlechtskranke, wenn dies zur Verhütung der Verbreitung der Geschlechtskrankheit erforderlich erscheint, der Zwangsheilung unterworfen werden. Dem einen Geschlechtskranken behandelnden oder untersuchenden Arzte ist durch V. v. 11. 12. 18 und 9. 7. 19 die Pflicht auferlegt, ihn über die Ansteckungsgefahr zu belehren. Zur Verhütung der

Einschleppung der gemeingefährlichen Krankheiten aus dem Auslande können von dem Reichsrat beschränkende Vorschriften über den Schiffahrtsverkehr, den Warenverkehr und den Personenverkehr erlassen werden. Zuwiderhandlungen gegen die vorbezeichneten Verpflichtungen sind durch die angeführten Gesetze und durch § 327 StGB. unter Strafe gestellt. Für die infolge der Desinfektion unbrauchbar gewordenen oder vernichteten Gegenstände wird durch Zahlung des gemeinen Wertes Entschädigung gewährt (G. v. 30. 6. 00 §§ 29—34, G. v. 28. 8. 05 §§ 14 ff.), nach § 14 des letzteren Ges. jedoch nur insoweit, als der Betroffene den Schaden ohne Beeinträchtigung des notwendigen Unterhalts nicht zu tragen vermöchte. Eine besondere Schutzmaßregel gegen die Pocken ist es, daß nach dem G. v. 8. 4. 74 alle Kinder im ersten Lebensjahr und alle Schüler im 12. Lebensjahr geimpft werden müssen, welche Impfung bei Wirkungslosigkeit im nächsten Jahre, nötigenfalls auch im dritten Jahr zu wiederholen ist. Im weiteren Umfange können Zwangsimpfungen bei Ausbruch einer Pockenepidemie angeordnet werden (§ 18 Abs. 3).

Zur Verhinderung einer schädlichen Beeinflussung der Gesundheit ist ferner für baldige Beseitigung der der Verwesung unterliegenden Gegenstände zu sorgen. Die Beerdigung Verstorbener erfolgt auf den Kirchhöfen, die in den Rheinlanden im Eigentum der bürgerlichen Gemeinden, sonst der Regel nach im Eigentum der Kirchengemeinde stehen, nach den Vorschriften der Kirchhofsordnung. Die Leiche darf nicht über die in den Polizeiverordnungen bestimmte Zeit (vgl. auch § 21 G. v. 30. 6. 1900) über der Erde bleiben. Die Beförderung von Leichen ist nur auf Grund eines von der Polizeibehörde ausgestellten Leichenpasses in einem hinreichend widerstandsfähigen Metallsarge und hölzerner Umkleidung zulässig. An Stelle der Beerdigung kann die Feuerbestattung treten. Nach dem Pr. G. v. 14. 9. 11 (Ausführungsanweisung v. 29. 9. 11) darf eine der Feuerbestattung dienende Anlage nur von Gemeinden, Gemeindeverbänden oder einer sonstigen Körperschaft des öffentlichen Rechts, in deren Wirkungskreis dies fällt, mit landespolizeilicher Genehmigung errichtet werden. Zur Feuerbestattung, die der Verstorbene urkundlich angeordnet haben muß, ist die ortspolizeiliche Genehmigung erforderlich (§ 7). Dem Antrage muß die amtsärztliche Bescheinigung über die Todesursache beigefügt sein (§ 8). In gleicher Weise ist die Gesundheit vor der Einwirkung von Gift zu bewahren.

Ohne polizeiliche Genehmigung dürfen Gifte weder hergestellt noch feilgehalten werden (§ 367 Nr. 3 StGB.). Der Handel mit Gift darf landesgesetzlich, wie dies in Preußen durch § 49 GewO. v. 17. 1. 45 geschehen ist, von einer Genehmigung des Gewerbebetriebs abhängig gemacht werden (GewO. § 34 Abs. 2). Für diesen Handel sind in Preußen durch die von den beteiligten Ministern erlassene Polizeiverordnung v. 22. 2. 06 besondere Vorsichtsmaßregeln — Aufbewahrung der in der Anlage dieser V. genannten Gifte der Abt. I in einem verschlossenen Giftschrank der verschlossenen Giftkammer und zwar, was allgemein für Gifte gilt, in geschlossenen, die Aufschrift „Gift" tragenden Gefäßen, Verabfolgung von Gift nur gegen Empfangschein (Giftschein) unter Eintragung der Abgabe in ein Giftbuch, in zweifelhaften Fällen nur gegen polizeilichen Erlaubnisschein — vorgeschrieben. Für die Aufbewahrung in den Apotheken gelten die Vorschriften der Apothekerbetriebsordnung v. 18. 2. 02 (vgl. namentlich §§ 10, 17, 26). Der Vertrieb der Gifte an öffentlichen Orten oder im Wandergewerbe ist verboten (GewO. § 42 a, 56 Nr. 9, 148 Nr. 5 u. 7 a). Ein durch §§ 12 ff. G. v. 14. 5. 1879 mit Strafe bedrohtes Vergehen oder Verbrechen ist es, wenn Nahrungs- oder Genußmittel, Bekleidungsgegenstände, Spielwaren, Tapeten, Eß-, Trink- oder Kochgeräte oder Petroleum vorsätzlich oder fahrlässig in solcher Weise hergestellt werden, daß ihr bestimmungsmäßiger Genuß oder Gebrauch geeignet ist, die menschliche Gesundheit zu beschädigen oder zu zerstören oder wenn derartige Gegenstände feilgehalten werden. War dem Täter die Eignung zur Zerstörung der menschlichen Gesundheit bekannt, so tritt Zuchthausstrafe ein (§ 13).

Zweiter Hauptteil.

Gesundheitspflege.

§ 5. Allgemeine Förderung der Gesundheit.

Die Fürsorge des Staates auf dem Gebiet der Gesundheitspflege betätigt sich hauptsächlich darin, daß er für das Vorhandensein geeigneter Ärzte zur Behandlung von Krankheiten und für das Vorhandensein von Apotheken sorgt, welche die nötigen Heilmittel bereitzuhalten haben. Ihre wissenschaftliche Vorbildung erhalten die Ärzte auf den Universitäten. Nach einem Studium von 5 Halbjahren (Prüfungsordnung v. 28. 5. 01, in der neuen Fassung v. 16. 3. 20, Bek. v. 18. 7. 21 u. 5. 5. 22) können sie sich der ärztlichen Vorprüfung unterziehen, die sich auf die naturwissenschaftlichen Fächer, auf Anatomie und Physiologie erstreckt. Nach einem weiteren Studium von 4 Halbjahren, das wesentlich der praktischen Ausbildung in den Kliniken dient — auf das Studium sind insgesamt mindestens 10 Halbjahre zu verwenden —, kann die ärztliche Prüfung abgelegt werden. Hierauf folgt das an einer Universitätsklinik oder einem dazu ermächtigten Krankenhause (s. das Verzeichnis v. 6. 5. 21) abzulegende praktische Jahr, nach dessen erfolgreicher Ableistung die Approbation als Arzt gemäß §§ 29, 40 GewO. von der Zentralbehörde erteilt wird. Ähnliche Bestimmungen über Vorprüfung (nach einem Studium von 3 Halbjahren) und Prüfung (nach einem Studium von weiteren 3 Halbjahren, insgesamt von 7 Halbjahren) trifft die in den gleichen Bekanntmachungen mit enthaltene Prüfungsordnung für Zahnärzte. Die Ausübung des ärztlichen Berufes ist aber nicht von Erteilung der Approbation abhängig. Es darf sich nur ohne Approbation niemand bei Strafvermeidung den Titel eines Arztes (auch den Titel Wundarzt, Augenarzt, Geburtshelfer, Zahnarzt) oder einen ähnlichen Titel anmaßen (§ 147 Nr. 3 GewO.), und es dürfen auch nur den approbierten Ärzten öffentliche Verrichtungen übertragen werden. Den Hebammen ist die gewerbliche Ausübung ihres Berufes nur gestattet, wenn sie von der Landesbehörde (in Preußen dem Regierungspräsidenten) ein Zeugnis erhalten haben (§§ 30 Abs. 2, 40 GewO.). In Preußen wird außerdem nach dem G. v. 20. 7. 22 im Interesse der gleichmäßigen Verteilung der Hebammenhilfe eine vom Kreise zu erteilende Niederlassungsgenehmigung gefordert. Die Hebammen werden auf Hebammenlehranstalten ausgebildet und stehen unter Aufsicht des Kreisarztes. Ihre Rechte und Pflichten sind in Preußen durch das Ges. v. 20. 7. 22 geregelt. Über die staatliche Prüfung der Krankenpflegepersonen s. die Vorschriften v. 10. 5. 07 und den Erlaß v. 19. 7. 21. Die Prüfung ist erst zulässig nach einem zweijährigen Lehrgange in einer staatlichen oder staatlich anerkannten Krankenpflegeschule. Die Apotheker haben nach der in der Bek. v. 18. 5. 04 (Nachträge v. 8. 7. u. 11. 8. 19, 5. 5. 22) enthaltenen Prüfungsordnung ähnlich wie die Ärzte eine Vorprüfung und eine Prüfung zu bestehen. Die erstere erfolgt nach dreijähriger Lehrlingszeit, die spätere Prüfung setzt ein zweijähriges Universitätsstudium und eine einjährige Gehilfenzeit voraus, worauf nach weiterer zweijähriger Gehilfentätigkeit die Approbation (§§ 29, 40 GewO.) erteilt werden kann. Zur selbständigen Ausübung des Apothekerberufs ist außerdem, soweit die Apotheke nicht aus früherer Zeit her (in Preußen gemäß der revidierten Apothekerordnung vom 11. 10. 1801) mit einem Realprivilegium ausgestattet ist oder die Konzession als eine vererbliche und veräußerliche erteilt ist, nach Vorschrift der KabO. v. 30. 6. 94 und Ministerialerlaß v. 5. 7. 94 die Konzessionierung der Apotheke erforderlich, wobei zu prüfen ist, ob ein Bedürfnis besteht und ob von der Konzessionierung nicht eine unbillige Schädigung der in der Nähe befindlichen Apotheken zu erwarten ist. Durch § 30 Abs. 1 GewO. wird ferner eine Konzessionierung erfordert für Unternehmer privater Kranken-, Entbindungs- oder Irrenanstalten. Es ist hierbei abgesehen von der Zuverlässigkeit des Unternehmers auch auf die bauliche Einrichtung der Anstalt Bedacht zu nehmen. Die in dieser Beziehung zu stellenden gesundheitlichen Anforderungen (was namentlich für den Mindestluftraum, die Beleuchtung durch die Sonne, die Beschaffung einwandfreien Wassers, Einrichtung von Baderäumen, Vorhandensein eines Gartenplatzes betrifft) sind für Preußen im Erlaß der beteiligten Minister v. 8. 7. 11 näher bezeichnet.

Eine Verpflichtung zur Leistung ärztlicher Dienste ist den approbierten Ärzten nicht auferlegt (§ 144 Abs. 2 GewO.). Um ihnen die hierfür benötigte Zeit nicht zu nehmen, sind sie, ebenso wie die Apotheker, von der Verpflichtung zur Übernahme der Gemeindeämter, sowie des Amtes eines Schöffen oder Geschworenen befreit (§ 74 der Städteordnung v. 30. 5. 53, §§ 35 Nr. 3, 85 GVG.). Die Vergütung der Ärzte bestimmt sich nach freier Vereinbarung. In Ermangelung einer solchen sind die Sätze der neuen Gebührenordnung v. 10. 12. 22 maßgebend. Für die einzelnen ärztlichen Verrichtungen sind in dieser Gebührenordnung Mindestsätze, die regelmäßig für Unbemittelte, für milde Stiftungen und in dem Falle, daß die Zahlung aus staatlichen Fonds zu leisten ist, zu berechnen sind, und Höchstsätze vorgeschrieben. Im Konkurse des Zahlungspflichtigen ist dem Arzte, auch dem Apotheker und der Hebamme, damit diese unbedenklich auf die nachgesuchte Hilfeleistung ohne vorherige Untersuchung der Zahlungsfähigkeit sich einlassen können, ein Vorrecht wegen der taxmäßigen Forderung aus dem letzten Jahre eingeräumt

(§ 61 Nr. 4 KO.). Ein Verkauf der ärztlichen Praxis zu einem Preise, der den Erwerber nötigen würde, die Rücksicht auf Gelderwerb allen andern Rücksichten voranzustellen, ist wegen des hierin liegenden Verstoßes wider die guten Sitten als unzulässig anzusehen. Über Verletzungen der Standesehre und der Berufspflichten entscheiden die ärztlichen Ehrengerichte, die bei den für jede Provinz gebildeten Ärztekammern bestehen (G. v. 25. 11. 1899, über Apothekerkammern s. Pr. G. v. 21. 4. 23, über die Zahnarztkammer das Pr. G. v. 17. 4. 23). Auf Entziehung der Befugnis zur Ausübung der ärztlichen Praxis kann von dem Ehrengericht nicht erkannt werden (§ 15). Die Approbation kann nach § 53 GewO. nur in dem Falle, daß die Unrichtigkeit der die Approbation begründenden Nachweise dargetan ist, oder bei Aberkennung der Ehrenrechte für die Dauer des Ehrverlustes zurückgenommen werden. Die Hebammen sind zur Erfüllung ihrer Berufsaufgaben nach Maßgabe der Dringlichkeit verpflichtet (§§ 1, 11 Pr. G. v. 20. 7. 22). Zur Deckung eines vorhandenen Bedürfnisses sind vom Kreise für bestimmte Bezirke Bezirkshebammen unter Gewährleistung eines festen Jahreseinkommens anzunehmen. Auch die andern Hebammen haben Anspruch auf einen entsprechenden Kreiszuschuß, wenn das festgesetzte Mindesteinkommen nicht hat erreicht werden können (§ 17). Den Apothekern liegt es ob, die ärztlich verordneten Heilmittel herzustellen und die hierzu erforderlichen Arzneistoffe zur Verfügung zu halten. Die im Deutschen Arzneibuche mit einem Stern bezeichneten Mittel müssen stets vorrätig und sämtliche Stoffe und Zubereitungen von vorschriftsmäßiger Beschaffenheit sein (§§ 27 ff. der Apothekerbetriebsordnung v. 18. 2. 02). Das für den Verkauf den Apothekern zustehende Entgelt ist in der deutschen Arzneitaxe (Bek. v. 29. 12. 22 für 1923) festgesetzt. Außerdem gebührt ihnen das Vorrecht, daß die im Verzeichnis B der V. v. 22. 10. 01, ergänzt am 18. 2. 20, 21. 4. 21 und 31. 7. 22, aufgeführten Stoffe und die daselbst im Verzeichnis A (vgl. auch § 1 der erwähnten Verordnung) bezeichneten Zubereitungsformen (Pillen, Pulver, Salben usw.) außerhalb der Apotheken im Kleinhandel nicht verkauft oder feilgehalten werden dürfen. Ausnahmsweise ist an Orten, in deren Nähe sich keine Apotheke befindet, den Ärzten das Halten einer Hausapotheke für die notwendigsten Arzneien gestattet. Die Bek. v. 22. 3. 17 über den Handel mit Arzneimitteln ist durch V. v. 21. 8. 23 außer Kraft gesetzt.

Eine weitere wichtige Aufgabe auf dem Gebiete der Gesundheitspflege hat der Staat dadurch zu erfüllen, daß er für das Vorhandensein der zur Förderung der Gesundheit notwendigen äußeren Bedingungen, für das Vorhandensein reiner Luft und guten Trinkwassers, sowie für die gesundheitsgemäße Beschaffenheit der Lebensmittel Sorge trägt. Für das Erfordernis reiner Luft sind von Bedeutung baupolizeiliche, wohnungspolizeiliche und straßenpolizeiliche Vorschriften. Die Wohnungen müssen, was bei der baupolizeilichen Genehmigung zu prüfen ist, so angelegt sein, daß Luft und Sonne Zutritt haben. Die Gebäude dürfen deshalb eine bestimmte Höhe, die sich nach der Breite des Grundstücks richtet, nicht übersteigen (vgl. Art. 3 § 2 des Pr. Wohnungsges. v. 28. 3. 18 und den durch Erl. v. 24. 2. 18 mitgeteilten Entwurf einer Baupolizeiordnung für Kleinhäuser). Nach Art. 5 des erwähnten Wohnungsges. kann die Benutzung der Gebäude zum Wohnen und Schlafen durch Wohnungsordnungen im Wege der Polizeiverordnung geregelt werden, was hauptsächlich im gesundheitlichen Interesse angeordnet ist. In dem durch Vfg. des Staatskommissars für das Wohnungswesen v. 6. 12. 18 als Anlage 2 mitgeteilten Entwurf einer Wohnungsordnung ist u. a. bestimmt, daß jeder Wohn- und Schlafraum mindestens ein unmittelbar ins Freie führendes Fenster haben muß. Auf jeden Bewohner im Alter von über 10 Jahren soll ein Luftraum von mindestens 20 cbm, in den Schlafräumen allein von mindestens 10 cbm kommen. Die Höhe der Räume soll regelmäßig nicht unter 2 m betragen. Dachkammern und Kellerräume (bei einer Tiefe von mehr als 50 cm unter der Erdoberfläche) dürfen nur ausnahmsweise benutzt werden. Jede Wohnung ist mit Wasserversorgung und mit Abort zu versehen. Die Feuerungen müssen so beschaffen sein, daß die Rauchgase leicht abziehen und nicht abgesperrt werden können. Die Benutzung einer Wohnung durch mehrere Haushalte bedarf der Genehmigung des Gemeindevorstandes (Wohnungsamtes). Bestimmungen ähnlicher, wenn auch milderer Art, enthält der in derselben Vfg. als Anlage 1 mitgeteilte Entwurf einer Polizeiverordnung über Unterbringung von Arbeitern in Massenquartieren. Besondere Anforderungen sind in gesundheitlicher Hinsicht an die Beschaffenheit solcher Räume zu stellen, in welchen gewerbliche Arbeiten auszuführen sind, die einen nachteiligen Einfluß auf die Gesundheit haben können (§§ 120 a—120 e GewO., vgl. z. B. über Einrichtung der Zinkhütten Bek. v. 13. 12. 12, 21. 2. 23 sowie über die Räume zur Herstellung von Bleiverbindungen die mit Zustimmung des

Reichsrats vom RAM. erlassenen Vorschriften v. 27. 1. 20; vgl. auch § 618 BGB., § 62 HGB., §§ 139 g u. 139 h GewO.). Die in gesundheitlicher Hinsicht an Gast- und Schankwirtschaften zu stellenden Anforderungen sind durch MErl. v. 26. 8. 86 bekanntgegeben. Erfordert wird insbesondere, daß die Zimmer mit Fenstern versehen sind, die einen genügenden Zutritt von Luft und Licht unmittelbar von der Straße oder vom Hofe aus gestatten, auch, soweit nötig, mit Lüftungsvorrichtungen versehen sind. Für die Reinhaltung der Luft sind auch straßenpolizeiliche Vorschriften von Bedeutung, durch welche der Erzeugung von Staub, von Rauch, von übelriechenden Dünsten und dergleichen entgegengewirkt wird. Zur Beseitigung der Staubplage pflegen Besprengungen mit Wasser, auch das Begießen mit Teer stattzufinden. Einen wertvollen Dienst für Gewinnung reiner Luft bieten ferner Waldungen und gärtnerische Anlagen, deren Pflege daher eine wichtige Aufgabe der Allgemeinheit, insbesondere der Gemeinden bildet. Eine Fürsorge ist in dieser Beziehung durch G. v. 29. 7. 22, abgeändert durch G. v. 25. 7. 23, in Preußen den Provinzialausschüssen auferlegt. Sie haben für eine Schutzfrist von 10 Jahren zu bestimmen, welche Baumbestände und Grünflächen bei Großstädten, Bade- und Kurorten oder in Industriegebieten im Interesse der Volksgesundheit zu erhalten sind — Bestandsänderungen bedürfen der Genehmigung des Regierungspräsidenten — und welche Uferwege an Seen oder Wasserläufen dem Wandererverkehr freizugeben sind.

Das Trinkwasser wird aus den Wasserläufen und aus den in das Grundwasser hinabgehenden Brunnen entnommen. Die Verunreinigung der Wasserläufe, insbesondere durch Einführung gewerblicher Abwässer, ist durch §§ 19 ff., 41 Nr. 1 des Pr. Wassergesetzes v. 7. 4. 13 (vgl. auch § 202) im allgemeinen verboten. Zur Reinhaltung der Gewässer können nach § 206 Nr. 3 dieses Ges. (vgl. auch § 245 Nr. 5) Wassergenossenschaften (s. hierüber § 21) gebildet werden. Öffentliche Brunnen, die kein gesundheitsgemäßes Wasser enthalten, sind polizeilich zu schließen. Die Entnahme von Wasser aus natürlichen Wasserläufen für die eigene Wirtschaft ist, soweit dies ohne Benachteiligung anderer geschehen kann, nach § 25 dieses Ges. freigegeben. An größeren Orten wird es, um einwandfreies Wasser in ausreichenden Mengen zur Verfügung zu haben, meist nötig sein, eine öffentliche Wasserversorgungsanlage (Quellwasser-, Grundwasser- oder Oberflächenwasseranlage) herzustellen, deren

Einrichtung in der mit Erl. v. 23. 4. 07 veröffentlichten Anleitung beschrieben ist. Für die Benutzung einer solchen Anlage pflegt die Gemeinde (vgl. § 9 des Kommunalabgabenges. v. 14. 7. 95) einen Wasserzins zu erheben. Für die Erhaltung gemeinnütziger Heilquellen wird nach dem Pr. G. v. 14. 5. 08 dadurch gesorgt, daß innerhalb eines bestimmten Bezirks (Schutzbezirks), dessen Ausdehnung abänderlich ist, Bohrungen und sonstige, der Ergiebigkeit der Quelle abträgliche Arbeiten, soweit nicht von dem Oberbergamt und dem Regierungspräsidenten die Genehmigung erteilt ist, unterbleiben müssen. Für die hierdurch herbeigeführten Beschränkungen des Grundeigentümers wird nach Maßgabe der §§ 19 ff. eine Entschädigung in 5prozentiger Rente gewährt, wovon ein Prozent zum Kapitalabtrag dient. Die Nichtgenehmigung von Erdarbeiten, durch welche ohne Rücksicht auf die Gefährdung der Heilquelle eine gleichartige Quelle erschlossen werden soll, begründet keinen Entschädigungsanspruch (§ 19 Nr. 2). Der Quelleneigentümer oder der an seine Stelle tretende Nutzungsberechtigte ist nach §§ 29 f. bei Vermeidung der Enteignung gehalten, die Unterhaltung und Benutzung der Quelle entsprechend den Anforderungen der öffentlichen Gesundheitspflege zu bewirken. Über die Herstellung kohlensaurer Getränke in gesundheitsgemäßer Beschaffenheit trifft der durch Min.-Vfg. v. 26. 8. 12 veröffentlichte Entwurf einer Polizeiverordnung Bestimmungen.

Was sodann die Lebensmittel betrifft, so ist durch Ges. v. 3. 6. 1900 und Bek. v. 10. 7. 02 (Ausführungsbestimmungen v. 22. 2. und 27. 11. 08, jetzige Fassung v. 10. 8. 22) die Überwachung des Fleisches geregelt. Das zum Genuß für Menschen bestimmte Schlachtvieh — mit Ausnahme des im eigenen Haushalt zu verwendenden Fleisches — ist vor und nach der Schlachtung von den für die einzelnen Beschaubezirke bestellten Fleischbeschauern zu untersuchen (Schlacht- und Fleischbeschau nach §§ 1, 2, 5). Bei Notschlachtungen darf die Untersuchung vor der Schlachtung unterbleiben. Eingeführtes Fleisch unterliegt ebenfalls der amtlichen Untersuchung. Frisches Fleisch darf regelmäßig nur in ganzen Tierkörpern eingeführt werden, zubereitetes Fleisch nur, wenn die Unschädlichkeit sich zuverlässig feststellen läßt, Pökelfleisch nur in Mengen von mindestens 4 kg. Einfuhrerleichterungen sind vorgesehen durch die V. v. 2. 11. 23. Das zum Genuß für Menschen nur als bedingt tauglich befundene Fleisch darf nur unter den polizeilich vorgeschriebenen

Sicherungsmaßregeln in den Verkehr gebracht werden. Ebenso ist der Vertrieb von Pferdefleisch, um Verwechslungen zu vermeiden, nur unter Beschränkungen statthaft. Die Untersuchung darf nur von approbierten Tierärzten ausgeführt werden (§ 18). Ist ein öffentliches Schlachthaus errichtet, so kann gemäß § 23 Abs. 2 GewO. und Pr. G. v. 18. 3. 68, abgeändert am 9. 3. 81 und 29. 5. 02, durch Gemeindebeschluß angeordnet werden, daß das Schlachten und gewisse hiermit zusammenhängende Verrichtungen ausschließlich in diesem Schlachthaus vorzunehmen sind. Nach polizeilichen Vorschriften ist ferner das zum menschlichen Genuß außerhalb des eigenen Haushalts bestimmte Fleisch von Schweinen und Wildschweinen einer besonderen Untersuchung auf das Vorhandensein von Trichinen zu unterziehen. Von großem Einfluß darauf, daß Nahrungs- und Genußmittel in gesundheitlich einwandfreiem Zustande erlangt werden können, ist es, daß nach §§ 2, 3 des G. v. 14. 5. 79 den Polizeibeamten allgemein die Befugnis zusteht, die Räume, in denen solche Gegenstände feilgehalten werden, während der üblichen Geschäftsstunden zu betreten, Proben zu entnehmen und bei Personen, die in den letzten 3 Jahren wegen vorsätzlicher Vergehen gegen dieses Gesetz zu Freiheitsstrafe verurteilt sind, eine Revision der Geschäftsräume vorzunehmen. Bestraft wird nach § 10 Nr. 2 schon derjenige, welcher wissentlich verdorbene Nahrungs- oder Genußmittel verkauft oder unter einer zur Täuschung geeigneten Bezeichnung feilhält. Kunstbutter darf zur Vermeidung von Verwechslungen mit Molkereibutter nur unter der Bezeichnung „Margarine" verkauft werden (G. v. 15. 6. 97, vgl. darüber, daß Margarine in 100 Gewichtsteilen nicht weniger als 80 Gewichtsteile Fett enthalten darf, Bek. v. 10. 3. 20). Als Wein darf nach dem Weingesetz v. 7. 4. 09/1. 2. 23 nur das durch alkoholische Gärung aus dem Saft der frischen Weintraube hergestellte Getränk verkauft werden. Zur Verbesserung des Weins, der jedoch in diesem Falle nicht als reiner Wein bezeichnet werden darf, ist ein Zusatz von Zucker innerhalb der in § 3 bestimmten Grenzen zulässig (vgl. G. v. 5. 4. 23 über Verlängerung der Zuckerungsfrist für Weine des Jahrgangs 22). Sonst erforderliche Stoffe dürfen nach näherer Bestimmung des Reichsrats während der Kellerbehandlung dem Weine zugesetzt werden (§ 4, vgl. Ausführungsbest. v. 9. 7. 09, 22. 2. und 7. 4. 23). Wegen der Herstellung von Fruchtsäften s. § 10. Bei der Benennung des Weins im gewerbsmäßigen Verkehr darf eine der Herkunft nicht entsprechende geographische

Bezeichnung nicht angewandt werden (§§ 6, 28 Nr. 2). Der gesamte Betrieb einschließlich der nach § 19 zu führenden Bücher unterliegt nach § 22 der polizeilichen Überwachung. Zur Bereitung untergärigen Bieres darf, wie in § 13 des Biersteuerges. v. 26. 7. 18 bestimmt ist, vorbehaltlich der für besondere Biere zu gestattenden Abweichungen nur Gerstenmalz, Hopfen, Hefe und Wasser verwendet werden. Eine Sicherheit für die Herstellung gesundheitlich einwandfreien Trinkbranntweins ist dadurch gegeben, daß die Verarbeitung des Branntweins zu Trinkbranntwein im allgemeinen der Monopolverwaltung des Reiches übertragen ist (§§ 83 ff., 98 des G. über das Branntweinmonopol v. 8. 4. 22). In weingeisthaltigen Getränken darf Methylalkohol nicht enthalten sein (§ 115). Kognak oder anderer Weinbrand in Flaschen ist nach dem Lande, in dem er fertiggestellt ist, als deutscher, französischer usw. Weinbrand (Weinbrandverschnitt) zu bezeichnen (§§ 16, 18 G. v. 1. 2. 23 in der F. des G. v. 7. 4. 23). Die polizeiliche Überwachung erstreckt sich auch auf Lebensmittel, die auf den Märkten zum Verkauf gestellt sind. Vorgeschrieben ist insbesondere die Überwachung der Marktmilch (Pr. MinErl. v. 28. 1. 84).

Hinsichtlich der Wohnräume ist für das bürgerliche Recht noch bedeutsam, daß der Mieter nach § 544 ein unverzichtbares Rücktrittsrecht hat, wenn ihre Benutzung mit einer erheblichen Gefährdung der Gesundheit verbunden ist.

§ 6. Gesundheitliche Erziehung und Erhaltung der Arbeitskraft.

Die gesundheitliche Erziehung liegt den Eltern des Kindes oder an Stelle der Eltern dem unter Aufsicht des Vormundschaftsgerichts stehenden Vormunde (Pfleger) ob (vgl. § 18). Die Erziehung kann dem Elternteil wegen grober Vernachlässigung oder Mißbrauchs (nach § 1666 oder infolge Anordnung der Fürsorgeerziehung (siehe §§ 62 ff. des spätestens am 1. 4. 24 in Kraft tretenden Jugendwohlfahrtsges. v. 9. 7. 22) entzogen werden. Das Vormundschaftsgericht wird bei Führung der Aufsicht von den nach letzterem Ges. eingerichteten Jugendämtern unterstützt, zu deren Aufgaben, abgesehen von ihrer Stellung als Amtsvormund und als Gemeindewaisenrat, namentlich der Schutz der Pflegekinder unter 14 Jahren und die Fürsorge für das Wohl und den Unterhalt der unehelichen Kinder gehört (§§ 19 ff., 49 ff.). Die Jugendämter haben auch Einrichtungen für den Mutterschutz vor und nach der Geburt, für Säuglingspflege und für die

Wohlfahrt der Kleinkinder, wie Kindergärten und Kleinkinder-Bewahranstalten, zu schaffen (§ 4). Diese Anstalten unterstehen nach der Instruktion v. 31. 12. 39 der staatlichen Aufsicht. Die Kindergärtnerinnen usw. brauchen die Befähigung zur Verwaltung eines öffentlichen Schulamts nicht zu besitzen (Erl. der M. des I. und der W. v. 10. 7. 84). Für die Fürsorgerinnen, die ihre Ausbildung auf einer Wohlfahrtsschule (sozialen Frauenschule) in einem anderthalbjährigen Lehrgange erhalten, sind staatliche Prüfungen eingeführt durch Erl. des M. v. 10. 9. 18 (vgl. auch Erl. v. 29. 3. 19). Für die gesundheitliche Tüchtigkeit der heranwachsenden Jugend haben auch die Schulen zu sorgen. Diesem Zwecke dienen vor allem die Leibesübungen. Das **Turnen** bildet in den Schulen ein notwendiges Lehrfach, auf welches wöchentlich mindestens zwei Stunden zu verwenden sind (vgl. Erl. v. 20. 3. 05). Der Turnunterricht ist von Lehrern zu erteilen, die hierfür besonders vorgebildet sind (Prüfungsordnung v. 15. 5. 94, ergänzt am 7. 3. und 15. 11. 01, für Turnlehrer besteht in Berlin eine besondere Turnlehrerbildungsanstalt). Aber auch außerhalb des schulmäßigen Betriebs sind alle auf Kräftigung der Gesundheit der Bevölkerung gerichteten Bestrebungen, wie namentlich Jugendspiele, Jugendwanderungen, Erzielung von Höchstleistungen im Turnen, Laufen, Schwimmen, Fußballspiel u. dgl., durch Bezeugung persönlicher Anteilnahme, durch Bereitstellung von Spielplätzen (Turnplätzen) und von Räumlichkeiten, durch Gewährung von Zuschüssen usw. möglichst zu unterstützen. Die Jugendvereine erhalten zu diesem Zweck Vergünstigungen bei der Eisenbahnfahrt (Erl. des M. f. W. v. 3. 2. 22), durch Unterkunft in öffentlichen Gebäuden (vgl. Erl. v. 31. 5. 13) und in sonstiger Hinsicht. — Wünschenswert würde es im Interesse der gesundheitlichen Erziehung sein, daß Personen mit vererblichen Krankheiten von der Eheschließung absehen. Eine Beschränkung ist jedoch nach dieser Richtung staatlicherseits nicht festgesetzt; die Beobachtung der nötigen Vorsicht ist dem einzelnen überlassen.

Eine wichtige Anforderung der Gesundheitspflege ist es, daß die **Arbeitskraft nicht übermäßig und nicht zu frühzeitig ausgenutzt** wird. Nach dem Pr. G. v. 30. 3. 03 dürfen eigene Kinder unter 10 Jahren, sofern nicht Ausnahmen von dem Reichsrat zugelassen sind, und fremde Kinder unter 12 Jahren im Betriebe von Werkstätten, im Handelsgewerbe oder Verkehrsgewerbe nicht beschäftigt werden. Kindern unter 13 Jahren und den zum Besuch der Volksschule verpflichteten Kindern ist die Beschäftigung in bestimmten gewerblichen Betrieben (§ 4) — nach § 135 GewO. auch in Fabriken — gänzlich verboten, sonst aber dahin beschränkt, daß die tägliche Arbeitszeit drei und während der Ferien vier Stunden nicht übersteigen darf. Die Beschäftigung ist nur nach vorheriger Anzeige bei der Ortspolizeibehörde und nur gegen Empfang einer Arbeitskarte gestattet. Weitere Vorschriften sind in der GewO. zum Schutze der Kinder unter 14 Jahren (Beschäftigung nicht über 6 Stunden) und der jugendlichen Arbeiter unter 16 Jahren (vgl. Bek. v. 7. 3. 13 und 24. 3. 23 über Beschäftigung in Steinkohlenbergwerken) sowie zum Schutze der Frauen getroffen (§§ 135 ff.). Durch V. v. 21. 12. 23 ist in Ergänzung der Anordnung des Demobilmachungsamts v. 23. 11./17. 12. 18, sodann für alle Arbeiter, die in gewerblichen Betrieben einschließlich der landwirtschaftlichen Nebenbetriebe oder in öffentlichen Betrieben tätig sind, grundsätzlich der achtstündige Arbeitstag mit gewissen Ausnahmen (namentlich für Instandhaltung des Betriebs, vgl. §§ 2—6) und vorbehaltlich tariflicher Regelung (§§ 2, 5—8), höchstens aber, abgesehen von Notfällen, eine zehnstündige Arbeitszeit (§ 9) festgesetzt. Für Arbeiterinnen ist — abweichend von § 137 GewO. — zugelassen, daß sie in zwei- oder mehrschichtigen Betrieben bis 10 Uhr abends beschäftigt werden dürfen, wenn ihnen eine darauffolgende Ruhezeit von mindestens 16 Stunden gewährt wurde. Ähnlich geregelt ist die Arbeitszeit der Arbeiter in Bäckereien und Konditoreien durch die noch jetzt geltende V. des Reichsarbeitsamts v. 23. 11. 18. In der Zeit von 10 Uhr abends bis 6 Uhr morgens müssen nach § 6 die Backarbeiten vollständig ruhen. Die Nachtarbeit gewerblicher Arbeiterinnen ist durch das internationale Abkommen v. 29. 4. 22 verboten. Für die in dem Reichs-Bauern- und Landarbeiterrat in Berlin zusammengeschlossenen landwirtschaftlichen Verbände ist eine vorläufige Landarbeitsordnung v. 24. 1. 19 vereinbart, welche eine durchschnittliche Höchstarbeitszeit von 8 Stunden für 4 Monate, von 10 Stunden für weitere 4 Monate und von 11 Stunden für die letzten 4 Monate vorsieht. Auch für die Beschäftigung der Beamten soll nach Möglichkeit, soweit der Dienst nicht ein anderes erfordert — die nicht mechanischen Arbeiten der höheren Beamten unterliegen naturgemäß einer solchen zeitlichen Beschränkung nicht —, die gleiche Arbeitszeit eingehalten werden. Die nähere Regelung erfolgt durch die den Betrieben oder Verwaltungen vorgesetzten Dienstbehörden (§ 13 V. v. 21. 12. 23).

Dritter Hauptteil.

Schutz der geistigen Freiheit.

§ 7. Denkfreiheit.

Die Denkfreiheit ist etwas rein Innerliches, das durch äußeren Zwang nicht überwältigt werden kann. Sie bedarf aber insoweit des Schutzes, als sie das Recht der freien Meinungsäußerung, insbesondere das Recht der Preßfreiheit, und die Versammlungs- und Vereinsfreiheit in sich schließt. Ohne diese äußeren Freiheiten würde die Denkfreiheit verkümmern und die Fortentwicklung des geistigen Lebens unterbunden sein. Die freie Meinungsäußerung darf nicht aus dem Grunde beschränkt werden, weil die Anschauung der Regierung nicht als richtig oder als unerwünscht erscheint. Das Wahre und Richtige muß in dem Kampf der Meinungen sich als solches bewähren. Nur insofern sind der Meinungsäußerung Grenzen gezogen, als nicht die Ehre des einzelnen oder die Würde des Staates verletzt werden darf. Eine Beleidigung ist es aber nicht, wenn die Ansicht eines andern in sachlicher Weise bekämpft wird. Daß tadelnde Urteile über wissenschaftliche, künstlerische oder fachliche Leistungen, wenn sie nicht in verletzender Weise ausgesprochen werden, straffrei sind, ist in § 193 StGB. anerkannt. Auch die Äußerung politischer Ansichten, mag selbst die Regierung sie für das gemeine Wohl als unzuträglich erachten, ist freigegeben. Strafbar ist nur, wer wissentlich erdichtete oder entstellte Tatsachen in die Öffentlichkeit bringt, um dadurch Staatseinrichtungen oder Anordnungen der Obrigkeit verächtlich zu machen (§ 131 StGB.). Zu einem strafrechtlichen Vorgehen kann auch nicht etwa der Umstand Anlaß geben, daß Meinungen vorgetragen werden, die im allgemeinen mit dem Volksempfinden nicht in Einklang stehen. Nur aus dem Gesichtspunkte könnte eingeschritten werden, daß in der Verherrlichung einer strafbaren Handlung mittelbar die Aufforderung zur Begehung einer solchen (§ 111) oder eine Gefährdung des öffentlichen Friedens (§§ 130, 126, vgl. auch §§ 7 Nr. 2, 3, 4 u. 8 Nr. 1, 2 des G. zum Schutze der Republik v. 21. 7. 22) gefunden werden kann oder unter besonderen Umständen die Handlungsweise als grober Unfug (§ 360 Nr. 11) zu beurteilen ist. Keine Beschränkung der freien Meinungsäußerung oder der Preßfreiheit ist darin zu sehen, daß die Kundgebung nicht als Mittel zur Begehung einer auf anderem

Gebiete liegenden strafbaren Handlung, wie des Hochverrats, des Landesverrats, der unzüchtigen Darstellung usw. benutzt werden darf. Eine besondere Begünstigung der Presse ist es, daß die Beschlagnahme von Druckschriften, die ordnungsgemäß mit dem Namen und Wohnort des Druckers und des die Druckschrift im Handel vertreibenden Verlegers, zutreffendenfalls auch des Redakteurs versehen sind, nach dem Preßgesetz v. 7. 5. 74 nur ausnahmsweise, nämlich wegen Hochverrats, Landesverrats, verbotener Veröffentlichung über Truppenbewegungen oder den Verteidigungsstand bei Kriegsgefahr (§ 14), wegen unzüchtiger Darstellung und in besonders dringlichen Fällen wegen Aufforderung zur Begehung einer strafbaren Handlung oder Gefährdung des öffentlichen Friedens (§ 23) gestattet ist. Eine polizeiliche Zensur findet nicht statt. Es muß jedoch, wenn es sich um eine mindestens jeden Monat erscheinende Druckschrift handelt, abgesehen von fachwissenschaftlichen Druckschriften, ein Pflichtexemplar an die Polizeibehörde abgeliefert werden (§ 9), und es ist bei allen periodischen Druckschriften durch Einsetzung eines verantwortlichen Redakteurs dafür Sorge zu tragen, daß strafbaren Handlungen, soweit möglich, vorgebeugt wird (§§ 7, 8, 20 u. 21). Sonstigen Mißbräuchen der Presse soll der Berichtigungszwang (§ 11) entgegentreten. Der Redakteur ist gehalten, tatsächliche Berichtigungen auf Verlangen der beteiligten öffentlichen Behörde oder des von der Bekanntmachung betroffenen Privaten in die Zeitschrift und zwar, soweit die Entgegnung den Raum der zu berichtigenden Mitteilung nicht überschreitet, kostenfrei aufzunehmen. Ausländische Zeitschriften können, wenn innerhalb eines Jahres zweimal eine Verurteilung auf Grund der §§ 41, 42 StGB. ergangen ist, durch Verfügung des Reichskanzlers bis auf die Dauer von zwei Jahren im Reichsgebiet verboten werden (§ 14).

Zugelassen ist durch Art. 118 RV. die Zensur für Lichtspiele. Nach dem G. v. 12. 5. 20/23. 12. 22 (Ausführungsverordnung vom 16. 6. 20, Pr. Anw. v. 1. 3. 23) haben über die Zulassung von Bildstreifen zu öffentlichen Vorführungen auf schriftlichen Antrag die aus 5 Mitgliedern bestehenden Filmprüfstellen (in Berlin und München) zu entscheiden, die aus bestimmten Gründen die Zulassung versagen können. Bildstreifen zu Vorführungen für Jugendliche im Alter bis 18 Jahren bedürfen besonderer Prüfung, wobei Jugendliche im Alter von 18 bis 20 Jahren zu hören sind (C 5 der AusfV.). Auf Beschwerde, die auch von dem beamteten Vorsitzenden oder einem der beiden Beisitzer eingelegt werden kann, entscheidet die Oberprüfstelle in Berlin. Von dieser kann auch, wenn der Versagungsgrund erst nachträglich hervortritt, die frühere Zulassung zurückgenommen werden (§ 4).

Soll die geistige Freiheit bestehen, so muß auch die Abhaltung von Versammlungen und der Zusammenschluß zu Vereinen erlaubt sein, damit durch Rede und Gegenrede die richtige Ansicht gewonnen und weiter entwickelt werden kann. Nur das wird verlangt, daß vor Abhaltung einer zur Erörterung politischer Angelegenheiten dienenden öffentlichen Versammlung und zwar mindestens 24 Stunden vorher der Veranstalter — der nicht der Leiter zu sein braucht — der Polizeibehörde Anzeige zu machen hat (Vereinsges. v. 12. 4. 08 §§ 5 ff., Ausführungsbest. v. 8. 5. 08). Die Anzeige wird ersetzt durch öffentliche Bekanntmachung der Versammlung (§ 6). Von der Polizeibehörde können zwei Beauftragte entsandt werden, denen ein angemessener Platz einzuräumen ist. Sie sind befugt, die Versammlung für aufgelöst zu erklären, wenn zur Begehung von Verbrechen oder von Amts wegen zu verfolgender Vergehen angereizt wird oder wenn Bewaffnete in der Versammlung geduldet werden. Minderjährige unter 18 Jahren sollen zu politischen Versammlungen oder politischen Vereinen nicht zugelassen werden (§§ 17, 18 Nr. 5 u. 6). Auch von der Bildung eines politischen Vereins ist der Polizeibehörde unter Mitteilung der Satzung und der Vorstandsmitglieder sowie jeder hierin eingetretenen Änderung binnen spätestens 2 Wochen Nachricht zu geben (§ 3). Versammlungen unter freiem Himmel können nach Art. 123 Abs. 2 RV. durch Reichsgesetz anmeldepflichtig gemacht und bei unmittelbarer Gefahr für die öffentliche Sicherheit verboten werden. Versammlungen und Vereine zu Zwecken, die den Strafgesetzen zuwiderlaufen, sind unerlaubt (§ 1). Bewaffnete dürfen an einer öffentlichen Versammlung oder einem Aufzuge nicht teilnehmen (§§ 11, 19 Nr. 2). Ein besonderes Vergehen des Auflaufs bildet es, wenn die an öffentlichen Orten versammelte Menschenmenge auf gehörige Aufforderung sich nicht entfernt. Zu einer Gefährdung des Staates dürfen die erwähnten Freiheiten nicht führen. Wird die öffentliche Sicherheit und Ordnung erheblich gestört oder gefährdet, so kann der Reichspräsident (bei Gefahr im Verzuge auch die Landesregierung) die nötigen Sicherheitsanordnungen, die auf Verlangen des Reichstags wieder aufzuheben sind, erlassen, zu gleichem Zwecke auch vorübergehend die Grundsätze der Preßfreiheit, Versammlungsfreiheit und Vereinsfreiheit außer Kraft setzen (Artt. 48, 118, 123, 124 RV.). Die Freiheit der Vereinigung wird auch strafrechtlich geschützt. Nach dem Ges. v. 23. 5. 23 wird bestraft, wer Versammlungen, Aufzüge oder Kundgebungen mit Gewalt oder durch Bedrohung mit einem Verbrechen verhindert oder sprengt (Strafen: Gefängnis, woneben auf Geldstrafe erkannt werden kann) oder zum Zweck der Sprengung Gewalttätigkeiten begeht.

§ 8. Glaubensfreiheit.

Ebenso wie die Denkfreiheit ist auch die Glaubensfreiheit ein nicht angreifbares inneres Gut. Es bedarf aber auch hier eines gewissen äußeren Schutzes. Die Freiheit des einzelnen darf nicht dadurch unterbunden werden, daß er gezwungen wird, einen anderen Glauben zu bekennen, als seiner inneren Überzeugung entspricht. Mit der Abwendung eines solchen äußeren Zwanges allein ist es aber nicht getan. Damit die Glaubensfreiheit sich betätigen kann, muß es den Bekennern des gleichen Glaubens auch gestattet sein, sich zur gemeinsamen Religionsübung miteinander zu vereinigen. Dieses Recht der gemeinsamen häuslichen und öffentlichen Religionsübung ist durch Art. 137 RV. gewährleistet (vgl. auch § 14 des Schutzgebietsges. v. 10. 9. 1900, in welchem den im Deutschen Reiche anerkannten Religionsgemeinschaften volle Kultusfreiheit gesichert war). Die Religionsgesellschaften — die von den öffentlich aufgenommenen Kirchen (in Preußen der katholischen Kirche, der evangelischen Kirche und ihren Abarten) und von den mit Korporationsrechten versehenen Religionsgemeinden zu unterscheiden sind — unterliegen als solche nur den Beschränkungen des Vereinsgesetzes. Nur dürfen sie sich nicht das Aussehen einer kirchlichen Gemeinschaft dadurch geben, daß das gottesdienstliche Gebäude äußerlich als Kirche ausgestattet wird, insbesondere kirchliches Geläute erhält (vgl. §§ 176, 191 II 11 ALR.).

Auch im Verhältnis der Mitglieder zur Kirche wird die Glaubensfreiheit geschützt. Die Macht der Kirche darf sich nur an das Gewissen der ihr zugehörigen Mitglieder wenden und darf nicht dadurch einen Druck ausüben, daß sie zugleich weltliche Herrschaftsrechte zur Geltung bringt. Ihre Aufgabe beschränkt sich auf religiöse Angelegenheiten. Die Regelung der Rechtspflege, des Eherechts, des Schulwesens usw. steht ausschließlich dem Staate zu. Bei der

Verwaltung des Kirchenvermögens, der Erteilung des kirchlichen Religionsunterrichts und der Vorbildung des Klerus handelt es sich dagegen wesentlich um Angelegenheiten der Kirche, die dieser unter Förderung des Staates (vgl. § 11) vorbehalten bleiben müssen. Von großer Bedeutung für die Glaubensfreiheit ist ferner, daß die Kirchenzucht nach dem in Kraft gebliebenen § 1 des G. v. 13. 5. 73 auf die Anwendung der das kirchliche Leben betreffenden Zuchtmittel beschränkt ist. Zulässig sind nur solche Straf- oder Zuchtmittel, welche dem rein religiösen Gebiete angehören, worunter auch die Versagung der kirchlichen Gnadenmittel fällt (G. v. 21. 5. 86 Art. 12), oder die Entziehung kirchlicher Rechte, insbesondere des Rechts der Mitgliedschaft betreffen. Straf- oder Zuchtmittel gegen Leib, Vermögen, Freiheit oder bürgerliche Ehren sind unstatthaft. Es gilt dies nicht nur für Kirchen, sondern für alle Religionsgesellschaften. Für den Schutz der die geistlichen Verrichtungen ausübenden Amtsinhaber (G. v. 21. 5. 86 Art. 6) ist insofern gesorgt, als nach dem G. v. 12. 5. 73 über die kirchliche Disziplinargewalt körperliche Züchtigung unstatthaft ist, als Vermögens- und Freiheitsstrafen nur in begrenzter Weise (Vermögensstrafe nicht über 90 M. oder den Betrag des monatlichen Amtseinkommens hinaus, Unterbringung in einer deutschen Demeritenanstalt ohne Zustimmung des Betroffenen nicht über drei Monate hinaus) und nur nach Anhörung des Beschuldigten verhängt werden dürfen, als endlich auf Entfernung aus dem Amt, wenn damit der Verlust oder die Minderung des Amtseinkommens verbunden ist (G. v. 21. 5. 86 Art. 7), nur in geordnetem prozessualen Verfahren erkannt werden darf.

Aus der Glaubensfreiheit folgt auch, daß der Austritt aus einer Religionsgemeinschaft einem jeden Mitgliede freistehen muß. Der mit bürgerlicher Wirkung verbundene Austritt aus einer Kirche oder einer mit Korporationsrechten ausgestatteten Religionsgemeinschaft war in Preußen schon durch G. v. 14. 5. 73 zugelassen und ist jetzt bezüglich dieser Religionsgesellschaften öffentlichen Rechts durch G. v. 30. 11. 20 dadurch erleichtert, daß die Erklärung in öffentlich beglaubigter Form dem Amtsgericht des Wohnsitzes einzureichen oder zu Protokoll des Gerichtsschreibers dieses Amtsgerichts abzugeben ist. Die rechtlichen Wirkungen der Austrittserklärung treten, falls diese nicht inzwischen zurückgenommen wird, mit Ablauf eines Monats seit Eingang der Erklärung ein. Von der Austrittserklärung hat das Amtsgericht dem Vorstande der Religionsgesellschaft ohne Verzug Nachricht zu geben. Von den Leistungen aus der persönlichen Mitgliedschaft wird der Ausgetretene erst mit dem Ende des laufenden Steuerjahrs, keineswegs vor Ablauf von drei Monaten frei. In Anerkennung des Grundsatzes der Glaubensfreiheit hat der Staat auch dafür zu sorgen, daß die verschiedenen Religionsgemeinschaften in Eintracht nebeneinander leben können. Vereinigungen, die nach ihrer Organisation darauf ausgehen, eine verletzende Werbetätigkeit zu entfalten, braucht der Staat nicht zu dulden. In Preußen waren, nachdem zuerst durch G. v. 31. 5. 75 sämtliche Orden und ordensähnliche Kongregationen der katholischen Kirche mit Ausnahme derjenigen der Krankenpflege vom Staatsgebiet ausgeschlossen waren, durch G. v. 29. 4. 87 nur diejenigen Orden und ordensähnlichen Kongregationen wieder zugelassen, welche sich der Aushilfe in der Seelsorge, der Übung der christlichen Nächstenliebe oder der Bildung der weiblichen Jugend in höheren Mädchenschulen oder gleichartigen Erziehungsanstalten widmeten oder deren Mitglieder ein der Andacht gewidmetes Leben führten. Durch RG. v. 4. 7. 72 waren bereits der Jesuitenorden und die ihm verwandten Orden und ordensähnlichen Kongregationen vom Reichsgebiet ausgeschlossen. Diese Ausschließung ist jetzt durch G. v. 19. 4. 19 wieder aufgehoben. Das Aufsichtsrecht des Staates über die Orden wird gegenwärtig nach der Rundvfg. v. 31. 12. 19 (vgl. KGJ. 53 A 113) nicht mehr ausgeübt.

In gewissem Zusammenhang mit der Glaubensfreiheit steht es, daß die kirchlichen Verrichtungen als unvereinbar mit den Geschäften des Staates, der eine Zwangsgewalt für sich in Anspruch nimmt, angesehen werden. Dies führt in weiterer Verfolgung des Grundgedankens zur Trennung von Staat und Kirche. Staatliche Geschäfte dürfen grundsätzlich den Geistlichen nicht mehr übertragen werden. Die auf Beurkundung des Personenstandes bezüglichen Geschäfte sind durch RG. v. 6. 2. 75 — in Preußen bereits durch G. v. 9. 3. 74 — den Geistlichen abgenommen und den bürgerlichen Standesbeamten übertragen worden. Auch die Wirksamkeit in Schulsachen ist — abgesehen von den kirchlichen Angelegenheiten des Konfirmandenunterrichts und der Vorbildung der Geistlichen (vgl. hinsichtlich der katholischen Kirche Art. 2 G. v. 21. 5. 86, Art. 1, 3 u. 4 G. v. 29. 4. 87) — nur eine sehr geringe. Infolge der Zulassung der Seminarausbildung für den Geistlichen ist die Vorschrift des G. v. 11. 5. 73, daß ein geistliches Amt in einer der christlichen Kirchen nur einem Deutschen übertragen werden darf, der ein dreijähriges Universitätsstudium auf einer deutschen Staatsuniversität zurückgelegt hat, durch G. v. 21. 5. 86 dahin geändert, daß das dreijährige Studium auch an einem Seminar zurückgelegt werden kann. Das erwähnte Gesetz verlangt in dieser Beziehung nur, daß der Lehrplan dem Universitätsplan gleichartig gestaltet sein muß und daß die Lehrer die gleiche wissenschaftliche Befähigung wie die Universitätslehrer besitzen. Eine Besonderheit ist es, daß nach dem Ges. v. 29. 4. 87 den katholischen Orden die Erziehung der weiblichen Jugend in höheren Mädchenschulen — in denen übrigens nach MinVfg. v. 18. 2. 21 auch technische Lehrerinnen und Kindergärtnerinnen ausgebildet werden dürfen — freigegeben ist. Die auf freier Liebestätigkeit beruhende Krankenpflege ist den katholischen Orden ebenfalls nicht versagt.

Vierter Hauptteil.

Bildungspflege.

§ 9. Unterrichtswesen.

Eine umfassende Tätigkeit auf dem Gebiete der Volksbildung entfaltet der Staat durch Errichtung und Unterhaltung öffentlicher Schulen, die zur Ausbildung der heranwachsenden Jugend in geistiger und sittlicher Beziehung bestimmt sind. Die allgemeine Volksschule hat die Aufgabe, diejenigen Kenntnisse zu vermitteln, die für einen jeden Staatsbürger unentbehrlich sind. Alle Kinder sind nach vollendetem 5. Lebensjahr (Pr. KO. v 14. 5. 1825 u. 20. 6. 1836), nach den für die neueren preußischen Landesteile erlassenen Vorschriften jedoch meist erst nach Vollendung des 6. Lebensjahrs zum Besuch der Volksschule verpflichtet, sofern sie nicht einen gleichwertigen Privatunterricht genießen, der übrigens nur ausnahmsweise gestattet werden soll (§ 4 G. v. 28. 4. 20). Der Schulbesuch ist bis zur Erlangung der erforderlichen Reife fortzusetzen. Darüber, ob dieser Zeitpunkt eingetreten ist, hat die Ortsschulbehörde zu entscheiden (die Ortsschulinspektionen sind in Preußen durch G. v. 18. 7. 19 aufgehoben). Für Schulversäumnisse sind die Eltern nach Maßgabe der hierüber erlassenen Regierungspolizeiverordnungen strafbar. Der Unterricht erstreckt sich auf Schreiben, Lesen, Rechnen nebst Anfängen der Raumlehre und Zeichnen (Vfg. v. 16. 7. 04), auf deutsche Sprache, ferner auf Heimatkunde, Naturkunde und Geschichte, welche Fächer bei Erteilung des deutschen Unterrichts mit zu berücksichtigen sind (vgl. Bek. v. 28. 4. 23 über Richtlinien bei Gestaltung der Grundschule). In Art. 148 RV. sind ferner Staatsbürgerkunde und Arbeitsunterricht (wegen des Handarbeitsunterrichts vgl. Erl. v. 6. 3. 73) allgemein als Lehrfächer der öffentlichen Schulen bezeichnet. Über Erteilung des Religionsunterrichts s. § 11 a. E. In den vier untersten Jahrgängen soll die Volksschule nach dem RG. v. 28. 4. 20 als die für sämtliche Schüler gemeinsame Grundschule eingerichtet sein, welche die Vorbildung für den unmittelbaren Eintritt in die mittlere oder höhere Schule gewährt. Maßgebend sind hierbei die erlangten Fähigkeiten des Kindes, nicht die Stellung der Eltern (Art. 146 RV.). Die Richtlinien für den Lehrplan der oberen Jahrgänge der Volksschule sind im Unterrichtszentralbl. 1923, 171 mitgeteilt. Die Zahl der Lehrer richtet sich nach der Schülerzahl. In der Woche werden 20 bis 30 Unterrichtsstunden erteilt. Die einklassige Schule mit einem Lehrer soll nicht über 80 Kinder umfassen. Der Besuch der Volksschule ist unentgeltlich. Nicht aber liegt es der Volksschule ob, die Kinder mit den vorgeschriebenen Schulbüchern zu versehen (MinErl. v. 21. 6. 13). Die durch die Volksschule entstehenden sachlichen Kosten fallen nach dem Pr. G. v. 28. 7. 06 den Gemeinden, die entweder einen eigenen Schulverband oder einen Gesamtschulverband bilden, unter freiwilliger Beihilfe des Staates (§ 18 Abs. 2) zur Last, der auch einen Teil der Baukosten (im allgemeinen ein Drittel, s. § 17) erstattet. Für die nicht einheimischen Kinder darf ein Fremdenschulgeld verlangt werden (§§ 5, 6). Die zur Deckung des Bedarfs, soweit das Schulvermögen nicht ausreicht (über Ansammlung eines Baufonds s. § 14), aufzubringenden Schulabgaben werden als Gemeindeabgaben erhoben (§ 7, vgl. über die Verteilung in den Gesamtschulverbänden § 9). Über die Auseinandersetzung mit der Kirchengemeinde verhalten sich die §§ 27—30. Die Verwaltung der äußeren Schulangelegenheiten wird durch den Schulvorstand, in den Städten durch die Schuldeputation geführt, die aus Vertretern des Gemeindevorstandes, aus einer gleichen Zahl von Mitgliedern der Stadtverordnetenversammlung, in ebenfalls gleicher Zahl aus Lehrern oder Lehrerinnen, die von der Lehrerschaft des Schulverbandes gewählt werden, und ebenso vielen des Erziehungs- und Volksschulwesens kundigen Personen zusammengesetzt ist (§§ 44, 45; abgeändert durch G. v. 7. 10. 20; Ausführungsanw. v. 6. 11. 07). Die Anstellung der Volksschullehrer, die nach Vorbildung in den Präparandenanstalten in den Lehrerseminaren eine dreijährige Ausbildung erhalten (die Lehrpläne dieser Anstalten sind durch Erl. des M. d. J. v. 1. 7. 01 mitgeteilt) und die Leitung des Schulwesens erfolgt durch die Regierungen (Prüfungsordnung v. 1. 7. 01, über Universitätsstudium V. v. 19. 9. 19, über Prüfung in Philosophie Erl. v. 28. 11. 22, Diensteinkommensges. v. 17. 12. 20, 9. 11. 22, 8. 2. u. 10. 7. 23, die auch die Bestimmungen über Ruhegehalt und Hinterbliebenenbezüge enthalten). Die Volksschullehrer sind unmittelbare Staatsbeamte (RG. 102, 8), während den Fortbildungsschullehrern und den Lehrern an Mittelschulen die Stellung eines Kommunalbeamten zukommt (RG. 97, 312; JW. 1920, 786[14]). Besondere Schulen sind eingerichtet für bildungsfähige blinde oder taubstumme Kinder. Die Schulpflicht beginnt nach dem Pr. G. v. 7. 8. 11 für Blinde mit dem vollendeten 6., für Taubstumme mit dem vollendeten 7. Lebensjahr und dauert in der Regel (vgl. §§ 9, 10) acht Jahre. Ist der Eintritt der Schulpflicht von der Schuldeputation oder der Schulaufsichtsbehörde rechtskräftig festgestellt, so muß das Kind, falls für den Unterricht nicht anderweit ausreichend gesorgt ist, durch den Kommunalverband (Provinzialverband), der Erstattung der Schulkosten von dem zum Unterhalt Verpflichteten fordern kann, in einer Blinden- oder Taubstummenanstalt oder doch an einem Orte, von dem aus eine solche Anstalt besucht werden kann, untergebracht werden (§§ 6, 11, 12; Ausführungsanw. v. 21. 12. 11). Die an die Grundschule sich anschließende Mittelschule, die durch Erl. v. 3. 2. 10 eine Neuordnung erfahren hat, erledigt ihr Lehrziel in sechs Jahresklassen bei durchschnittlich etwa 5 Unterrichtsstunden am Tage. Der Unterricht ist von der fünften Klasse an ausgedehnt auf Englisch und Französisch unter besonderer Pflege des Sprechens in diesen Sprachen. Verbindlich ist nur der Unterricht in einer fremden Sprache. Guten Schülern darf mit Genehmigung der Regierung von der dritten Klasse an die Erlernung einer zweiten fremden Sprache gestattet werden. Auf die Anforderungen des praktischen Lebens ist auch in den übrigen Unterrichtsfächern, besonders im Zeichnen und Rechnen, in Naturlehre und Geschichte Bedacht zu nehmen. Die Teilnahme am Handarbeits-, Gartenarbeits- und Haushaltungsunterricht ist in der Regel unverbindlich. Für Mittelschulen, die auf den Besuch einer höheren Schule vorbereiten sollen, ändert sich der Lehrplan dementsprechend. Das Diensteinkommen der Mittelschullehrer ist geordnet durch G. v. 27. 4. 22, geändert durch G. v. 9. 11 und 17. 11. 22. Für die höheren Schulen, das Gymnasium, das Realgymnasium, die Oberrealschule und die Realschule (höhere Bürgerschule) sind die Lehrpläne und Reifeprüfungen durch Erl. v. 6. 1. 92 festgestellt. Die für das Lehramt an diesen Schulen abzulegende Prüfung ist durch die Prüfungsordnung v. 5. 2. 87 vorgeschrieben. Das Gymnasium, zum großen Teil auch das Realgymnasium, soll auf die an der Universität gelehrten wissenschaftlichen Fächer vorbereiten. Das Reifezeugnis der beiden andern Anstalten berechtigt nicht zum Studium der Theologie und der klassischen Philologie. In dem Lehrplan des Gymnasiums überwiegt das Studium des klassischen Altertums, in dem der Oberrealschule das Studium der neueren Sprachen (Französisch und Englisch), während das auf den Unterricht im Griechischen verzichtende Realgymnasium einen mittleren Lehrplan verfolgt. Beim Geschichtsunterricht ist darauf Wert zu legen, das Verständnis der Gegenwart zu erschließen (Erl. des M. v. 10. 1. 23). Der Unterrichtsbetrieb dieser Anstalten ist so geordnet, daß sie ihr Lehrziel in neun Jahresklassen erreichen. Für die Realschule gilt der Lehrplan für die Klassen VI bis II B der Oberrealschule. Die Versetzung zur Obersekunda und die Reifezeugnisse der nur mit 6 Klassen ausgestatteten Anstalten gewähren die Berechtigung zur Laufbahn des Subalternbeamten. Die Neuordnung des höheren Mädchenschulwesens beruht auf den durch Erl. v. 31. 5. 94 gegebenen Vorschriften, denen auch die Prüfungsordnung für die Lehrerinnen und Schulvorsteherinnen an diesen Schulen beigefügt ist. Für den Unterricht sind, wenn von der Unterstufe abgesehen wird, bei einer Zahl von 28 bis 30 Stunden wöchentlich sechs Jahreskurse vorgesehen, es können jedoch wahlfreie Lehrkurse angegliedert werden. Das Lehrziel geht, abgesehen von dem Unterricht in Deutsch, Französisch und Englisch, in denen auf Erzielung einer gewissen Sprachfertigkeit Gewicht gelegt wird, über das der Mittelschule nicht wesentlich hinaus. Mit häuslichen Arbeiten sollen die Schülerinnen nur in geringem Maße (in der Mittelstufe sollen höchstens 1½ Arbeitsstunden gefordert werden, in der Oberstufe höchstens 2 Arbeitsstunden täglich), mit Ferienarbeiten gar nicht belastet werden.

An die Volksschule als allgemeine Bildungsschule schließt sich die **Fortbildungsschule** (Berufsschule) an, die in der ihr zur Verfügung stehenden geringen Unterrichtszeit von oft nur 6 Stunden wöchentlich den Lehrstoff der Volksschule zu vertiefen und in der Richtung des praktischen Berufes zu ergänzen hat (vgl. Erl. des M. v. 2. 2. 76 und 30. 10. 95). Sie ist für die bereits im Erwerbsleben tätige Jugend bestimmt und hat den besonderen Bedürfnissen des gewerblichen, kaufmännischen und hauswirtschaftlichen Berufes Rechnung zu tragen (vgl. die Lehrpläne im Erl. des HM. v. 1. 7. 11). An der gewerblichen Fortbildungsschule ist hauptsächlich das Zeichnen, an der kaufmännischen die Buchführung und der kaufmännische Schriftwechsel zu pflegen (vgl. Erl. v. 14. 1. 84). Nach § 120 GewO. sind die Gewerbeunternehmer gehalten, ihren Arbeitern unter achtzehn Jahren die zum Besuch der Fortbildungsschule, auch einer für Frauen bestimmten Handarbeits- oder Haushaltungsschule erforderliche Zeit einzuräumen. Durch Satzung der Gemeinde oder eines weiteren Kommunalverbandes kann für Arbeiter unter 18 Jahren, einschließlich der weiblichen Handlungsgehilfen und Lehrlinge, die Verpflichtung zum Besuch der Fortbildungsschule begründet werden. Zum Erlaß einer solchen Satzung sind diese Körperschaften durch V. des M. für Demobilmachung v. 28. 7. 10 — die auch über den 31. 10. 23 in Kraft geblieben ist — ermächtigt worden. Diese Schulpflicht kann auch für Landkreise auf Grund des für Schlesien ergangenen G. v. 2. 7. 10 und für ländliche Fortbildungsschulen auf Grund des in Brandenburg und anderen Provinzen geltenden G. v. 19. 5. 13 (Ausführungsanw. v. 16. 8. 13) den männlichen Personen und zwar für drei aufeinanderfolgende Winterhalbjahre auferlegt werden. Das Diensteinkommen der an den Pflichtfortbildungsschulen angestellten Lehrkräfte, sofern diese Schulen vom HM. den öffentlichen Berufsschulen gleichgestellt sind, ist durch Pr. G. v. 17. 10. 22 geregelt. Zur Deckung der Unterhaltskosten dieser Schulen dürfen die Schulträger (abgesehen von dem staatlichen Zuschusse) von den Arbeitgebern dieser Schulen und von den regelmäßig 5 Arbeiter beschäftigenden Betrieben nach § 16 Beiträge erheben. Zur Vorbildung für bestimmte Gewerbezweige sind die **Fachschulen** bestimmt. Hier sind namentlich die **Baugewerkschulen** und die **Navigationsschulen** zu nennen. Über die Einrichtung und den Betrieb der ersteren sind unter dem 1. 6. 08 Vorschriften von dem HM. gegeben. Diese Baugewerkschulen, die für die Ausbildung der mittleren technischen Beamten von besonderem Werte sind, sind für fünf Jahresklassen eingerichtet, von denen die drei unteren für die Hochbau- und Tiefbauabteilung gemeinsam sind. Zur Aufnahme wird außer der Vollendung des 16. Lebensjahres die Beherrschung des Lehrstoffs einer mehrklassigen Volksschule, die in der Regel durch eine Aufnahmeprüfung nachzuweisen ist, und mit gewissen Ausnahmen eine vorherige handwerksmäßige Betätigung von 12 Monaten gefordert. Den Abschluß des Lehrgangs bildet die vor dem Prüfungsausschuß abzulegende Reifeprüfung (III der Vorschriften). Die Navigationsschulen, deren Ordnung auf dem Erlaß des HM. v. 6. 6. 04 beruht, und die Navigationsvorschulen sollen den Seeleuten Gelegenheit bieten, sich die Ausbildung zum Seesteuermann und zum Schiffer auf großer Fahrt zu verschaffen. Die Unterrichtszeit dauert in den Steuermannsklassen der Navigationsschulen 8—9 Monate, in den Schifferklassen 6 Monate. Die Aufnahme in die Steuermannsklasse ist von einer Prüfung abhängig. Die zum Erwerb der Befähigung nach einer bestimmten Fahrtzeit zur See abzulegenden Prüfungen, Schifferprüfung für Küstenfahrt, für kleine Fahrt, Steuermannsprüfung und Schifferprüfung für große Fahrt sind durch Bek. des Reichskanzlers v. 16. 1. 04 bestimmt. Staatliche oder doch staatlich unterstützte Fachschulen gibt es in weitem Umfange, so die Bergschulen, die Fachschulen der Metallindustrie, der Textilindustrie, die Maschinenbauschulen, die keramischen Fachschulen usw. (vgl. die Dienstanweisung für Direktoren und Lehrer an solchen Schulen v. 21. 11. 03). Für die Landwirtschaft sind von Bedeutung die für die Ausbildung mittlerer landwirtschaftlicher Besitzer berechneten Landwirtschaftsschulen (vgl. Reglement v. 10. 8. 75, erg. am 15. 11. 92 und 3. 6. 96) und die sonstigen landwirtschaftlichen Lehranstalten (Acker-, Obst- und Wiesenbauschulen), deren Verwaltung und Unterhaltung oder Unterstützung durch § 14 des Dotationsges. v. 8. 7. 75 von dem Staate auf die Provinzialverbände übergegangen ist. Zur Hebung des Kunstgewerbes bestehen in den größeren Provinzstädten Kunstgewerbeschulen. In den Vorbereitungsklassen werden hauptsächlich die verschiedenen Arten des Zeichnens geübt, in den folgenden Klassen werden praktische Übungen in den verschiedenen Zweigen des Kunstgewerbes betrieben.

Der wissenschaftlichen Fachbildung dienen die Universitäten, die hauptsächlich für die Berufe der Geistlichen, Richter, Ärzte und Lehrer vorbereiten. Durch den Zusammenschluß der vier Fakultäten, von denen die philosophische die nicht an die drei anderen

Fakultäten abgegebenen Lehrgegenstände in sich vereinigt, zu einer einheitlichen Universität ist es jedoch den Studierenden ermöglicht, eine allgemein wissenschaftliche Bildung zu gewinnen. Zum Studium werden nur diejenigen zugelassen, die im Besitz eines Reifezeugnisses sich befinden (vgl. S. 34), wobei jedoch zu bemerken ist, daß das Reifezeugnis eines Realgymnasiums oder einer Oberrealschule zum Studium der Rechtswissenschaft oder der Medizin nur genügt, wenn der Nachweis der Kenntnis des Lateinischen nachgebracht wird (Bek. v. 8. 7. 19). Weitere Vorschriften über die Zulassung sind in den der landesherrlichen Bestätigung unterliegenden Satzungen der einzelnen Universitäten enthalten. Die Aufnahme der Studierenden vollzieht sich durch Einschreibung in die Matrikel (Immatrikulation), wodurch sie das akademische Bürgerrecht erwerben und der von dem Universitätsrichter unter Mitwirkung des Rektors und des Senats gehandhabten akademischen Disziplin gemäß den Disziplinar-Vorschriften v. 1. 10. 79, geändert am 8. 8. 84 und 6. 1. 05, unterworfen werden. Nach der V. des Pr. Staatsministeriums v. 18. 9. 20, die auch für die den Universitäten gleichartigen Hochschulen gilt, bilden die voll immatrikulierten deutschen Studierenden die Studentenschaft, die auf ihren Antrag, wenn sie sich eine der V. entsprechende Verfassung gibt, als Vertreter der Gesamtheit der Studierenden anzuerkennen ist. Zur Unterstützung in wirtschaftlichen Angelegenheiten ist ihr unter Beteiligung von Dozenten oder Beamten der Hochschule ein Vermögensbeirat beizuordnen. Die Verwaltung der eigenen Angelegenheiten der Universität, insbesondere die Verteilung der Vorlesungen wird innerhalb der Fakultäten durch die ordentlichen Professoren der Fakultät und den von diesen gewählten Dekan, im übrigen durch den von den Professoren gewählten Rektor und den akademischen Senat besorgt. Die Fakultät hat auch bei Neubesetzung einer Professur, wobei nicht nur die Lehrbefähigung, sondern wesentlich auch die Bedeutung als wissenschaftlicher Forscher in Betracht kommt, ein Vorschlagsrecht. Als Beauftragter des Ministers ist bei jeder Universität ein Kurator bestellt. Nach dem Vorbilde der Universität sind auch die Einrichtungen bei den Technischen Hochschulen, der Bergakademie in Klausthal, den Landwirtschaftlichen Hochschulen und den mit der Universität verbundenen landwirtschaftlichen Instituten (Berlin und Bonn-Poppelsdorf), den Tierärztlichen Hochschulen (Berlin und Hannover), den Forstakademien (Eberswalde und Münden) sowie den Handelshochschulen gestaltet. An Stelle des Senats tritt jedoch hier regelmäßig das gleichartige Professorenkollegium. Das Recht zur Verleihung der Doktorwürde ist durch Allerhöchsten Erlaß v. 11. 10. 99 auch den technischen Hochschulen (Verleihung des Titels Dr.-Ingenieur) und durch Erl. des landw. M. v. 20. 9. 18 der landwirtschaftlichen Hochschule Berlin zugeteilt. Die Universitäten dienen zugleich Forschungszwecken. Eine besondere Anstalt für Erdbebenforschung ist die hierfür durch V. v. 4. 9. 23 in Jena errichtete Reichszentralstelle. Verschieden von der Universität ist die Akademie der Wissenschaften in Berlin und die Gesellschaft der Wissenschaften in Göttingen, welche beide eine Vereinigung hervorragender Gelehrter zur Förderung der Wissenschaft darstellen. Sie sondern sich in eine physikalisch-mathematische und eine philosophisch-historische Klasse und bestehen aus ordentlichen, aus auswärtigen und aus Ehrenmitgliedern (deren Wahl die landesherrliche Bestätigung erfordert) sowie aus korrespondierenden Mitgliedern. Nach der Satzung der Berliner Akademie v. 28. 3. 81 sind den ordentlichen Mitgliedern der beiden Klassen je 27 Stellen vorbehalten. Eine ähnliche Stellung wie die Akademie der Wissenschaften nimmt auf dem Gebiete der Kunst die aus gewählten ordentlichen Mitgliedern und Ehrenmitgliedern bestehende Akademie der Künste ein, die jedoch zugleich eine von dem Präsidenten und dem Senat geübte Verwaltungstätigkeit hat. Der Senat, dessen Mitglieder vom Minister berufen werden, zerfällt, wie die Genossenschaft der ordentlichen Mitglieder, in eine Sektion für bildende Künste und eine andere Sektion für Musik. Er ist technische Kunstbehörde und künstlerischer Beirat des Ministers (§ 13 der durch Allerh. Erl. v. 19. 6. 82 genehmigten Satzung der Akademie). Untergeordnet ist der Akademie die von einem Direktor unter Mitwirkung des Lehrerkollegiums verwaltete Hochschule für die bildenden Künste nebst den hierzu gehörigen Meisterwerkstätten, die unter Leitung eines ausübenden Künstlers — der als solcher Mitglied des Senats ist — den von ihm angenommenen Schülern Gelegenheit zu selbständiger künstlerischer Tätigkeit geben sollen. Untergeordnet ist ferner die Hochschule für Musik nebst ihren Meisterschulen und die Anstalt für Kirchenmusik. Die Musikhochschule untersteht unmittelbar einem aus den Vorstehern der vier Abteilungen und dem zweiten ständigen Sekretär der Akademie sich zusammensetzenden Direktorium (§ 76 der Satzung der Akademie). Neben der Akademie bestehen Kunstakademien in Königsberg, Kassel und Düsseldorf.

Als beratende Zentralbehörde ist nach dem Allerh. Erl. v. 7. 5. 80 die Akademie des Bauwesens gestaltet, deren Mitglieder auf Vorschlag des Ministers landesherrlich (jetzt durch das Pr. Staatsministerium) zu ernennen sind und in zwei Abteilungen, die Abteilung für den Hochbau und die für das Ingenieur- und Maschinenwesen zerfallen. Ihr sind alle wichtigen öffentlichen Bauunternehmungen (Bek. v. 13. 9. 81) zur Beurteilung vorzulegen. Erwähnt sei noch, daß die Bestrebungen der neueren Zeit, die Ergebnisse der Wissenschaft weiteren Volkskreisen zugänglich zu machen, zur Einrichtung von Volkshochschulkursen an Universitäten und an anderen Orten geführt haben (vgl. Min.-Erlasse v. 23. 4. und 30. 4. 19).

Eine Einwirkung auf den Unterrichtsbetrieb und das Erziehungswesen steht dem Staate kraft seines Aufsichtsrechts auch gegenüber privaten Unternehmungen zu. Nach §§ 3, 8 II 12 ALR., der KabO. v. 10. 6. 34 und der Ministerialinstruktion v. 31. 12. 39 hat ein jeder, welcher eine Schule oder Erziehungsanstalt errichten oder gewerbsmäßig Unterricht erteilen will, sich zuvor über seine geistige und sittliche Befähigung auszuweisen. Bei Erteilung der Erlaubnis ist auch zu prüfen, ob ein Bedürfnis für einen solchen Privatunterricht anzuerkennen ist und ob dadurch nicht in schädlicher Weise den öffentlichen Schulen Eintrag geschieht. Über die Erlaubnis an Ausländer s. Vfg. v. 20. 5. und 21. 7. 63. Für Privatschulen, die als Ersatz öffentlicher Schulen dienen sollen, ist in Art. 147 RV. die Genehmigung allgemein für erforderlich erklärt. Zu verlangen ist eine Gleichwertigkeit der Schuleinrichtungen und der Lehrkräfte, deren Stellung außerdem in wirtschaftlicher und rechtlicher Hinsicht genügend gesichert sein muß (vgl. G. v. 17. 12. 20). Auch darf eine Trennung der Schüler nach den Besitzverhältnissen der Eltern nicht gefördert werden. Eine private Volksschule darf nur zugelassen werden, wenn damit dem Verlangen der Minderheit der Erziehungsberechtigten nach Errichtung einer Volksschule ihres Bekenntnisses (Art. 146) Genüge geschieht oder aus pädagogischen Gründen die Errichtung angezeigt ist. Private Vorschulen sind nur ganz ausnahmsweise zu gestatten (G. v. 28. 4. 20). Besondere Vorschriften über den Privatunterricht in gewerblichen oder kaufmännischen Fächern sind in der Bundesratsbek. v. 2. 8. 17 gegeben. Es bedarf hier, wenn anzunehmen, daß der Unterricht gewerbsmäßig an Personen erteilt wird, die als Angestellte ihre Kenntnisse verwerten wollen, einer Erlaubnis, die aus den in § 2 bestimmten Gründen (Unzuverlässigkeit, mangelnde Befähigung, Fehlen der zum einwandfreien Betriebe erforderlichen Mittel oder Räumlichkeiten) zu versagen ist, auch wegen mangelnden Bedürfnisses versagt werden kann. Die Erlaubnis kann, wenn nachträglich ein Versagungsgrund ersterer Art sich herausstellt, nach § 4 zurückgenommen werden, sie kann nach § 3 von vornherein unter Bedingungen erteilt werden. Die Zulässigkeit der Beschwerde bestimmt sich nach Landesrecht. Diese Bestimmungen sind ausgedehnt durch V. des Pr. M. v. 5. 5. 19 auf Theaterunterricht und dergleichen, auf Musikunterricht für gewerbliche musikalische Leistungen, auf die Ausbildung mittlerer oder niederer Staats- oder Gemeindebeamten sowie auf den landwirtschaftlichen, forstwirtschaftlichen und gärtnerischen Unterricht, auch durch V. v. 27. 9. 21 auf den Unterricht in der Heilkunde. Hinsichtlich der drei ersteren Fächer sind in dem Erlaß v. 5. 5. 19 nähere Bestimmungen getroffen. So ist z. B. bestimmt, daß die Erlaubnis in der Regel nur widerruflich zu erteilen ist, daß wesentliche Änderungen in der Einrichtung der Schulen, auf Verlangen auch die Ankündigungen des Betriebs der Schulaufsichtsbehörde zur Genehmigung vorzulegen sind (Nr. 5, 7 u. 10). Über den Privatmusikunterricht sind nach Anleitung des Erlasses v. 3. 5. 22 fortlaufend Verzeichnisse zu führen. Soweit die gewerblichen Privatschulen nicht in dem Erl. v. 5. 5. 19 berücksichtigt sind, sind die wesentlich gleichartigen Bestimmungen des Erl. v. 1. 5. 17 zur Anwendung zu bringen.

§ 10. Förderung der Bildung im allgemeinen.

Eine große Förderung des geistigen Strebens, besonders auf wissenschaftlichem und künstlerischem Gebiete bedeutet die Anerkennung des Urheberrechts an geistigen Schöpfungen, wobei es darauf, ob der Wert ein größerer oder geringerer ist, wie bei Briefen, Programmen usw. (RG. 66, 227) nicht ankommen kann, sondern nur darauf, ob das Werk das Erzeugnis einer individuellen geistigen Tätigkeit ist. Das Urheberrecht erstreckt sich auf Schriftwerke, Tonwerke, Bildwerke, Lichtbilder, gewerbliche und chemische Erfindungen (G. v. 16. 6. 1901 über das Urheberrecht an Werken der Literatur und Tonkunst, das auch auf Abbildungen sich bezieht, G. v. 9. 1. 07 über Werke der bildenden Kunst und der Photographie, v. 11. 1. 76 über Geschmacksmuster, v. 1. 6. 91 über Gebrauchsmuster, Patentges. v. 7. 4. 91). Geschützt ist nicht der dem Werke zugrunde liegende Gedanke, sondern die eigenartige Formgebung. Es ist niemandem verwehrt, den gleichen Gedanken in anderer Gestaltung, die sich aber als ein neues Werk, nicht als eine bloße Nachahmung darstellen muß, wiederzugeben. Die Nachbildung eines bereits vorhandenen Werkes durch ein anderes Werk der bildenden Kunst oder Photographie (§ 15 Abs. 2, vgl. auch § 16 G. v. 9. 1. 07) gilt als ein neues, das Urheberrecht begründendes Werk, vorausgesetzt, daß der geschützte Urheber des Originalwerks seine Einwilligung zur Ausübung dieser Befugnisse gegeben hat, desgleichen die Nachbildung von Gebrauchsmustern für Flächenerzeugnisse durch plastische Muster oder umgekehrt (§ 6 Nr. 2 G. v. 11. 1. 76), ferner die Übertragung eines Werkes der Tonkunst auf ein mechanisches Musikinstrument (§ 22 G. v. 19. 6. 01), nicht aber die Übertragung eines Schriftwerks in eine andere Sprache, eine andere Mundart oder in dramatische Form (§§ 2, 11ff. das.). Patente werden nur erteilt für neue, unmittelbar im Gewerbetriebe verwertbare Erfindungen, jedoch nur in der Weise, daß die Herstellung chemischer Stoffe, auch von Nahrungs-, Genuß- oder Arzneimitteln mittels eines anderen als des in der Patentanmeldung beschriebenen Verfahrens nicht beschränkt ist (§ 2 des Patentges.). Keinen Schutz genießen die für die Öffentlichkeit bestimmten Werke; zulässig ist insbesondere der Abdruck von Gesetzen und amtlichen Schriften, der Abdruck von öffentlichen Vorträgen, auch von Nachrichten aus Zeitungen im Gegensatz zu Ausarbeitungen, sofern bei dem Zeitungsabdruck die Quelle angegeben ist und nicht etwa alle Rechte vorbehalten waren (§§ 18, 17 G. v. 19. 6. 01), sowie die Vervielfältigung von Werken an öffentlichen Wegen oder Plätzen in anderer Kunstform (§§ 20/21 G. v. 9. 1. 07). Auf Bauwerke findet das angeführte Gesetz (§ 2) überhaupt nur Anwendung, soweit sie künstlerische Zwecke verfolgen. Das Patentrecht unterliegt insofern einer gewissen Beschränkung, als die Wohltat der Erfindung der Öffentlichkeit nicht vorenthalten werden darf. Der Patentinhaber muß sich die Benutzung der Erfindung nach Bestimmung des Reichskanzlers für das Heer oder die Flotte oder sonst im Interesse der öffentlichen Wohlfahrt gegen angemessene Vergütung gefallen lassen und darf auch im übrigen nach Ablauf von 3 Jahren die Erlaubnis zur entgeltlichen Benutzung des Patents, wenn dies im öffentlichen Interesse geboten ist, bei Vermeidung der Zurücknahme des Patents nicht verweigern (§§ 5, 11 des Patentges.). Das Patent kann auch dann zurückgenommen werden, wenn in dieser Zeit der Patentinhaber die Erfindung nicht zur Ausführung gebracht hat oder doch nicht alles getan hat, um die Ausführung zu sichern (§ 11). Eine ähnliche Einschränkung erfährt das Urheberrecht dadurch, daß, um den Fortschritten auf geistigem Gebiete keine Hindernisse zu bereiten, die Aufnahme einzelner Aufsätze von geringem Umfange oder kleiner Kompositionen in eine selbständige wissenschaftliche Arbeit oder in ein zu Unterrichtszwecken usw. dienendes Sammelwerk gestattet ist (§§ 19 bis 24 G. v. 19. 6. 01, §§ 19/21 G. v. 9. 1. 07). Dem Anspruch des Urhebers auf literarische Ehre ist durch die Vorschrift Rechnung getragen, daß bei dem Abdruck die Quelle angegeben werden muß (§ 25 das.).

Innerhalb der angegebenen Grenzen hat der Urheber ausschließlich das Recht, über die Vervielfältigung und gewerbsmäßige Verbreitung, bei einem Werke der Tonkunst oder einem Bühnenwerke auch über die öffentliche Aufführung, über den öffentlichen Vortrag eines Schriftwerks oder einer Rede, solange das Werk selbst noch nicht erschienen ist (§ 11 G. v. 19. 6. 01), bei einem Werke der bildenden Künste oder einem Geschmacksmuster über ihre Nachbildung Bestimmung zu treffen (§ 1 G. v. 9. 1. 76, § 1 G. v. 11. 1. 76). Eine Vervielfältigung zu persönlichem Gebrauche, die unentgeltlich bewirkt wird, die nicht zur gewerbsmäßigen Verbreitung angefertigte Einzelkopie eines Geschmacksmusters und die öffentliche unentgeltliche Aufführung eines Tonwerks (mit Ausnahme der bühnenmäßigen Aufführung) ist jedoch freigegeben (§§ 15, 27 G. v. 19. 6. 01, § 18 G. v. 9. 1. 07, § 6 Nr. 1 G. v. 11. 1. 76). Das Urheberrecht am Gebrauchsmuster gibt das ausschließliche Recht, das Muster gewerbsmäßig nachzubilden, den nachgebildeten Gegenstand in Verkehr zu bringen, feilzuhalten oder zu gebrauchen (§ 4 G. v. 1. 6. 91). Die gleichen Wirkungen sind hinsichtlich des patentierten Gegenstandes mit dem Patentrecht verbunden (§ 4 des Patentges.). Die Schutzfrist dauert nach dem G. v. 19. 6. 01 30 Jahre seit dem Tode des Urhebers, läuft jedoch nicht vor 10 Jahren seit der ersten Veröffentlichung des Werkes ab (§ 29). Bei Photographien beschränkt sich der Schutz auf 10 Jahre seit Erscheinen des Werkes (§ 26 G. v. 9. 1. 07), bei Geschmacksmustern und Gebrauchsmustern auf 3 Jahre, kann indes durch Entrichtung der vorgeschriebenen weiteren Gebühren bei Geschmacksmustern (§ 8 G. v. 11. 1. 76) auf 15 Jahre, bei Gebrauchsmustern (§ 8 G. v. 1. 6. 91) auf

6 Jahre verlängert werden. Die Dauer des Patents beträgt 15 Jahre, vorausgesetzt, daß für jedes Jahr die jährlich steigende Gebühr rechtzeitig entrichtet wird (§§ 7 bis 9 des Patentges. und wegen der Höhe der Gebühren G. v. 27. 6. 22, jetzt v. 29. 10. 23). Der Schutz ist hier davon abhängig, daß auf öffentliche Bekanntmachung dem Antragsteller das Patent erteilt ist (siehe über das Verfahren auch V. v. 11. 7. 91). Das Geschmacksmuster und das Gebrauchsmuster müssen unter Niederlegung eines Musters oder einer Abbildung, ersteres in das gerichtliche Musterregister (§§ 7, 9 G. v. 11. 1. 76), letzteres in die Rolle des Patentamts (§§ 2, 3 G. v. 1. 6. 91) eingetragen sein. Wegen der Schutzrechte der Ausländer s. Bek. v. 20. 2., 12. 2. und 31. 3. 15, wegen Beschränkung der Schutzrechte feindlicher Staatsangehöriger s. Bek. v. 1. 7. u. 2. 7. 15. Das Urheberrecht und das Patentrecht ist übertragbar und vererblich. Bei Bildnissen einer Person geht das Recht der Nachbildung, falls nicht anderes vereinbart ist, auf den Besteller über (§ 18 Abs. 2, vgl. auch § 22 G. v. 9. 1. 07). Die vorsätzliche oder fahrlässige Verletzung des Urheberrechts macht schadensersatzpflichtig. Schadensersatzpflichtig ist auch, wer eine zu Recht patentierte Erfindung wissentlich oder aus grober Fahrlässigkeit in Benutzung genommen hat (§ 35 Patentges.). Die vorsätzliche Verletzung des Urheberrechts oder Patentrechts zieht ferner bei Stellung des Strafantrags Bestrafung nach sich. Das Patentges. ist in neuer Fassung veröffentlicht am 7. 12. 23 (Schutzfrist auf 18 Jahre verlängert) am gleichen Tage das G. über den Schutz von Gebrauchsmustern und das G. über den Schutz der Warenbezeichnung.

Von wohltätigem Einfluß auf die Hebung des geistigen Lebens, auf die Fortentwicklung von Wissenschaft und Kunst ist es, daß die hierfür bedeutsamen Gegenstände in öffentlichen Sammlungen zur Schau gestellt sind (in naturkundlichen Sammlungen, wozu auch botanische und zoologische Gärten zu rechnen sind, und in geschichtlichen, insbesondere kulturgeschichtlichen und kunstgeschichtlichen Sammlungen). Die auf den verschiedenen Wissensgebieten erschienenen Schriftwerke werden zur öffentlichen Benutzung in Büchereien vereinigt; die Verleger haben ein Freiexemplar an die früher Königl. Bibliothek und die Provinzial-Universitätsbibliotheken abzugeben (G. v. 12. 5. 1851). Die für den Staat oder die Landeskunde besonders wichtigen Urkunden oder sonstigen Denkwürdigkeiten werden in öffentlichen Archiven (Staatsarchiv, Archive für die verschiedenen Provinzen) aufbewahrt. Beschränkteren Zwecken dienen Amtsbüchereien, Schulbüchereien und Volksbüchereien. Einen wichtigen Dienst für die Wissenschaft leistet ferner der Staat durch Erhaltung der Naturdenkmäler, die über die Vorzeit Auskunft geben. Ausgrabungen nach derartigen Gegenständen, die für die Kulturgeschichte oder die Urgeschichte von erheblicher Bedeutung sind, dürfen nach dem Pr. Ausgrabungsges. v. 26. 3. 14 (Ausführungsbestimmungen v. 30. 7. 20), damit hierbei im öffentlichen Interesse die nötige Sorgfalt beobachtet wird, nur mit Genehmigung des Regierungspräsidenten stattfinden, dem der Rat des Provinzialkonservators zur Seite steht. Die Ablieferung des durch Ausgrabung oder gelegentlichen Fund entdeckten Gegenstandes kann, wenn zu besorgen, daß er sonst der inländischen Denkmalspflege verlorengehe, gegen Entschädigung von dem Staate, der Provinz, dem Kreise oder der Gemeinde binnen 3 Monaten seit Anzeige der Entdeckung, die bei gelegentlichem Fund am nächsten Werktag der Ortspolizeibehörde zu machen ist, verlangt werden (§§ 5, 8 ff.). Der Bewahrung der Naturdenkmäler ist auch sonst bei öffentlichen Bauten und anderen Gelegenheiten besondere Aufmerksamkeit zu schenken (Erl. v. 5. 1. 05). Auch auf den Schutz gewisser Tierarten und Pflanzenarten ist zur Erhaltung ihrer Art Rücksicht zu nehmen, wie auf Grund des G. v. 8. 7. 20 durch die von den M. f. Landwirtsch. und f. Wissensch. am 30. 5. 21 erlassene Polizeiverordnung vorgeschrieben ist. Durch RG. v. 8. 5. 20 (Ausführungsbest. v. 7. 2. 21) ist ferner Vorsorge getroffen, daß die bisherigen Körperschaften, Anstalten oder Stiftungen des öffentlichen Rechts, auch wenn sie demnächst die Rechtsform des Privatrechts annehmen, desgleichen Familienstiftungen, Besitzer oder Verwalter von Familienfideikommissen, Lehen, Stammgütern oder Hausvermögen bei Strafvermeidung bewegliche Gegenstände von geschichtlichem, wissenschaftlichem oder künstlerischem Werte nur mit Genehmigung der obersten Landesbehörde oder der von dieser zu bestimmenden Behörde veräußern, verpfänden, wesentlich verändern oder aus dem Reichsgebiet ausführen dürfen. Die Genehmigung ist, wenn es sich um Gemeinden, Kreise oder Provinzen handelt, von der staatlichen Aufsichtsbehörde (§§ 16, 30 ZustG. v. 1. 8. 83, Nr. VI der Ausführungsbest. v. 7. 2. 21) zu erteilen; gegen deren Entscheidung geht die Beschwerde an den M. für W., dem in der Person des Landeskonservators ein sachverständiger Berater beigeordnet ist. Über die Behandlung der Anträge auf Erteilung der Genehmigung s. den Erl. v. 17. 6. 05. Die Ausfuhr von Kunstwerken, die wegen ihres Wertes für die nationale Kunst in das vom Reichsminister des Innern zu führende Verzeichnis einzutragen sind, ist durch V. v. 11. 12. 19 (Ausführungsbest. vom gleichen Tage) allgemein von der Genehmigung des Reichskommissars abhängig gemacht.

Von nicht zu unterschätzendem Einfluß auf die geistige Fortentwicklung ist die Lage des Papiermarktes. Die jetzige ungemeine Verteuerung des Papiers hat dazu geführt, zur Milderung der Not der Presse besondere Maßnahmen durch G. v. 21. 7. 22, 3. 3. 23 und 22. 3. 23 zu treffen. Die in §§ 2 u. 3 bestimmte Abgabe ist jetzt durch V. v. 1. 11. 23 und § 62 der dritten StNotV. v. 14. 2. 24 aufgehoben. — Hervorzuheben ist noch, daß die geistige Erziehung der Kinder unter Aufsicht des Staates steht, der das Erziehungsrecht wegen Mißbrauchs (§§ 1666 ff. BGB.) beschränken, auch die Fürsorgeerziehung gemäß dem Jugendwohlfahrtsges. v. 9. 7. 22 anordnen kann. Vgl. auch §§ 6 und 18.

§ 11. Förderung des religiösen Lebens.

Das Interesse des Staates an Bewahrung des religiösen Lebens kommt zum Ausdruck schon in der Heilighaltung der Sonntage und kirchlichen Feiertage, die nach christlicher Sitte vorzugsweise zur religiösen Erbauung bestimmt sind. Zu den allgemeinen Feiertagen gehören auch der zweite Weihnachtsfeiertag, der Ostermontag und Pfingstmontag; die Absicht, politische Gedenktage als allgemeine Feiertage einzuführen (vgl. wegen des 1. Mai G. v. 17. 4. 19) ist nicht zur Ausführung gekommen. Durch die in Preußen gemäß der KabO. v. 7. 2. 37 von den höheren Verwaltungsbehörden erlassenen polizeilichen Bestimmungen ist dafür gesorgt, daß die allgemeinen Feiertage von gewerblichen und geschäftlichen Verrichtungen, die in der Öffentlichkeit hervortreten, frei bleiben (vgl. § 366 Nr. 1 StGB.). Nach §§ 105 b ff. GewO. dürfen in Fabriken, in Werkstätten und bei Bauten Arbeiter an Sonn- und Festtagen, soweit nicht etwa nach der Art des Betriebes eine Unterbrechung der Arbeit ausgeschlossen ist, nicht beschäftigt werden. Ebenso ist nach der den § 105 Abs. 2 abändernden V. v. 5. 2. 19 die Beschäftigung von Gehilfen, Lehrlingen und Arbeitern im Handelsgewerbe an Sonn- und Festtagen verboten, wovon indes für 6 Tage und von der höheren Verwaltungsbehörde für weitere 4 Tage Ausnahmen bewilligt werden können (wegen dieser Ausnahmen s. die Bundesratsbek. v. 3. 4. 01). Dem entspricht die Auslegungsregel des § 193 BGB., daß die Erfüllung, wenn der Termin oder das Ende der Frist auf einen Sonntag oder staatlich anerkannten allgemeinen Feiertag fällt, erst am nächstfolgenden Werktage vorgenommen zu werden braucht.

Das staatliche Interesse an Erhaltung des kirchlichen Lebens betätigt sich ferner dadurch, daß eine jede Religionsgemeinschaft nach §167 StGB. einen erhöhten Strafschutz gegen Vergewaltigungen, und, wenn sie mit Korporationsrechten ausgestattet ist, nach §166 StGB. auch gegen Beschimpfungen (Kundgebungen in roher Form) genießt. Strafbar ist außerdem nach derselben Strafbestimmung die Gotteslästerung. Auch wer sich vom religiösen Glauben vollständig losgesagt hat, muß auf das religiöse Gefühl seiner Mitmenschen Rücksicht nehmen und darf es nicht durch öffentliche Gotteslästerung in roher Weise verletzen. Besondere Begünstigungen werden nach den verschiedensten Richtungen den christlichen Kirchen zuteil. Die Geistlichen sind in vielen Beziehungen, was namentlich die Amtsehre und die Besoldung betrifft, den Staatsbeamten gleichgestellt und das kirchliche Vermögen wird vielfach dem staatlichen gleich behandelt. Sowohl für die evangelische als für die katholische Kirche hat der preußische Staat mit Rücksicht auf die gegenwärtige Teuerung Geldmittel zur Verbesserung des Diensteinkommens der Pfarrer zur Verfügung gestellt. Die an die evangelischen Landeskirchen und an die bischöflichen Behörden zu zahlenden Renten sind zu diesem Zweck in den beiden Gesetzen v. 7. 8. 22 erhöht worden und es hat der preußische Staat, soweit nötig, vorläufig bis zum 31. März 1925, es übernommen, die zur Gleichstellung der Pfarrer in den Dienstbezügen mit den staatlichen Beamten der Besoldungsgruppe A 10 noch erforderlichen weiteren Mittel vorschußweise zu gewähren (vgl. Erl. des Oberkirchenrats v. 27. 11./21. 12. 23 und den die katholische Kirche angehenden MinErl. v. 7. 9. 23). Ein besonderes Recht steht der katholischen Kirche aus der früheren Einziehung der Stifter, Abteien und Klöster zu, indem die Pfarrgemeinde wegen der ihr hierdurch entgehenden Leistung von Kultuskosten und Pfarrdiensten auf Grund des Reichsdeputationshauptschlusses v. 25. 2. 1803 (§§ 35, 36, 63, 77) gemäß der KabO. v. 25. 9. 34 bis zur Höhe des Ertrags des säkularisierten Vermögens einen Entschädigungsanspruch gegen den Staat erworben hat (vgl. RG. 101, 10; 104, 338). Den zum Gottesdienst bestimmten Gegenständen einer jeden Religionsgemeinschaft kommt ferner ein erhöhter Strafschutz insofern zu, als ihre Beschädigung oder Zerstörung nach § 304 nicht der milderen Strafbestimmung des

§ 303 unterliegt und ihre Entwendung aus dem gottesdienstlichen Gebäude als ein unter § 243 Nr. 1 fallender schwerer Diebstahl geahndet wird. Was die sonstigen Vorrechte auf vermögensrechtlichem Gebiete anlangt, so ist zu bemerken, daß die gottesdienstlichen Gebäude der mit Korporationsrechten ausgestatteten Religionsgesellschaften nach § 3 Nr. 4 des G. v. 21. 5. 61 von der Entrichtung der Gebäudesteuer befreit sind. Die Körperschaftssteuer bleibt nach dem G. v. 30. 5. 20 in der Fassung v. 2. 5. 22 bezüglich der für religiöse Zwecke zu verwendenden Einkünfte (§ 6 Nr. 2) unerhoben. Der Vermögensteuer sind die Religionsgemeinschaften nach § 5 Nr. 3 des G. v. 8. 4. 22 überhaupt nicht unterworfen, auch nicht der Grundsteuer gemäß § 4 e G. v. 21. 5. 61. Zuwendungen an inländische religiöse Vereinigungen sowie Zuwendungen zu ausschließlich kirchlichen Zwecken des Inlandes unterliegen nach § 21 Nr. 18 des Erbsch.-StG. in der F. der zweiten StNotV. v. 19. 12. 23 (wegen des Auslandes s. das. Nr. 20 Abs. 3) nicht der Erbschaftssteuer, was in gleicher Weise für Vereinigungen zur Pflege einer Weltanschauung gilt. Von Gerichtskosten bleiben die Kirchen nach §§ 8, 115 des Pr. Gerichtskostenges. v. 31. 10. 22, Kais. V. v. 24. 12. 83 insoweit frei, als nach dem Zeugnisse des Regierungspräsidenten (V. v. 30. 1. 93) ihre Einnahmen die planmäßigen Ausgaben nicht überschreiten. Alle Religionsgesellschaften mit Körperschaftsrechten besitzen ferner nach Art. 137 RV. das wichtige Recht, daß sie die Mitglieder auf Grund der bürgerlichen Steuerlisten nach Maßgabe der landesrechtlichen Bestimmungen zur Besteuerung heranziehen dürfen. Aus diesem Grunde hauptsächlich ist es für die Religionsgesellschaften von Bedeutung, daß sie, sofern sie durch ihre Verfassung und die Zahl ihrer Mitglieder die Gewähr der Dauer bieten, die Einräumung der Rechte einer Körperschaft des öffentlichen Rechtes verlangen können. Hinsichtlich der Besteuerung wird von den Gemeinden der evangelischen Landeskirche der älteren preußischen Provinzen nach dem Kirchengeſ. v. 26. 5. 05 und Staatsges. v. 14. 7. 05 in der Weise verfahren, daß die Kirchensteuer auf Grund eines Kirchengemeindebeschlusses, welcher der Genehmigung durch die kirchliche und staatliche Aufsichtsbehörde bedarf, von dem Gemeindekirchenrat in Form eines Zuschlags zur Staatseinkommensteuer und soweit die Besteuerung auch auf die Realsteuern erstreckt wird, auch zur Grund-, Gebäude- und Gewerbesteuer mit höchstens dem gleichen Prozentsatz veranlagt und auf Ersuchen der Kirchengemeinde von der staatlichen oder kommunalen

Vollstreckungsbehörde zur Einziehung gebracht wird. Der Veranlagte kann Einspruch und demnächst Beschwerde erheben. Gegen die Beschwerdeentscheidung des Regierungspräsidenten steht ihm die Klage bei dem Oberverwaltungsgericht offen. In gleichartiger Weise ist das Besteuerungsrecht der katholischen Kirchengemeinden durch ein ebenfalls am 14. 7. 05 erlassenes Ges. geregelt. An die Stelle der Staatseinkommensteuer ist bei der Veranlagung jetzt die Reichseinkommensteuer getreten (Übergangsges. v. 25. 11. 20 u. Vfg. des M. für W. v. 10. 2. 21). Die Befugnis zur Heranziehung der Realsteuern ist bestehen geblieben (Erl. des M. v. 31. 8. 21). Die Einziehung der Kirchensteuern ist innerhalb der erwähnten evangelischen Kirche auf Grund des § 19 Abs. 2 der RAbgO. v. 13. 12. 19 durch Erl. des RFM. v. 11. 7. 21 den Finanzämtern übertragen worden (wegen der gleichen Übertragung auf Antrag der jüdischen Synagogengemeinde s. G. v. 17. 12. 21 und Erl. des M. für W. v. 3. 12. 21). In vermögensrechtlicher Hinsicht erstreckt sich die Fürsorge des Staates aber auch darauf, daß das Kirchenvermögen unter Beteiligung der Gemeindemitglieder ordnungsmäßig verwaltet wird. In Rücksicht hierauf ist durch G. v. 20. 6. 75 die Vermögensverwaltung in den katholischen Kirchengemeinden dem aus dem Pfarrer als Vorsitzendem und mehreren (meist 4 bis 10) von der Gemeinde auf 6 Jahre gewählten Kirchenvorstehern bestehenden Kirchenvorstande zugewiesen worden. Von dem Kirchenvorstande wird ein besonderer Rechnungsführer gewählt. Wichtigere Beschlüsse (über Grundeigentum, Neubauten, Anleihen, Umlagen, Vergleiche, Prozesse usw.) bedürfen der Genehmigung der Gemeindevertretung. Die Zahl der ebenfalls auf 6 Jahre zu wählenden Gemeindevertreter soll das Dreifache der Zahl der Kirchenvorsteher ausmachen. Wahlberechtigt sind alle männlichen, volljährigen und selbständigen Gemeindemitglieder, die nicht durch Ehrverlust oder Verfügungsunfähigkeit ausgeschlossen sind. Ausnahmsweise kann die Bildung einer Gemeindevertretung unterbleiben. Aufsichtsbehörde ist auf staatlicher Seite der Oberpräsident, auf kirchlicher Seite die bischöfliche Behörde, welche über die Geschäftsführung der Gemeinde nur in gegenseitigem Einvernehmen Anweisungen erlassen können. Über die Vermögensverwaltung in den katholischen Diözesen s. G. v. 7. 6. 76 und V. v. 30. 1. 93. Innerhalb der evangelischen Landeskirche der älteren preußischen Provinzen bestehen nach der Kirchengemeinde- und Synodalordnung v. 10. 9. 73 u. G. v. 3. 6. 76, abgesehen von der

Provinzial- und Kreissynode, als Gemeindeorgane der **Gemeindekirchenrat** und die **Gemeindevertretung**, die übrigens nicht nur zur Mitwirkung in Angelegenheiten der Vermögensverwaltung, sondern allgemein in kirchlichen Angelegenheiten berufen sind. Sowohl für die katholische als die evangelische Kirche ist vorgeschrieben, was zum Teil ebenfalls mit Vermögensinteressen zusammenhängt, daß neue Kirchen und neue Pfarrstellen nur unter Genehmigung und Mitwirkung des Staates errichtet werden dürfen (§§ 176, 238 II 11 ALR., Art. 23 Nr. 6, Art. 24 Nr. 5 G. v. 3. 6. 76 betr. evang. Kirchenverfassung).

Von größter Bedeutung für die Belebung und Pflege der religiösen Gesinnung ist es, daß der in Übereinstimmung mit den Grundsätzen der für die Schule maßgebenden Religionsgesellschaft zu erteilende **Religionsunterricht** in Art. 149 RV. als ordentliches Lehrfach der Schule unbeschadet des Aufsichtsrechts des Staates mit Ausnahme der bekenntnisfreien Schulen anerkannt ist. Ein jeder Gewissenszwang gegen Lehrer oder Schüler (gegen letztere in der Person des Erziehungsberechtigten) ist hierbei ausgeschaltet. Die Erziehungsberechtigten können nach Art. 146 verlangen, daß innerhalb der Gemeinde eine Volksschule ihres Bekenntnisses eingerichtet wird, welchem Verlangen, sofern ein geordneter Schulbetrieb nicht beeinträchtigt wird, gemäß den nach den Grundsätzen eines Reichsgesetzes zu erlassenden landesrechtlichen Bestimmungen nach Möglichkeit stattzugeben ist. Das gleiche Recht haben die Erziehungsberechtigten wegen Einrichtung einer Volksschule ihrer Weltanschauung, mag auch diese nur einen geringen Rest religiösen Empfindens übrig lassen.

Eine weitergehende Einwirkung des Staates würde einen Eingriff in die Freiheit der Kirche darstellen. Der preußische Staat ist denn auch — abgesehen von der Bestätigung des die Gemeindewahlen in den älteren Provinzen der ev. Landeskirche abändernden Kirchengesetzes durch G. v. 8. 7. 20 — bemüht gewesen, die **Selbständigkeit** der evangelischen Kirche dadurch herzustellen, daß die verschiedenen Kirchengesetze wegen Wahl einer außerordentlichen verfassunggebenden Kirchenversammlung und wegen Übergangs des Kirchenregiments auf die Kirche die staatliche Bestätigung gefunden haben und so der Kirche die Möglichkeit gewährt ist, sich selbst eine Verfassung zu geben. Hinsichtlich der evangelischen Landeskirche für die älteren Provinzen ist dies geschehen durch G. v. 8. 7. 20, hinsichtlich der evangelischen Landeskirchen für Hannover, Schleswig-Holstein und Hessen durch G. v. 18. 4. 21, hinsichtlich der evangelisch-reformierten Kirche der Provinz Hannover, der evangelischen Landeskirche für den Konsistorialbezirk Wiesbaden und der für Frankfurt a. M. durch die Gesetze v. 27. 5. 22. Das Kirchengesetz für die evangelisch-lutherische Kirche der Provinz Hannover wegen Bildung von Gesamtverbänden ist bestätigt durch G. v. 29. 3. 22.

Fünfter Hauptteil.

Vermögensschutz.

§ 12. Eigentumsschutz.

Das Eigentum ist das Recht, unter Ausschließung anderer Personen über eine Sache tatsächlich und rechtlich zu verfügen. Das durch das Eigentum gewährte Herrschaftsrecht ist an sich ein unbeschränktes. Das hindert zwar nicht, daß einzelne Befugnisse von dem Eigentum abgetrennt werden. Mit deren Wegfall erlangt aber das Eigentum ohne weiteres seine Unbeschränktheit zurück, ohne daß das einschränkende Recht auf den Eigentümer zurückübertragen werden braucht. Das Eigentum an Grund und Boden ist nicht so zu denken, daß es sich unbegrenzt in die Höhe und in die Tiefe erstreckt. der Eigentümer darf Einwirkungen nicht verbieten, die sich in solcher Höhe oder Tiefe halten, daß er an der Ausschließung kein berechtigtes Interesse haben kann. Der Besitzer eines Grundstücks oder einer Wasserfläche muß den Überflug und in Notfällen (s. S. 210) die Landung von Luftfahrzeugen, soweit nicht für bestimmte Bezirke ein Verbot nach §§ 12, 13 des Luftverkehrsges. v. 1. 8. 22 erlassen ist, dulden; er muß auch den Weiterflug oder die Abbeförderung gelandeter Luftfahrzeuge nach Feststellung der Persönlichkeit des Halters und Führers sich gefallen lassen, ist anderseits dadurch geschützt, daß er ohne Rücksicht auf die Schuld des Unternehmers in gewisser Höhe (V. v. 6. 2. 24) unbedingt Schadensersatz beanspruchen kann, wofür der Fahrzeughalter vor der Zulassung Sicherheit zu hinterlegen hat (§§ 12, 13, 19 ff. des RLuftverkehrsges., RG. 100, 69). Über den Schutz der Heilquellen s. § 5. Im übrigen sind dem Grundeigentum durch die Rechte der Nachbarn, worauf billige Rücksicht zu nehmen ist, Schranken gezogen. Grenzüberschreitungen durch Bauten, durch herüberragende Zweige und Wurzeln (der Nachbar kann sie bei Nichtentfernung innerhalb der von ihm gesetzten angemessenen Frist sich aneignen, § 910 BGB.) oder durch Früchte, die auf das Nachbargrundstück fallen (sie werden Eigentum des Nachbarn, § 911) sind nicht gestattet. Die Beseitigung des ohne grobes Verschulden des Bauenden über die Grenze hinausgehenden Teils des Baues kann jedoch der Eigentümer, wenn er nicht sogleich gegen die Grenzüberschreitung Widerspruch erhoben hat, nicht verlangen, er hat nur Anspruch auf Entschädigung in Form einer dem Nachbargrundstück aufzuerlegenden Rente (§§ 912—916). Einwirkungen auf das Nachbargrundstück durch Zuführung von Gasen, Geräuschen, Erschütterungen und dergl. darf der Grundeigentümer, falls nicht die damit verbundene Beeinträchtigung des Nachbarn eine nur unwesentliche ist oder das Maß des bei Lage dieser Grundstücke Üblichen nicht überschreitet, nicht vornehmen (§ 906, vgl. auch § 907). Anlagen, welche die Sicherheit des Nachbargrundstücks gefährden (§§ 908, 909), sind unzulässig. Was die Wasserflächen betrifft, so stehen die im Pr. Wassergesetz v. 7. 4. 13 verzeichneten Wasserläufe zweiter und dritter Ordnung (§ 8, Ausnahme in § 9) im Eigentum der Anlieger, die zur Benutzung des Wassers in unschädlicher Weise — unbeschadet des der wasserpolizeilichen Regelung unterliegenden Gemeingebrauchs (§ 39) und unbeschadet der im Interesse eines besonderen Unternehmens durch Verleihung begründeten Wasserrechte — befugt sind, auch das Recht zur Wasserableitung haben vorbehaltlich der Verpflichtung, das nicht verbrauchte Wasser vor Erreichung der Grenze zurückzuleiten (§§ 8 ff., insbesondere §§ 40, 43). Zum Rückstau über die Grenzen ihres Grundstücks sind die Anlieger nicht berechtigt. Den Ablauf des oberirdisch außerhalb eines Wasserlaufs (wild) abfließenden Wassers darf der Grundeigentümer zum Nachteil des tieferliegenden Grundstücks nicht künstlich ändern (§ 197). Über das noch nicht zutage getretene Wasser darf er frei verfügen (JW. 1921, 246[18]). Ein jeder Grundeigentümer hat endlich Anspruch auf einen Notweg, um die zur ordnungsmäßigen Benutzung des Grundstücks erforderliche Verbindung mit einem öffentlichen Wege zu erhalten (§ 917), sowie auf Verschaffung der Vorflut, falls er das außerhalb eines Wasserlaufs abfließende Wasser durch Anlagen auf seinem Grund und Boden nicht oder nur mit unverhältnismäßig hohen Kosten abführen kann (§ 330 des Pr. Wasserges.).

Das Eigentum kann unter mehreren Personen nach Bruchteilen geteilt sein. Jeder Miteigentümer hat dann hinsichtlich seines Anteils das volle Recht des Eigentümers. Den Eigentumsanspruch auf Herausgabe des Besitzes kann er jedoch nur in der Weise geltend machen, daß er Herausgabe an alle Miteigentümer fordert (§ 1011). Die Benutzung und Verwaltung einer gemeinschaftlichen Sache kann und zwar mit verbindlicher Kraft auch gegen den Rechtsnachfolger des Miteigentümers durch Mehrheitsbeschluß geregelt werden (§§ 745/6). Die zur Erhaltung der gemeinschaftlichen Sache notwendigen Maßnahmen dürfen von jedem Miteigentümer selbständig getroffen werden (§ 744 Abs. 2). Ist das Eigentum zwischen mehreren nach den Grundsätzen der Gemeinschaft zur gesamten Hand geteilt, wie dies bei der Gesellschaft und der Gemeinschaft der Miterben der Fall ist (§§ 718/9, 2040), so kann der einzelne über seinen Anteil nicht sachenrechtlich (dinglich) verfügen. Die Verfügung steht nur der Gesamtheit zu. Erst bei der Auseinandersetzung, bei welcher zwischen den Forderungen und Verbindlichkeiten des Ausscheidenden aufzurechnen ist, entscheidet sich, ob und welcher Anteil auf diesen entfällt.

Ein Sondereigentum an Sachen, die durch Einsäen, Einpflanzen oder Einbauen (auch unter Verwendung von der Eigenart des Gebäudes besonders angepaßter Maschinen, JW. 1910, 705[4]; RG. 90, 198) dem Grundstück nicht bloß zu vorübergehendem Gebrauche eingefügt sind, oder die mit einer anderen beweglichen oder unbeweglichen Sache derart zu einer körperlichen Einheit verbunden sind, daß die Trennung ohne wesentliche Schädigung dieses Bestandteils oder der Restsache nicht möglich ist, wird vom Gesetz nicht anerkannt (§§ 93—95 BGB.). Das Gesetz spricht hier von wesentlichen Bestandteilen. Der wirtschaftliche Wert der Verbindung soll nicht dadurch, daß ein dem Eigentumsrecht entsprechender Anspruch auf Abtrennung gegeben wird, vernichtet werden dürfen. An Stelle des Sondereigentums tritt hier das Miteigentum, und an Stelle des dem Eigentümer des Grundstücks oder der beweglichen Hauptsache zufallenden Alleineigentums der Anspruch auf Vergütung (§§ 946, 947, 951). Nicht anerkannt wird auch das Sondereigentum an einem Bauwerk. Dieses Recht wird nur in Gestalt eines dinglichen Rechtes, eines veräußerlichen und vererblichen Erbbaurechts (§§ 1012 ff., V. v. 15. 1. 19) geschützt. Zur Instandhaltung, zur Versicherung und anderen das Bauwerk betreffenden Leistungen (§ 2) ist der Erbbauberechtigte an sich nicht verpflichtet. Die Verpflichtung kann ihm aber als eine dingliche, nach Art der

Reallast wirksam (vgl. § 9) auferlegt werden. Mit dem Erlöschen des Erbbaurechts wird das Bauwerk Bestandteil des Grundstücks (§§ 12, 34). Der Grundeigentümer hat in diesem Falle nach § 27 dem Erbbauberechtigten eine Entschädigung für das Bauwerk zu leisten. Mit dem Untergang des Bauwerks geht das Erbbaurecht noch nicht unter (§ 13). Zur Mündelsicherheit einer an dem Erbbaurecht bestellten Hypothek ist nach §§ 18 ff. erforderlich, daß die Hypothek die Hälfte des Wertes des Erbbaurechts nicht übersteigt, daß sie als Tilgungshypothek (vgl. § 20 Nr. 1 u. 2) eingetragen wird, daß die planmäßige Tilgung spätestens 10 Jahre vor Ablauf des Erbbaurechts endigt und nicht länger dauert, als zur buchmäßigen Abschreibung des Bauwerks nach wirtschaftlichen Grundsätzen nötig ist.

Mit der Sache ist die Eigentumseigenschaft derart verbunden, daß das Eigentum überall, wo auch die Sache sich befindet, geltend gemacht werden kann. Eine Ausnahme hiervon ist gemacht zugunsten des redlichen Erwerbers einer beweglichen Sache, der den bei der Übereignung im Besitz befindlichen Veräußerer ohne grobes Verschulden als Eigentümer ansehen durfte (§ 932 BGB., § 366 HGB.). Die letzterwähnte Vorschrift geht insofern weiter, als auf dem Gebiete des Handelsrechts der gute Glaube sich nur auf das Vorhandensein der Verfügungsbefugnis des Besitzers zu erstrecken braucht. Der gute Glaube an die Rechtmäßigkeit des Besitzes des Veräußerers verschafft diesem die Legitimation (die äußere Befugnis) zur Verfügung über die Sache, so daß der Erwerber unbeschadet der Verpflichtung des Veräußerers zur Herausgabe der erlangten Bereicherung (§ 816 BGB.) vollberechtigter Eigentümer wird. Diese Begünstigung des redlichen Erwerbers greift, abgesehen von Geld und Inhaberpapieren und abgesehen von den in öffentlicher Versteigerung erworbenen Sachen, nicht Platz bezüglich gestohlener oder verlorener Sachen (§ 935). Eine weitere Begünstigung wird dem tatsächlich gutgläubigen Besitzer dadurch zuteil, daß er die bis zur Klagezustellung gezogenen Früchte, soweit sie als Ertrag der Sache anzusehen sind, und die aus den Früchten erlangte Bereicherung — diese im Falle des entgeltlichen Erwerbs — nicht herauszugeben braucht (§§ 955, 988). Der gutgläubige Besitzer kann ferner für diese Zeit wegen Beschädigung der Sache oder Nichtziehung von Früchten nicht verantwortlich gemacht werden (§ 990), er erhält die notwendigen Verwendungen — die gewöhnlichen Lasten werden durch den Fruchtbezug ausgeglichen — unbedingt ersetzt (§§ 994 f.) und erwirbt durch zehnjährige Ersitzung das Eigentum der Sache (§§ 937 ff.). Die vorstehenden Bestimmungen gelten mit Ausnahme der Ersitzung auch für Grundstücke. Anders geordnet ist dagegen der Schutz des redlichen Grundstücksverkehrs insofern, als ein jeder Erwerber auf die Richtigkeit und Vollständigkeit der Eintragungen im Grundbuch sich verlassen darf. Der öffentliche Glaube des Grundbuchs verschafft dem Erwerber, der nicht eine gegenteilige Kenntnis hat, ein unanfechtbares Recht am Grundstück. Der zu Unrecht als Eigentümer Eingetragene erlangt ohne Rücksicht auf guten Glauben das volle Recht durch Ersitzung, wenn während eines Zeitraums von 30 Jahren ein Widerspruch gegen die Richtigkeit der Eintragung nicht in das Grundbuch eingetragen ist (§ 900).

Bei der allgemeinen Verfolgbarkeit des Eigentums gegen Dritte erscheint es geboten — mit Ausnahme des gesetzlichen Eigentumsübergangs und der Gesamtrechtsnachfolge (Übergang einer Vermögensgesamtheit wie namentlich bei der Erbfolge) —, den Erwerb des Eigentums von einer die Erkennbarkeit des Erwerbs sichernden Form abhängig zu machen. Zum rechtsgeschäftlichen Erwerb des Eigentums an einer beweglichen Sache wird deshalb die Übergabe erfordert, die allerdings dadurch ersetzt werden kann, daß dem Erwerber der Eigentumsanspruch abgetreten oder ihm, während der Veräußerer im Besitz als Verwahrer, Mieter usw. belassen wird, die Stellung eines mittelbaren Besitzers eingeräumt wird (§§ 929—934). Die Übersendung stellt eine Übergabe noch nicht dar. Die Übergabe ist hier erst vollzogen, wenn der Käufer oder sein Vertreter die Sache als Erfüllung angenommen hat. Der Übergabe steht es gleich, wenn der Erwerber mit ausdrücklicher oder stillschweigender Ermächtigung des Veräußerers sich selbst in den Besitz gesetzt hat oder die Sache von dem besitzenden Dritten sich hat herausgeben lassen. Zur Übergabe der nach der Abtrennung als Eigentum zu erwerbenden Früchte oder Bestandteile einer Sache genügt es, daß der Besitz der Sache selbst dem Erwerber überlassen ist (§ 955). Die Fortdauer des Eigentums hängt von dem Fortbestande des Besitzes nicht ab. Wird aber der Besitz für immer aufgegeben, so geht damit, wenn schon dies in § 959 nicht besonders ausgesprochen ist, auch das Eigentum verloren. Zum rechtsgeschäftlichen Erwerb des Eigentums an Grundstücken ist die an die Auflassung sich anschließende Eintragung im Grundbuch erforderlich. Die unrechtmäßige Löschung hat den Eigentumsverlust erst zur Folge, wenn der Anspruch des Eigentümers auf Wiedereintragung durch 30jährige Verjährung erloschen ist (vgl. § 901). Die Aufgabe des Eigentums an Grundstücken erfordert die Eintragung im Grundbuch (§ 928).

Die durch Eigentumsübertragung einschließlich der Aufgabe des Eigentums oder durch Begründung eines dinglichen Rechts von dem Eigentümer vorgenommenen Verfügung bleibt als dingliche Verfügung gültig, auch wenn das ihr zugrunde liegende schuldrechtliche Rechtsgeschäft ungültig oder wegen irriger Voraussetzung aufrufbar (kondizierbar) ist (§§ 812 ff.). Die Mangelhaftigkeit dieses Rechtsgeschäfts hat nur die Entstehung eines persönlichen Rückgabeanspruchs (Anspruch auf Herausgabe der ungerechtfertigten Bereicherung) gegen den ersten Empfänger — im Falle unentgeltlicher Weiterveräußerung gegen den weiteren Empfänger, § 822 — zur Folge, belastet aber nicht das Eigentum.

Abgesehen von den durch den redlichen Besitz begründeten Ausnahmen ist das Eigentum gegen Besitzentziehung durch den die Sache selbst und ihre Erzeugnisse ergreifenden Anspruch auf Wiedereinräumung des Besitzes geschützt — welcher Anspruch auch gegen den Verwahrer, Mieter usw. geht, vorbehaltlich ihres Rechtes, den mittelbaren Besitzer zum Rechtsstreit beizuladen (§ 986 BGB., § 76 ZPO.), nicht auch gegen den von den Weisungen des Besitzherrn abhängigen Besitzdiener — sowie gegen jeden Eigentumseingriff durch den Anspruch auf Beseitigung der fortdauernden Störung (negatorische Klage) nach § 1004. Dem Eigentümer steht außerdem im Falle schuldhafter Verletzung des Eigentums der Anspruch auf Schadensersatz (§§ 990 Abs. 2, 992, 823), bei Verletzung ohne Verschulden der Bereicherungsanspruch zu (§§ 988, 993, vgl. §§ 812 ff.). Ist eine Sache auf ein fremdes Grundstück gelangt, ohne von dem Grundstücksbesitzer in Besitz genommen zu sein, so hat dieser dem Eigentümer die Aufsuchung zu gestatten (§ 867).

Ein strafrechtlicher Schutz wird dem Eigentum dadurch gewährt, daß die vorsätzliche Wegnahme einer fremden beweglichen Sache aus fremdem Gewahrsam in Aneignungsabsicht den Tatbestand des Diebstahls bildet — Strafe des einfachen Diebstahls nach § 242 StGB. Gefängnis, des schweren Diebstahls (Einbruchsdiebstahl, Kirchendiebstahl, Verkehrsdiebstahl, Rückfalldiebstahl usw.) nach § 243 Zuchthaus bis zu 10 Jahren, bei mildernden Umständen Gefängnis nicht unter 3 Monaten — und die vorsätzliche Aneignung der in eigenem Gewahrsam befindlichen fremden Sache den Tatbestand der Unterschlagung — Strafe nach § 246 Gefängnis bis zu 3 Jahren, bei mildernden Umständen Geldstrafe — erfüllt. Erfolgt die Wegnahme mit Gewalt oder Bedrohung gegen die Person, so tritt nach § 249 Bestrafung wegen Raubes (regelmäßig Zuchthausstrafe) ein. Bestraft wird auch der Hehler, der eine fremde Sache, obwohl er wußte oder annehmen mußte, daß sie durch strafbare Handlung erlangt war, dem Eigentümer vorenthält (Strafe Gefängnis, bei gewerbs- oder gewohnheitsmäßiger Hehlerei nach § 260 Zuchthaus bis zu 10 Jahren). Die Schmälerung des Grundeigentums durch Abpflügen oder durch Entnahme von Bodenbestandteilen ist als Übertretung nach § 370 Nr. 1 u. 2 strafbar, die Entwendung von Holz oder Feldfrüchten nach dem Pr. Forstdiebstahlsges. v. 15. 4. 78/14. 12. 20, dem Pr. Feld- und Forstpolizeiges. v. 1. 4. 80, abgeändert durch Ges. v. 28. 3. 22 und 1. 7. 23. Der Munddiebstahl wird bestraft nach § 370 Nr. 5 StGB.

§ 13. Dingliche Rechte und Besitz.

Dem Eigentum nachgebildet sind die dinglichen Rechte, die ein ausschließendes Recht auf Benutzung der Sache oder ihre Verwertung (behufs Erlangung eines bestimmten Geldwertes) oder auf Erwerb des Eigentums oder eines Rechts an der Sache geben und ebenso wie das Eigentum gegen jeden dritten Besitzer — abgesehen von den durch redlichen Besitzerwerb und den durch den öffentlichen Glauben des Grundbuchs (S. 53, 54) begründeten Ausnahmen — verfolgt werden können. Wegen dieser allgemeinen Verfolgbarkeit sind dingliche Rechte nur in beschränkter Zahl zugelassen. An derselben Sache können mehrere dingliche Rechte bestehen. Die ausschließende Wirkung des dinglichen Rechts betätigt sich hier darin, daß das früher bestellte Recht den Vorrang vor den späteren Rechten hat und deren Ausübung nur soweit zuläßt, als dies nach Verwirklichung des vorgehenden Rechts noch möglich bleibt. Das Recht zur Benutzung eines Grundstücks in bestimmten Beziehungen (Wegerecht, Wasserrecht, Recht zur Entnahme von Bodenbestandteilen usw.) sowie das Recht der Beschränkung des Grundeigentümers in bestimmten Arten der Benutzung (Verbot des Höherbauens usw.) kann als Grunddienstbarkeit bestellt werden. Es wird in diesem Falle gewissermaßen ein Stück des Eigentums von dem belasteten Grundstück abgetrennt und dem berechtigten Grundstück zugelegt. Das Dienstbarkeitsrecht muß dementsprechend für das „herrschende" Grundstück (das zur Erreichung dieses Zweckes benachbart sein muß) einen bleibenden Vorteil bieten (§ 1019). Es genügt hierfür, wenn der Vorteil dem Grundstück auch nur in seiner Eigenschaft als bebautes Grundstück zugute kommt; es kann auch genügen, daß die Dienstbarkeit dem auf dem Grundstück befindlichen Fabrikunternehmen nützt und auf diese Weise mittelbar dem Vorteil des Grundstücks dient (Warn. 1913 Nr. 154). In diesem Falle bleibt die Grunddienstbarkeit mit dem Grundstück als solchem verknüpft und erlischt nicht ohne weiteres durch Untergang des Gebäudes oder Aufhören des fraglichen Gewerbeunternehmens. Das Recht zur Benutzung eines Grundstücks kann ferner als persönliche Dienstbarkeit mit der Person eines bestimmten Berechtigten in der Art verbunden werden, daß es spätestens mit dem Tode dieser Person oder, wenn eine juristische Person der Berechtigte ist, mit deren Aufhören (§ 1090 Abs. 2, vgl. § 1061) erlischt. Die persönliche Dienstbarkeit kann ein Recht zur Benutzung des Grundstücks in einzelnen Beziehungen gewähren (beschränkte persönliche Dienstbarkeit; nach § 1091 ist für den Umfang im Zweifel das persönliche Bedürfnis des Berechtigten maßgebend) oder ein sämtliche Nutzungen, soweit nicht wegen einzelner Nutzungen eine Ausnahme gemacht ist, umfassendes Nießbrauchsrecht (§§ 1030 ff.). In dem Nießbrauchsrecht ist das Recht enthalten, es dadurch zu verwerten, daß seine Ausübung einem anderen überlassen wird (§§ 1056, 1059), während die Ausübung der beschränkten persönlichen Dienstbarkeit einem anderen nur überlassen werden kann, wenn dies besonders gestattet ist (§ 1092). Der Nießbrauch kann auch an beweglichen Sachen, an einem Vermögen oder Vermögensteil bestellt werden. Das Eigentum an den Früchten erwirbt der Nutzungsberechtigte kraft seines dinglichen Rechts sogleich mit der Trennung (§ 954). Durch Auferlegung einer Dienstbarkeit wird der Verpflichtete immer nur zu einem Dulden oder Unterlassen, nicht zu einem Leisten verbunden. Eine Ausnahme ist es, daß der nach Grunddienstbarkeitsrecht zum Halten einer Anlage verpflichtete Eigentümer als Nebenleistung auch mit der Unterhaltung der Anlage belastet werden kann (§ 1021, vgl. auch § 1022). Kein dingliches Recht ist die Miete. Ein dem dinglichen Recht ähnlicher Rechtszustand wird jedoch dadurch hergestellt, daß der Erwerber des Grundstücks von der Zeit des Eigentumsübergangs an in den Mietvertrag als selbständig Verpflichteter und Berechtigter eintritt mit der Ausnahme, daß er Vorausverfügungen über den Mietzins, wie z. B. die Abtretung, im Falle ihrer Kenntnis zur Zeit des Eigentumsübergangs, und auch ohne diese Kenntnis für das laufende Kalendervierteljahr, bei Verfügung innerhalb des letzten halben Monats dieses Vierteljahrs auch für das folgende Kalendervierteljahr sich gefallen lassen muß. Beruht die Vorausverfügung auf einem zwischen dem bisherigen Vermieter und dem Mieter vorgenommenen Rechtsgeschäft, wie auf Tilgung oder Erlaß der Miete, so werden diese Fristen zugunsten des Mieters erst von der Zeit an wirksam, wo er den Eigentumsübergang erfahren hat (§§ 571 ff.; G. v. 8. 6. 15).

Das Recht auf Verwertung einer Sache zur Befriedigung wegen eines bestimmten Anspruchs erscheint bei beweglichen Sachen in der Gestalt des Pfandrechts, bei Grundstücken in Gestalt der Hypothek oder Grundschuld. Die Rentenschuld ist wieder eine Abart der Grundschuld. Der Bestand des Pfandrechts ist von dem Bestehen der zu sichernden Forderung abhängig (§ 1252, vgl. § 1228 Abs. 2). Die auf Zahlung einer Geldsumme gerichtete Hypothekenforderung dagegen geht, soweit die Forderung nicht zur Entstehung gelangt ist oder nachträglich erlischt, als Grundschuld auf den Grundstückseigentümer über (§§ 1163, 1168, 1170, 1171). Ein Vorrücken der nachfolgenden Realgläubiger findet hier — abgesehen von der Gesamthypothek (§§ 1173, 1174) — nicht statt. Hat der den Gläubiger befriedigende persönliche Schuldner einen Ersatzanspruch gegen den Eigentümer oder dessen Rechtsvorgänger, so fällt in Höhe dieses Ersatzanspruchs die Hypothek ihm zu (§ 1164). Von der Hypothek unterscheidet sich die Grundschuld dadurch, daß an sich nur eine dingliche Haftung des Grundstücks besteht, mit der eine persönliche Haftung des Eigentümers nicht verbunden zu sein braucht (§ 1192). Die Grundschuld bildet einen selbständigen Wert, der für die verschiedensten Zwecke verwendet werden kann. Wird die Grundschuld ohne rechtfertigenden Grund einem anderen eingeräumt, so kann dieser Vermögenswert wegen Ungültigkeit der Verfügung, ungerechtfertigter Bereicherung oder aus sonstigen Gründen regelmäßig zurückgefordert werden. Sowohl die Hypothek als die Grundschuld nimmt ihr bestimmungsgemäßes Ende, wenn sie im Zwangsverwaltungs- oder Zwangsversteigerungsverfahren zur Hebung kommt oder im letzteren Verfahren ausfällt (§ 1181), was von der Behandlung der Hypothek bei Tilgung durch den Eigentümer oder den ersatzberechtigten Schuldner abweicht. Was sodann den Umfang der Haftung betrifft, so ist das Pfand einschließlich der Zubehörstücke und Erzeugnisse, auch wenn sie bereits vom Pfande getrennt sind, für die

Forderung in ihrem ganzen Bestande verhaftet (§§ 1210, 1212). Bei der Hypothek und der Grundschuld beschränkt sich die Haftung außer den gesetzlichen Zinsen und den Kosten der Befriedigung aus dem Grundstück (§ 1118) auf die im Grundbuch eingetragene Haupt- und Zinsenforderung. Erzeugnisse und Grundstücksbestandteile werden haftungsfrei, wenn sie innerhalb der Grenzen ordnungsmäßiger Wirtschaft vor der Beschlagnahme zu einem nicht bloß vorübergehenden Zwecke von dem Grundstück entfernt sind oder wenigstens der Erwerber hinsichtlich der Freiheit von der Beschlagnahme zur Zeit der Entfernung in gutem Glauben gewesen ist (§§ 1121/2). Das gleiche gilt für Zubehörstücke, die indes nicht zu dauerndem Zwecke von dem Grundstück entfernt zu sein brauchen. Auf die Miet- und Pachtzinsen (vgl. das vorher über die Miete Gesagte) erstreckt sich die Haftung nicht, sofern die Verfügung über das zur Zeit der Beschlagnahme laufende Kalendervierteljahr oder, wenn die Beschlagnahme in den letzten halben Monat fällt, über das folgende Kalendervierteljahr nicht hinausgeht (§ 1124, G. v. 8. 6. 15). Nicht eingezogene Miet- oder Pachtzinsen, auch Versicherungsforderungen werden frei, wenn nicht binnen Jahresfrist seit Fälligkeit die Beschlagnahme ausgebracht ist (§§ 1123, 1129). Bei der Gebäudeversicherung genügt es zur Erhaltung der Haftung, daß der Gläubiger binnen Monatsfrist seit der von der Versicherungsgesellschaft ihm zu machenden Anzeige von dem Schadensfall der Auszahlung widersprochen hat (§ 1128).

Die Verwirklichung des Hypotheken- und Grundschuldrechts kann nur auf dem Wege der gerichtlichen Zwangsversteigerung oder Zwangsverwaltung erfolgen. Der Pfandgläubiger kann außer durch gerichtliche Zwangsvollstreckung durch Privatverkauf, der mindestens einen Monat vorher anzudrohen ist (nach §§ 1228 ff. ist öffentliche Versteigerung nötig) sich befriedigen.

Dem Grundstück können ferner als Reallast aus dem Grundstück zu entrichtende wiederkehrende Leistungen (§§ 1105 ff.) mit der Wirkung auferlegt werden, daß es dinglich nach Art der Hypothekenzinsen und außerdem der Grundstückseigentümer persönlich verhaftet ist.

Als ein gegen jeden Dritten wirkendes dingliches Recht kann endlich der Anspruch auf Erwerb des Eigentums oder eines dinglichen Rechts am Grundstück durch Vormerkung im Grundbuch begründet werden (§§ 883 ff., RG. 104, 122). Wird darauf eine Verfügung vorgenommen, durch welche der vorgemerkte Anspruch beeinträchtigt wird, so kann der Berechtigte die Beseitigung der Beeinträchtigung in der Form verlangen, daß der Gegner der zur Verwirklichung des Anspruchs erforderlichen Eintragung oder Löschung zuzustimmen hat (§ 888), was nicht als eine nur schuldrechtliche Verpflichtung aufgefaßt werden darf. Die gleiche Wirkung hat die Eintragung eines Widerspruchs gegen die Richtigkeit des Grundbuchs (§§ 899, 894), was notwendig ist, um zu verhindern, daß der öffentliche Glaube des Grundbuchs der Geltendmachung des ohne Eintragung bestehenden dinglichen Rechts oder der Wiedereintragung des zu Unrecht gelöschten dinglichen Rechts entgegensteht. Die Bedeutung eines vorgemerkten Rechtes erlangt durch Eintragung im Grundbuch auch das Vorkaufsrecht an Grundstücken (§ 1098 Abs. 2). Der Vorkaufsberechtigte kann gegen Erfüllung der Kaufbedingungen (vgl. aber § 507) das Grundstück an sich ziehen, muß jedoch das Vorkaufsrecht binnen zwei Monaten seit der von dem Belasteten ihm zu machenden Mitteilung von dem Verkaufe ausüben (§ 510). Das dingliche Vorkaufsrecht kann dahin erweitert werden, daß es nicht nur gegenüber dem ursprünglichen Besteller und dessen Erben, sondern in allen Verkaufsfällen von dem persönlich Berechtigten oder dem Eigentümer des herrschenden Grundstücks zur Ausübung gebracht werden darf (§§ 1097, 1094).

Wie für den Eigentumserwerb (S. 54) ist auch für den rechtsgeschäftlichen Erwerb dinglicher Rechte eine die Erkennbarkeit sichernde Formvorgeschrieben. Dingliche Rechte an Grundstücken bedürfen zu ihrer Entstehung der Eintragung im Grundbuch. Ebenso ist zu ihrer Aufhebung die Löschung im Grundbuch erforderlich (§§ 873, 875). Ist über die Hypothek ein Hypothekenbrief gebildet, so ist der Erwerb der Hypothek dadurch bedingt, daß der Brief von dem Eigentümer dem Gläubiger übergeben wird (§§ 1116, 1117). Die gleiche Vorschrift ist für die Grundschuld gegeben. Zur Abtretung einer Hypothek, die nicht als Inhaberhypothek (§ 1187) eingetragen ist (oder einer Grundschuld) ist außer der Übergabe des Briefes die schriftliche Abtretungserklärung erforderlich (§ 1154). Die Bestellung des Nießbrauchs oder des Pfandrechts an beweglichen Sachen erfordert die Übergabe der Sache (§§ 1032, 1205). Zur Bestellung des Pfandrechts genügt die Übergabe zum Mitbesitz, wenn die Sache unter Mitverschluß des Gläubigers steht, oder die Verwahrung durch einen Dritten, der die Sache nur an den Eigentümer und den Gläubiger gemeinschaftlich herausgeben darf (§ 1206).

Bei einer im mittelbaren Besitz des Eigentümers befindlichen Sache kann nach § 1205 Abs. 2 die Übergabe dadurch bewirkt werden, daß der Eigentümer diesen mittelbaren Besitz dem Pfandgläubiger überträgt und die Verpfändung dem Besitzer anzeigt. Das Pfandrecht erlischt nach § 1253 durch Rückgabe des Pfandes an den Verpfänder oder den Eigentümer.

In gleicher Weise wie in der Eigentumsübertragung oder Begründung eines dinglichen Rechts durch den Eigentümer (S. 55) ist auch in den entsprechenden Handlungen des dinglich Berechtigten (Übertragung und sonstige Änderung des dinglichen Rechts, Begründung eines dinglichen Unterrechts) eine von dem Bestande des schuldrechtlichen Rechtsgeschäfts unabhängige Verfügung zu sehen. Bei Mängeln des Schuldgeschäfts ist nur ein persönlicher Rückforderungsanspruch gegeben.

Geschützt wird außerdem der Besitz bloß um des Besitzes willen, mag dieser nun rechtmäßig oder unrechtmäßig sein, mag der Besitzer den Besitz für sich selbst oder für einen anderen ausüben. Die für das wirtschaftliche Schaffen notwendige Stetigkeit der Lebensverhältnisse erfordert es, daß der durch die tatsächliche Einwirkungsmöglichkeit gegebene Besitzstand nicht durch eigenmächtiges Eingreifen beeinträchtigt werden darf. Zur Erhaltung oder sofortigen Wiederherstellung des Besitzes (§ 859) darf der Besitzer der Eigenmacht mit Gewalt entgegentreten. Er kann auch als Ersatz der Selbsthilfe binnen Jahresfrist die Besitzklage anstellen, die nicht nur gegen den Besitzentzieher und den Störer geht, sondern auch gegen den Erben und gegen den Dritten, der bei dem Besitzerwerb die Fehlerhaftigkeit des Besitzes seines Vorgängers gekannt hat (§ 858). Wird der Besitz von dem Inhaber für Rechnung eines anderen ausgeübt, indem er als Verwahrer, Mieter, Nießbraucher usw. zu diesem in einem hinsichtlich des Besitzes ihn verpflichtenden Verhältnisse steht, so hat auch der andere die Stellung eines Besitzers (mittelbarer Besitzer), der deshalb ebenfalls die Besitzansprüche gegen dritte Personen geltend machen kann (§§ 868 f.). Wer den Besitz lediglich als Diener eines andern nach dessen Anweisungen ausübt, als Dienstbote, Geschäftsangestellter usw., kann als Besitzdiener (§ 855) dem Besitzherrn gegenüber keinen Besitzschutz beanspruchen und er kann die Besitzklage nur in dessen Vertretung, nicht aus eigenem Recht erheben. Eine Übertragung des Besitzes in eigentlichem Sinne findet nicht statt. Die Voraussetzungen der Besitzbegründung können aber erfüllt sein, wenn infolge der Übertragungserklärung die Sache dem Erwerber in gleicher Weise, wie bisher dem Veräußerer, zur Verfügung steht. Keine Besonderheit ist es, daß der mittelbare Besitz durch Abtretung des Anspruchs auf Herausgabe übertragen werden kann (§ 870), da durch die Abtretung der Erwerber zu dem unmittelbaren Besitzer in dasselbe Vertragsverhältnis tritt, in welchem vorher der Abtretende sich befand.

Ausgedehnt ist der Besitzschutz in § 1029 auf Grunddienstbarkeiten, die der Besitzer des herrschenden Grundstücks innerhalb eines Jahres vor der Störung wenigstens einmal ausgeübt hat. Der Nießbraucher, Faustpfandgläubiger, Mieter, Verwahrer usw. werden als Sachbesitzer geschützt. Der redliche Besitzer hat gegen jeden unredlichen Besitzer oder als unredlich zu vermutenden Besitzer (wenn es sich um eine gestohlene oder sonst abhanden gekommene Sache handelt, mit Ausnahme von Geld und Inhaberpapieren) einen nach § 1007 wirksamen Herausgabeanspruch (relativ besseres Recht). Über die sonstigen Vergünstigungen des redlichen Besitzers s. S. 53.

§ 14. Forderungsrechte.

Zu den Vermögensrechten gehören ferner die Forderungsrechte, die den Schuldner zu einer Leistung (einer positiven Leistung oder einem Unterlassen, worunter auch die Duldung fallen kann) verpflichten. Für die Erfüllung dieser Schuldverbindlichkeiten haftet der Schuldner mit seinem der Zwangsvollstreckung unterliegenden Vermögen. Ausgenommen von der Zwangsvollstreckung sind die in §§ 811 und 850 ZPO. aufgeführten Gegenstände, hauptsächlich die zum Lebensbedarf und zur Berufsausübung unentbehrlichen Gegenstände, auch der Arbeitslohn und das Gehalt bis zur Höhe von 30 M. für die Woche und ein Drittel des Überschusses, desgleichen die Dienstbezüge nach § 850 ZPO. Nr. 7 bis 9 (V. v. 22. 11. 23, V. v. 7. 1. 24) — bei Vorhandensein von gesetzlichen Unterhaltspflichten des Arbeiters bis höchstens zwei Drittel (V. v. 23. 12. 21). Übersteigt der Arbeitslohn den wöchentlichen Betrag von 100 M., so ist gegenüber ges. Unterhaltsansprüchen Pfändungsfreiheit nicht gegeben. Gegen die Person des Schuldners ist eine Zwangsvollstreckung nur zulässig, wenn es sich um Leistungen handelt, die durch einen Dritten nicht vorgenommen werden können und deren Erfüllung ausschließlich von dem Willen des Schuldners abhängt (Auskunfterteilung, Rechnungslegung, Leistung des Offenbarungseides usw.). Die Leistung kann durch Geldstrafen in unbegrenztem Betrage (G. v. 27. 4. 23) oder durch Haft bis zu 6 Monaten (§§ 880, 913 ZPO.) erzwungen werden.

Wird das Vermögen oder der Nießbrauch vertragsmäßig übertragen, so muß der Übernehmer, da die Schulden eine Last des Vermögens bilden, aus diesem Vermögen die Befriedigung der Gläubiger des Übertragenden sich gefallen lassen. An der Haftung des bisherigen Schuldners wird hierdurch nichts geändert. Der Schuldner wird ohne Zustimmung des Gläubigers auch nicht dadurch von seiner Schuld befreit, daß ein anderer als Schuldübernehmer eintritt. Bei der Hypothekenübernahme durch den Grundstückserwerber gilt aber die Genehmigung als erteilt, wenn der Gläubiger nicht binnen sechs Monaten seit der von dem Veräußerer ihm gemachten Mitteilung die Genehmigung verweigert hat (§ 416).

Die Vermögenshaftung dauert auch nach dem Tode des Schuldners fort. Zu der Haftung des Nachlasses tritt dann noch die Verpflichtung des Erben, die Nachlaßgläubiger aus dem Nachlaß oder dem Erbteil, soweit die Masse reicht, ordnungsgemäß zu befriedigen (§§ 1978, 1980). Will der Erbe auf das Recht der beschränkten Haftung sich berufen, so muß er die Bestellung eines Nachlaßverwalters für den gesamten Nachlaß beantragen, der die Schuldenregulierung durchzuführen und etwaige Ersatzverbindlichkeiten des Erben aus der von ihm geführten Verwaltung zur Geltung zu bringen hat (§§ 1975, 1978 ff., 1990, 2059, 2062). Die Haftung des Erben wird zu einer unbeschränkten, wenn er die Verpflichtung zur Verzeichnung des Nachlasses (binnen der auf Antrag des Gläubigers von dem Nachlaßgericht zu setzenden Frist von ein bis drei Monaten, §§ 1994/5) nicht rechtzeitig erfüllt hat, wenn die Miterben zur Nachlaßteilung geschritten sind ohne zuvorige Befriedigung der Nachlaßgläubiger, es sei denn, daß der Gläubiger trotz öffentlicher Aufforderung sich nicht gemeldet hat oder im Aufgebotsverfahren ausgeschlossen ist oder mit seiner Forderung erst fünf Jahre nach dem Tode des Erblassers hervorgetreten ist (§§ 2058, 2060, 2061). In diesen Fällen mindert sich die Haftung des Miterben auf den seinem Erbteil entsprechenden Teil der Nachlaßverbindlichkeit (§§ 2060, 2061). Das von einem Miterben errichtete Nachlaßverzeichnis kommt auch den anderen Erben zustatten (§ 2063, vgl. §§ 2144 u. 2383 Abs. 2). Auf den Nacherben geht mit dem Nachlaß die Pflicht zur Berichtigung der Nachlaßschulden, und zwar, falls er das Recht der beschränkten Haftung nicht verloren hat, in Höhe des aus dem Nachlaß Erlangten über, unbeschadet einer etwa dem Vorerben aus seiner Verwaltung erwachsenen Verantwortlichkeit (§ 2144). Der Erbschaftskäufer tritt nach § 2383 in die Haftung des Verkäufers ein.

An die Stelle der Vermögenshaftung des persönlichen Schuldners kann die Haftung eines selbständigen Vermögens treten, das so behandelt wird, als wenn Trägerin der zu diesem Vermögen gehörigen Rechte und Verbindlichkeiten eine natürliche Person wäre. Eine solche Rechtspersönlichkeit erwerben Vereine mit wirtschaftlichem Geschäftsbetrieb durch staatliche Verleihung (§ 22), andere Vereine durch Eintragung in das Vereinsregister (§§ 21, 55 ff.). An Stelle des Eigentümers tritt hier als Verfügungsberechtigter der Vorstand (einschließlich des nach § 30 für gewisse Geschäfte bestellten besonderen Vertreters), für dessen Handlungen der Verein daher unbedingt aufkommen muß (§ 31). Die Verfassung des Vereins wird durch die Satzung geregelt, deren Änderung, wenn nicht anderes vereinbart ist, nur mit drei Viertel Mehrheit beschlossen werden kann (§ 33). Durch den Eintritt in den Verein werden von dem Mitgliede Verpflichtungen gegenüber dem Vereine, nicht gegenüber den andern Mitgliedern übernommen. Die Freiheit des Austritts kann nur insofern beschränkt werden, als durch die Satzung die Zulässigkeit des Austritts erst zum Schlusse eines Geschäftsjahres oder unter Einhaltung einer Kündigung von höchstens zwei Jahren vorgeschrieben werden kann (§ 39). Rechtspersönlichkeit haben ferner die vom Staate genehmigten Stiftungen, die auf Grund der von dem Stifter bestimmten Verfassung von dem Vorstande der Stiftung verwaltet werden. Der Stiftungszweck kann nach § 87 abgeändert oder die Stiftung aufgehoben werden, soweit die Erfüllung des Stiftungszwecks unmöglich geworden ist oder das Gemeinwohl gefährdet. Rechtspersönlichkeit haben außerdem die als Kapitalvereinigung ausgestalteten Aktiengesellschaften und Kommanditgesellschaften auf Aktien gemäß §§ 178 ff. HGB. Für das Vorhandensein des Grundkapitals — das mindestens 5 Millionen (G. v. 12. 5. 23), bei Neugründungen nach § 17 des G. v. 28. 12. 23 mindestens 50000 Goldmark betragen muß — sind die Gründer (§§ 182, 321) und in gewisser Hinsicht die Mitglieder des Vorstandes und Aufsichtsrats verantwortlich. Bei der offenen Handelsgesellschaft und der Kommanditgesellschaft sind dagegen die Inhaber der Firma die haftbaren Personen und zwar haften sie uneinschränkbar auch für die Gesellschaftsschulden aus der

Zeit vor ihrem Eintritt (§§ 130, 161; vgl. §§ 173, 25 Satz 1). Das Gesellschaftsvermögen der Handelsgesellschaft und der bürgerlichen Gesellschaft bildet insofern ein Sondervermögen, als im Konkurse die Gesellschaftsgläubiger einen Anspruch auf abgesonderte Befriedigung haben, so daß nur der Rest den Privatgläubigern zufällt, und als ein Privatgläubiger erst pfänden kann, wenn er zuvor die Auflösung der Gesellschaft durch Kündigung herbeigeführt hat (§ 135 HGB., § 725 BGB.). Die Aufrechnung mit einer Privatforderung gegen eine zum Gesellschaftsvermögen gehörige Forderung ist nicht statthaft (§ 719 BGB.). Rechtspersönlichkeit steht auch den zur Förderung des Erwerbes oder der Wirtschaft der Genossen oder zur Unterstützung gemeinnütziger Bestrebungen gebildeten Genossenschaften zu (G. v. 20. 5. 98, ergänzt durch G. v. 1. 7. 22 und 12. 5. 23). Sie sind teilweise als Personenvereinigungen (mit unbeschränkter Haftpflicht), teilweise als Kapitalvereinigungen (mit unbeschränkter Nachschußpflicht oder beschränkter Haftpflicht — die Haftsumme darf hier nicht niedriger sein, als der Geschäftsanteil) gestaltet (§§ 119, 126, 131). Über die Führung des Genossenschaftsregisters verhalten sich die Bek. v. 1. 7. 99 und 5. 6. 23, letztere hauptsächlich über die Genossenschaftsregister der Zweigniederlassungen. Genaue Vorschriften über das Genossenschaftsregister (auch die Namen der Vorstandsmitglieder und die Haftsummen sind zu vermerken) einschließlich der Eintragungen, Löschungen und Vormerkungen in der Liste der Genossen enthält die Bek. v. 22. 11. 23. Bei kleineren Genossenschaften findet eine Veröffentlichung nicht statt. Zu den Kapitalvereinigungen gehört auch die Gesellschaft mit beschränkter Haftung (G. v. 20. 5. 98), bei welcher das den Gläubigern haftende Gesellschaftsvermögen aus den Stammeinlagen (Stammkapital von mindestens 20 000 M., bei Neugründungen mindestens 5000 Goldmark) besteht. Hinsichtlich der zum Geschäftsbetriebe zugelassenen Versicherungsunternehmungen (G. v. 12. 5. 01) beruht die Sicherheit, was die Versicherungsvereine auf Gegenseitigkeit betrifft, hauptsächlich auf dem Gründungsfonds (§ 22) und der Rücklage (§ 37). Für die Lebensversicherung ist die Anlegung der Bestände des Prämienreservefonds in der durch § 59, jetzt durch G. v. 19. 7. 23 bestimmten Weise vorgeschrieben, auch sind durch § 55 a des letzteren Ges. Vorschriften über Bewertung der Wertpapiere beim Rechnungsabschluß gegeben. Der Lebensversicherung ist es, wenn sonst der Bestand des Unternehmens gefährdet sein würde, nach § 67a mit Genehmigung der Aufsichtsbehörde gestattet, die Ansprüche der Versicherten — vorbehaltlich ihres Kündigungsrechts — herabzusetzen. Über Hypothekenbanken s. § 23.

Die Eingehung persönlicher Verbindlichkeiten ist im allgemeinen unbeschränkt. Die Verbindlichkeiten brauchen sich nicht im Rahmen der im BGB. behandelten Vertragsarten zu halten. Erforderlich ist jedoch, daß der Gläubiger an der von dem Schuldner übernommenen Leistung ein schutzwürdiges Interesse hat, daß die Leistung dem rechtlichen Gebiete, nicht dem rein sittlichen oder gesellschaftlichen Gebiete angehört, daß es sich nicht etwa um die Befriedigung einer bloßen Laune oder um eine reine Schikane (vgl. § 226) handelt. Ein schriftliches Versprechen oder ein Schuldanerkenntnis kann in dem Sinne abgegeben werden, daß hierdurch, ohne Rücksicht auf das zugrunde liegende sachliche Schuldverhältnis (Kauf, Schenkung usw.) eine selbständige Verpflichtung begründet wird (§§ 780—782). Ist irrtümlich hierbei das Bestehen einer sachlichen Verpflichtung vorausgesetzt, so kann sie (vgl. §§ 812 ff.) rückgängig gemacht werden. Sie ist ferner ungültig, wenn die nach den Regeln des sachlichen Schuldverhältnisses wie z. B. nach den Regeln des Schenkungsversprechens erforderliche gerichtliche oder notarielle Form nicht beobachtet ist.

Über die Forderung kann der Gläubiger durch Abtretung, Einräumung eines Nießbrauchs oder Pfandrechts verfügen, so jedoch nur, daß die Stellung des gutgläubigen Schuldners hierdurch nicht verschlechtert wird (§§ 707—411). Der Schuldner kann von den bis zur Erlangung der Kenntnis von Änderung des Gläubigerrechts erwachsenen Einwendungen und Gegenforderungen Gebrauch machen mit Ausnahme der erst nach Fälligkeit der Forderung fällig gewordenen Gegenforderung, da die Hinausschiebung der Erfüllung dem Schuldner keinen Vorteil bringen darf. Durch die Abtretung wird der Abtretungsempfänger Gläubiger der Forderung. Ist das der Abtretung zugrundeliegende Schuldverhältnis mangelhaft, so kann entsprechend diesem Mangel der Forderungsübergang rückgängig gemacht werden, und es kann, wenn der Nachfolger die Forderung bereits eingezogen hat, die von ihm erlangte Bereicherung zurückgefordert werden. Über Inhaber- und Orderpapiere s. § 31.

Das Forderungsrecht gewährt einen Anspruch auf Erfüllung und bei schuldhafter Verletzung der Verbindlichkeit oder schuldhafter Verzögerung der Erfüllung (Nichterfüllung trotz Zeitbestimmung oder Mahnung, §§ 284/5) einen Anspruch auf Schadensersatz. Die

Nichterfüllung stellt unter besonderen Umständen eine strafbare Handlung dar. Nach § 288 StGB. ist strafbar, wer bei einer ihm drohenden Zwangsvollstreckung Vermögensgegenstände der Befriedigung des Gläubigers entzieht. Die §§ 209 ff. stellen den Bankrott unter Strafe, wenn der Gemeinschuldner betrüglich gehandelt hat oder ihm eine leichtfertige Handlungsweise (übermäßiger Verbrauch, Nichtführung von Handelsbüchern) zur Last fällt. Der Gläubiger kann zur Annahme der Leistung nicht gezwungen werden. Er kann jedoch durch Nichtannahme in Verzug kommen und der Schuldner kann in diesem Falle durch Hinterlegung, nötigenfalls durch Hinterlegung des Versteigerungserlöses (§ 383 BGB.) sich von seiner Verbindlichkeit befreien.

§ 15. Geschäftsführung ohne Auftrag.

Die unbefugte Einmischung in seine Vermögensangelegenheiten braucht grundsätzlich sich niemand gefallen zu lassen. Wer die Geschäfte eines anderen besorgt, obwohl er weiß oder ihm bekannt sein muß, daß er hierzu nicht befugt ist, wird schadensersatzpflichtig, wenn die Übernahme der Geschäftsführung mit dem wirklichen oder, soweit dieser nicht erkennbar, dem mutmaßlichen Willen des Geschäftsherrn in Widerspruch steht (§ 678). Schadensersatzpflichtig wird er auch, wenn er nicht sobald als tunlich die Übernahme der Geschäftsführung unter Mitteilung des Sachstandes dem Geschäftsherrn angezeigt und seine Entschließung abgewartet hat (§§ 681, 666). Ausnahmsweise muß der Geschäftsherr die Geschäftsführung dulden, wenn es sich um Erfüllung einer im öffentlichen Interesse dem Geschäftsherrn auferlegten Verpflichtung oder um rechtzeitige Erfüllung der gesetzlichen Unterhaltspflicht handelt (§ 679). Was die Art der Geschäftsbesorgung betrifft, so hat der Geschäftsführer die gleichen Verpflichtungen, als wenn er mit der Besorgung beauftragt wäre. Er ist verantwortlich, wenn er das Geschäft nicht so führt, wie das Interesse des Geschäftsherrn unter Berücksichtigung seines wirklichen oder mutmaßlichen Willens es erfordert (§ 677). Wie ein Beauftragter ist er zur Auskunfterteilung, zur Rechenschaftslegung und zur Herausgabe des aus der Geschäftsführung Erlangten verbunden. Andererseits hat er wie ein Beauftragter, falls die Übernahme der Geschäftsführung tatsächlich dem wirklichen oder mutmaßlichen Willen und dem Interesse des Geschäftsherrn entspricht, auch Anspruch auf Ersatz der (nicht in freigebiger Absicht gemachten) Aufwendungen, ebenso natürlich im Falle nachträglicher Genehmigung (§§ 683—685). Den aus der Geschäftsführung ihm zugekommenen Vorteil hat der Geschäftsherr auf den ihm zu ersetzenden Schaden sich anrechnen zu lassen. Ist der Geschäftsführer zur Abwendung einer dem Geschäftsherrn drohenden dringenden Gefahr eingeschritten, so beschränkt sich seine Haftung auf Vorsatz und grobe Fahrlässigkeit (§ 680). Die Pflichten eines Geschäftsführers ohne Auftrag liegen dem Besorger eines fremden Geschäfts auch dann ob, wenn er bei der Geschäftsbesorgung wissentlich im eigenen Interesse — ohne die Absicht der Geschäftsführung — gehandelt hat (§ 687 Abs. 2, unechte Geschäftsführung)

Allgemeiner Grundsatz ist, daß der Gläubiger die Befriedigung durch einen Dritten, wenn zugleich der Schuldner widerspricht, nicht anzunehmen braucht (§ 267). Ein unbedingtes Befriedigungsrecht haben jedoch die Zwangsvollstreckungsbeteiligten, die sonst bei Durchführung der Zwangsvollstreckung Gefahr laufen, ihr Recht an der Sache zu verlieren (§ 268), desgleichen der Bürge (§ 774, vgl. auch § 1607). Mit der Befriedigung geht auf diese Personen die Forderung über. — Über das Recht des Finders auf Belohnung (5 oder 1 v. H.) und über sein Recht auf Eigentumserwerb s. §§ 965 ff., über den seerechtlichen Anspruch auf Bergelohn und Hilfslohn s. §§ 740 HGB.

§ 16. Schutz gegen Vermögensschädigungen.

Der Vermögensschutz wird nicht nur gewährt gegen Entziehungen, sondern auch gegen Schädigungen jeder Art. Wer eine fremde Sache schuldhaft beschädigt, begeht eine unerlaubte Handlung, die ihn gegenüber dem Eigentümer und den dinglich Berechtigten, auch gegenüber dem im Besitz befindlichen Mieter oder Pächter und dem zum Erwerb der Sache Berechtigten, der zugleich die Gefahr der Sache zu tragen hat, zum Schadensersatz verpflichtet. Eine Sachbeschädigung ist übrigens auch bei unveränderter Beschaffenheit der Sache anzunehmen, wenn mit dieser (wie bei Versenkung in einem tiefen Fluß) so verfahren ist, daß sie für den Berechtigten unerreichbar geworden ist. Ein Schadensersatzanspruch wegen Vermögensschädigung ist — abgesehen von dem Falle, daß ein zugleich den Schutz des einzelnen bezweckendes Gesetz (Zivilgesetz, Strafgesetz, polizeiliche Vorschrift, vgl. § 823 Abs. 2) verletzt ist — allgemein dann gegeben, wenn in einer gegen die guten Sitten verstoßenden Weise

Schaden zugefügt ist (§ 826). Hierunter fällt auch die Vermögensschädigung durch betrügliches Handeln und durch Erpressung. Strafbar ist die vorsätzliche Sachbeschädigung nach §§ 303 bis 305 StGB., die gegen fremdes Eigentum gerichteten gemeingefährlichen Handlungen nach §§ 308 ff. Gegen den Betrug sind die Strafvorschriften der §§ 263 ff. in der durch § 263 bestimmten Begrenzung (Verringerung des Geldwertes des vorhandenen Vermögens durch arglistige Täuschung), gegen die Erpressung die Strafvorschriften der §§ 253 ff. (Nötigung zu einer vermögenswerten Leistung durch Gewalt oder Drohung nach § 253) erlassen (vgl. auch die Strafvorschrift des § 10 Nr. 2 G. v. 14. 5. 1879 über betrügerische Täuschung im Verkehr mit Nahrungs- oder Genußmitteln). Die zur Verhütung von Gesundheitsschädigungen bestimmten Vorschriften (vgl. §§ 2 bis 4) dienen zugleich zur Verhütung von Sachbeschädigungen. So die Strafvorschriften über Brandstiftung und Überschwemmung. Wegen Brandstiftung wird nach § 308 auch derjenige bestraft, welcher eigene Baulichkeiten oder Vorräte in Brand setzt, die geeignet sind, das Feuer einem in fremdem Eigentum stehenden Gegenstande dieser Art mitzuteilen. Gegen die Herbeiführung einer Überschwemmung mit gemeiner Gefahr für das Eigentum ist in § 313 eine besondere Strafvorschrift gegeben.

Ausschließlich den Schutz fremden Eigentums haben im Auge die Bestimmungen über Viehseuchen und Pflanzenkrankheiten. Die Einfuhr seuchekranker oder seucheverdächtiger Tiere oder von Ansteckungsstoffen ist nach dem Viehseuchenges. v. 26. 6. 09 verboten. Zur Sicherung gegen die Seuchengefahr können allgemeine Maßnahmen der in § 17 bestimmten Art — amtstierärztliche Untersuchung des Viehes im Eisenbahn- und Schiffsverkehr, Kennzeichnung der einzelnen Tiere, Einführung von Deckregistern, Regelung des Verkehrs mit Krankheitserregern usw. (Anl. D der Ausführungsvorschriften v. 25. 12. 11, G. v. 17. 6. 11 über Beseitigung von Tierkadavern, Bek. v. 21. 11. 17, 27. 12. 21 über Krankheitserreger — angeordnet werden. Den Eisenbahngesellschaften ist durch G. v. 25. 2. 76 die Verpflichtung zur Desinfektion der Wagen nach jedesmaliger Benutzung zur Viehbeförderung auferlegt. In weiterem Umfange kann diese Verpflichtung nach § 17 Nr. 11 des Viehseuchengesetzes erfordert werden (über die Ausführung der Desinfektion s. Anl. A der Ausführungsvorschriften v. 25. 12. 11). Bei Ausbruch der Seuche oder Verdacht des Seuchenausbruchs sind, sobald dies von dem beamteten Tierarzt festgestellt ist, von der Polizeibehörde (in dringlichen Fällen kann nach § 11 der beamtete Tierarzt vorläufige Anordnungen treffen) die im Einzelfall erforderlichen Maßregeln anzuordnen. Zulässig sind die in §§ 19 ff. vorgesehenen Maßnahmen. Dem Viehbesitzer und dem an seiner Stelle mit der Aufsicht Betrauten liegt bei den in § 10 bezeichneten Seuchen die Pflicht der unverzüglichen Anzeige ob. Auch haben sie die kranken oder verdächtigen Tiere von Orten, an denen die Gefahr der Ansteckung fremder Tiere besteht, fernzuhalten. Für Viehmärkte und Schlachthöfe ist die Beaufsichtigung durch beamtete Tierärzte vorgeschrieben (§ 16). Besondere Verpflichtungen, die bei gewissen Seuchen ohne weiteres in Kraft treten (milzbrand- oder rotzverdächtige Tiere dürfen nicht geschlachtet werden, tollwutverdächtige Hunde sind sofort zu töten oder eingesperrt zu halten usw.) ergeben sich aus §§ 32 ff. Zuwiderhandlungen sind nach §§ 74 ff. und nach § 328 StGB. strafbar. Bei Viehverlusten werden nach Maßgabe der §§ 66 ff. und der landesstaatlichen Ausführungsgesetze (in Preußen G. v. 25. 7. 11 §§ 5 ff.) dem Viehbesitzer — insbesondere für Tiere, die auf polizeiliche Anordnung getötet sind, die an Milzbrand oder nach rechtzeitig erstatteter Anzeige an Rotz oder Lungenseuche gefallen sind — in bestimmter Höhe Entschädigungen gewährt, die von dem Provinzialverbande oder der Staatskasse zu leisten sind (bei Maul- und Klauenseuche mindestens in Höhe der Hälfte, bei Tuberkulose zwei Drittel des Werts). Die Provinzialverbände dürfen zu diesem Zwecke Beiträge von den Viehbesitzern erheben (§ 12 Pr. G. v. 25. 7. 11). Sehr strenge Maßnahmen sind zur Bekämpfung der besonders ansteckungsgefährlichen Rinderpest geboten. Nach § 2 G. v. 7. 4. 69 (vgl. Instruktion v. 26. 5. 69 u. 8. 6. 73, Bek. über Kosten der Absperrungsmaßregeln v. 24. 10. 13) ist die Tötung selbst gesunder Tiere und, falls die Desinfektion nicht ausreicht, die Vernichtung von Transportmitteln, Gerätschaften und dergleichen gestattet. Für die auf Anordnung der Behörde getöteten Tiere oder vernichteten Sachen ist der gemeine Wert vom Reiche zu ersetzen. Die Pflicht der unverzüglichen Anzeige hat ein jeder, der von dem Bestehen des Verdachts der Rinderpest zuverlässige Kenntnis hat (§ 4). Zur Unterstützung bei den Absperrungsmaßregeln können die Einwohner der von der Rinderpest betroffenen Ortschaften herangezogen werden (§ 5). Über die Gebührnisse der zur Durchführung der Absperrungsmaßregeln verwendeten Militärkommandos s. Bek. v. 24. 10. 13.

In hohem Maße schädlich für fremdes Eigentum können auch Pflanzen werden, indem die ihnen durch Rost, Sporen, schmarotzende Tierchen usw. anhaftenden Schädlichkeiten sich fremden Pflanzungen mitteilen. Eine große Gefahr für Rebpflanzungen bildet die Reblaus. Zu ihrer Bekämpfung ist das G. v. 6. 7. 04 ergangen, das gemäß der Reblauskonvention vom 3. 11. 81 es den Behörden zur Pflicht macht, alle geeigneten Mittel zur Abwehr und zur Unterdrückung der Reblauskrankheit anzuwenden. Nach dem angeführten G. unterliegen die Rebpflanzungen in den verschiedenen Weinbaubezirken, die durch Vfg. des RLM. v. 30. 11. 21 und 8. 8. 23 bekanntgemacht sind, der amtlichen Beaufsichtigung. Zur Ausrottung der Reblaus kann die Vernichtung von Reben angeordnet und der Anbau von Reben auf bestimmten Flächen verboten werden. Der zur Nutzung des Grundstücks Berechtigte erhält hierfür eine Entschädigung aus der Kasse des betreffenden Landes (§ 6). Er ist verpflichtet, alle verdächtigen Erscheinungen auf seinem Grundstück, einem Nachbargrundstück oder innerhalb des Gemeindebezirks unverzüglich der Ortspolizeibehörde anzuzeigen (§ 4).

Eine Reihe weiterer Vorschriften will der Vermögensschädigung durch Täuschungen vorbeugen. So ist allgemein die Urkundenfälschung, die fälschliche Anfertigung einer öffentlichen oder zum Beweise von Rechten oder Rechtsverhältnissen dienlichen Privaturkunde und die Verfälschung einer solchen Urkunde (§§ 267 ff.), desgleichen die Münzfälschung, auch die Ausgabe des nachträglich als falsch erkannten Geldes (§§ 146 bis 150, 152) für strafbar erklärt. Strafe ist ferner vorgesehen nach § 10 des G. v. 14. 5. 1879 gegen die fälschliche Anfertigung oder Verfälschung von Nahrungs- oder Genußmitteln (vgl. § 26 des Weinges. v. 7. 4. 09). Das gewerbsmäßige Herstellen, Verkaufen oder Feilhalten von Gegenständen, die zur Fälschung von Nahrungs- oder Genußmitteln bestimmt sind, kann durch V. der Reichsregierung mit Zustimmung des Reichsrats verboten oder beschränkt werden (§ 6 G. v. 14. 5. 79).

Sechster Hauptteil.

Wirtschaftspflege.

§ 17. Wettbewerb.

Der Umlauf und die Verteilung der wirtschaftlichen Güter regelt sich im allgemeinen durch freien Wettbewerb. Nur dadurch, daß dem einzelnen die volle Freiheit der wirtschaftlichen Betätigung und des Erwerbes gelassen wird, ist auf die größte Anspannung der Kräfte und die Erzielung eines Höchstmaßes wirtschaftlicher Werte zu rechnen, was der Allgemeinheit zugute kommt. Die unbedingte Freiheit des wirtschaftlichen Verkehrs kann allerdings auch Nachteile für das Gemeinwohl namentlich in der Richtung nach sich ziehen, daß sie zur Ausbeutung und Unterdrückung der Volksgenossen gemißbraucht wird. Der Art. 156 RV. läßt deshalb zu, daß für die Vergesellschaftung geeignete Betriebe von dem Reich — unbeschadet der Entschädigungspflicht — durch Gesetz in „Gemeineigentum" überführt werden. Es kann auch nach diesem Artikel eine teilweise Vergesellschaftung in der Form stattfinden, daß das Reich, die Länder oder Gemeinden an der Verwaltung wirtschaftlicher Betriebe beteiligt werden oder ihnen sonst ein bestimmender Einfluß hierauf eingeräumt wird und es können mehrere Betriebe durch Gesetz bei dringendem Bedürfnis zum Zwecke der Gemeinwirtschaft auf Grundlage der Selbstverwaltung zusammengeschlossen werden. Die größeren Verkehrsunternehmungen (Eisenbahnen usw.), bei denen hauptsächlich die Gefahr besteht, daß sie eine das ganze Wirtschaftsleben beherrschende Monopolstellung einnehmen, befinden sich großenteils schon jetzt im Eigentum des Staates oder der Gemeinden. Im Interesse der Sozialisierung der Elektrizitätswirtschaft ist durch G. v. 31. 12. 19 die Einteilung des Reichsgebiets nach wirtschaftlichen Gesichtspunkten in Bezirke vorgesehen, für welche Körperschaften oder Gesellschaften unter Führung des Reiches gebildet werden sollen, in denen namentlich die der Erzeugung und Fortleitung der elektrischen Kraft dienenden Betriebe zusammenzuschließen sind. Zu diesem Zweck können die betreffenden Anlagen vom Reiche, andernfalls von den Ländern oder Gemeinden (§ 2 Abs. 4, über gemischt-wirtschaftliche Unternehmungen s. § 3) gegen angemessene Entschädigung übernommen werden. Das Reich kann die ihm zustehenden Befugnisse den Ländern auf deren Antrag übertragen (§ 17). Die Länder können verlangen, an den Unternehmungen bis zu ein Drittel der Reichsbeteiligung ihrerseits beteiligt zu werden (§ 9) und im Besitz der ihnen selbst unentbehrlichen Energiequellen zu verbleiben (§ 19). Zur Regelung der Kaliwirtschaft ist das G. v. 24. 4. 19 erlassen. Die Kalierzeuger sind zu einer Vertriebsgemeinschaft (Kalisyndikat) zusammengeschlossen (§§ 38, 40, 102, 103 der Ausführungsbestimmungen v. 18. 7. 19). Die Mitglieder sind verpflichtet, die geförderten oder erzeugten Kalimengen dem Kalisyndikat zum Zweck des Absatzes zur Verfügung zu stellen (§ 74). Alle fünf Jahre werden die Beteiligungsziffern, die nach Art. IV der V. v. 22. 10. 21 zunächst in Hundertsteln der durchschnittlichen Beteiligungsziffer aller Kaliwerke berechnet werden, neu festgesetzt (§§ 78 ff.). Die Einfuhr von Kali ist nur dem Syndikat gestattet (§ 76). Bei der Verwaltung sind auch die Arbeiter insofern beteiligt, als der geschäftsführenden Stelle des Syndikats ein Arbeitervertreter und dem Aufsichtsrat zwei Arbeitervertreter angehören (§§ 43, 44). Die Leitung der Kaliwirtschaft ist unter Oberaufsicht des Reiches einem aus 30 Mitgliedern als Vertretern der beteiligten Bevölkerungskreise bestehenden Reichskalirat übertragen. Er setzt namentlich auf Vorschlag des Syndikats die Verkaufspreise fest (der Verkaufspreis für Ausländer darf, soweit der RWirtschaftsminister keine Ausnahme bewilligt, nicht geringer sein, als für Inländer, §§ 87, 92 Nr. 2), kann die Stillegung eines Kaliwerks wegen dauernder Unwirtschaftlichkeit anordnen (Art. V V. v. 22. 10. 21), trifft auch, soweit nicht eine Vereinbarung durch Tarifvertrag geschlossen ist, Bestimmungen zur Sicherung der Durchschnittslöhne und Durchschnittsgehälter (§§ 51 ff.). Besondere Verrichtungen sind zugewiesen den von dem Reichskalirat gebildeten Kalistellen, nämlich der Kaliprüfungsstelle, welche die Beteiligungsziffer festsetzt, der Kaliberufungsstelle, der Kalilohnprüfungsstelle erster und zweiter Instanz und der landwirtschaftlich-technischen Stelle, bei welchen als Beisitzer Arbeitervertreter mitwirken (§§ 16 ff., 63 ff.).

Dem freien Wettbewerb sind außerdem dadurch Schranken gezogen, daß das Gesetz wucherischen Geschäften und Spekulationsgeschäften entgegentritt. § 138 BGB. erklärt Rechtsgeschäfte für nichtig, durch welche der Gläubiger unter Ausbeutung der Notlage, des Leichtsinns oder der Unerfahrenheit des Schuldners sich oder einem andern für eine Leistung unverhältnismäßig hohe oder unverhältnismäßig bedrückende Vermögensvorteile versprechen oder gewähren läßt. Wird eine solche Handlung vorsätzlich oder im Falle des § 302 e gewerbs- oder gewohnheitsmäßig begangen, so tritt nach § 302 a bis 302 e StGB. (infolge der Gesetze v. 24. 5. 80 und 19. 6. 83) Bestrafung ein. In weiterem Umfange wurde der Wucher bekämpft durch die V. v. 8. 5. 18 und das G. v. 18. 12. 20. In der Preistreibereiverordnung, die einen Teil der auf Grund des Art. IV Abs. 3 des Notgesetzes v. 24. 2. 23 erlassenen V. v. 13. 7. 23 bildet, ist nicht nur der Wucher in seinen verschiedenen Gestaltungen (Preiswucher, Leistungswucher, Provisionswucher in Ansehung eines Gegenstandes oder einer Leistung des täglichen Bedarfs) unter Strafe gestellt, sondern auch der Kettenhandel (Einschiebung eines unnützen Zwischengliedes, vgl. RG. 101, 371 u. 381; 103, 161), die Warenzurückhaltung, preistreibende Machenschaften (wie z. B. Warenunterdrückung), die Höchstpreisüberschreitung — deren auch der behufs Weiterveräußerung mit Gewinn den höheren Preis Gewährende oder Versprechende sich schuldig macht — und der Schleichhandel. In besonders schweren Fällen ist die Strafe Zuchthaus und Geldstrafe. Auch die fahrlässige Preistreiberei und das Unternehmen der von der Regierung in einer weiteren V. vom gleichen Tage verbotenen Ausfuhr lebenswichtiger Gegenstände sind strafbar. Neben der Strafe ist auf Einziehung des erzielten Gewinns zu erkennen. Ein Höchstbetrag der Zinsen ist nicht mehr festgesetzt. Auch die Vorschrift des § 247 BGB., die dem Schuldner bei Vereinbarung eines höheren Zinssatzes als 6. v. H. die Kündigung des Kapitals gestattete, ist durch G. v. 3. 3. 23 außer Kraft gesetzt. Bestehen geblieben ist die Bestimmung des § 248, wonach die im voraus getroffene Vereinbarung, daß fällige Zinsen wieder Zinsen tragen sollen (Vereinbarung von Zinseszinsen) nur den Kreditanstalten für verzinsliche Einlagen sowie insoweit gestattet ist, als sie für den Betrag der von ihnen gewährten Darlehen verzinsliche Schuldverschreibungen auf den Inhaber ausgeben dürfen. Ausnahmsweise ist es dem Pfandleiher durch das Pr. G. v. 17. 3. 81 verboten, bei Darlehnsbeträgen bis zu 30 M. höhere Zinsen als 2 Pfennig, nach der MinVfg. v. 18. 12. 22 5 Pfennig für jeden Monat und jede Mark und für jede diesen Betrag übersteigende Mark mehr als 1 Pfennig, jetzt 4 Pfennig, im Monat sich ausbedingen. Herabsetzung des unverhältnismäßig hohen Mäklerlohns kann nach § 655 BGB., der unverhältnismäßig hohen Vertragsstrafe nach § 343 gefordert werden. Ein Heiratsmäklerlohn ist unklagbar (§ 656). Den gewerbsmäßigen Stellenvermittlern sind Beschränkungen durch das G. v. 2. 6. 10

auferlegt. Die gewerbsmäßigen Versteigerer haben die durch Erl. des HM. v. 14. 7. 02 bestimmten besonderen Verpflichtungen zu erfüllen.

Was sodann die Spekulationsgeschäfte betrifft, so gilt nach § 762 BGB. der Grundsatz, daß Spiel oder Wette eine Verbindlichkeit nicht begründet, womit indes ein Recht zur Rückforderung des Geleisteten nicht gegeben ist. Das Differenzgeschäft, bei welchem die Absicht der Parteien nicht auf Lieferung, sondern nur auf Zahlung des Unterschiedes zwischen dem vereinbarten Preise und dem Markt- oder Börsenpreise zur Lieferungszeit geht, wird nach § 764 als Spiel behandelt. Börsentermingeschäfte sind nur in solchen Waren oder Wertpapieren zulässig, die vom Börsenvorstande zum Börsenterminhandel zugelassen sind (§ 50 des Börsenges. v. 27. 5. 08). Soweit dies nicht der Fall, ist der Börsenterminhandel von der Benutzung der Börseneinrichtungen ausgeschlossen. Börsentermingeschäfte in Getreide oder Erzeugnissen der Getreidemüllerei sind, falls sie nicht zwischen den in § 67 bezeichneten Personen nach den vom Reichsrat genehmigten Geschäftsbedingungen abgeschlossen sind, verboten (§ 65). Auch in Anteilen von Bergwerks- oder Fabrikunternehmungen sind Börsentermingeschäfte nur mit Genehmigung des Reichsrats erlaubt, der den Börsenterminhandel auch in anderen Waren oder Wertpapieren ganz oder bedingungsweise verbieten kann (§ 63). Das verbotene Börsentermingeschäft ist in jeder Beziehung nichtig, während sonst die Unwirksamkeit nach Maßgabe der §§ 55 bis 57 durch Erfüllung oder Aufrechnung geheilt werden kann. Nicht verbotene Börsentermingeschäfte sind bei Abschluß zwischen im Handelsregister eingetragenen Kaufleuten, eingetragenen Genossenschaften oder nach § 53 gleichstehenden Personen derart verbindlich, daß auch der Spieleinwand nicht erhoben werden kann, und bei einseitiger Beteiligung solcher Kaufleute oder Genossenschaften sowohl für sie selbst als in Höhe der Sicherheit verbindlich, die diese Personen von dem Vertragsgegner sich haben bestellen lassen (§ 54). Wer aus dem Glücksspiel ein Gewerbe macht oder ohne obrigkeitliche Erlaubnis öffentlich ein Glücksspiel veranstaltet oder sich an einem solchen Glücksspiel beteiligt, unterliegt den in §§ 284, 285 StGB. in der Fassung des G. v. 23. 12. 19 bestimmten Strafen, wozu auch die Einziehung der Spieleinrichtungen und des Spielgeldes (§ 284 b) gehört. Im Wandergewerbe dürfen Lose nicht vertrieben werden (§ 56 Nr. 4 u. 5 GewO.). Für Preußen ist durch G. v. 29. 8. 04 das Spielen in außerpreußischen Lotterien bei Strafe verboten. Besondere Bestimmungen über das Wetten aus Anlaß öffentlicher Pferderennen oder anderer öffentlicher Leistungsprüfungen für Pferde gibt das Rennwettgesetz v. 8. 4. 22. Für diese Veranstaltungen kann das Unternehmen des Totalisators von der Landeszentralbehörde genehmigt werden. Die Genehmigung hat sich auch auf den Buchmacher und dessen Gehilfen, denen der Ort ihrer Tätigkeit vorzuschreiben ist, zu erstrecken. Über die Form des Wettvertrags s. § 4 dieses Gesetzes. Der ungenehmigte Betrieb eines Totalisatorunternehmens einschließlich der gewerbsmäßigen Aufforderung zu derartigen Wetten zieht nach §§ 5 bis 9 Bestrafung nach sich. Verträge über den Nachlaß eines lebenden Dritten sind, da hierin mehr oder weniger eine nicht zu billigende Spekulation enthalten ist — mit Ausnahme des Falles, daß die künftigen gesetzlichen Erben über den gesetzlichen Erbteil oder den Pflichtteil sich vereinbaren — durch § 312 BGB. verboten. Die Abschließung eines Erbvertrags oder Erbverzichtvertrags mit dem Erblasser wird hiervon nicht betroffen.

Die Durchführung des freien Wettbewerbs ist nur zu ermöglichen auf der Grundlage der Gewerbefreiheit, der Verbrauchsfreiheit und der Verkehrsfreiheit. Der Grundsatz der Gewerbefreiheit hat in der Gewerbeordnung (neugefaßt am 26. 7. 1900, vgl. Ausführungsanweisung v. 1. 5. 04) Anerkennung gefunden. Verträge, durch welche die Gewerbefreiheit in zeitlicher, örtlicher oder gegenständlicher Hinsicht übermäßig beschränkt wird, sind unverbindlich. Eine gleichartige Vorschrift enthalten die durch G. v. 10. 6. 14 und 23. 10. 23 abgeänderten §§ 68, 74 f. HGB., §§ 133 aa f. GewO., über die vom Prinzipal dem Handlungsgehilfen oder Gewerbegehilfen auferlegten Konkurrenzbeschränkungen, die im Falle des § 74 HGB. den Zeitraum von drei Jahren seit Beendigung des Dienstverhältnisses nicht überschreiten dürfen. Die Gewerbefreiheit erstreckt sich nicht auf den Gewerbebetrieb im Umherziehen (§§ 55 ff. GewO.), der wegen der Unsicherheit der hier vorliegenden Verhältnisse den mannigfachsten Beschränkungen unterworfen ist. Das notwendige Gegenstück der Gewerbefreiheit ist die Verbrauchsfreiheit. Eine Verpflichtung, die wirtschaftlichen Bedürfnisse ausschließlich von einem bestimmten Lieferanten zu entnehmen, kann nicht begründet werden. § 117 Abs. 2 GewO. verbietet es insbesondere den Gewerbetreibenden, den bei ihnen beschäftigten Arbeitern derartige Auflagen zu machen. Die Verkehrsfreiheit endlich kommt darin zur Geltung, daß die Benutzung öffentlicher Wege und öffentlicher Verkehrsanstalten, desgleichen der Wasserstraßen und Häfen grundsätzlich jedermann mit gleichen Rechten gestattet ist. Die Eisenbahnen dürfen insbesondere die Beförderung von Personen oder Gütern, falls den reglementsmäßigen Vorschriften genügt ist, nicht versagen und sie sind nach § 453 HGB. verbunden, die Beförderung der Güter, sofern nicht zwingende Gründe des Eisenbahnbetriebs oder das gemeine Wohl eine Ausnahme erheischen, nach der Reihenfolge der Auflieferung zu bewirken.

§ 18. Unterstützungswesen.

Der Allgemeinheit liegt die Pflicht ob, den einzelnen in Notfällen zu unterstützen. Einem jeden hilfsbedürftigen Deutschen ist das zum Leben Unentbehrliche (§ 1 des Pr. AusfGes. v. 8. 3. 1871, § 6 V. v. 13. 2. 24) zu gewähren. Zur Unterstützung war der Ortsarmenverband verpflichtet, in welchem der Unterstützungswohnsitz (regelmäßig einjähriger Aufenthalt erforderlich) erworben war (RGes. v. 7. 6. 08 §§ 9 ff.). Zur vorläufigen Unterstützung vorbehaltlich des Anspruchs auf Ersatz der Aufwendungen und gegebenenfalls des Anspruchs auf Übernahme des Hilfsbedürftigen (§§ 31, 32, 55, 56) war nach § 28 der Ortsarmenverband verpflichtet, in welchem der zu Unterstützende zur Zeit des Eintritts der Hilfsbedürftigkeit sich befand. Von der der Gemeinde nach § 5 des Freizügigkeitsges. v. 1. 11. 67 zustehenden Befugnis, den Verarmten vor Erwerb des Unterstützungswohnsitzes auszuweisen, sollte, wenn hiermit besondere Härten verbunden sind, kein Gebrauch gemacht werden (§§ 55, 56). Der Ortsarmenverband des Dienst- oder Arbeitsorts hatte in Krankheitsfällen die Kosten der erforderlichen Kur und Verpflegung für die ersten 26 Wochen endgültig zu tragen (§ 29). War ein verpflichteter Ortsarmenverband nicht vorhanden oder nicht zu ermitteln, so trat die Verpflichtung des Landarmenverbandes ein. Diese Bestimmungen sind jetzt durch V. v. 13. 2. 24 geändert, welche allgemein die Bezirksfürsorgeverbände und die Landesfürsorgeverbände nach näherer Bestimmung der Länder zu Trägern der öffentlich-rechtlichen Fürsorgepflichten gemacht hat. Der endgültig verpflichtete Bezirksfürsorgeverband wird jetzt durch den gewöhnlichen Aufenthalt des zu Unterstützenden, den Ort der Familienwohnung, den Dienstort usw. bestimmt. Über die Arbeitspflicht s. §§ 19 ff. Weitere Verpflichtungen wurden den Landarmenverbänden durch § 31 des Pr. AusfGes. und das

Pr. Ges. über Krüppelpflege v. 6. 5. 20 darin auferlegt, daß sie für die erforderliche Unterbringung der hilfsbedürftigen Geisteskranken, Idioten, Epileptischen, Taubstummen, Blinden und Krüppel in geeigneten Anstalten zu sorgen haben. Der Arzt (auch die Hebamme) und der Lehrer, die bei Ausübung ihres Berufs Verkrüppelung oder Anzeichen drohender Verkrüppelung wahrnehmen, sind zur Anzeige an das Jugendamt (§§ 3 ff.) verbunden. — Umfassendere Maßnahmen zur Linderung von Not und Arbeitslosigkeit, die meist das Eingreifen des Staates erfordern, sind durch Vornahme von Notstandarbeiten (vgl. Pr. V. v. 11. 12. 18, Anordnungen des RAM. v. 17. 11. 23, 18. 1. 24), Veranstaltung von Sammlungen und dergleichen zu treffen, falls durch größere Unglücksfälle, durch Feuersbrunst, Hochwasserschäden usw. eine allgemeine Notlage entstanden ist.

Eine Unterstützung, die nicht den Charakter der Armenpflege hat, ist ferner auf Grund der RV. v. 15. 10. 23 zur Bekämpfung der Arbeitslosigkeit und zur Fürsorge für die Erwerbslosen zu gewähren (vgl. früher die V. v. 1. 11. 21). Die Mittel hierzu werden nach ersterer V. (Ausführungsbest. v. 25. 10. 23) von den krankenkassenversicherungspflichtigen Arbeitnehmern und ihren Arbeitgebern durch Beiträge aufgebracht, die von dem Verwaltungsausschuß des öffentlichen Arbeitsnachweises in Bruchteilen der Krankenkassenbeiträge und zwar für beide Teile insgesamt in gleicher Höhe festgesetzt werden. Hierzu kommt ein Zuschuß der Errichtungsgemeinde des öffentlichen Arbeitsnachweises, die einen Teil der Kosten zu tragen hat, äußerstenfalls eine gleichteilige Beihilfe des Reiches und des Landes (vgl. § 6 Abs. 2). Die Bestimmungen über Art, Höhe und Dauer der Unterstützung werden auf Grund der Anordnungen des RAM., der mit dem Reichsamt für Arbeitsvermittlung sich ins Benehmen zu setzen hat, von dem Verwaltungsausschuß des öffentlichen Arbeitsnachweises getroffen (§ 7). Über Unterstützungsgesuche entscheidet der Vorsitzende. Die in § 9 G. v. 1. 11. 21 (vgl. § 10 V. v. 15. 23) für die Unterstützung vorgeschriebene Wartefrist von einer Woche kann nach dem G. v. 19. 7. 23 von der obersten Landesbehörde mit Zustimmung des RAM. bis auf drei Tage herabgesetzt werden. Die Höchstsätze der Erwerbslosenunterstützung werden jeweilig bekanntgemacht (§ 1 V. v. 24. 10. 23). Kann infolge Beschränkung der Arbeit der Arbeitnehmer zwei Drittel des Wochenverdienstes nicht mehr erreichen, so erhält er 40 v. H. des hieran fehlenden Betrags als Kurzarbeiterunterstützung (V. v. 30. 11.

23). Die Gewährung einer jeden Unterstützung kann von einer nach der körperlichen Beschaffenheit zuzumutenden **Arbeitsleistung**, die einen gemeinnützigen Charakter tragen muß, abhängig gemacht werden (§ 9 V. v. 15. 10. 23, § 8 V. v. 1. 11. 21). Die Erwerbslosen können gemäß den Bestimmungen v. 17. 11. 23 (vgl. Ziff. 22) mit Notstandsarbeiten (regelmäßig nicht über 6 Monate hinaus) gegen eine bei Arbeitsleistung über 24 Stunden wöchentlich um 20 v. H. erhöhte Unterstützung beschäftigt werden; über Ausbildungszwang der Erwerbslosen unter 18 Jahren s. § 9 Abs. 3 der V. v. 15. 10. 23. Ergänzt sind diese Vorschriften durch die V. v. 16. 2. 24.

Staatliche Hilfe wird auch den Personen zuteil, die wegen Minderjährigkeit oder aus anderen Gründen die Verwaltung ihres Vermögens nicht selbst führen können. Es wird ihnen im Falle der **Minderjährigkeit**, der Entmündigung oder vorläufigen Entmündigung (§ 1906) wegen Geisteskrankheit, Geistesschwäche, Verschwendung ein Vormund, in anderen Fällen, soweit ein Bedürfnis hierfür besteht, ein Pfleger bestellt. Das Vermögen ist von diesem unter Aufsicht des Vormundschaftsgerichts (Pflicht zur Einreichung des Vermögensverzeichnisses und zur Rechnungslegung) zu verwalten. Bei Pflichtwidrigkeiten hat das Vormundschaftsgericht einzuschreiten und nötigenfalls den Vormund (Pfleger) zu entlassen. Die **Genehmigung** des Vormundschaftsgerichts wird erfordert zur Verfügung über Grundstücksrechte (vgl. §§ 1821, 1823 Nr. 4, 5), über ein Erwerbsgeschäft (§ 1823 Nr. 3) oder eine Erbschaft (§ 1823 Nr. 1 u. 2), zu Verpflichtungen des Mündels über die Dauer eines Jahres hinaus in einem Dienstverhältnis oder Lehrverhältnis (§ 1823 Nr. 6 u. 7), zur Aufnahme eines Darlehns und zu sonstigen bedenklichen Rechtsgeschäften (§ 1823 Nr. 7 bis 13); die Genehmigung des bei einer nicht unerheblichen Vermögensverwaltung zu bestellenden Gegenvormundes (§ 1792) oder des Vormundschaftsgerichts ist erforderlich zur Verfügung über das Kapitalvermögen (§§ 1809 ff.). Das Geld ist nach § 1807 in **mündelsichern** Werten (die Sicherheit beruht hauptsächlich auf Grundbesitz, auf der Haftung des Staates oder öffentlicher Verbände) anzulegen. Das Vormundschaftsgericht kann, wenn wirtschaftliche Gründe dies erfordern, eine andere Anlegung gestatten (G. v. 23. 6. 23). Die Aufbewahrung der Inhaberpapiere — was vom Vormundschaftsgericht auch auf sonstige Wertpapiere und auf Kostbarkeiten ausgedehnt werden kann — hat bei den staatlich bestimmten **Hinterlegungsstellen** oder der Reichsbank zu erfolgen (§§ 1814—1820).

In Zweckmäßigkeitsfragen der vormundschaftlichen Verwaltung entscheidet das Ermessen des Vormundes. Bei Nichtvorhandensein oder Verhinderung des Vormundes hat an seiner Stelle das Vormundschaftsgericht die nötigen Maßregeln zu treffen (§ 1846). Dem Vormunde kann für seine mit Führung des Amtes verbundene größere Mühewaltung, wenn die Vermögenslage des Mündels es zuläßt, eine Vergütung bewilligt werden, aus besonderen Gründen auch dem Gegenvormunde (§ 1836). Dem Inhaber der elterlichen Gewalt kommt, was das Aufsichtsrecht des Vormundschaftsgerichts betrifft, eine dem Vormund ähnliche Stellung zu.

§ 19. Fürsorge für den Arbeiterstand.

Dem Arbeiterstande ist in der neueren Gesetzgebung eine besondere Fürsorge gewidmet. Der Abschluß des Arbeitsvertrags ist an sich nach § 105 GewO. Gegenstand freier Übereinkunft. Für Fabriken, die in der Regel mindestens 20 Arbeiter beschäftigen, ist jedoch die Aufstellung einer Arbeitsordnung (§§ 134 a ff. GewO.) vorgeschrieben, die nach § 104 IV des Betriebsrätegeſ. v. 5. 2. 20 von dem Arbeitgeber zusammen mit dem Betriebsrat zu erlassen ist. Von größtem Einfluß auf die Gestaltung des Arbeitsvertrags sind die zwischen Vereinigungen der Arbeitnehmer (Gewerkschaften) und einzelnen Arbeitgebern oder Vereinigungen von Arbeitgebern geschlossenen Tarifverträge. Diese Verträge haben, wenn sie schriftlich errichtet sind, nach § 1 der V. v. 23. 12. 18, ergänzt am 31. 5. 20, die Bedeutung, daß Arbeitsverträge zwischen den vom Tarifvertrage betroffenen Personen, soweit sie zu ungunsten des Arbeitnehmers von der tariflichen Regelung abweichen, unwirksam sind. Tarifverträge, die in dem betreffenden Kreise eine überwiegende Bedeutung erlangt haben, können auf Antrag von Beteiligten, nachdem die Verträge zur Ermöglichung von Einwendungen zunächst durch das Reichsarbeitsblatt (V. v. 31. 5. 20) bekanntgemacht sind, für ihren räumlichen Geltungsbereich von dem RAM. für allgemein verbindlich erklärt werden (§ 2, eine Ausnahme von der Notwendigkeit der Bek. s. im G. v. 23. 1. 23). Die Verbindlichkeitserklärung kann auf die Zeit des Inkrafttretens des Tarifvertrags zurückverlegt werden (RG. 103, 23). In den einzelnen Betrieben (vgl. wegen der öffentlichen Betriebe Pr. AusführungsV. v. 8. 3. 20) sind nach dem Betriebsrätegeſ. v. 4. 2. 20 ein Arbeiterrat und ein Angestelltenrat zu wählen, welche die Interessen der Arbeitnehmer durch Überwachung der zu ihren Gunsten erlassenen Vorschriften durch Vereinbarung von Richtlinien mit dem Arbeitgeber, durch Untersuchung von Beschwerden und in sonstiger Weise wahrzunehmen haben, auch bei der Einstellung und Entlassung von Arbeitnehmern mitzuwirken haben (§§ 78 ff.). Über die Einstellung von Arbeitnehmern haben sie, soweit eine tarifliche Regelung nicht besteht, mit dem Arbeitgeber Richtlinien zu vereinbaren. Im Falle der Entlassung haben sie, wenn sie den Einspruch des Arbeitnehmers (z. B. wegen unbilliger Härte der Kündigung) für begründet halten, vermittelnd einzugreifen (§ 86). Über die Zuständigkeit der Schlichtungsausschüsse s. später § 38. Die gemeinsamen wirtschaftlichen Interessen werden von dem aus 3 bis 30 Mitgliedern bestehenden Betriebsrat (in Betrieben mit mindestens fünf bis regelmäßig zwanzig wahlberechtigten Arbeitnehmern wird ein Betriebsobmann gewählt) wahrgenommen, der die in § 66 bezeichneten Aufgaben zu erfüllen, insbesondere an der Verwaltung der Betriebswohlfahrtseinrichtungen teilzunehmen, den Arbeitgeber zu unterstützen, auch bei Nichtbestehen eines Arbeiterrats oder Angestelltenrats dessen Verrichtungen mit zu übernehmen hat. Die Arbeitermitglieder und andererseits die Angestelltenmitglieder des Betriebsrats bilden nach § 15 den Arbeiterrat und Angestelltenrat. Dem Vorsitzenden des Betriebsrats steht nach § 46 die Berufung der Betriebsversammlung zu. In Großbetrieben (§ 72) hat der Betriebsrat gemäß dem G. v. 5. 2. 21 Anspruch auf Vorlegung der Betriebsbilanz und der Gewinn- und Verlustrechnung. Er ist nach dem G. v. 15. 2. 22 auch berechtigt, ein oder zwei Mitglieder in den Aufsichtsrat zu entsenden. Über die Ausführung der Wahlen durch die Arbeitnehmer s. § 20 und die Wahlordnung v. 5. 2. 20. Für Gewerbezweige, in denen Hausarbeiter beschäftigt werden, kann vom Reichsrat die Errichtung von Fachausschüssen beschlossen werden, die aus einem Vorsitzenden, zwei ebenfalls sachkundigen Beisitzern, aus Vertretern der beteiligten Gewerbetreibenden und der gleichen Zahl Vertreter der beteiligten Hausarbeiter bestehen. Die Zahl der Vertreter wird von der Landeszentralbehörde bestimmt, welche auch die Hälfte der Vertreter zu ernennen hat (Hausarbeitsges. v. 20. 12. 11 §§ 18 ff., V. v. 13. 1. 19 über die Sitze der Fachausschüsse).

Vereinigungen der Arbeiter zur Erlangung günstiger Lohn- oder Arbeitsbedingungen mittels Arbeitseinstellung sind durch § 152 GewO. — ebenso wie derartige Vereinigungen der Arbeitgeber — unbeschränkt gestattet. Auch die Anwendung der in § 153 bezeichneten Mittel (Zwang, Drohung, Ehrverletzung) zur Förderung solcher Vereinigungen ist nach dem G. v. 22. 5. 18 nicht mehr unter besondere Strafe gestellt. Vorschriften darüber, daß vor einer Arbeitseinstellung oder Aussperrung die Mittel zur friedlichen Beilegung des Streites erschöpft sein müssen, sind nicht ergangen.

Die Fürsorge für den Arbeiterstand zeigt sich ferner in der Einrichtung des Arbeitsnachweises. Nach dem G. v. 22. 7. 22/30. 10. 23 sollen bei den Gemeinden (oder Gemeindeverbänden, was nötigenfalls die oberste Landesbehörde bestimmt) öffentliche Arbeitsnachweise bestehen. Nach Bedarf sind bei ihnen Fachabteilungen und Abteilungen für Angestellte zu bilden (§ 32). Für jeden Arbeitsnachweis ist ein Verwaltungsausschuß (für jede Fachabteilung und jede Abteilung für Angestellte ein Fachausschuß) zu errichten, dem der Vorsitzende des Arbeitsnachweises oder einer seiner Stellvertreter und mindestens je drei aus den Vorschlagslisten der wirtschaftlichen Vereinigungen zu entnehmende Arbeitgeber und Arbeitnehmer als Beisitzer angehören (§§ 7, 33, vgl. § 19). Der Ausschuß bringt den Geschäftsführer und die Vermittler in Vorschlag, die von der Errichtungsgemeinde bestellt werden (§ 13), stellt die Grundsätze für die Geschäftsführung fest, soweit sie nicht durch Gesetz oder die Satzung bestimmt sind, und entscheidet auf Beschwerde. Die Vermittlung ist unentgeltlich und unparteiisch zu gewähren, was auch für die vom Verwaltungsausschuß des Landesamts zugelassenen, nichtgewerbsmäßigen Arbeitsnachweise gilt. Die gewerbsmäßige Stellenvermittlung (die durch G. v. 2. 6. 10 geregelt worden ist), ist vom 1. 1. 31 ab verboten. Die Landesämter für Arbeitsvermittlung werden für Länder, Provinzen oder andere größere Bezirke als Aufsichts- und Beschwerdestellen von der obersten Landesbehörde errichtet (§ 16). Die oberste fachliche Aufsicht führt im Einvernehmen mit den obersten Landesbehörden das dem RAM. unterstehende Reichsamt für Arbeitsvermittlung, das nach der V. v. 30. 9. 22 die Bezeichnung Reichsarbeitsverwaltung führt und das mit Zustimmung des Verwaltungsrats allgemeine Anordnungen über die Geschäftsführung treffen kann (§ 30). Ausführungsvorschriften können von dem RAM. nach Anhörung des Verwaltungsrats mit Zustimmung des Reichsrats erlassen werden (§ 59, vgl. auch § 49). Nach §§ 2, 15 ist es gestattet, daß den Nachweisämtern verwandte Aufgaben, insbesondere auf dem Gebiete der Berufsberatung und Lehrstellenvermittlung übertragen werden. Nach der V. v. 16. 3. 19

sind die Arbeitgeber der Land- und Forstwirtschaft verpflichtet, jede offene Stelle sofort einem nichtgewerbsmäßigen Arbeitsnachweis anzumelden. Bei der Vermittlung sind in erster Stelle diejenigen Personen zu berücksichtigen, welche bereits früher in der Land- oder Forstwirtschaft tätig waren (wegen der diesen Personen zu gewährenden Vergünstigungen s. § 4). Die Beschäftigung ausländischer Landarbeiter bedarf nach den Erl. v. 8. 9. 21 u. 4. 11. 21 der Genehmigung (durch den landwirtschaftlichen Fachausschuß beim Landesarbeitsamt), die nur zu erteilen ist, wenn geeignete deutsche Arbeiter nicht zu beschaffen sind. Bei der Einstellung von Arbeitern waren durch die DemobilmachungsV. v. 12. 2. 20 (gültig bis 31. 10. 23) den Kriegsteilnehmern Vorrechte gesichert. Um die Arbeitslosigkeit nicht zu vermehren, ist durch die V. v. 15. 10. 23 vorgeschrieben, daß größere Arbeitsentlassungen binnen bestimmter Frist seit der Anzeige an die Demobilmachungsbehörde, die für die Dauer der Frist eine Arbeitsstreckung anordnen kann (s. § 1 der V. v. 8. 11. 20) nicht zur Ausführung kommen dürfen (die §§ 15, 22, 25 V. v. 12. 2. 20 wegen Entlassungsstreitigkeiten sind bestehen geblieben).

Dem inländischen Arbeiter ist ein gewisses Vorrecht vor dem ausländischen gegeben. Ausländische Landarbeiter müssen grundsätzlich nach Ablauf der Saison (15. Dezember) in ihre Heimat zurückkehren (Vfg. des Pr. M. des J. v. 7. 12. 22). Die Erlaubnis zur Vermittlung von Arbeitnehmern nach dem Ausland wird von dem Reichsamt für Arbeitsvermittlung im Einvernehmen mit dem Reichswanderungsamte nur erteilt, wenn ein deutsches Bedürfnis hierfür besteht (V. v. 4. 10. 23).

Die Arbeiter sind schließlich in weitem Umfange gegen wirtschaftliche Nachteile aus Krankheit, gegen Unfälle und gegen Arbeitsunfähigkeit (Invalidität, Alter) durch die Reichsversicherungsordnung v. 19. 7. 11, die in den letzten Jahren vielfache Änderungen erfahren hat (s. G. v. 27. 3., 13. 7., 19. 7. 23, V. v. 27. 9. 23, die auf Grund des Ermächtigungsges. erlassene V. v. 30. 10. 23 über Vereinfachungen und die V. v. 14. 12. 23 über die Verfahrensordnung) versichert. Die Krankenversicherungspflicht erstreckt sich nach §§ 165 ff. RVersO. und dem Ges. v. 19. 7. 23 auf Arbeiter jeder Art (mit Ausnahme der Arbeiter in öffentlichen Betrieben), auf Betriebsbeamte und Personen ähnlicher Stellung wie Lehrer, Erzieher, Schauspieler, Musiker, vorausgesetzt, daß sie abgesehen von den Lehrlingen gegen Entgelt beschäftigt sind. Die

Krankenversicherungspflicht wird nach der V. v. 1. 12. 23 durch einen Verdienst von 150 Goldmark monatlich begrenzt, welcher Betrag auch die Einkommensgrenze für die Versicherungspflicht des Hausgewerbetreibenden und für den Beitritt zur freiwilligen Versicherung bildet. Für die Krankenkassen, die den für die Leistungen der Kasse maßgebenden Grundlohn nach dem durchschnittlichen Tagesentgelt berechnen (§ 180 RVersO., § 6 des G. zur Erhaltung leistungsfähiger Krankenkassen v. 27. 3. 23, V. v. 26. 1. 23 über die Ortslöhne landwirtschaftlicher Arbeiter), gelten die in der V. v. 12. 4., 9. 6., 22. 6. 23 aufgeführten Lohnstufen 1 bis 28. Dem Kassenvorstand ist es unbenommen, innerhalb dieser Grenzen weitere Lohnstufen (wie z. B. 1a, 1b) einzuschalten, auch, wie die V. v. 31. 7. 23 bestimmt, die erforderlichen höheren Lohnstufen unter möglichster Annäherung an die Klassen der Invalidenversicherung festzusetzen. Der Vorstand kann als Grundlohn nach der V. v. 27. 9. 23 auch den vollen Arbeitsverdienst berücksichtigen und solchenfalls statt der in §§ 317, 318 RVersO. geforderten Meldung die Einreichung der Lohnlisten des Zahlungstags und die Offenlegung der Bücher anordnen. Mitglieder der Landkrankenkassen sind die in der Landwirtschaft beschäftigten Personen sowie die Dienstboten (G. v. 30. 4. 22 Art. V), während der Hausgewerbetreibende (§ 470 in der Fassung des gleichen Ges.) regelmäßig der allgemeinen Ortskrankenkasse zugewiesen ist. Beim Nichtbestehen einer solchen Kasse gehören die ihr zugedachten Personen der allgemeinen Ortskrankenkasse an. Als weitere Krankenkassen bestehen die besondere Ortskrankenkasse, die Innungskrankenkasse, die Betriebskrankenkasse, die Ersatzkasse (eine vor dem 1. 4. 09 zugelassene eingeschriebene Hilfskasse (§§ 503 ff. RVersO., V. v. 27. 9. 23) und die knappschaftliche Krankenkasse (Reichsknappschaftsges. v. 23. 6. 23). Als Krankenhilfe wird außer einem Krankengelde in Höhe des halben Grundlohns vom vierten Krankheitstage an Krankenpflege (freier Arzt und freie Heilmittel) für 26 Wochen (§§ 182 ff. RVersO.) oder mit Ermächtigung des RAM. (G. v. 20. 4. 22) eine entsprechende Barleistung gewährt. Wöchnerinnen, die in den letzten zwei Jahren vor der Niederkunft mindestens zehn Monate oder im letzten Jahre mindestens sechs Monate versichert waren, erhalten nach dem G. v. 9. 6. 22 und der V. v. 18. 8. 23 als Wochenhilfe neben freier ärztlicher Behandlung einen Beitrag in Höhe des Sechsfachen der Reichsrichtzahl der Lebenshaltungskosten, ein Wochengeld in Höhe des Krankengeldes (mindestens ein Zehntel der Reichsrichtzahl) für vier

Wochen vor und sechs Wochen nach der Niederkunft sowie ein Stillgeld in Höhe des halben Krankengeldes (mindestens drei Zwanzigstel der Reichsrichtzahl) für 12 Wochen. Gleichartige Leistungen, wenn schon das Wochengeld und Stillgeld nicht nach dem Krankengelde abgestuft ist, werden nach dem G. v. 9. 6. 22 und der V. v. 18. 8. 23 über Wochenfürsorge der in häuslicher Gemeinschaft mit dem Versicherten lebenden Ehefrau und dessen Töchtern sowie allgemein den minderbemittelten deutschen Frauen zuteil, die ihren gewöhnlichen Aufenthalt im Inlande haben (vgl. über die Fürsorgestelle die V. v. 13. 2. 24). Die Kosten der Wochenfürsorge werden gänzlich (§ 8 dieser V.), die Regelleistungen der Wochenhilfe (§ 205 d in der Fassung des G. v. 9. 6. 22) zur Hälfte vom Reiche — das nach § 205 d jedesmal für einen Monat vorschußpflichtig ist — erstattet. Die zur Krankenversicherung von den Arbeitnehmern und zu ein Drittel von den Arbeitgebern zu leistenden Beiträge sind gleichfalls nach dem Grundlohn zu bemessen. Zulässig ist es, entsprechend den geänderten Lohnverhältnissen den Grundlohn im Laufe der Versicherung zu ändern (vgl. § 9 G. v. 28. 12. 21). Durch die Satzung kann das Sterbegeld (§ 201 RVersO.) erhöht und die Versicherung (§ 205b in der Fassung des G. über Wochenhilfe v. 9. 6. 22), was den Anspruch auf Krankenpflege und Sterbegeld betrifft, auf Familienangehörige ausgedehnt werden. Zur Regelung des Verhältnisses zwischen den Krankenkassen und den Ärzten ist nach der V. v. 30. 10. 23 ein Reichsausschuß und für jedes Versicherungsamt ein Überwachungsausschuß sowie zur Herbeiführung angemessener Verträge ein Vertragsausschuß zu bilden. Kommt eine Einigung nicht zustande oder entstehen Streitigkeiten aus dem abgeschlossenen Arztvertrage, so hat hierüber das für jedes Oberversicherungsamt eingesetzte Schiedsamt zu befinden, gegen dessen Entscheidung die Berufung an das Reichsschiedsamt (§ 14) geht. Von der Krankenkasse können nach der V. v. 13. 2. 24 Arztbezirke gebildet werden. Die Krankenkassen des gleichen Oberversicherungsamts stehen teilweise in einem Gemeinlastverhältnis (§§ 367 a ff. in der Fassung des G. v. 27. 3. 23).

Der Unfallversicherung unterliegen Bergwerke, Gräbereien, Fabriken, Baugewerbe und sonstige Gewerbe, deren Betrieb mit Gefahren verbunden ist (vgl. § 549), die Verkehrsgewerbe und zwar auch die staatlichen Verkehrsunternehmungen, die land- und forstwirtschaftlichen Betriebe (§§ 537 ff., 915 ff., 1046 ff. RVersO.). Versichert sind die Arbeiter, auch wenn sie nicht gegen Entgelt oder nur vorübergehend beschäftigt sind, sowie die Betriebsbeamten, deren Jahresarbeitsverdienst (G. v. 19. 7. 23 Art. XXXII) nicht mehr innerhalb einer bestimmten Summe sich zu halten braucht. Die Versicherungspflicht kann durch die Satzung ausgedehnt werden auf Unternehmer, auch wenn sie die Eigenschaft eines Hausgewerbetreibenden haben, und auf Reeder, die zur Besatzung des Fahrzeugs gehören (§§ 548, 549, 1059 RVersO., Art. II, III, X G. v. 11. 4. 21). Unternehmer jeder Art mit einem Jahresarbeitsverdienst von unbeschränkter Höhe (§ 550 RVersO., G. v. 19. 7. 23 Art. XXXII) können sich selbst versichern. Träger der Unfallversicherung sind die aus den Unternehmern der versicherungspflichtigen Betriebe bestehenden Berufsgenossenschaften. Für die ersten 13 Wochen seit dem Unfalle tritt an Stelle der Berufsgenossenschaft vorbehaltlich des Erstattungsanspruchs die Krankenversicherung ein. Vom Beginn der 14. Woche an erhält der Versicherte außer der Krankenbehandlung eine der Minderung der Erwerbsfähigkeit entsprechende Rente bis zu 66$^2/_3$ des durchschnittlichen Jahresarbeitsverdienstes oder die Vollrente. Der durchschnittliche Jahresarbeitsverdienst landwirtschaftlicher Arbeiter wird gleichmäßig im ganzen Reiche von dem RAM. festgesetzt (Art. 2 G. v. 26. 1. 23). Im Falle des Todes des Verletzten ist ein Sterbegeld von 40 M., vervielfacht mit dem Betrage der Lebenshaltungskosten (V. v. 26. 11. 23) und eine Hinterbliebenenrente bis zusammen drei Fünftel des Jahresarbeitsverdienstes (§§ 586 ff. RVersO.) zu leisten. Die Witwe erhält bei Wiederverheiratung nach dem G. v. 23. 5. 23 als Abfindung drei Fünftel des Jahresarbeitsverdienstes. Die Kosten der Unfallversicherung werden nach Ablauf des Jahres (s. jedoch für 1923 V. v. 22. 12. 23) auf die Unternehmer nach Verhältnis der von ihnen gezahlten Löhne umgelegt und bis dahin von den Postanstalten vorgeschossen, denen zur Deckung der voraussichtlichen Aufwendungen für jeden Monat Beitragsvorschüsse zu zahlen sind (V. v. 26. 10. 23, s. § 11 wegen der landwirtschaftlichen Unfallversicherung, ergänzt durch V. v. 12. 12. 23). Bei den Baugewerksgenossenschaften werden die Kosten durch Erhebung von Prämien nach dem Prämiengefahrentarife (§§ 802 ff. RVersO., s. auch V. v. 16. 1. 24) aufgebracht. Über die Seeunfallversicherung s. §§ 1046 ff. Bis zur Höhe des Dreifachen der Entschädigungsbeträge haben die Berufsgenossenschaften nach dem G. v. 9. 2. 23 eine Rücklage anzusammeln, zu welchem Zwecke jährlich 10 v. H. dieser Beträge zurückzulegen sind. Deutsche Rentenempfänger erhalten, wenn die Rente 20 v. H. der

Vollrente beträgt, nach dem G. v. 12. 2./20. 8. 23 eine Zulage, die so zu bemessen ist, daß eine Rente unter Zugrundelegung eines Vielfachen das in Art. I des G. v. 20. 8. 23 bestimmten Jahresarbeitsverdienstes herauskommt. Die nähere Bestimmung dieses Vielfachen (auch wegen der Aufbringung und Auszahlung der Renten) ist durch G. v. 8. 10. 23 dem RAM. überlassen, welcher über die Berechnung nach der Richtzahl und über die Abrundung die V. v. 18. 10., 27. 11. u. 12. 12. 23 erlassen hat, durch welche letztere das Vielfache allgemein auf 900 Millionen festgesetzt ist (vgl. über die für die erste und die zweite Hälfte des November zu leistenden Zahlungen V. v. 6. 11. und 20. 11. 23). Durch die V. v. 30. 10. 23 über Versicherungsträger in der Unfallversicherung, die zugleich Vorschriften über das Reich und das Land als Versicherungsträger enthält, ist dem RAM. die Ermächtigung gegeben, Änderungen im Bestande der Berufsgenossenschaften vorzunehmen. Auf die durch Unfall Verletzten finden nach dem G. v. 12. 1. 23 auch die Vorschriften dieses G. über die Beschäftigung Schwerbeschädigter Anwendung.

Weiter erstreckt sich die Invalidenversicherung. Sie gilt, soweit nicht die Angestelltenversicherung eingreift, für alle Arbeiter, Gesellen, Gehilfen, Lehrlinge, Hausgehilfen, Personen der Schiffsbesatzung, Hausgewerbetreibende (§ 1226 RVersO. in der Fassung des G. v. 10. 11. 22 unter B), auch für Angehörige der Schutzpolizei und für Soldaten, die bei ihrer vorgesetzten Dienststelle die Versicherung beantragt haben (§ 1226 a das.). Gewerbetreibende, die in ihrem Betriebe höchstens zwei Versicherungspflichtige beschäftigen, sowie die Personen, die versicherungsfrei sind, weil sie nur freien Unterhalt erhalten oder es sich nur um vorübergehende Dienstleistungen handelt, sind zur Versicherung berechtigt (§ 1243 das., §§ 1227, 1232, vgl. § 1229 über die Befugnis des Reichsrats, die Versicherungspflicht auf Gewerbetreibende auszudehnen, die nur einen Versicherungspflichtigen beschäftigen). Der Beitretende darf jedoch das 40. Lebensjahr noch nicht vollendet haben (§ 1243). Nach dem Versicherungsgesetz für Angestellte (G. v. 20. 12. 11/10. 11. 22) sind alle in gehobener Stellung befindliche Angestellte, auch Handlungsgehilfen und Handlungslehrlinge, Angestellte in Sozialberufen (§§ 1 Nr. 5 u. 6, 2 Nr. 2 G. v. 10. 11. 22), Angehörige der Schutzpolizei und Soldaten, die solche Versicherung bei ihrer vorgesetzten Dienststelle beantragt haben, kraft ihres Berufes (vgl. jedoch § 15 über spätere freiwillige Fortsetzung des Berufs) versichert, vorausgesetzt, daß sie gegen Entgelt beschäftigt sind, beim Eintritt in die Beschäftigung das 60. Lebensjahr noch nicht vollendet haben, auch ihr Jahresarbeitsverdienst gemäß der V. v. 17. 12. 23 4000 Goldmark (s. die nähere Regelung in § 2 dieser V.) nicht übersteigt.

In der V. v. 20. 12. 23 (vgl. jetzt V. v. 16. 4. 24) sind für beide Versicherungen die Mitgliedsklassen neu festgesetzt, und zwar für die Angestelltenversicherung die Gehaltsklassen A bis E (A mit monatlichem Gehalt bis 50, B bis 100, C bis 200, D bis 300 und E über 300 Rentenmark), für die Invalidenversicherung die Lohnklassen 1 bis 5 (1 mit wöchentlichem Lohn bis 10, 2 bis 15, 3 bis 20, 4 bis 25, und 5 über 25 Rentenmark). Der monatliche Beitrag für die Angestelltenversicherung ist dementsprechend auf 1,50, 3, 6, 9, 12 Rentenmark und der wöchentliche Lohnbeitrag auf 20, 40, 60, 80, 100 Rentenpfennig bemessen. Die Versicherten beider Versicherungszweige haben für den Fall der Berufsunfähigkeit oder des Alters von 65 Jahren (G. v. 12. 5. 16, § 65 AngestVersG.) nach Ablauf der Wartezeit (§ 1878 Nr. 1, § 48 AngestVersG.) Anspruch auf eine Rente, die sich bei der Invalidenversicherung aus einem Reichszuschuß, aus einem von der Versicherungsanstalt zu leistenden Grundbetrage von jetzt 120 Goldmark (§ 1288 in der F. der V. v. 16. 4. 24) und einem nach den entrichteten Wochenbeiträgen sich bestimmenden Steigerungsbetrage zusammensetzt, wozu noch für jedes Kind unter 18 Jahren eine Erhöhung kommt (§ 1291 in der Fassung des G. v. 13. 7. 23). Die nähere Bestimmung wegen der Steigerungssätze ist in Art. 7 V. v. 20. 12. 23 vorbehalten. Die gleichen Vorschriften gelten — abgesehen von dem Reichszuschuß — für den Anspruch auf Ruhegehalt bei der Angestelltenversicherung. Im Falle des Todes des Versicherten ist ein Anspruch für die Hinterbliebenen begründet, bei der Invalidenversicherung ein Anspruch auf Witwen- oder Witwerrente in Höhe von $^3/_{10}$ der bisherigen Invalidenrente, auf Waisenrente für die Waisen unter 18 Jahren in Höhe von $^3/_{20}$ (die weiteren Waisen je $^1/_{40}$) dieser Rente unter Voraussetzung der Bedürftigkeit der Hinterbliebenen (§§ 1258/59, 1285, 1292 RVersO.), bei der Angestelltenversicherung auf Witwen- oder Witwerrente in Höhe von $^4/_{10}$ des Ruhegeldes, auf Waisenrente für die Waisen unter 18 Jahren in Höhe von $^2/_{10}$ (bei Doppelwaisen $^3/_{10}$) des Ruhegehalts (§ 29 G. v. 20. 12. 11, § 57 G. v. 13. 7. 23 und hinsichtlich der Verheiratung der weiblichen Versicherten § 62 das.). Nach den beiden V. v. 28. 12. 23 ist die Teuerungszulage so bemessen, daß die Rentenempfänger monatlich 13 Rentenmark, wobei die Kinderzulage sich um 3 Rentenmark erhöht, die Empfänger von Witwen- oder Witwerrenten 9 Rentenmark und von Waisenrenten 7 Rentenmark erhalten. Die Versicherungsbeiträge werden (in Marken) von dem Arbeitgeber entrichtet, dem die Hälfte von dem Arbeitnehmer zu erstatten ist. Über die Rechte des Wanderversicherten, der Beiträge zur Angestelltenversicherung und zur Invalidenversicherung entrichtet, s. § 24 a unter B der V. über Vereinfachungen in der Sozialversicherung v. 30. 10. 23 und jetzt V. v. 22. 11. 23, Artt. VII, VIII V. v. 14. 12. 23.

Änderungen des Verfahrens sind durch erstere V. insofern eingeführt, als die Spruchkammer nur noch aus drei Personen, der Spruchsenat beim Oberversicherungsamt aus fünf Personen besteht und der Vorsitzende (§ 273 a) vorläufig von mündlicher Verhandlung absehen kann. Vertreten wird die Reichsversicherungsanstalt für Angestellte unter gewisser Mitwirkung des Verwaltungsrats durch das aus dem Präsidenten, seinem Stellvertreter, mehreren beamteten Mitgliedern und ehrenamtlichen Mitgliedern von mindestens gleicher Zahl bestehende Direktorium (§ 100 des G. v. 10. 11. 22), das auch die Leistungen der Versicherungsanstalt feststellt (§ 265), vorbehaltlich der Berufung an das Oberversicherungsamt und bei Aberkennung des Ruhegeldanspruchs der Revision an das Reichsversicherungsamt. Das Vermögen der Versicherungsanstalten ist, soweit möglich, wertbeständig anzulegen (Art. I § 220, Art. III § 26 G. v. 13. 7. 23). Bis zu einem Viertel soll die Anlegung nach der Bek. des RAM. v. 14. 7. 23 in verbrieften Forderungen gegen das Reich oder ein Land oder deren Kreditanstalten oder in solchen Forderungen, die in das Schuldbuch eingetragen sind, erfolgen. Über die Gestaltung der Reichsversicherung in den früheren Provinzen Westpreußen und Posen s. V. v. 28. 3. 23.

Dem Schutze der Heimarbeiter, die in Werkstätten selbständig ohne Leitung des Werkstättenbetriebes durch den Arbeitgeber oder als Familienmitglieder beschäftigt sind, dient das am 30. 6. 23 in neuer Fassung bekanntgemachte Hausarbeitsgesetz, das eine Einwirkung der Polizeibehörde auf Antrag des Gewerbeaufsichtsbeamten vorsieht. Der RAM. kann mit Zustimmung des Reichsrats die Errichtung von Fachausschüssen (wie z. B. durch V. v. 20. 2. 23) anordnen, welche die Behörde zu unterstützen und die wirtschaftliche Lage der Heimarbeiter zu fördern haben, nötigenfalls auch Mindestentgelte für diese festsetzen können (§§ 20 Nr. 3, 27 ff.).

§ 20. Fürsorge für den Mittelstand.

Einer besonderen Fürsorge ist der Mittelstand bedürftig. Sie wird dem landwirtschaftlichen Kleinbesitz dadurch zuteil, daß nach dem RSiedlungsges. v. 11. 8. 19 (Pr. AusfG. v. 15. 12. 19) von den Ländern zur Schaffung neuer Ansiedlungen und zur Hebung bestehender Kleinbetriebe bis höchstens zur Größe einer selbständigen Ackernahrung gemeinnützige Siedlungsunternehmungen zu begründen sind. Die Eigentümer der großen Güter von 100 ha an sind in den Ansiedlungsbezirken, in denen sie mehr als 10 v. H. der Nutzfläche ausmachen, zu Landlieferungsverbänden zu vereinigen, denen es obliegt, das nötige Land aus ihrem Bestande bis ein Drittel ihrer Nutzfläche oder bis zur Grenze von 10 v. H. der Gesamtnutzfläche zu angemessenen Preisen zu beschaffen, zu welchem Zwecke auf Verlangen des Siedlungsunternehmens das Vorkaufsrecht auszuüben ist. Nötigenfalls ist von dem Enteignungsrecht (vgl. § 16) Gebrauch zu machen. Wird die Ansiedlerstelle von dem Ansiedler ganz oder teilweise veräußert oder aufgegeben oder nicht dauernd bewohnt oder bewirtschaftet, so hat das Siedlungsunternehmen ein im Grundbuch einzutragendes Wiederkaufsrecht (§ 20). Den Landlieferungsverbänden ist durch G. v. 7. 6. 23 auferlegt, weitere 40 000 ha für die aus deutschem Gebiete verdrängten Ansiedler, Pächter und Angestellte zur Verfügung zu stellen, wofür aus dem verpachteten Lande bis zu 5 v. H. herausgenommen werden kann (G. v. 18. 8. 23). Landgemeinden und Gutsbezirken kann die Verpflichtung auferlegt werden, den im landwirtschaftlichen Betriebe innerhalb ihres Bezirks ständig beschäftigten Arbeitern auf ihren Wunsch Gelegenheit zur Pacht oder sonstigen Nutzung von Land für den Bedarf des Haushalts bis zu 5 v. H. der landwirtschaftlich genutzten Feldmark zu geben. Nötigenfalls ist das Land durch Zwangspachtung oder Enteignung zu erwerben, wobei in erster Linie der Arbeitgeber zur Hergabe des Landes verpflichtet ist (vgl. auch Kleingarten- und Kleinpachtlandordnung v. 31. 7. 19). Zur Stärkung des Kleinbesitzes können ferner nach dem G. v. 10. 5. 20 aus einem Einfamilienhause mit Nutzgarten bestehende Grundstücke sowie landwirtschaftliche oder gärtnerische Anwesen, die unter regelmäßigen Verhältnissen von einer Familie allein bewirtschaftet werden können, als Reichsheimstätten (Wohnheimstätte, Wirtschaftsheimstätte) von dem Reiche usw. ausgegeben werden, wobei Kriegsteilnehmer vorzugsweise zu berücksichtigen sind. Die Heimstätteneigenschaft wird in das Grundbuch eingetragen, was zur Folge hat, daß die Teilung der Heimstätte, die Abveräußerung und die Belastung regelmäßig (§§ 9, 17) der Zustimmung des Ausgebers bedarf, dem außerdem ein gesetzliches Vorkaufsrecht und im Falle des Mißbrauchs (s. § 12) ein dinglich wirkender Heimfallsanspruch zusteht. Für die Belastung mit Hypotheken, Grundschulden, die nur als unkündbare Tilgungsschulden bestellt werden können, und mit Rentenschulden kann auf die Heimstätte eine Verschuldungsgrenze (§ 18) eingetragen werden. Die Zwangsvollstreckung in die Heimstätte wegen persönlicher Schulden ist überhaupt unzulässig. Die oberste Landesbehörde kann die Teilung usw., auch die Vergrößerung von Heimstätten von behördlicher Genehmigung abhängig machen und weitere in § 30 vorgesehene Bestimmungen treffen. Durch Landesgesetz kann der Erblasser in der Verfügung von Todes wegen über die Heimstätte beschränkt werden (§ 23). Zur Beschaffung des erforderlichen Landes kann ebenso wie beim Siedlungsland das Enteignungsrecht zur Anwendung gebracht werden (§ 28). Ähnliche Zwecke, wenn schon in beschränktem Maße verfolgen das Pr. G. v. 27. 6. 90 über Rentengüter und 7. 7. 91 über die Beförderung der Errichtung von Rentengütern (dem Erwerber eines Rentenguts kann die Verpflichtung zur Erhaltung der wirtschaftlichen Selbständigkeit auferlegt werden, vgl. auch G. v. 26. 4. 86), das Pr. G. v. 20. 8. 06 über Zulassung einer Verschuldungsgrenze für land- oder forstwirtschaftlich genutzte Grundstücke (die Überschreitung der Verschuldungsgrenze ist nach § 9 nur mit Genehmigung des staatlich bestellten Kommissars zulässig) und die das Anerbenrecht zur Anerkennung bringenden Höfegesetze (Höfeges. für Hannover in der Fassung v. 9. 8. 09, LandgüterO. für Brandenburg v. 10. 7. 83, für Schlesien v. 24. 4. 84 usw., G. v. 2. 7. 98 für Westfalen und Teile des Rheinlandes, wo die Anerbengutseigenschaft, die allerdings im Grundbuch gelöscht werden kann, gesetzlich gilt).

Zum Schutze des Handwerkerstandes dienen wesentlich die Bestimmungen über Innungen, indem ohne diesen Zusammenschluß der einzelne kaum in der Lage ist, seine wirtschaftliche Stellung zu behaupten. Die Gewerbetreibenden einschließlich der Handwerker in landwirtschaftlichen oder gewerblichen Betrieben und der Werkmeister in einem dem Großbetriebe angehörenden Gewerbe (vgl. § 87 GewO. v. 26. 7. 1900) können zu einer Innung zusammentreten, welcher die Pflege des Gemeingeistes, die Sorge für ein gedeihliches Verhältnis zu den Gesellen und die Förderung des Lehrlingswesens obliegt und welche ihre Wirksamkeit auf besondere Einrichtungen zur Förderung der Ausbildung, zu Unterstützungen, zur schiedsgerichtlichen Entscheidung von Streitigkeiten mit den eigenen Gesellen oder Arbeitern und zur Errichtung eines gemeinschaftlichen Geschäftsbetriebes ausdehnen kann (§§ 81 ff.). Die Angelegenheiten der Innung, die unter Aufsicht der unteren Verwaltungsbehörde steht (§ 96, über die Notwendigkeit der Genehmigung bei Verfügungen über das Grundeigentum und bei Anleihen s. § 89 b), werden von der Innungsversammlung (§ 93) und dem Vorstande unter Mitwirkung des Gesellenausschusses (§§ 95 ff.) wahrgenommen. Das bei Auflösung der Innung vorhandene Vermögen kann unter die Mitglieder nur soweit verteilt werden, als es aus den Mitgliederbeiträgen herrührt (§ 98 a). Auf Antrag kann von der höheren Verwaltungsbehörde nach §§ 100 ff. für sämtliche Handwerke gleicher oder verwandter Art eines bestimmten Bezirks die Errichtung einer Zwangsinnung angeordnet werden, wenn die Mehrzahl der Handwerker zustimmt, die Größe des Bezirks nicht die persönliche Beteiligung am Gemeinschaftsleben hindert und die Innung nach der Zahl der Mitglieder als leistungsfähig anzusehen ist (vgl. Nr. 96 ff. der Anw. z. GewO. v. 1. 5. 04). Die Kosten werden auf die einzelnen Betriebe unter Berücksichtigung ihrer Leistungsfähigkeit verteilt (§ 100 s). Gemeinsame Geschäftsbetriebe dürfen von der Zwangsinnung nicht errichtet werden (§ 100 n). Auch in der Bestimmung der Preise dürfen die Mitglieder nicht beschränkt werden (§ 100 q). Die zur näheren Regelung des Lehrlingswesens von den Zwangsinnungen erlassenen Vorschriften bedürfen der Genehmigung der höheren Verwaltungsbehörde (§ 100 q). Von den Mitgliedern des Vorstandes und der Ausschüsse müssen mindestens zwei Drittel das Recht zur Anleitung von Lehrlingen besitzen (§ 100 r, vgl. §§ 126, 126 a), auch der Regel nach Gesellen oder Lehrlinge beschäftigen. Mehrere Innungen, welche derselben Aufsichtsbehörde unterstehen, können zur Vertretung der gemeinschaftlichen Interessen einen gemeinsamen Innungsausschuß bilden, dem auch Rechte und Pflichten der beteiligten Innungen übertragen werden können (§ 101). Andere Innungen können zu Innungsverbänden zusammentreten (§ 104). Die Satzung des Innungsausschusses und des Innungsverbandes bedarf ebenso wie die Satzung der freien Innung der Genehmigung. Sowohl dem Innungsausschuß als dem Innungsverband können Körperschaftsrechte beigelegt werden (§§ 101, 104 g). Der Innungsverband ist in gleicher Weise wie die Zwangsinnung zur Errichtung von Unterstützungskassen befugt (§§ 104 i, 100 n, vgl. über Innungskrankenkassen § 90). Über die Errichtung von Handwerkskammern und deren Befugnisse s. §§ 103 ff.

Die infolge der Nachwirkung des Krieges eingetretene ungemeine Verteuerung hat im Interesse der Erhaltung des Mittelstandes eine Einwirkung des Staates auch darauf notwendig gemacht, daß die unentbehrlichen Lebensbedürfnisse befriedigt werden können. Hinsichtlich der Brotversorgung ist der Reichsgetreidestelle durch V. v. 13. 10., desgl. 23. 10. 23 für das Wirtschaftsjahr 1923/24 die Verpflichtung auferlegt, auf Antrag eines Kommunalverbandes, in dem die Brotversorgung durch eigene Ernte nicht genügend gesichert erscheint, Getreide für die Versorgungsberechtigten zum Tagespreise bis 150 g auf den Kopf zu liefern. Zu diesem Zwecke ist die Reichsregierung ermächtigt, bis zu 2½ Mill. Tonnen Brotgetreide zu erwerben. Beihilfen zur Verbilligung des Brotes werden nach den Richtlinien v. 27. 10. 23 nur besonders bedürftigen Familien für die vierten und weiteren Kinder und, wenn der Vater nicht mehr lebt, für die dritten und weiteren Kinder gewährt (vgl. das früher geltende G. über die Brotversorgungsabgabe v. 23. 6. 23, das für einzelne Gebiete mit besonderen Verhältnissen aufrechterhalten werden kann). Bestehen geblieben ist nach § 4 V. v. 13. 10. 23 das Verfütterungsverbot der §§ 44, 49 des G. v. 4. 6. 22. Auch die Verarbeitung von Kartoffeln ist nach der V. v. 3. 10. 23 beschränkt, indem Unternehmer landwirtschaftlicher Betriebe in der eigenen Brennerei nur so viel selbstgebaute Kartoffeln verarbeiten dürfen, als der Hälfte ihres Brennrechts entspricht (Art. II dieser V. über Verarbeitung in Trocknereien und Stärkefabriken ist jetzt hinfällig geworden). Die Verpflichtung zu Kartoffellieferungen ist bereits durch G. v. 24. 8. 20 und V. v. 9. 3. 21 aufgehoben. Der Handel mit Zucker ist freigegeben. Die rübenverarbeitenden Zuckerfabriken sind jedoch nach der V. v. 9. 10. 23 gehalten, 2 500 000 Doppelzentner Verbrauchszucker der letzten Ernte als Rücklage zu halten, die dem freien Verkehr in den Monaten Juli bis September 24 zuzuführen ist, sonst aber nur mit Genehmigung des REM. angegriffen werden darf. Zur gewerblichen Herstellung von Obstkonserven, Kunsthonig, Schokoladen, Süßigkeiten und Branntwein darf Zucker nur mit Erlaubnis des REM. verwendet werden (§ 9). Hinsichtlich der Milchversorgung ist in der V. v. 30. 4. 21 und 9. 5. 23 bestimmt, daß Milch (Vollmilch, Magermilch, Sahne) in gewerblichen Betrieben nur zur Herstellung von Butter und Käse (ausgeschlossen ist auch die Herstellung von Dauermilch) verwendet werden darf, daß Sahne sonst nur an Kranke oder Krankenanstalten und nur auf Grund amtlicher Bescheinigung abgegeben werden darf (§ 2). Die Herstellung von Schlagsahne ist verboten, auch die Verabreichung von Vollmilch oder Sahne in Konditoreien oder sonstigen Erfrischungsräumen. Die Verteilung der Milch kann von der Gemeinde (dem Kommunalverbande) näher geregelt werden, wozu sie auf höhere Anordnung (§ 4) verpflichtet ist. Der Milchhandel kann insbesondere von einer Erlaubnis abhängig gemacht und die Herstellung einzelner Käsesorten eingeschränkt oder gänzlich verboten werden (§§ 3, 6). Zur Abhaltung öffentlicher Versteigerungen von Butter oder sonstiger Milcherzeugnisse bedarf es der Genehmigung des REM. oder der von ihm beauftragten Behörde (V. v. 26. 9. 22). Starkbier durfte nach § 2 V. v. 8. 9. 22 nicht hergestellt werden, Vollbier mit dem in Art. 1 V. v. 27. 3. 23 bezeichneten Stammwürzegehalt nur in beschränktem Maße. Die Herstellung von Branntwein aus Obst ist nach § 3 V. v. 8. 9. 22 verboten. Zur Versteigerung von Wein muß, soweit es sich nicht um eigenes Gewächs handelt, die Erlaubnis der Behörde eingeholt werden (V. v. 31. 8. 17/13. 4. 22). Durch die V. v. 13. 7. 23 sind ferner, um die preistreibende Wirkung des Handels abzuschwächen, verschiedene Handelsbeschränkungen angeordnet. Der Betrieb des Handels mit Lebens- oder Futtermitteln, auch mit Arzneimitteln ist von einer Erlaubnis abhängig gemacht, — der Handel mit Kartoffeln (§§ 13, 17) von einer besonderen Erlaubnis — was gemäß §§ 15, 16 auch auf den Kleinhandel ausgedehnt werden kann. Ebenso bedarf der Handel mit Vieh oder Fleisch der Erlaubnis. Die Erlaubnis ist wegen Fehlens der erforderlichen Sachkenntnis, wegen Unzuverlässigkeit oder Nichtvorhandenseins eines volkswirtschaftlichen Bedürfnisses zu versagen oder zurückzunehmen. Der Handel mit Gegenständen des täglichen Bedarfs (§ 20) ist wegen Unzuverlässigkeit auch sonst zu versagen. Gegen die Versagung oder Entziehung findet nur einmalige Beschwerde statt. Die ausgestellten Gegenstände des täglichen Bedarfs, auch die nicht ausgestellten Waren der in der V. v. 26. 7. 23 bezeichneten Art müssen mit Preisschildern oder Preisverzeichnissen versehen werden. Zeitungsanzeigen über zum Erwerb oder zum Verkauf angebotene Gegenstände des täglichen Bedarfs müssen den Namen und die Wohnung des Anzeigenden enthalten (§ 57).

Eine Einschränkung des Wochenmarktverkehrs und der Versteigerung von Gegenständen des täglichen Bedarfs ist nach §§ 51 ff. zulässig. Auf allen Schlachtviehmärkten sind nach den Ausführungsbestimmungen v. 11. 8. 23 Überwachungskommissionen zu bilden, die auf die Preise zu achten haben. Allen Gewerbetreibenden, welche Gegenstände des täglichen Bedarfs im Kleinhandel feilbieten, ist durch die V. v. 22. 10. 23 die Pflicht auferlegt, die Geschäftsräume während der üblichen Zeit zur Abgabe von Waren geöffnet zu halten. Über die Erlaubnis zum Betriebe der Gast- und Schankwirtschaft und zum Handel mit Branntwein sind in dem Notgesetz v. 24. 2. 23 besondere Vorschriften gegeben, insbesondere darüber, daß jugendlichen und betrunkenen Personen gegenüber Zurückhaltung zu üben ist. Über Preisprüfungsstellen (örtliche Preisprüfungsstellen, die in allen Gemeinden mit mehr als 10 000 Einwohnern bestehen sollen, mittlere und Landespreisprüfungsstellen, Reichsprüfungsstelle ist das RWirtschaftsministerium) trifft die 6. Anlage der V. v. 13. 7. 23 Bestimmung. In der 5. Anlage dieser V. über Notstandsversorgung ist vorgesehen, daß zur Verhinderung oder Beseitigung eines Notstandes bezüglich der Gegenstände des täglichen Bedarfs bestimmte Maßnahmen, Verbrauchsregelung usw. angeordnet werden können, was zum Teil auch für Lebens- und Futtermittel gilt, daß zu diesem Zwecke auch von dem Recht der Enteignung Gebrauch gemacht werden kann. Von größter Bedeutung für die Gestaltung angemessener Preise ist endlich, daß nach der V. gegen Mißbrauch wirtschaftlicher Machtstellungen v. 2. 11. 23 (AusführungsV. vom gleichen Tage) Vereinigungen und Abmachungen über Preisbildung und hierauf bezügliche Geschäftsbedingungen von jedem Beteiligten bei Vorliegen eines wichtigen Grundes gekündigt werden können, auch auf Antrag des RWM. oder REM. (§ 16), sofern sie die Gesamtwirtschaft oder das Gemeinwohl gefährden, von dem bei dem RWirtschaftsgericht gebildeten Kartellgericht für nichtig erklärt werden können.

Zu den Lebensnotwendigkeiten gehört auch das Vorhandensein von Wohnungen. Nach dem in neuer Fassung bekanntgegebenen Wohnungsmangelges. v. 26. 7. 23/24. 12. 23 hat die Gemeindebehörde dafür zu sorgen, daß Wohnungen nicht unbenutzt bleiben (vgl. § 4), sie kann auch verlangen, daß sonstige unbenutzte Räume ihr zur Ausgestaltung als Wohnräume gegen Vergütung überlassen werden. Bei besonders großen Mißständen kann sie von der obersten Landesbehörde mit Zustimmung des RAM. zu Eingriffen in die Freizügigkeit (und gegen Entschädigung) in Privatrechte gemäß § 6 ermächtigt werden. Vertriebene Deutsche sind bei der Unterbringung vorzugsweise zu berücksichtigen. Über vorzugsweise Berücksichtigung von Gesellschaftern und von Betriebsangehörigen s. §§ 13, 15. Zur Förderung des Wohnungsbaues ist die nach dem G. v. 18. 8. 23 für die Zeit vom 1. 7. 23 bis 31. 12. 24 im Betrage von 45 000 vom Hundert des Nutzungswertes zu erhebende Abgabe bestimmt. Auch das Mietsrecht hat zum Teil eine neue Regelung erfahren. Die Entscheidung über Benutzung der Mietsräume ist — abgesehen von der Klage auf Aufhebung des Mietsverhältnisses aus den in §§ 2 bis 4 G. v. 1. 6. 23 bezeichneten Gründen und von sonstigen Rechtsfragen, worüber die Entscheidung den Gerichten verbleibt — dem Mietseinigungsamt übertragen, was von der obersten Landesbehörde auch auf Neubauten mit öffentlichen Zuschüssen zur Anwendung gebracht werden kann (§ 33 in der Fass. des G. v. 24. 12. 23). Über das Recht des MEAmtes auf Erteilung der Zustimmung zur Kündigung s. RG. 104, 244. Das Verfahren vor dem MEA. und der Beschwerdestelle ist durch V. v. 19. 9. 23 geordnet. Nach dem RMietegeſ. v. 24. 3. 22 (gültig bis 1. 7. 26, Pr. AusfV. v. 12. 6. 22) kann jeder Teil die Zahlung der gesetzlichen Miete verlangen, die sich aus der Grundmiete (der um einen gewissen Betrag geminderten Friedensmiete für 1. 7. 14) und den Zuschlägen für Zinsensteigerung, für die Betriebskosten, die die Kosten für laufende Ausbesserungen und für große Instandsetzungsarbeiten zusammensetzt. Die Mieter eines Hauses können eine Mietervertretung bestellen. Für einzelne Landesteile kann es bei dem bisherigen Recht belassen bleiben (Art. III G. v. 24. 12. 23). Über die Erhöhung der Miete im Interesse des Wohnungsbaues vgl. § 27 Abs. 3 der dritten StNotV. v. 14. 2. 24.

Eine unmittelbare Fürsorge wird dem Mittelstand dadurch zuteil, daß durch G. v. 4. 2. 23 (s. die in der Bek. des RAM. v. 9. 5. 23 mitgeteilten Richtlinien) den Gemeinden die Unterstützung der ohne eigenes grobes Verschulden bedürftig gewordenen Kleinrentner, die ohne die Kriegsfolgen nicht auf die öffentliche Fürsorge angewiesen wären, aufgetragen hat. Die Unterstützung soll eine ähnliche sein wie bei der Invalidenversicherung. Das Reich erstattet im Rahmen der ihm zur Verfügung gestellten Mittel 80 v. H. der den Gemeinden (Gemeindeverbänden, Ländern) entstandenen Auslagen.

§ 21. Beförderung der Landwirtschaft.

Durch das Pr. G. v. 21. 9. 20 (Ausführungsbestimmungen vom 15. 3. 21) ist allgemein die Möglichkeit gegeben, die vermengt liegenden oder unwirtschaftlich gestalteten Grundstücke einer Feldmark oder eines bestimmten Abschnitts umzulegen, wenn eine erhebliche Verbesserung der Landeskultur hiervon zu erwarten ist. Ausgeschlossen von dem Umlegungsverfahren sind nach § 10 Gebäude, Hofräume, Hausgärten, gärtnerische Anlagen, nicht in gemeinschaftlicher Benutzung stehende Kiesgruben usw. Das Verfahren muß eingeleitet werden, wenn die Eigentümer eines Viertels der umzulegenden Grundstücke, nach Größe und Grundsteuerreinertrag berechnet, es beantragen (§ 4 Satz 2). Die Umlegung ist unstatthaft, wenn der Widerspruch von drei Vierteln auch in einem neuen Termine aufrechterhalten wird (§ 6). Nach Abschluß der Verhandlungen wird von der Spruchkammer des Landeskulturamts über die Zulässigkeit des Verfahrens unter Feststellung des Umlegungsbezirks Beschluß gefaßt (vgl. für das rheinische Recht und den Bezirk des Justizsenats Ehrenbreitstein § 26). Eine erneute Umlegung soll vor Ablauf von 30 Jahren, falls die Planlage nicht inzwischen eine erhebliche Änderung erfahren hat, nicht stattfinden (§ 2). Bei der Umlegung sind zugleich ablösbare Dienstbarkeiten zur Ablösung zu bringen und ist gemeinschaftliches Eigentum nach den Vorschriften der Gemeinheitsteilungsordnungen aufzuheben, falls nicht etwa eine Verbesserung der Landeskultur hiervon nicht zu erwarten steht (§ 18). An die Stelle der abzutretenden Grundstücke tritt, abgesehen von der nach §§ 12 u. 14 zu leistenden Geldentschädigung, die in gleichwertigem Lande zu gewährende Abfindung, und zwar auch für den Nießbraucher (§ 21) und den Pächter, wobei jedoch dem Letzteren bei erheblicher Beschwerung das Recht der Kündigung binnen 3 Monaten zusteht (§ 22). Die Übereignung gilt mit dem von der Landeskulturbehörde festgesetzten Tage der Ausführung des Auseinandersetzungsplans als vollzogen (§ 19). Die Kosten der zur gemeinschaftlichen Benutzung erforderlichen Anlagen, Wege, Triften, Gräben usw. haben die Teilnehmer nach Verhältnis des Wertes ihrer Teilnehmerrechte aufzubringen (§ 15). Anlagen dieser Art können, wenn nötig, auch später noch Änderungen erfahren (§ 17). — Vorschriften über den landwirtschaftlichen Betrieb sind nicht gegeben. Von der Einsicht der Landwirte wird erwartet, daß sie in eigenem Interesse eine vorteilhafte Bewirtschaftung sich angelegen sein lassen. Eine sorgsame Landbestellung ist aber unter den gegenwärtigen Zeitumständen auch ein Gebot der Pflicht gegenüber der Allgemeinheit (vgl. Art. 155 Abs. 3 RV.). Bei Vernachlässigung dieser Pflicht kann äußerstenfalls zur Zwangsbewirtschaftung auf längstens sechs Jahre geschritten werden (V. zur Sicherung der Landbewirtschaftung v. 4. 2. 19, Ausführungsanw. v. 1. 3. 19). Vorgeschrieben ist auch, daß die nach der V. v. 15. 3. 18. bei Grundstücken über 5 ha zu einer jeden Grundstücksveräußerung oder Bestellung eines Nutzungsrechts einzuholende Genehmigung der Behörde (des Landrats, in Stadtkreisen des Bürgermeisters) außer anderen Gründen versagt werden kann, wenn durch das Abkommen die ordnungsmäßige landwirtschaftliche oder forstwirtschaftliche Bewirtschaftung des Grundstücks zum Schaden der Volksernährung gefährdet erscheint oder wenn der Erwerber des zum landwirtschaftlichen Betrieb bestimmten Grundstücks die Landwirtschaft nicht im Hauptberuf ausübt oder früher ausgeübt hat (Pr. G. v. 10. 2. 23, Ausführungsbestimmungen v. 27. 2. 23). Um der Landwirtschaft den Bezug künstlicher Düngemittel zu angemessenen Preisen zu sichern, werden jeweils die nach dem Stickstoffgehalt usw. bestimmten Höchstpreise veröffentlicht (V. v. 3. 8. 18 in der Fassung v. 4. 11. 22 u. 1. 2. 23).

Ein besonderes Interesse hat der Staat daran, daß unwirtschaftliche Ländereien, Moor, Heide und dergleichen in Kulturland umgewandelt werden. Zu diesem Zwecke können die Eigentümer solcher Ländereien nach dem Pr. G. v. 5. 5. 20, nachdem die Beteiligten über den Plan des Unternehmens und den Satzungsentwurf gehört sind, mit Genehmigung des LM. auf Grund einer von den Beteiligten beschlossenen oder von der Spruchkammer des Landeskulturamts festgestellten Satzung zu einer Genossenschaft vereinigt werden. Die Satzung kann auch, wenn die Spruchkammer von ihrer Feststellung absieht, von dem Minister erlassen werden (§ 50 Abs. 2). Die unter der Aufsicht des Regierungspräsidenten stehende Genossenschaft, auf welche im allgemeinen die Bestimmungen des G. v. 7. 4. 13 Anwendung finden, hat die zur Erfüllung des Genossenschaftszwecks erforderlichen Arbeiten auszuführen und die genossenschaftlichen Anlagen zu erhalten (§§ 9, 10, 13). Sie hat das Recht, die zur Durchführung ihrer Aufgabe benötigten, außerhalb des Genossenschaftsgebietes liegenden Grundflächen im Wege der Enteignung in Anspruch zu nehmen (§§ 2 Nr. 5, 15). Die Benutzung von Moorgrundstücken mit einer zusammenhängenden Fläche von mehr als 10 ha zur Torf=

gewinnung ist nach dem Pr. G. v. 20. 8. 23, um die Möglichkeit einer vorteilhaften landwirtschaftlichen Nutzung nicht zu vernichten, nur mit Beschränkungen gestattet. Sie bedarf in der Regel der Genehmigung des Bezirksausschusses. Die Innehaltung des genehmigten Planes ist von dem Kulturbauamt zu überwachen. Über Bodenverbesserungsgenossenschaften zur Kultivierung von Ödland s. RV. v. 13. 2. 24.

Die forstmäßige Benutzung von Waldflächen oder Heideländereien wird oft den Zusammenschluß der Beteiligten notwendig machen. In diesem Falle kann nach dem Pr. G. v. 6. 7. 75 zur gemeinschaftlichen forstmäßigen Bewirtschaftung der Grundstücke oder zu einzelnen der forstmäßigen Benutzung förderlichen Maßregeln eine Waldgenossenschaft gebildet werden. Ersterenfalls wird die Zustimmung eines Drittels der Beteiligten gefordert, die zugleich die Hälfte des nach dem Steuerreinertrage berechneten Wertes der Grundstücke besitzen müssen (§ 24), während im zweiten Falle die Zustimmung der letzteren Mehrheit genügt. Über die Bildung der Genossenschaft, die satzungsmäßigen Einschränkungen, denen die Genossen und die Dienstbarkeitsberechtigten (§ 34) zu unterwerfen sind, entscheidet der Kreisausschuß als Waldschutzgericht, das auch nach Rechtskraft dieser Entscheidung die Genossenschaft durch Bestätigung der Satzung begründet und die Aufsicht mit den der Aufsichtsbehörde einer Gemeinde zustehenden Befugnissen zu führen hat (§§ 37, 38, 44). Schutzmaßregeln zur Abwendung von Gefahren, insbesondere die Errichtung von Schutzwaldungen zur Verhinderung von Überflutungen und dergleichen können von dem Waldschutzgericht auch ohne Bildung einer Genossenschaft durch Festsetzung des die Beschränkungen enthaltenden Regulativs beschlossen werden (§§ 2, 8, 15, 16). Bei Gefahr im Verzuge kann der Vorsitzende zur Abwendung schädlicher Maßnahmen vorläufige Anordnungen treffen (§ 21). Die den Eigentümern auferlegte Beitragspflicht zu den Kosten der Schutzanlagen (§ 17) sowie zu den Genossenschaftslasten (§ 29) hat die Eigenschaft einer öffentlichen gemeinen Last. Im Interesse der Erhaltung des Waldbestandes sind sodann durch das Pr. G. v. 14. 3. 81 alle zur forstmäßigen Benutzung geeigneten gemeinschaftlichen Holzungen (§§ 1 u. 2), sofern nicht nachweisbar die Gemeinschaft durch ein besonderes privatrechtliches Verhältnis entstanden ist, ebenso wie die Holzungen der Gemeinde der staatlichen Aufsicht unterstellt. Ohne Genehmigung der Aufsichtsbehörde darf bei Strafe kein Holz geschlagen werden (§ 9) und ist die Veräußerung von Teilstücken unzulässig. Über die Statthaftigkeit der Teilung entscheidet die Auseinandersetzungsbehörde (§ 6). Die Aufsichtsbehörde kann, wenn mehr als fünf Miteigentümer vorhanden sind, die Bestellung von höchstens drei Bevollmächtigten nach Maßgabe einer der Zustimmung der Mehrheit der Miteigentümer bedürfenden, von dem Waldschutzgericht (s. §§ 31 ff. G. v. 6. 7. 75) zu bestätigenden Satzung, durch welche auch die Bewirtschaftung zu regeln ist, verlangen. Werden Bevollmächtigte nicht bestellt, so erfolgt die Vertretung durch den Gemeindevorsteher (§ 4).

Zu den in § 206 des Pr. Wassergesetzes vom 7. 4. 13 bezeichneten Zwecken, insbesondere zur Ent- und Bewässerung von Grundstücken, zur Verbesserung der Vorflut, zum Schutz der Ufergrundstücke, zur Aufhöhung von Grundstücken im Interesse der Bodenkultur können, wenn das Unternehmen dem öffentlichen Wohle dient oder einen gemeinwirtschaftlichen Nutzen bezweckt, Wassergenossenschaften gebildet werden. Unter den Voraussetzungen des § 238 (wenn die Mehrheit nach Fläche und Wert zustimmt, wenn das Unternehmen zweckmäßig nur auf genossenschaftlichem Wege durchgeführt werden kann und auch den Widersprechenden Vorteile in Aussicht stellt) kann der Beitrittszwang zur Anwendung kommen. Über Zwangsgenossenschaften zur Unterhaltung natürlicher Wasserläufe und zur Reinhaltung der Gewässer s. § 245. Die Rechtsverhältnisse der Genossen werden, soweit dies nicht durch Gesetz geschehen ist, durch die Satzung bestimmt. Kein Genosse darf bei Vorhandensein von mehr als zwei Mitgliedern mehr als zwei Fünftel der Stimmen führen (§ 216). Der Vorstand (auch sein Vorsitzender) sind berechtigt, die auf Erreichung des Genossenschaftszwecks gerichteten Anordnungen gemäß §§ 227, 228 — ähnlich den ortspolizeilichen Anordnungen — durch Zwangsmittel durchzusetzen. Die Genossenschaft steht unter staatlicher Aufsicht (des Regierungspräsidenten, des Landrats, in Stadtkreisen der Ortspolizeibehörde, § 217). Über die Befugnisse der Aufsichtsbehörde s. §§ 218 bis 221, 231. Die Unterhaltung des Wasserlaufs liegt bei natürlichen Wasserläufen erster Ordnung dem Staate ob, bei denen zweiter Ordnung regelmäßig der zu bildenden Wassergenossenschaft, bei denen dritter Ordnung und bei künstlichen Wasserläufen dem Eigentümer, und wenn dieser nicht zu ermitteln, den Anliegern (§ 115, vgl. auch § 116 f.). Über die Schauämter s. §§ 356 ff. Zur Herbeiführung eines besseren

Wasserabflusses kann der Unternehmer im Notfall die Einräumung eines Rechts auf Abänderung des Wasserlaufs, Vertiefung usw., auch auf Durchleitung von Wasser gegen Entschädigung in Antrag bringen, letzteres Recht kann er auch zum Zweck der Bewässerung in Anspruch nehmen (§§ 331, 332). Stauanlagen können auf Grund eines von der Wasserpolizeibehörde verliehenen Rechts (§§ 46 ff.) errichtet und nur mit wasserpolizeilicher Genehmigung (§ 99) außer Betrieb gesetzt werden. Die Staumarke ist bei der Stauanlage von der Wasserpolizeibehörde zu setzen (§ 93).

In nahem Zusammenhang mit der Landwirtschaft steht die Viehzucht, zu deren Förderung es dient, daß die Verwendung ungeeigneter Zuchttiere durch Körordnungen (vgl. Pr. G. v. 4. 8. 22 über die Regelung des Körwesens durch Polizeiverordnung) ausgeschlossen ist. Den Gemeinden ist außerdem vielfach, wenn ein Bedürfnis hierfür vorhanden ist, das Halten männlicher Zuchttiere auferlegt (so durch G. v. 25. 7. 1900 über die Verpflichtung der Gemeinden in der Provinz Westfalen zur Bullenhaltung und von demselben Tage über die gleiche Verpflichtung in der Provinz Hannover, ferner Pr. G. v. 14. 12. 20 über die Verpflichtung der Gemeinden in Landkreisen zum Halten von Ziegenböcken). Für die Pferdezucht sind die staatlichen Gestüte (Hauptgestüte, Landgestüte) von besonderem Werte. Zur gesundheitlichen Behandlung der Tiere stehen die Tierärzte zur Verfügung, die zur Erlangung der wissenschaftlichen Sachbildung zunächst drei Halbjahre und nach bestandener tierärztlicher Vorprüfung noch acht Halbjahre eine tierärztliche Hochschule oder eine den gleichen Unterricht bietende Universität besucht haben müssen. Die von ihnen abzulegenden Prüfungen sind durch Bek. v. 24. 12. 12, abgeändert am 11. 8. 19 und 5. 5. 22 geregelt. Auf Grund der bestandenen tierärztlichen Prüfung wird ihnen gemäß § 29 GewO. die für das Reichsgebiet gültige Approbation erteilt. Hufbeschlagprüfungen sind gemäß § 30 a GewO. durch Pr. G. v. 8. 6. 84 eingerichtet.

Vorschriften besonderer Art gelten für Jagd und Fischerei. Zur Erhaltung des Wildstandes ist das mit dem Grundeigentum verbundene, auf jagdbare Tiere sich erstreckende Jagdrecht nach der Pr. Jagdordnung v. 15. 7. 07/16. 10. 22/15. 4. 23 (Ausführungsanweisung v. 29. 7. 07) in der Weise beschränkt, daß es von dem Eigentümer nur auf einer zusammenhängenden Fläche (von wenigstens 75 ha, anders bei vollständiger Einfriedigung, §§ 4, 7, 14) und nur von höchstens drei Miteigentümern, bei der Jagdberechtigung juristischer Personen nur durch Verpachtung oder von höchstens drei angestellten Jägern ausgeübt werden kann (über die Notwendigkeit des Jagdscheins s. §§ 29 ff.). Die übrigen Grundstücke bilden einen oder mehrere gemeinschaftliche Jagdbezirke, ihre Eigentümer eine Jagdgenossenschaft, deren Angelegenheiten durch den Gemeindevorsteher als Jagdvorsteher verwaltet werden (G. v. 4. 7. 1905 über die Verwaltung gemeinschaftlicher Jagdbezirke). Die Jagd ist von dem Jagdvorsteher, falls er sie mit Genehmigung des Kreisausschusses oder Bezirksausschusses nicht ruhen oder durch höchstens drei Jäger ausüben läßt, in der Regel auf mindestens sechs Jahre zu verpachten, worüber in §§ 21 ff. nähere Vorschriften gegeben sind. Für die verschiedenen Gattungen Wild sind (soweit es nicht eingefriedigt ist) Schonzeiten (§§ 39 ff., Strafbestimmungen in § 76) vorgeschrieben, für Hasen z. B. für die Zeit vom 16. Januar bis 30. September, für Rehböcke vom 1. Januar bis 15. Mai, für Fasanenhähne vom 1. Juni bis 15. September. Beginn und Ende der Schonzeit kann für bestimmte Wildarten um 14 Tage verschoben werden. Vom Beginn des 15. Tages der Schonzeit an ist hinsichtlich des hiervon betroffenen Wildes jeder der Kontrolle sich leicht entziehende Handel oder Versand verboten (§ 43). Schlingen zum Einfangen von jagdbaren Tieren oder von Kaninchen dürfen, abgesehen vom Dohnenstieg, nicht aufgestellt, Eier oder Junge, abgesehen von dem Einsammeln von Kiebitz- oder Möveneiern, nicht ausgenommen werden. Auf den Schutz des Grundeigentums gegen Wildschaden wird insofern Rücksicht genommen, als der Schaden durch Schwarz-, Rot-, Elch-, Dam- oder Rehwild oder durch Fasanen nach § 835 BGB. und §§ 51 ff. der Jagdordnung von dem Jagdberechtigten ersetzt werden muß, als ein jeder durch Zäune, Klappern usw. das Wild von seinen Besitzungen abhalten darf, Schwarzwild überhaupt nur in sicherer Einfriedigung gehegt werden darf, als ferner im Bedürfnisfalle der Jagdberechtigte, selbst während der Schonzeit, von der Jagdpolizeibehörde zum Abschuß aufgefordert und äußerstenfalls der bedrohte Besitzer zum Einfangen oder Abschießen des übertretenden Wildes ermächtigt werden kann (§§ 61—63, vgl. auch §§ 66 u. 67). — Den nützlichen Vögeln ist ein besonderer Schutz dadurch gewährt, daß nach dem G. v. 3. 6. 08 das Ausnehmen und das Zerstören von Nestern sowie verschiedene Fangarten verboten sind.

Das Fischereiwesen ist durch Pr. G. v. 11. 5. 16 (Ausführungsanweisung v. 16. 3. 18) neu geordnet. Das Fischereirecht bezieht sich auf Fische, Krebse, Muscheln, Seemoos, Korallenmoos, auch auf Schildkröten, die gefangen werden dürfen, nicht ohne weiteres auf Frösche. Es steht in den Küstengewässern, soweit sie im Eigentum stehen — in anderen Küstengewässern hat jeder Deutsche freien Fischfang (§§ 6, 8) — und in den Binnengewässern dem Eigentümer zu (§ 7), unbeschadet der Fischereirechte, die bereits am 30. April 1914 bestanden haben, und der Aufrechterhaltung des damals geltenden freien Fischfangs (§ 8). Ein nicht dem Eigentümer des Gewässers zustehendes Fischereirecht bedarf zu seiner Wirksamkeit nicht der Eintragung (§§ 18, 11). Mit neuen Fischereirechten darf ein Gewässer nicht belastet werden (§ 17). Die Fischereiberechtigung enthält, wenn das Gewässer über seine Ufer getreten ist, auch das Recht, auf den überfluteten Grundstücken mit den in § 12 bezeichneten Ausnahmen zu fischen. Der mißbräuchliche Betrieb der Fischerei durch Verwendung giftiger oder explodierender Stoffe ist bei Strafe verboten (§§ 100, 127). Ebenso ist verboten das Fischen während der durch Polizeiverordnung festgesetzten Schonzeiten (§ 106 Nr. 2), in den durch den Regierungspräsidenten bestimmten Schonbezirken (§§ 110 ff.) und in den zur Ermöglichung des Wechsels der Fische bei Anlegung von Wehren usw. herzustellenden Fischwegen (§§ 115 ff.). Die Übertragung der vollen Ausübung des Fischereirechts kann nur durch schriftlichen Pachtvertrag erfolgen (Pachtmindestzeit regelmäßig 12 Jahre), zur sonstigen Ausübung des Fischfangs ist die Erteilung eines Erlaubnisscheins nach § 98 erforderlich (§§ 28, 29). Juristische Personen, mit Ausnahme von Fischerinnungen, dürfen das Fischereirecht überhaupt nur durch Übertragung nutzen (§ 31 Abs. 1, vgl. auch §§ 31 Abs. 2, 90). Mehrere zur Fischerei in einem offenen Gewässer oder in zusammenhängenden offenen Gewässern Berechtigte können zu einer Schutzgenossenschaft oder, falls die Mehrheit, nach dem Werte der Berechtigung berechnet, zustimmt oder ohne den Widersprechenden der Fischereibetrieb nicht wirtschaftlich zweckmäßig sein könnte, zu einer Wirtschaftsgenossenschaft mit Beitrittszwang vereinigt werden (§§ 36, 37, 65—69, 80). Für die Genossenschaft gelten fast durchweg (s. jedoch § 216 Wasserges., §§ 62 bis 64 Fischereiges.) die gleichen Vorschriften, wie sie für die Wassergenossenschaft gegeben sind. Ist eine genossenschaftliche Vereinigung nicht angebracht, so kann doch die Vereinigung zu einem gemeinschaftlichen Fischereibezirke angezeigt sein, in welchem der Gemeindevorsteher die Fischerei zu verwalten hat (§ 87).

Im Interesse der Volksernährung ist ein jeder zur Nutzung der Fischerei in Binnengewässern Berechtigte nach dem G. v. 18. 7. 19 verpflichtet, das Gewässer zu Fischereizwecken ergiebig auszunutzen, widrigenfalls das Nutzungsrecht ihm entzogen und einem Dritten auf öffentliches Ausgebot gegen angemessenes Entgelt übertragen werden kann.

§ 22. Beförderung der Gewerbe.

Nach den Grundsätzen des Nachbarrechts würde ein gewerblicher Betrieb, sofern die Anlage eine schädliche Einwirkung auf das Nachbargrundstück hat, nicht zulässig sein. Anders ist es nach den Vorschriften der GewO. In § 16 ist die Genehmigung der für die Nachbarn oder die Allgemeinheit mit erheblichen Nachteilen, Gefahren oder Belästigungen verbundenen gewerblichen Anlagen vorgeschrieben. Wird die Genehmigung, wobei namentlich auch auf den Schutz der im Gewerbebetrieb beschäftigten Arbeiter gegen Gefahren für Gesundheit und Leben Rücksicht zu nehmen ist, unbeschränkt oder unter Bedingungen erteilt, so hat dies nach §§ 19, 26 zur Folge, daß nicht auf Grund der allgemeinen Grundsätze des bürgerlichen Nachbarrechts die Einstellung des Gewerbebetriebes verlangt werden kann. Es kann insoweit nur auf Herstellung von Einrichtungen, welche die benachteiligende Wirkung möglichst ausschließen, nötigenfalls auf Schadloshaltung geklagt werden (§ 26). Die erteilte Genehmigung erlischt, wenn die gestellte Bedingung nicht erfüllt oder die gewerbliche Anlage binnen der von der genehmigenden Behörde festgesetzten Frist nicht in gehöriger Weise zur Ausführung gebracht und mit dem Gewerbebetriebe begonnen ist (§ 49). Abgesehen hiervon kann die Genehmigung nur insofern rückgängig gemacht werden, als wegen überwiegender Nachteile und Gefahren für das Gemeinwohl die fernere Benutzung der gewerblichen Anlage — was aber nur gegen Entschädigung zulässig ist — untersagt werden kann (§ 51).

Die Möglichkeit des Bergbaubetriebs beruht auf dem Grundsatz der Bergbaufreiheit. Nach dem Allgem. Berggesetz für Preußen v. 24. 6. 65, abgeändert mit Gültigkeit für das gesamte Staatsgebiet durch G. v. 24. 6. 92 und 9. 1. 23, abgeändert ferner durch G. vom 14. 7. 05, 18. 6. 07, 22. 5. 22, ist die Verfügung über die in § 1 G. v. 18. 6. 07 aufgeführten Metalle und Salze einschließlich der Soolquellen, über Steinkohle, Braunkohle und Graphit (vgl. jedoch § 212) — nicht über Erdöl, wennschon verschiedene Abschnitte des Allgem.

Berggesetzes durch G. v. 6. 6. 04 auf die Aufsuchung und Gewinnung von Erdöl ausgedehnt sind, vgl. auch über teilweise Anwendbarkeit des BG. auf das Aufsuchen von Stein- und Kalisalz und von Soolquellen in der Provinz Hannover das G. v. 26. 6. 04 — dem Grundeigentum entzogen. Das Oberbergamt ist zur Verleihung des Rechts auf Gewinnung dieser Bodenbestandteile und auf Errichtung der erforderlichen Anlagen (Bergwerkseigentum) auf Grund vorschriftsmäßiger Mutung, die ein Sperrecht begründet, verpflichtet (§§ 12 ff.). Die Gültigkeit der Mutung ist durch das abbauwürdige Vorkommen des Fundes im bergfreien Felde am angegebenen Fundpunkte bedingt (§ 27 G. v. 18. 6. 07). Die Lage und Größe des begehrten Feldes (in den meisten Landesteilen bis zu 2 200 000 qm, § 27 Nr. 2) muß unter Beifügung des Situationsrisses binnen sechs Wochen nach der Mutung angezeigt werden. Hat der Finder innerhalb sieben Tagen gemutet, so hat er vor andern Mutern das Vorrecht. Das Aufsuchen der Mineralien und die Ausführung der Schürfarbeiten muß gegen Entschädigung (§§ 3 ff.) gestattet werden. Das Aufsuchen und die Gewinnung der Steinkohle, des Steinsalzes, der Kali-, Magnesia- und Borsalze ist jedoch durch § 2 G. v. 18. 6. 07 — nachdem schon vorher durch G. v. 5. 7. 05 die Annahme von Mutungen eingeschränkt war — zum größten Teil dem Staate vorbehalten, der sein Recht auf andere übertragen kann (vgl. G. v. 11. 12. 20 zur Aufschließung von Steinkohlen, an denen im Falle eines verleihungsfähigen Fundes das Bergwerkseigentum dem Staate, die Ausbeutung unter bestimmten Bedingungen dem Finder übertragen wird, und G. v. 22. 5. 22, wonach das Bergwerkseigentum an Steinkohle durch den HM. dem Staate verliehen wird). Die standesherrlichen Bergregale sind durch G. v. 19. 10. 20 aufgehoben. Schon durch G. v. 17. 12. 19 war die insoweitige Unwirksamkeit der nach dem 1. 12. 19 über Privatregale geschlossenen Verträge bestimmt worden. Den Pr. M. für H. und für L. ist durch G. v. 9. 1. 23 die Befugnis erteilt, das Recht zur Gewinnung phosphorhaltiger Mineralien und Gesteine unter teilweiser Anwendbarkeit des Berggesetzes zu verleihen. Mehrere Mitbeteiligte an Bergwerke bilden eine Gewerkschaft. Die Zahl der Anteile (Kuxe) kann auf 1000 oder ein Mehrfaches von tausend, höchstens auf zehntausend erhöht werden (G. v. 22. 4. 22). Der Betrieb des Bergwerks wird unter Aufsicht der Bergpolizeibehörde sowie unter Mitwirkung der von den Arbeitern zu wählenden Sicherheitsmänner und des Arbeiterausschusses (§§ 80 ff.

G. v. 28. 7. 09) nach einem dem Oberbergamt einzureichenden Betriebsplane (§§ 67 ff.) geführt. Der Bergbautreibende ist dadurch begünstigt, daß er Hilfsbaue, z. B. zur Wetterlosung im freien Felde, und, sofern der fremde Bergbau nicht gestört oder gefährdet wird, auch im Felde anderer Bergwerkseigentümer anlegen kann, und daß er das zum Bergwerksbetrieb, auch für die Aufbreitungsanstalten, erforderliche Land gegen Entschädigung in Anspruch nehmen darf (§§ 60, 135). Falls die Benutzung länger als drei Jahre dauert, muß er das Land auf Verlangen des Grundeigentümers vorbehaltlich des dem Veräußerer verbleibenden Vorkaufs- und Wiederkaufsrechts (§ 141) eigentümlich übernehmen. Andererseits muß der Bergwerkseigentümer für allen durch den Bergwerksbetrieb dem Grundeigentum zugefügten Schaden aufkommen (§§ 148 ff.). Ihm ist auch in §§ 65 ff. die Verpflichtung auferlegt, das Bergwerk, wenn der Betriebseinstellung überwiegende Gründe des öffentlichen Interesses entgegenstehen, im gehörigen Betriebe zu erhalten. Wird die nach § 65 mit Frist von sechs Monaten an ihn gestellte Aufforderung zur Fortsetzung des Betriebes nicht befolgt, so kann das Oberbergamt das Verfahren wegen Entziehung des Bergwerkseigentums durchführen (§§ 156 ff.). Den öffentlichen Verkehrsanstalten steht der Bergbau nach (§§ 153 ff.).

Auf das Interesse der Gewerbetreibenden ist auch bei Regelung der Rechte an den Wasserläufen in dem Pr. Wassergesetze v. 7. 4. 13 gebührende Rücksicht genommen. Den gewerblichen Unternehmungen kann ein besonderes, über den Gemeingebrauch hinausgehendes Recht auf Wasserbenutzung (§§ 40, 46 ff., über Stauanlagen s. §§ 91 ff.) dauernd oder auf Zeit verliehen werden. Soweit mit der Ausübung dieses Rechts nachteilige Wirkungen für das Recht eines anderen verbunden sind, die durch die vom Unternehmer zu treffenden Einrichtungen sich nicht beseitigen lassen, ist dieser, wenn ihm aus Rücksicht auf das öffentliche Wohl gleichwohl die Verleihung zuteil wird, entschädigungspflichtig. Ein Entgelt für die Benutzung des natürlichen Wasserlaufs darf dem Unternehmer nicht auferlegt werden (§ 54). Von dem Verbot der Einleitung von Abwässern kann nach §§ 46 Nr. 1, 40 Abs. 2 Nr. 2 eine Ausnahme bewilligt werden. Ist von der beabsichtigten Benutzung eine Verunreinigung des Wasserlaufs zu erwarten, so darf die Verleihung nur unter Vorbehalt erhöhter Anforderungen hinsichtlich der Reinigung der Abwässer erfolgen (§ 47 Abs. 3). Zur Reinhaltung von Gewässern darf, wenn schwerwiegenden Mißständen auf andere Weise nicht abgeholfen werden kann, nach § 245 Abs. 1 Nr. 5 (vgl. auch § 225 Abs. 1) eine Zwangsgenossenschaft gebildet werden (so die Genossenschaft zur Ruhrreinhaltung nach dem G. v. 5. 6. 13).

Von gleicher oder noch größerer Wichtigkeit als die Wasserentnahme kann für die Gewerbebetriebe die Belieferung mit der nötigen Kohlenmenge oder Elektrizitätsmenge sein. Die gemeinwirtschaftliche Leitung der Kohlenwirtschaft ist durch G. v. 23. 3. 19 dem Reichskohlenrat übertragen. Für die Kohlenverteilung ist durch Bek. v. 28. 2. 17, 3. 10. 17 und 15. 8. 20 ein Reichskommissar bestellt, dem Kohlenwirtschaftsstellen untergeordnet sind (vgl. Bek. v. 6. 4. 22). Die vorhandenen Kohlen werden auf die Gewerbebetriebe — wobei auf deren Lebenswichtigkeit Rücksicht zu nehmen ist — und die Haushaltungen verteilt. Der RWM. darf die vom RKohlenverbande festgesetzten Brennstoffverkaufspreise ohne vorgängige Anhörung des RKohlenrats und RKohlenverbandes herabsetzen (V. v. 13. 10. 23). Für die Versorgung mit elektrischer Kraft ist von Bedeutung, daß durch G. v. 31. 12. 19 (vgl. § 17) die Elektrizitätswirtschaft nach sozialen Grundsätzen eingerichtet ist. Die dem Reiche hinsichtlich der Zuteilung von Elektrizität, Gas usw. zustehenden Befugnisse werden nach der Bek. v. 3. 10. 17 ebenfalls von dem Reichskommissar für die Kohlenverteilung wahrgenommen, dem zu diesem Zwecke ein besonderer Beirat für Elektrizität und Gas (§ 4) beigegeben ist. Nach der Bek. v. 27. 5. 22 hat der Verbrauch elektrischer Kraft jetzt ermäßigt werden müssen.

Ein staatlicher Gewerbebetrieb findet nur ausnahmsweise statt. Abgesehen von der für die Pflege des Kunstgewerbes bedeutsamen Pr. Porzellanmanufaktur in Charlottenburg, der Verwaltung der Münze und der Reichsdruckerei (G. v. 15. 5. 79 über Erwerbung der Pr. Staatsdruckerei durch das Reich) kommen als staatliche Betriebe hauptsächlich nur in Betracht die Physikalisch-Technische und die Chemisch-Technische Reichsanstalt (s. Erl. v. 9. 6. 21 über die Bildung eines Kuratoriums bei letzterer Anstalt) sowie die mit der ersteren verbundene Anstalt für Maß und Gewicht (V. v. 26. 9. 23), welche Anstalten wegen ihrer großen Bedeutung für genaue und zuverlässige Berechnungen als staatliche bestehen bleiben müssen. Für die Fortschritte auf gewerblichem Gebiete, auch auf dem Gebiete der Landwirtschaft, des Handels und Verkehrs, ist es von förderlichem Einfluß, daß für gewerbliche Erfindungen ein Anspruch auf Patentschutz besteht (s. hierüber § 10). Von großem Werte für die Fortentwicklung des Gewerbes können auch zeitweilige Gewerbeausstellungen und ständige Sachausstellungen sein.

Die inländische Gewerbetätigkeit wird endlich dadurch gefördert, daß der Eingang ausländischer Waren mit Schutzzöllen — im Unterschied von den in § 34 behandelten Finanzzöllen — belegt wird. Dieser Zollschutz kommt hauptsächlich der Großindustrie zugute, wobei Rohstoffe am niedrigsten, Halbfabrikate in höherem Maße und Ganzfabrikate am höchsten verzollt werden. Die zur Hebung kommenden Zollsätze sind in dem Zolltarifgesetz v. 25. 12. 02 unter 19 Abschnitten und 946 Nummern festgesetzt. Der Zollsatz beträgt beispielsweise nach diesem Tarif bei Roggen, Gerste, Hafer je 7 M., bei Kammgarn roh 8, 10 oder 24 M., bei Bauholz 6 oder 10 M., bei Roheisen 1 M. für den Doppelzentner. Die zollfrei bleibenden Gegenstände sind teilweise, wie z. B. gebrauchte Sachen, in § 6 des Ges., teilweise, wie verschiedene Rohstoffe, im Zolltarif aufgeführt (s. auch Bek. v. 11. 6. 23). Soweit ein Zoll nicht erhoben wird, ist eine Einfuhrbewilligung nicht nötig (wegen der Ausfuhrbewilligung vgl. V. v. 20. 12. 19 und V. v. 13. 2. 24). Zollermäßigungen haben in neuerer Zeit stattgefunden für Obst und Öl durch V. v. 19. 2. 23, ferner für Gegenstände des täglichen Bedarfs usw. durch Bek. v. 11. 6. 23, Zollerhöhungen durch V. v. 8. 4. 22, 27. 9. 22 u. 29. 9. 23. Die Gewichtszölle werden, wenn nicht ein anderes vorgeschrieben ist oder es sich nur um einen Zoll von nicht mehr als 6 M. für den Doppelzentner handelt, nach dem Reingewicht, nicht dem Rohgewicht berechnet (§ 3). Die Zahlung der Zölle hat nach der V. v. 22. 3. 23 in Gold zu erfolgen. Für die Behandlung des Zollwesens kommt noch gegenwärtig das Vereinszollgesetz v. 1. 7. 69 nebst Stundungsordnung für Preußen v. 11. 8. 14 zur Anwendung. Die Bewilligung zur Einfuhr von Waren, soweit solche erfordert wird (§ 3 der Bek. des RWM. v. 22. 3. 20), wird nach der V. v. 16. 1. 17, 22. 3. 20 und G. v. 3. 5. 22 von dem dem Reichswirtschaftsminister untergeordneten Reichsbeauftragten erteilt. Von dem Zollgebiete können nach Art. 82 RV. einzelne Teile des Reiches ausgeschlossen werden. Dies ist geschehen bezüglich des Freihafengebiets von Hamburg gemäß dem G. v. 16. 2. 82, von Bremen gemäß G. v. 30. 9. 85 und bezüglich eines Teils des Kieler Hafens auf Grund des G. v. 21. 7. 22. Das Gebiet des Zollausschlusses Kuxhaven ist durch V. v. 13. 2. 24 erweitert.

§ 23. Beförderung von Handel und Verkehr.

Zur Erleichterung des Handels trägt es wesentlich bei, daß die gebräuchlichen Maße und Gewichte staatlich festgestellt sind und ihre Richtigkeit durch Beifügung des Eichungsstempels beglaubigt ist (Maß- und Gewichtsordnung v. 30. 5. 08, Eichordnung v. 8. 11. 11, ergänzt am 13. 9. 23 u. 24. 9. 23). Die Grundlage des Maßwesens bildet das Meter. Das Liter entspricht einem Kubikdezimeter, es wird dem tausendsten Teil des von 1 kg reinen Wassers im Zustande größter Dichtigkeit unter Druck einer Atmosphäre eingenommenen Raumes gleichgerechnet (§ 3 G. v. 30. 5. 08). Das Kilogramm (s. hierüber § 4) hat ungefähr das Gewicht eines Kubikdezimeters reinen Wassers bei 4 Grad Celsius. Im öffentlichen Verkehr dürfen nach §§ 6 ff. nur gestempelte Maße, Gewichte und Wagen verwendet werden, was gleicherweise für Alkoholometer, für Fässer mit Wein und für Gasmesser gilt. Schankgefäße für Bier oder Wein müssen mit einem den Raumgehalt in Liter bezeichnenden Füllstrich versehen sein (G. v. 20. 7. 81, Erl. der M. v. 27. 4. 83). Ungestempelte Maße usw. dürfen sich überhaupt im Besitz von Gewerbetreibenden nicht befinden (§ 369 Nr. 2 StGB.). Auch für elektrische Messungen sind gesetzlich bestimmte Maßeinheiten eingeführt (G. v. 1. 6. 98, Prüfordnung v. 28. 12. 01). Über Beglaubigung der Elektrizitätszähler ist die Bek. des Präsidenten der Physikalisch-Technischen Reichsanstalt v. 19. 8. 19, über Beglaubigung der Fieberthermometer das G. v. 2. 5. 21 ergangen.

Der Wert der Münze beruht darauf, daß in ihr ein bestimmter Feingehalt an Gold oder Silber enthalten ist. Nach dem G. v. 4. 12. 71 und dem Münzges. v. 1. 6. 09 wurden aus einem Pfund Gold bei einem Mischungsverhältnis von $^9/_{10}$ Gold und $^1/_{10}$ Kupfer 1395 M. geprägt, so daß ein Zehnmarkstück einen Goldgehalt von $\frac{1}{139^1/_2}$ Pfund hat; ferner wurden nach diesem Münzges. aus einem Pfund Silber bei einem gleichen Mischungsverhältnis von $^9/_{10}$ Silber und $^1/_{10}$ Kupfer 100 Einmarkstücke ausgebracht, so daß 90 M. in Silber ein Pfund wiegen. Durch die Prägung übernimmt der Staat die Garantie für die Richtigkeit dieses Gehalts. Nach dem Münzgesetz v. 9. 7. 73 bestand die Goldwährung mit der Abschwächung, daß die noch umlaufenden Silbertaler bei allen Zahlungen zu einem Werte von 3 M. Gold angenommen werden mußten. Im übrigen brauchten (wenigstens im Privatverkehr) Silbermünzen nur bis zu 20 M., Kupfer- und

Nickelmünzen nur bis zu 1 M. als Zahlmittel angenommen zu werden. An Stelle der Goldwährung ist bei Beginn des Weltkrieges die Papierwährung getreten. Die Beschränkungen der Reichsbank in dem Recht der Ausgabe von Banknoten als gesetzliches Zahlungsmittel, daß nämlich die Banknoten zu einem Drittel in deutschem Gelde, Reichskassenscheinen oder Gold, für den Rest in sicheren, kurzfristigen Wechseln eine Deckung haben mußten (§ 17 des Bankges. v. 14. 3. 1875/1. 6. 09), und daß der Mehrbetrag der Banknoten über ihren Barvorrat und den der Reichsbank besonders zugewiesenen Betrag von 250 Millionen Mark mit 5 v. H. verzinst werden mußte (§§ 9, 10), sind damals gefallen. Durch G. v. 4. 8. 14 betr. Änderung des Bankges. sind die §§ 9 u. 10 dieses Gesetzes aufgehoben, und es genügen zur Deckung an Stelle der Vorschrift des § 17 das Reich verpflichtende Wechsel oder Schuldverschreibungen (Reichsschatzanweisungen), die spätestens in drei Monaten fällig sind. Durch G. v. 4. 8. 14 betr. Änderung des Münzgesetzes ist auch die nach § 9 dieses G. der Reichsbank auferlegte Verpflichtung, an Stelle der in größeren Beträgen eingelieferten Silber-, Kupfer- oder Nickelmünzen Goldmünzen zu verabfolgen, dahin geändert, daß Reichskassenscheine oder Reichsbanknoten verabfolgt werden dürfen. Durch ein ferneres G. v. 4. 8. 14 ist die Reichsbank außerdem von der Verpflichtung zur Einlösung ihrer Noten und die Reichshauptkasse von der Verpflichtung zur Einlösung der (nach dem G. v. 30. 4. 74 in Höhe von 120 Mill. ausgegebenen) Reichskassenscheine befreit worden. Die mit dem beständigen Neudruck von Papiergeld verbundene fortschreitende Entwertung läßt jedoch die Papiermark als Wertmesser wenig geeignet erscheinen. Als ungerecht wird es namentlich empfunden, daß das dargeliehene Geld später in entwertetem Gelde zurückgezahlt werden darf (vgl. die für Bezahlung von Gasrechnungen geltende V. v. 24. 10. 23, daß der Preis zur Zeit der Zahlung anzurechnen ist). Durch G. v. 23. 6./5. 10. 23 ist deshalb die Bestellung einer wertbeständigen Hypothek in der Weise zugelassen, daß die zurückzuzahlende Geldsumme nicht durch einen festen Betrag, sondern durch Bezugnahme auf den amtlichen Preis einer Menge Roggen, Weizen, Feingold oder (wenn dies von der Reichsregierung mit Zustimmung des Reichsrats für zulässig erklärt ist) einer anderen Ware oder einer Leistung bestimmt wird (vgl. AusführungsV. v. 29. 6. 23 und V. v. 2. 11. 23). Ebenso können nach einem weiteren G. v. 23. 6. 23 wertbeständige Schuldverschreibungen auf den Inhaber ausgestellt werden, sofern nur der Maßstab angegeben ist, nach welchem der geschuldete Geldbetrag zu errechnen ist (s. die Vorschriften v. 4. 4. 23 über Goldkonten bei öffentlichen Sparkassen, V. v. 2. 11. 23 über die Ausgabe von wertbeständigem Notgeld und V. v. 6. 2. 24 über Ausgabe von Wechseln und Schecks in Goldmark). Die Reichsregierung ist aber auch, nachdem bereits (im März 23) Dollarschatzanweisungen ausgegeben waren, zur Ausgabe einer wertbeständigen Anleihe durch Errichtung einer Rentenbank mit einem Kapital von 3200 Millionen Rentenmark (V. v. 15. 10. 23 auf Grund des ErmächtigungsG. v. 13. 10. 23, Durchführungsbestimmungen über die Stellung der Rentenbank v. 14. 11. 23) übergegangen, die auf der Grundlage 5prozentiger Rentenbriefe über Einheiten von 500 Goldmark (Goldmark = $\frac{1}{2790}$ kg Feingold) Rentenbankscheine ausgibt. Zur Sicherheit der Rentenbriefe dienen wiederum zur einen Hälfte die in den landwirtschaftlichen Betrieben begründeten Grundschulden (§ 10), zur anderen Hälfte die von den gewerblichen Betrieben (soweit Grundschulden nicht verfügbar sind) auszustellenden Schuldverschreibungen. Diese Unterlagen sind nach § 1 der zweiten Durchführungsbestimmungen v. 17. 12. 23 für den Aussteller nicht vor fünf Jahren kündbar, für die Rentenbank unkündbar. Die Rentenbankscheine (die übrigens einem Aufgebotsverfahren nicht unterliegen V. v. 12. 2. 24) sind von den öffentlichen Kassen als Zahlungsmittel anzunehmen, die Rentenbank ist verpflichtet, die Rentenbankscheine gegen ihre Rentenbriefe einzulösen (§§ 14, 15 V. v. 15. 10. 23).

Um die Mittel zur Überleitung zu der in Aussicht genommenen Goldwährung zu gewinnen, muß dem Reiche an Erlangung der nötigen Goldmengen gelegen sein. Zu diesem Behufe ist durch die auf Grund des Art. 48 RV. erlassene V. v. 7. 9. 23 ein Devisenkommissar eingesetzt mit der Befugnis, Zahlungsmittel und Forderungen in ausländischer Währung, ausländische Wertpapiere und Edelmetalle für das Reich in Anspruch zu nehmen. Nach den Ausführungsbestimmungen vom gleichen Tage ist der Besitzer derartiger Gegenstände (soweit tunlich, § 1 Abs. 3—6) auf Anordnung des Kommissars, der von jedermann Auskunft und eidesstattliche Versicherung verlangen kann, auch unbeschränkt zur Einsichtnahme und Durchsuchung befugt ist, zur Ablieferung gegen Goldanleihe verpflichtet. Auf Beschwerde entscheidet das RWirtschaftsgericht. Über die Buchführungspflicht vgl. V. über Änderungen der Devisengesetzgebung v. 2. 11. 23 unter III. Allgemein ist durch V. v. 25. 8. 23 den

Personen, die nach der V. v. 23. 6. 23 den ersten Teil der Brotversorgungsabgabe zu entrichten haben, die Verpflichtung auferlegt, für je 10 000 M. dieser Abgabe gegen Vergütung in Goldanleihe oder gegen sonstiges Entgelt (vgl. Durchführungsbestimmungen v. 10. 11. 23) 1 M. Gold und, wenn der Steuerpflichtige eine Erwerbsgesellschaft ist, 2 M. Gold in ausländischen Werten (s. § 3), in Gold oder in Silberbarren abzuführen, falls ihnen solche Gegenstände in der Zeit vom 10. bis 20. 8. 23 gehört haben, und der Verpflichtete ist, falls er weniger abliefert, und zwar unter einem Betrag von 10 M., zu einer eidesstattlichen Erklärung über seine ausländischen Vermögenswerte verbunden (vgl. hinsichtlich der Ablieferung V. v. 30. 8. 23 u. Bek. v. 1. 9. 23). Die V. über Ausfuhrdevisen v. 2. 11. 13 verpflichtet endlich denjenigen, der Waren über die Zollgrenzen des Reiches ausführt, mindestens 30 v. H. des Ausfuhrwertes (s. Durchführungsbestimmungen vom gleichen Tage) nach näherer Bestimmung des RWM. (§§ 3, 4) der Reichsbank zuzuführen.

Neben diesen Verpflichtungen ist die V. über Maßnahmen gegen die Valutaspekulation v. 8. 5./29. 6. 23 (Ausführungsbestimmungen vom gleichen Tage, vom 24. 7., 4. 8 und 2. 11. 23), die auf Grund des Art. VI Abs. 1 Nr. 3 des Notges. v. 24. 2. 23 erlassen ist, bestehen geblieben. Ausländische Zahlungsmittel oder Forderungen in ausländischer Währung durften nach § 2 Abs. 1 V. v. 8. 5. 23 bei Inlandsgeschäften (mit den in den Ausführungsbestimmungen bezeichneten Ausnahmen, wie bei Ausfuhrgeschäften) als Gegenwert nicht benutzt werden. Verboten ist jetzt durch V. v. 2. 11. 23 über Änderungen der Devisengesetzgebung III 1 und V. vom 23. 11. 23 § 1 unter 4, V. v. 21. 12. 23 nur noch, für die Lieferung von Waren und für gewerbliche Leistungen Zahlung in ausländischer Währung zu fordern. Auch der Erwerb ausländischer Zahlungsmittel zur Bezahlung solcher Geschäfte ist unzulässig. Der Devisenankauf (Erwerb von Zahlungsmitteln oder Forderungen in ausländischer Währung gegen Reichsmark oder auf Reichsmark lautende Wertpapiere) ist außerdem insofern beschränkt, als er in der Regel — ausgenommen sind namentlich die von der Handelskammer als zuverlässig bezeugten Firmen — nur mit Zustimmung des Finanzamts gestattet ist und nur von einer Devisenbank oder durch Vermittlung einer solchen Bank ausgeführt werden darf, welche die Belege der Prüfungsstelle des Finanzamts (§ 5 V. v. 8. 5. 23) zur Feststellung, ob der Erwerb im Interesse der deutschen Wirtschaft erforderlich ist, einzusenden hat. Wer regelmäßig derartige ausländische Werte erwirbt, ist nach der vorangeführten V. v. 2. 11. 23 III 4 zur Buchführung verpflichtet. Ansprüche auf ausländische Geldmittel oder auf Edelmetalle dürfen ferner zur Sicherung eines Reichsmarkkredits nur einer Devisenbank, der Reichsbank oder einer von ihr bezeichneten Stelle in der Art übertragen werden, daß die Devisenbank diese Ansprüche vor der sonstigen Verwertung der Reichsbank zum Kaufe anzubieten hat. Ist der Kreditnehmer ein Ausländer, so darf der Kredit nur mit Zustimmung der Reichsbank oder der von ihr bestimmten Stelle bewilligt werden (§ 7 a V. v. 22. 6. 23). Der Erwerb ausländischer Effekten durch einen Ausländer ist nur mit Zustimmung der Reichsstelle für ausländische Wertpapiere statthaft (§ 7 b das.). Zur Stützung der Reichsmarkwährung ist außerdem gemäß V. v. 9. 8. 23 (Ausführungsbestimmungen v. 17. 8., 17. 9. 23) der Verkauf größerer Beträge Reichsmark (s. V. v. 16. 11. 23 II 2) in das Ausland nur der Reichsbank, der von ihr ermächtigten Stelle und der Devisenbeschaffungsstelle erlaubt. Ausnahmen sind in den Ausführungsbestimmungen v. 17. 8. 23/2. 11. 23 unter V vorgesehen für Abführung des in inländischen Werten bestehenden Entgelts an ausländische Verkäufer und für Übertragung eines Auslandsguthabens an einen anderen Ausländer. Alle diese Vorschriften finden auch Anwendung auf Rentenmark, Goldanleihe und wertbeständiges Notgeld (V. v. 16. 11. 23 § 1).

Bei dem Handel mit ausländischen Zahlungsmitteln (auch Forderungen in ausländischer Währung) gegen Reichsmark oder auf Reichsmark lautende Wertpapiere muß ferner nach der V. v. 22. 10. 23, die durch die V. v. 2. 11. 23 auf die wertbeständige Anleihe des Reiches ausgedehnt ist, der in Berlin für den Tag des Geschäftsabschlusses notierte Kurs (Einheitskurs), andernfalls der von einem Ausschuß der Berliner Gemeinschaft für Wertpapierverkehr ermittelte Preis oder doch der auf Grund des Auslandkurses und des Berliner Kurses errechnete Preis (§ 2 Abs. 2) eingehalten werden. Ausgenommen sind die Geschäfte der Reichsbank und der Devisenbeschaffungsstelle. Über die Vorrechte der Devisenbanken und Wechselstuben, was namentlich den Erwerb des Auslandgeldes zu einem niedrigeren Preise betrifft, s. § 3, über Wechselstuben s. V. v. 8. 5. 23.

Eine weitere Vermehrung des Papiergeldes ist, nachdem die Rentenmark eingeführt ist, nicht mehr gestattet. Das Papiergeld hat aber seine Eigenschaft als gesetzliches Zahlungsmittel behalten

(V. v. 7. 11. 23 § 1) auch für den Fall, daß der Preis in ausländischer Währung ausgedrückt ist (vgl. § 2 dieser V.; über den Fall, daß der Preis nach einem außerdeutschen Kurse der Mark bemessen ist, s. V. v. 5. 11. 23). Im Kleinhandelsverkehr ist Preisstellung in ausländischer Währung verboten (§ 3 V. 7. 11. 23). Für die kaufmännische Buchführung ist durch die V. v. 28. 12. 23 die Berechnung in Goldwährung vorgeschrieben (vgl. auch über die Bilanz G. v. 17. 12. 23). Zahlungsmittel unter 50 Milliarden brauchen nach der V. v. 9. 1. 24 von den öffentlichen Kassen nicht angenommen zu werden. An Stelle der im Münzgesetz v. 1. 6. 09 vorgesehenen Scheidemünzen von 1, 2, 5, 10 und 50 Pf. sind nach der V. v. 8. 11. 23 (V. auf Grund des Art. 48 RV.) auf Rentenpfennige lautende Scheidemünzen von dem RFM. auszugeben, die von den öffentlichen Kassen als Zahlungsmittel angenommen werden müssen, die aber ebenso wie die Rentenpfennige von Privaten im Betrage von mehr als 20 (5) Rentenmark (§ 4) nicht genommen zu werden brauchen (Bek. des RFM. v. 13. 11. 23). Vgl. über die Ausgabe und Einlösung von Notgeld, auch wertbeständigem Notgeld das G. v. 17. 7. 22 und V. v. 26. 10. 23. Der mit der beständigen Geldentwertung verbunden gewesene ungemeine Vorteil für den Schuldner, dem in gleicher Höhe ein Nachteil des Gläubigers gegenübersteht, hat dazu geführt, innerhalb gewisser Grenzen einen späteren Anspruch auf Aufwertung bei noch nicht getilgten Hypotheken, Pfandbriefen, Inhaberpapieren, Orderpapieren, Sparkassenguthaben, Lebensversicherungsforderungen anzuerkennen (dritte StNotV. v. 14. 2. 24).

Mit schweren Strafen bedroht sind alle Handlungen, welche die Sicherheit des Geldverkehrs gefährden. Die fälschliche Herstellung sowie die Verfälschung inländischen oder ausländischen Metallgeldes oder Papiergeldes bildet den Tatbestand des nach § 146 StGB. mit Zuchthaus bestraften Münzverbrechens. Strafbar ist auch, wer nach erkannter Unechtheit das Geld von neuem ausgibt (§ 148). Die Beschaffung der zur Fälschung dienenden Stempel usw. ist durch § 151 unter Strafe gestellt.

Mit der Aufbewahrung des Geldes, der Ausleihung und den sonstigen Geldgeschäften sind die Banken (Depositenbanken, Kreditbanken, Girobanken) befaßt, von denen die Bayer. Notenbank, die Sächsische Bank, die Württ. Notenbank und die Badische Bank (vgl. das Bankges. v. 14. 3. 75, 26. 10. 23) ein durch G. v. 2. 2. 23, V. v. 17. 8. und 17. 11. 23 erhöhtes Notenausgaberecht haben. Der unter

Beteiligung von 120, jetzt 180 Millionen Privatkapital errichteten, unter Aufsicht des Reiches stehenden Reichsbank (die Verwaltung wird von dem Reichsbankdirektorium, die Reichsaufsicht von dem Reichsbankkuratorium ausgeübt) fällt die Aufgabe zu, den Geldumlauf im Reiche zu regulieren (§ 12 Bankges.). Nach § 16 des Bankges. in der Fassung v. 1. 11. 23 hat die Reichsbank das Recht, nach Bedürfnis des Verkehrs Goldmarknoten auszugeben, die zu einem Drittel durch Gold oder Golddevisen, im übrigen durch Wechsel oder Schecks voll gedeckt sein müssen. Das Statut ist v. 21. 5. 75. Durch G. v. 26. 5. 22 ist der Reichsbank das Recht der Selbstverwaltung gewährt. Die Darlehen der Reichsbank kommen hauptsächlich dem Großhandel und der Großindustrie zugute. Für den Kredit des Grundbesitzes sorgen die Darlehnskassen der Landschaften (Ritterschaften), die in Höhe der durch Hypothek gedeckten Tilgungsdarlehen und gegen Garantie der zur Landschaft vereinigten Grundbesitzer Pfandbriefe ausgeben. Zur Gewährung des für Verbesserung der Bodenkultur erforderlichen Kredits sind die nach dem G. v. 13. 5. 79 als Provinzialanstalten errichteten Landeskulturrentenbanken bestimmt. Staatliche Anstalten sind die zur Ablösung von Reallasten und nach dem G. v. 7. 7. 91 zur Beförderung von Rentengütern bestehenden Pr. Rentenbanken, die Rentenbriefe ausgeben. Sowohl dem ländlichen als dem städtischen Grundbesitz dienen die Landeskreditanstalten in Hannover (G. v. 25. 12. 69, 24. 7. 75, 15. 6. 04, 29. 6. 14, 26. 7. 23), in Kassel und in Wiesbaden, die insbesondere den Gemeinden Darlehen gewähren. Den Landschaften nachgebildet sind die durch Pr. G. v. 8. 6. 18 geförderten Stadtschaften. Vorwiegend der städtische Grundbesitz wird beliehen von den in Form einer Aktiengesellschaft oder Kommanditgesellschaft auf Aktien (mit Genehmigung des Reichsrats oder bei Beschränkung der Wirksamkeit der Bank auf ein Land mit Genehmigung der obersten Landesbehörde) errichteten Hypothekenbanken. Ihre Rechtsverhältnisse sind geordnet durch G. v. 13. 7. 99/14. 7. 23. Sie unterstehen staatlicher Aufsicht und dürfen keinerlei Spekulationsgeschäfte (§ 5) betreiben. Bei jeder Hypothekenbank ist ein Treuhänder zu bestellen, der darauf zu achten hat, daß jederzeit der Gesamtbetrag der im Umlauf befindlichen Hypothekenpfandbriefe durch Hypotheken gleicher Höhe und gleichen Zinsertrags gedeckt ist (§§ 6, 29, 32). Die Pfandbriefe dürfen außerdem das 20fache des Grundkapitals und Reservefonds nicht übersteigen (§ 7 in der Fassung des G. v. 14. 7. 23, vgl. wegen wertbeständiger

Hypotheken V. v. 7. 12. 23). Gemildert sind ferner die Beschränkungen der §§ 41 Abs. 2, 46 Abs. 2, 48 am Schlusse des Abs. 1. Beliehen werden dürfen nur inländische Grundstücke und nur bis drei Fünftel des Grundstückswertes, falls nicht die Beleihung landwirtschaftlicher Grundstücke bis zwei Drittel des Wertes von der obersten Behörde dieses Landes gestattet wird (§ 11). Sind von einer Kreditanstalt wertbeständige Schuldverschreibungen mit dinglicher Deckung ausgegeben, so können bei Umwandlung in eine Hypothekenbank die Vorschriften des Hypothekenbankges. hierauf für anwendbar erklärt werden (Art. II G. v. 14. 7. 23, V. v. 14. 12. 23). Über die Vorrechte dieser Gläubiger im Konkurse s. Art. III des ersteren Ges., über die Sicherheitsgrenzen der wertbeständigen kommunalen Darlehen s. V. v. 30. 9. 23. Eine besondere Landespfandbriefanstalt ist in Preußen zur Gewährung von Darlehen für Kleinwohnungen errichtet (Erl. v. 22. 7. 22 u. 16. 1. 23). Nach dem G. v. 20. 5. 22 und 27. 2. 23 ist der Preußische Staat an einer gemeinnützigen Grundkreditanstalt, die Kleinwohnungen, insbesondere Wohnheimstätten, hypothekarisch beleiht, mit einem Betrage von 250 Millionen M. beteiligt. Darlehen für die verschiedensten Bevölkerungsklassen gewähren gemäß ihren Statuten die kommunalen Sparkassen (Reglement v. 12. 12. 1838, vgl. über Beleihung MVfg. v. 13. 6. 82, 2. 5. 90, 21. 10. 91; Vfg. v. 20. 4. 09 über Scheckverkehr, G. v. 23. 12. 12 über Anlegung eines Teils in mündelsicheren Inhaberpapieren). Die Pr. Staatsbank (früher Seehandlung), deren Grundkapital durch G. v. 11. 8. 22 auf 400 Millionen erhöht ist, dient dem Preuß. Staate als Bankgeschäft. Die Pr. Zentralgenossenschaftskasse endlich, die auf den G. v. 31. 5. 95 und 5. 9. 18 (Bek. v. 8. 3. 24) beruht, hat die besondere Aufgabe, mit ihrem auf 125 Millionen erhöhten Kapital den Kredit der Genossenschaften zu fördern. Hinsichtlich der Aufbewahrung fremder Wertpapiere ist durch die V. v. 21. 11. 23 den Kaufleuten die Führung eines Handelsbuchs zur Pflicht gemacht. Der Wertpapiere einkaufende Kommissionär hat dem Auftraggeber (welches Recht von gewerbsmäßigen Bankgeschäften ausgeschlossen werden darf) auf Verlangen des Auftraggebers binnen einer Woche (Art. II) das Stückeverzeichnis zu übersenden. Aber auch ohne solche Übersendung wird der Auftraggeber im Konkurse des Kommissionärs, soweit derartige Stücke vorhanden sind, geschützt (Art. III).

Für Erleichterung des Handels sind von Bedeutung die Zusammenkünfte auf den Märkten und an der Börse. Die von den

Gemeinden veranstalteten Märkte sind dadurch begünstigt, daß die polizeilichen Beschränkungen des Gewerbebetriebs im Umherziehen und die Vorschriften über die von diesem Gewerbebetrieb zu entrichtende Steuer auf einen solchen Marktverkehr keine Anwendung finden (§§ 64, 68 GewO., vgl. § 2 Nr. 2 Pr. G. v. 3. 7. 76). Für die Veranstaltung der Märkte ist, damit sie nicht gegenseitig sich schädliche Konkurrenz machen, staatliche Genehmigung vorgeschrieben, die für Wochenmärkte in Preußen von dem Bezirksausschuß, für Viehmärkte, Jahrmärkte usw. von dem Provinzialrat zu erteilen ist (§§ 127 ff. ZustG. v. 1. 8. 83). Auch die Abhaltung von Privatmärkten bedarf der Genehmigung (OVG. 9, 307). Der Abschluß von Geldgeschäften und Warengeschäften findet an der Börse (Fondsbörse, Produktenbörse) statt. Die Errichtung einer Börse und die ihr zu erteilende Börsenordnung bedarf der Genehmigung der Landesregierung, welche auch die Aufsicht unter Bestellung eines Staatskommissars bei jeder Börse führt und die Aufhebung der Börse anordnen kann; die Aufsicht kann unbeschadet der staatlichen Oberaufsicht den Handelsorganen übertragen werden (§§ 1, 2 des Börseng. v. 27. 5. 08/23. 12. 20). An der Börse besteht ein Ehrengericht, das gegen die Börsenbesucher wegen ehrenrühriger Handlungen auf Verweis sowie auf zeitweilige oder dauernde Ausschließung von der Börse erkennen kann (§§ 9 ff.). Über die Zulassung von Wertpapieren zum Börsenhandel entscheidet eine Kommission (Zulassungsstelle). Vor der Einführung ist ein Prospekt zu veröffentlichen, für dessen Angaben die Aussteller bei grobem Verschulden 5 Jahre lang haftbar sind (§§ 38—49, vgl. Bek. des Reichskanzlers v. 4. 7. 10). Wird die Zulassung abgelehnt, so ist den Vorständen der übrigen deutschen Börsen hiervon Mitteilung zu machen (§ 37). Ob gegen die Ablehnung Beschwerde zulässig ist, bestimmt sich nach der für die einzelne Börse erlassenen Börsenordnung. Die Feststellung der Börsenpreise für Kassageschäfte und für Zeitgeschäfte erfolgt durch den Börsenvorstand auf Grund der Mitteilungen, welche ihm die für die Vermittlung von Börsengeschäften eidlich bestellten Kursmakler über die durch ihre Vermittlung geschlossenen Geschäfte zugehen zu lassen haben (§§ 29 ff.).

Der Verkehr vollzieht sich auf dem Landwege, den Eisenbahnwegen, Luftwegen und Wasserwegen. Der zur Anlegung oder Erweiterung der Wege oder Eisenbahnen erforderliche Grund und Boden kann durch Enteignung des Grundeigentums beschafft werden. Hierzu ist nach dem Pr. G. v. 11. 6. 74 eine V. des Königs, jetzt des Staatsministeriums, erforderlich. Handelt es sich um eine Geradelegung oder Erweiterung öffentlicher Wege, um Umwandlung von Privatwegen in öffentliche Wege, um vorübergehende Beschränkungen des Grundeigentums oder um Entnahme von Wegebaumaterialien für öffentliche Wege, so genügt der Beschluß des Bezirksausschusses (§§ 3, 4, 50 ff.; ferner §§ 150, 151, ZustG. v. 1. 8. 83). Der Neubau und die Unterhaltung öffentlicher Wege — von denen die Interessentenwege zu unterscheiden sind — liegt bei Gemeindewegen regelmäßig der Gemeinde, bei Landstraßen, die früher im Eigentum des Staates standen und von diesem nach § 18 des Dotationsges. v. 8. 7. 1875 — unbeschadet der dem Staate im Gegensatz zur Wegebaulast verbliebenen Wegepolizei — den Provinzialverbänden mit der Befugnis zur Weiterübertragung auf engere Kommunalverbände übertragen sind, den bezeichneten Verbänden ob. Die Gemeinden und Kreise können Beihilfen zum Wegebau vom Kreise oder der Provinz erhalten, mehrere Gemeinden können nach § 78 Abs. 3 der LandgemO. v. 3. 7. 91 zu Wegeverbänden vereinigt werden. Das Pr. G. v. 18. 8. 02 gestattet, daß gewerbliche Unternehmungen, welche den Weg in größerem Maße abnutzen, dementsprechend zu Vorausleistungen für den Wegebau herangezogen werden. Für den Verkehr auf den chausseemäßig ausgebauten Kunststraßen gelten die Vorschriften der V. v. 17. 3. 1839, abgeändert durch G. v. 20. 6. 87, welche sich über die Wagenspurweite, das zulässige Höchstgewicht, die Breite der Ladung usw. verhalten, und die zusätzlichen Bestimmungen zu dem Chausseegeldtarif v. 29. 2. 40 (vgl. über die Bezeichnung Kunststraße Art. III G. v. 20. 6. 87). Die Erhebung von Chausseegeld findet nach dem G. v. 27. 5. 74 auf den staatlichen Chausseen nicht mehr statt. Besondere Wegeordnungen sind erlassen für die Provinz Sachsen am 12. 7. 91, abgeändert am 8. 6. 08, für Westpreußen am 27. 9. 05, abgeändert am 8. 6. 08, für Posen am 15. 7. 07, für Ostpreußen am 10. 7. 11, ferner G. v. 25. 8. 09 über die vom Kreise zu unterhaltenden Landwege im Regierungsbezirk Kassel, G. v. 15. 3. 23 über die Landwege im Regierungsbezirk Wiesbaden. Die polizeimäßige Reinigung der öffentlichen Wege, soweit sie vorwiegend dem inneren Verkehr der Ortschaft dienen — zu dieser Reinigung gehört insbesondere die Schneeräumung, das Bestreuen mit abstumpfenden Stoffen und das Besprengen zur Verhinderung von

Staubentwicklung — ist durch G. v. 1. 7. 12 den Gemeinden auferlegt. Über die bei Bebauung der Straßen in Städten und ländlichen Ortschaften einzuhaltenden Fluchtlinien s. Pr. G. v. 2. 7. 75, abgeändert durch das Wohnungsges. v. 28. 3. 18.

Die früher den Ländern gehörigen Eisenbahnen sind gemäß Art. 90 RV. auf Grund des durch RG. v. 30. 4. 20 genehmigten Staatsvertrags dem Reiche übertragen worden, das damit die Aufgabe übernommen hat, die Eisenbahnen als einheitliche Verkehrsanstalt, und zwar als ein selbständiges wirtschaftliches Unternehmen, zu verwalten, das seine Ausgaben selbst zu bestreiten und eine Eisenbahnrücklage anzusammeln hat (Art. 92 RV., § 1 Nr. 2 der vorläuf. Verwaltungsordnung der Reichseisenbahnen v. 26. 4. 20). Der Bau der für den allgemeinen Verkehr als notwendig erachteten Eisenbahnen kann auf Grund Reichsgesetzes auch gegen den Widerspruch der von der Bahn berührten Länder zur Ausführung gebracht werden (Art. 94 RV.). Die Anlage von Privateisenbahnen erforderte in Preußen nach dem Eisenbahnges. v. 3. 11. 38 (das damals nur auf den Eisenbahnbau durch Aktiengesellschaften berechnet war) die von dem Landesherrn zu der allgemeinen Anlage und zu der Satzung der Gesellschaft zu erteilende Genehmigung. Diese Bahnen müssen nach § 45 den Seitenverbindungen anderer Bahnen Anschluß gestatten (ebenso § 29 des Pr. G. über Kleinbahnen v. 28. 7. 92). Die Aufsicht über die Privateisenbahnen wird jetzt, nachdem das Eisenbahnwesen durch den angeführten Staatsvertrag auf das Reich übergegangen ist, von dem Reiche (durch den RVM.) ausgeübt (vgl. Art. 95 Abs. 1 RV., G. v. 3. 1. 20 § 3). Allgemein ist durch Art. 94 letzter Absatz RV. bestimmt, daß jede Eisenbahnverwaltung sich den Anschluß anderer Bahnen auf deren Kosten gefallen lassen muß. Für den Ausbau und die Ausrüstung der Eisenbahnen sind die Vorschriften der Eisenbahn-Bau- und Betriebsordnung v. 4. 11. 04, erg. am 23. 12. 20, 1. 2., 1. 12 u. 4. 12. 22, 16. 9. 23, maßgebend. Sie enthält zugleich die an die Nebenbahnen (mit Vollspurweite von 1,435 m oder Schmalspurweite) zu stellenden ermäßigten Anforderungen. Für Kleinbahnen, die für den allgemeinen Eisenbahnverkehr nur geringe Bedeutung haben, und für Privatanschlußbahnen kommt das G. v. 28. 7. 92 in Betracht (Ausführungsanweis. v. 22. 8. 92). Zur baulichen Herstellung und zum Betriebe bedarf es der staatlichen Genehmigung, die nach §§ 3 und 44 dieses Gesetzes meist von dem Regierungspräsidenten im Einvernehmen mit der Eisenbahnbehörde erteilt wird. Soweit ein öffentlicher Weg für die Anlage benutzt werden soll, ist die Zustimmung des Wegebaupflichtigen einzuholen, der abgesehen von der Verpflichtung der Bahn zur Unterhaltung des von ihr benutzten Wegeteils ein angemessenes Entgelt für Gestattung dieser Benutzung beanspruchen kann (§§ 6, 8, 46, 47). Bei Kleinbahnen kann die Zustimmung des Wegebaupflichtigen ergänzt werden (§ 7). Über die Beförderungsbedingungen auf den Hauptbahnen und Nebenbahnen verhält sich die Eisenbahnverkehrsordnung v. 23. 12. 08, geändert am 5. 12. 21 und 23. 3. 22. Die von der Beförderung ausgeschlossenen oder nur bedingungsweise zugelassenen Gegenstände — darunter auch Kostbarkeiten, das sind im Verhältnis zu Umfang und Gewicht besonders wertvolle Güter, vgl. RG. 101, 106 — sind in § 54 (s. auch § 96) aufgeführt. Die Beförderungspreise sind in allgemein gültigen Tarifen festgelegt, die zu ihrem Inkrafttreten der Veröffentlichung bedürfen (§ 6). Preisermäßigungen oder sonstige Vergünstigungen sind nur für milde oder öffentliche Zwecke zulässig (§ 6 Abs. 3 u. 4). Die Höhe der Preise richtet sich nach der Entfernung und dem Werte der Sendung unter Bevorzugung der Roherzeugnisse und der unentbehrlichen Lebensmittel. Die Personenfahrpreise sind nach der Entfernung und der benutzten Wagenklasse (die Preise der verschiedenen Klassen standen bis Anfang März 24 ungefähr in dem Verhältnis von 1 zu $1\frac{1}{2}$, $2\frac{1}{2}$ und 4) abgestuft. Anspruch auf Beförderung hat der Reisende nur dann, wenn ihm auf seine Fahrkarte ein Platz angewiesen werden kann (§ 20). Frachtgüter braucht die Bahn nur soweit anzunehmen, als die Beförderung sofort erfolgen kann (§ 63). Der Frachtvertrag ist geschlossen, sobald die Abfertigungsstelle das Gut mit dem Frachtbriefe zur Beförderung angenommen hat, was durch Aufdruck des Tagesstempels auf den Frachtbrief zum Ausdruck zu bringen ist (§ 61). Bei Verlust oder Beschädigung des Gutes hat die Eisenbahn, sofern der Schaden nicht durch höhere Gewalt oder die Beschaffenheit des Gutes entstanden ist, Ersatz zu leisten, und zwar, falls nicht der Höchstbetrag eines auf Verlangen des Absenders zur Anwendung gebrachten Ausnahmetarifs (§ 89) überschritten wird, in Höhe des gemeinen Wertes (§ 88). Bei Vorsatz oder grober Fahrlässigkeit ist voller Ersatz zu leisten (§ 95). Kostbarkeiten müssen in dem Frachtbriefe als solche ausdrücklich bezeichnet sein (vgl. RG. in JW. 1922, 1203[10]). Das Interesse an der Lieferung kann versichert werden. Wird die Lieferfrist überschritten (§ 75), so haftet die Bahn nach § 94 mit gewissen Frachtteilen. Keine Haftung hat die Bahn bei Versäumung des Anschlusses. Der Reisende ist in diesem Falle, wenn er nicht vorzieht, sein Ziel mit dem nächsten günstigsten, auf der gleichem oder einer anderen Strecke verkehrenden Zuge ohne Preiszuschlag zu erreichen oder das Fahrgeld für die nicht durchfahrene Strecke zurückzufordern, nur berechtigt, auf Kosten der Bahn, die dann auch die Kosten der Hinreise zu erstatten hat, ohne Fahrtunterbrechung zur Abgangsstation zurückzukehren (§ 26). Die wegen der Explosionsgefahr nur bedingungsweise zur Beförderung zugelassenen Gegenstände sind in der bereits vielfach ergänzten Anlage C der Verkehrsordnung verzeichnet.

Luftfahrzeuge dürfen nach dem Luftverkehrsgesetz v. 1. 8. 22 — abgesehen von Vereinbarungen mit anderen Staaten — in Deutschland nur verkehren, wenn sie als im ausschließlichen Eigentum von Reichsangehörigen stehend in die Luftfahrzeugrolle eingetragen sind. Das Luftfahrzeug muß außerdem zum Betriebe zugelassen sein (§§ 3, 29). Der Luftfahrer bedarf der Erlaubnis, das Luftfahrtunternehmen oder die Luftfahrtveranstaltung der Genehmigung (§§ 4, 11). Außer in Notfällen dürfen Luftfahrzeuge nur in Flughäfen, deren Errichtung die Genehmigung der Reichsregierung und der obersten Landesbehörde voraussetzt, und außerhalb geschlossener Ortschaften nur auf nicht eingefriedigten Grundstücken oder auf Wasserflächen landen, soweit für einzelne Strecken nicht ein Landungsverbot erlassen ist (§§ 7, 12). Bei öffentlichem Bedürfnisse können im Wege der Enteignung Grundstücke und Grundstücksrechte zu Zwecken der Luftfahrt in Anspruch genommen werden (§ 15). Über die Haftpflicht des Fahrzeughalters s. jetzt V. v. 6. 2. 24.

Zur Führung der deutschen Handelsflagge (in den Farben Schwarz, Weiß, Rot, V. v. 11. 4. 21) — womit ein Anrecht auf völkerrechtlichen Schutz verbunden ist — sind die zum Erwerbe durch die Seefahrt bestimmten Schiffe (Kauffahrteischiffe) berechtigt, wenn sie im ausschließlichen Eigentum von Reichsangehörigen stehen und im Schiffsregister eingetragen sind (G. v. 22. 6. 99, Bek. v. 10. 11. 99, über Registirierungspflicht G. v. 28. 6. 73). Zum Nachweise der Nationalität wird von dem das Schiffsregister führenden Amtsgericht ein Schiffszertifikat erteilt. Für die Sicherheit der Seefahrt sorgt das Reich hauptsächlich durch Unterhaltung der Häfen und durch Einrichtungen, die eine gefahrlose Fahrt bei Annäherung an die Küste ermöglichen, Bereitschaft von Lotsen, Bezeichnung der Fahrstraße durch ausgelegte Tonnen, Unterhaltung von Leuchttürmen. Zu den der Schiffahrt förderlichen Einrichtungen gehört auch die, daß die mit physikalischen und meteorologischen Beobachtungen betraute *Deutsche Seewarte* in Hamburg die Sturmwarnungen durch Vermittlung der Signalstellen rechtzeitig den Seefahrern bekanntgibt (V. v. 26. 12. 75/4. 2. 95). Über den Bau der Schiffe sind Vorschriften nicht gegeben. Zur Ermittlung der Ladungsfähigkeit findet nach Maßgabe der Schiffsvermessungsordnung in der Fassung der Bek. v. 1. 3. 15 eine für Berechnung der Schiffahrtsabgaben ausschlaggebende Vermessung statt (§§ 32, 35), worüber ein *Meßbrief* auszustellen ist. Die *Küstenschiffahrt* ist nach dem G. v. 22. 5. 81, soweit sie nicht auch anderen Schiffen (wie z. B. den britischen und den niederländischen Schiffen) durch Vertrag oder Verordnung eingeräumt ist, den deutschen Schiffen vorbehalten. Was sodann die *Wasserläufe* betrifft, so sind zufolge des durch G. v. 29. 7. 21 u. 18. 2. 22 genehmigten Staatsvertrags die in der Anlage zu diesem Vertrag bezeichneten Wasserstraßen auf das *Reich* übergegangen. Das Pr. Wasserges. v. 7. 4. 13 unterscheidet zwischen Wasserläufen *erster*, *zweiter* und *dritter Ordnung*, von denen die Wasserläufe erster Ordnung in der Anlage zu dem Wassergesetz verzeichnet sind. An diesen kommt das Eigentum und die Unterhaltungspflicht im Interesse der Schiffbarkeit dem Staate zu (§§ 2, 7, 9—11, 114, 115 Nr. 1). Das Verzeichnis dieser Wasserläufe kann nach § 3 Abs. 1 nur durch Gesetz geändert werden. Nicht nur bei den Wasserläufen erster Ordnung, sondern auch bei denen zweiter Ordnung, die für die Wasserwirtschaft von größerer Bedeutung sein müssen und in das von dem Oberpräsidenten aufzustellende Verzeichnis aufgenommen werden, kann der *Ausbau* zum Zweck der Vertiefung des Bettes, damit die Wasserstraße mit größeren Fahrzeugen befahren werden kann, beschlossen werden (§§ 152 ff.). Ausbauberechtigt sind bei Wasserläufen zweiter Ordnung der Staat, Wassergenossenschaften usw. (s. § 155 Nr. 2 und Abs. 2). Der Unternehmer kann, wenn dies nach dem vom Bezirksausschuß festzustellenden Stromregulierungsplan erforderlich, Anlandungen, Felsen, Inseln und Ufervorsprünge beseitigen (§§ 160, 163, 168). Über die Pflichten und Rechte der Anlieger vgl. §§ 162, 135—144, vgl. auch das früher in Geltung gewesene Gesetz v. 28. 8. 83 über die Befugnisse der Strombauverwaltung gegenüber den Uferbesitzern an öffentlichen Flüssen. *Abgaben* für natürliche oder künstliche Wasserstraßen, auch für Häfen, dürfen nach Art. 99

RV. nur insoweit erhoben werden, als sie die für Verkehrsanlagen erforderlichen Kosten nicht übersteigen.

Die im Binnenschiffahrtsverkehr verwendeten Dampfschiffe und andere Schiffe mit Triebkraft, deren Tragfähigkeit 15 000 Kilogramm übersteigt, sowie sonstige Schiffe mit einer Tragfähigkeit von mehr als 20 000 kg sind nach §§ 120 ff. des Binnenschiffahrtsges. v. 15. 6. 95 — vorbehaltlich der Befugnis der Landesregierung zur Erhöhung der Eintragungspflicht — ebenfalls in das Schiffsregister einzutragen, was für die Möglichkeit der Verpfändung (§§ 1259 ff. BGB., vgl. G. v. 26. 1. u. 29. 3. 23 über die Eintragung von Schiffspfandrechten in ausländischer Währung) von Bedeutung ist. Zur Verbesserung der Schiffahrt sind verschiedentlich umfangreiche Kanäle in neuer Zeit angelegt worden, so der Dortmund—Ems-Kanal, für den durch Pr. G. v. 9. 7. 86 u. 26. 6. 97 die Geldmittel bereitgestellt sind, der Mittelland (Rhein—Weser—Elbe)-Kanal, dessen Anlage durch Pr. G. v. 1. 4. 05 unter Vorbehalt provinzieller Beihilfen und dessen Vollendung durch G. v. 4. 12. 20 beschlossen ist, die Kanalisierung gewisser Strecken des Neckar und Main (RG. v. 3. 8. 20), der die Nordsee mit der Ostsee verbindende Kaiser Wilhelm-Kanal (G. v. 16. 3. und 16. 7. 86; Betriebsordnung v. 29. 7. 01, G. über Kanalabgabe in der Fass. v. 14. 11. 22, Abgabentarif v. 27. 4. u. 19. 9. 23). Vgl. auch die Strom- und Schiffahrts-Polizei-V. des RVM. für die westdeutschen Kanäle v. 29. 12. 22.

Das Post- und Telegraphenwesen ist ausschließlich Sache des Reichs (Art. 88 RV.). Die Post- und Telegraphenverwaltung Bayerns und Württembergs ist gemäß Art. 170 RV. durch die dem RG. v. 27. 4. 20 beigefügten Staatsverträge auf das Reich übertragen. Dem Postzwange unterliegt nach § 1 des Postges. v. 28. 10. 71 die entgeltliche Beförderung verschlossener Briefe und der mehr als einmal wöchentlich erscheinenden politischen Zeitungen im Verkehr zwischen mehreren Postorten, sofern nicht die Beförderung durch einen im Dienst eines Absenders stehenden Expreßboten erfolgt. Die von den Eisenbahnen der Post zu leistenden Beförderungsdienste sind durch das Eisenbahnpostges. v. 20. 12. 75 bestimmt, das nach dem G. v. 19. 5. 21 auch auf Bayern und Württemberg Anwendung findet, und bezüglich der Privatbahnen durch V. v. 3. 1. 24. Die Haftung der Post ist zur Ermöglichung einer billigeren Beförderung durch §§ 6—12 des Postges. und das abändernde Ges. v.

13. 12. 22 dahin beschränkt, daß bei Verlust oder Wertminderung der Pakete im Falle des Verschuldens Ersatz nur bis zum Betrage von 500 M. für jedes Pfund geleistet wird, daß dagegen für Verzögerung der Beförderung oder für den Verlust von Briefen überhaupt nicht gehaftet wird. Sind Briefe oder Pakete unter Wertangabe aufgegeben — wofür eine erhöhte Gebühr zu entrichten ist — so ist diese Angabe vorbehaltlich des der Post freistehenden Nachweises, daß sie den gemeinen Wert überschreitet, der Schadensersatzberechnung zugrunde zu legen. Bei Verlust eingeschriebener Sendungen wird dem Absender der Betrag von 20 Goldmark gezahlt. Die Berechnung der Postgebühren (vgl. G. v. 17. 8. 23) ist jetzt allgemein auf Goldmark umgestellt. Siehe die Übersicht der Gebühren in der Anlage zur V. v. 24. 11. 23 (frühere Übersicht in der Anlage zur V. v. 22. 11. 23). Danach beträgt das Porto für Ortsbriefe bis 20 g 0,05 M., sonst 0,10 M.; für Fernbriefe bis 20 g 0,10 M., sonst 0,20 M.; niedriger ist das Porto für Drucksachen (bis 20 g 0,03 M.), Postkarten, Geschäftspapiere und Warenproben. Für Postanweisungen, die in unbeschränkter Höhe aufgegeben werden können, wird eine Gebühr von mindestens 0,20 M. erhoben, für Pakete, die bis zu einem Gewicht von 20 kg befördert werden, je nach dem Gewicht 0,30 bis 1,60 M. in der ersten Zone, 0,60 bis 3,20 M. in der zweiten Zone und 0,60 bis 4,80 M. in der dritten Zone.

Über die Behandlung der Postsendungen sind nähere Vorschriften gegeben in der Postordnung v. 22. 12. 21, die mehrfach ergänzt ist, zuletzt namentlich durch V. v. 23. 10., 16. 11., 24. 11., 8. 12. 23, sowie in der Rohrpostordnung v. 30. 5. 23. Die Post übernimmt auch die Auszahlung von Beträgen auf das bei ihr eingezahlte Postscheckguthaben gemäß dem Postscheckgesetz in der Fassung v. 22. 3. 21 nebst Änderungen, zuletzt geändert durch V. v. 23. 11. 23. Über die Strafbarkeit der Gebührenhinterziehung s. §§ 27 ff. des Postgesetzes v. 28. 10. 71. Gebührenfreiheiten sind im Postverkehr (auch im Telegraphenverkehr) nicht mehr zugelassen (G. v. 29. 4. 20). Für Postsendungen in das Ausland sind maßgebend die am 30. 11. 20 in Madrid abgeschlossenen Weltpostvereinsverträge, denen Deutschland durch G. v. 23. 11. 21 zugestimmt hat, bestehend aus dem Weltpostvertrage, dem Wertbrief- und Wertkästchenabkommen, dem Postpaketvertrage, dem Postanweisungsabkommen, dem Postauftrags-, dem Postzeitungsabkommen und dem Postüberweisungsabkommen. Die in diesen Verträgen vorgesehenen Postgebühren waren bereits vom 1. 4. 21 an auf Grund des G. v. 22. 3. 21 durch V. des RPM. vom gleichen Tage in Kraft gesetzt worden.

Die Errichtung und der Betrieb von Telegraphenanlagen einschließlich der Fernsprechanlagen steht nach dem G. v. 6. 4. 92 (s. auch Art. 88 RV.) mit gewissen Ausnahmen — Telegraphenanlagen für den inneren Dienst eines Landes oder einer Gemeinde sowie innerhalb der Grenzen eines Grundstücks oder eines einheitlichen Betriebs — ausschließlich dem Reiche zu. Das Recht hierauf kann aber für einzelne Strecken an Privatunternehmer und muß an Gemeinden für deren inneren Verkehr verliehen werden. Die Telegraphenverwaltung hat nach dem G. v. 18. 12. 99 Anspruch auf Mitbenutzung öffentlicher Wege und Plätze, so jedoch nur, daß der Gemeingebrauch nicht dauernd beschränkt werden darf und die Ausführung einer im öffentlichen Interesse erforderlichen weiteren Anlage (§ 6) nicht gehindert werden darf. Die Grundeigentümer müssen die Leitung durch den Luftraum, soweit die Benutzung ihres Grundstücks hierdurch nicht wesentlich beeinträchtigt wird, sich gefallen lassen (§ 12). Über die zum Schutze der vorhandenen Telegraphenleitungen an neue elektrische Starkstromanlagen zu stellenden Anforderungen verhält sich die MinVfg. v. 28. 4. 09 und die V. v. 13. 2. 24. Auch unterirdisch in Kabeln können die Leitungen verlegt werden. Die Telegraphengebühren sind durch G. v. 11. 7. 21, V. v. 13. 2. 23 und 1. 12. 23, die Fernsprechgebühren durch G. v. 11. 7. 21, jetzt durch V. v. 1. 12. 23 bestimmt. Als Telegraphengebühr wird nach der V. v. 1. 12. 23 im Ortsverkehr eine Wortgebühr von je 0,075 M., im Fernverkehr eine solche von 0,10 M. erhoben. Die Anweisung für den Funktelegraphendienst v. 15. 6. 13 (geändert zuletzt durch V. v. 18. 6., 12. 7. und 1. 12. 23) regelt den Verkehr der deutschen Küstenstationen mit deutschen oder fremden Bordstationen sowie fremder Küstenstationen mit deutschen Bordstationen (vgl. den internationalen Funkentelegraphenvertrag v. 5. 7. 12), dem nach der Bek. v. 28. 2. 14 und 4. 4. 22 alle Kulturstaaten beigetreten sind.

Siebenter Hauptteil.

Eigenrecht.

§ 24. Persönlichkeitsrechte.

Aus eigenem Recht hat jeder Einzelne Anspruch auf Schutz seiner Persönlichkeit. Hierin enthalten ist das Recht, gegen Beeinträchtigung der persönlichen Freiheit und der persönlichen Ehre geschützt zu sein. Ohne die Freiheit des Handelns würde der einzelne in der seiner Persönlichkeit entsprechenden Weise sich nicht betätigen können. Ein Zustand der rechtlichen Unfreiheit (Sklaverei, Leibeigenschaft) ist für das Inland vom Gesetz nicht anerkannt. Unzulässig sind aber auch solche Rechtsverhältnisse, die mit einer ungewöhnlichen Minderung der Freiheit verbunden sind. Dienstverträge sind nach der Vorschrift des § 624 BGB. nur auf die Dauer von 5 Jahren verbindlich. Nach Ablauf dieser Zeit kann von dem Dienstverpflichteten mit sechsmonatiger Frist gekündigt werden. Und schon vorher ist bei Vorhandensein eines wichtigen Grundes (§ 626) ein jeder Teil zur fristlosen Kündigung berechtigt. Vereinbarungen darüber, in welchen besonderen Fällen ein wichtiger Grund anzunehmen, sind zwar im allgemeinen zulässig. Dies hindert aber nicht, daß bei besonderer Gestaltung der Verhältnisse von der Vereinbarung abgegangen werden darf. Ein allgemeiner Verzicht auf die Vergünstigung des § 626 ist unwirksam. Weitergehend sind nach § 138 alle Rechtsgeschäfte, die den Verpflichteten übermäßig in der Freiheit des Handelns und der Geschäftsführung beschränken (Knebelungsverträge) als wider die guten Sitten verstoßend und deshalb als nichtig anzusehen. Die Herbeiführung eines Zustandes allgemeiner Unfreiheit ist durch § 234 StGB. unter Strafe gestellt. Mit Zuchthaus wird bestraft, wer einen Menschen durch List, Drohung oder Zwang auch nur in seinen Machtbereich bringt, um ihn in den Zustand der Sklaverei oder Leibeigenschaft zu versetzen. Gleichgestellt ist dem der Fall, daß der so Vergewaltigte in auswärtige Kriegs- oder Schiffsdienste verbracht werden soll, wodurch er zugleich dem Schutze des inländischen Staates entzogen wird. Strafbar ist ferner die Beeinträchtigung der Handlungs- oder Bewegungsfreiheit. Bestraft wird, wer einen anderen ohne Recht durch Gewalt oder durch Bedrohung mit einem Verbrechen oder Vergehen zu einer Handlung, Duldung oder Unterlassung nötigt oder zu nötigen versucht (§ 240). Unter Strafe gestellt ist ferner die vorsätzliche Freiheitsberaubung, mag sie durch Einsperrung oder auf andere Weise erfolgen. Ein Zustand der Unfreiheit kann leicht dadurch herbeigeführt werden, daß jemand als geisteskrank, obschon er in Wirklichkeit geistesgesund ist, in einer Anstalt untergebracht wird. In der für derartige Privatanstalten in Preußen von den beteil. M. am 26. 3. 01 erlassenen Anweisung ist deshalb vorgeschrieben, daß Geisteskranke unter 18 Jahren nur auf Grund ärztlicher Bescheinigung (§ 22), ältere Geisteskranke nur auf Grund eines Zeugnisses des Kreisarztes oder des ärztlichen Leiters einer öffentlichen Anstalt für Geisteskranke aufgenommen werden dürfen. Von der Aufnahme ist binnen 24 Stunden der Ortspolizeibehörde und der Staatsanwaltschaft Anzeige zu machen (§§ 7, 8), wie auch ein schriftlicher Antrag auf Entlassung aus der Anstalt unverzüglich der Staatsanwaltschaft mitzuteilen ist (§ 10). Erfolgt die Aufnahme in dringenden Fällen vorläufig auf Grund des Zeugnisses eines approbierten Arztes, so ist doch die Untersuchung durch den binnen 24 Stunden zu verständigenden Kreisarzt alsbald nachzuholen (§ 4). Auf einen Schutz der Freiheit des einzelnen läuft es endlich hinaus, daß dem Hausfriedensbruch (dem unbefugten Eindringen in befriedetes Besitztum oder dem Nichtentfernen trotz Aufforderung des Berechtigten) der Charakter einer strafbaren Handlung beigelegt ist (§§ 123, 124 StGB.).

Der Persönlichkeitsschutz zeigt sich ferner darin, daß der einzelne als freies sittliches Wesen, das für seine Handlungen verantwortlich ist, Anspruch hat auf die demgemäß ihm gebührende Ehre. Die Beleidigung ist nicht nur ein Unrecht, das bei Herbeiführung eines Vermögensschadens die Verpflichtung zu Schadensersatz nach sich zieht (§ 823 Abs. 2 BGB.), sondern, wenn sie vorsätzlich vorgenommen wird, auch eine strafbare Handlung (§§ 185 ff., strafbar ist auch die Verletzung des Ansehens in den Fällen der §§ 94, 103, 103a, 104 StGB.). Eine Beleidigung kann einem anderen dadurch zugefügt werden, daß etwas Ehrenrühriges über ihn ausgesagt wird oder daß er, was durch Worte, Zeichen oder Handlungen geschehen kann, geringschätzig behandelt wird. Ein absprechendes Urteil über seine körperlichen oder geistigen Fähigkeiten, über den Besitz von Vermögen, über Leistungen, Kenntnisse u. dergl. schließt nicht ohne weiteres eine Beleidigung in sich. Zu einer solchen wird es, wenn dem anderen mittelbar ein sittlicher Makel angehängt, ihm insbesondere der Vorwurf gemacht wird, er könne oder wolle die ihm obliegenden Pflichten nicht erfüllen. Eine freiere Beurteilung müssen die im öffentlichen Leben stehenden Personen sich gefallen lassen. Doch sind auch sie gegen ungerechtfertigte Angriffe, die das rein sittliche Gebiet oder das Privatleben berühren, geschützt. Das Vorhandensein einer Beleidigung setzt regelmäßig voraus, daß sie als solche von dem Verletzten empfunden wird. Kinder und Geisteskranke können abgesehen von Angriffen auf die unterschiedslos einem jeden Menschen als solchen zukommende Ehre nur insoweit beleidigt werden, als sie ein ausreichendes Verständnis für den beleidigenden Charakter besitzen. Der Ehemann kann mittelbar in seiner Ehefrau, die Eltern können in den ihrer Erziehungsgewalt unterstehenden Kindern, die Behörde in den ihr unterstellten Beamten (vgl. hierzu §§ 195, 196), die Angehörigen in der Person eines bereits Verstorbenen in dem beschränkten Umfange des § 189 (verleumderische Beschimpfung des Andenkens) beleidigt werden. Eine Beleidigung ist wegen mangelnder Rechtswidrigkeit nicht anzunehmen, wenn der Täter innerhalb seiner amtlichen oder sonst begründeten Befugnisse oder zur Verteidigung seiner Rechte gehandelt hat, sofern er über diese Grenzen nicht hinausgegangen ist. Mit der Wahrnehmung berechtigter Interessen (§ 193) kann die Beleidigung nicht allgemein entschuldigt werden. Es kommt darauf an, welches Gut im Einzelfalle das schutzwürdigere ist. Ein allgemeines Recht, die Wahrheit zu sagen, besteht nicht. Auf die Richtigkeit der behaupteten oder verbreiteten Tatsachen kann sich der Beleidiger nicht berufen, wenn sie in verletzender Form, in unzulässiger Verallgemeinerung oder ohne gerechtfertigten Anlaß vorgebracht sind. Besonders strafbar ist die Verleumdung, die von der üblen Nachrede sich dadurch unterscheidet, daß die in Gegenwart eines Dritten vorgebrachten unwahren Tatsachen, welche geeignet sind, den Beleidigten verächtlich zu machen, ihn in der öffentlichen Meinung herabzuwürdigen oder seinen Kredit zu gefährden, wider besseres Wissen aufgestellt sind (Strafe regelmäßig Gefängnis, und zwar bei öffentlicher Verleumdung nicht unter einem Monat, § 187). Den Körperschaften als solchen — mit Ausnahme von Beleidigungen der Religionsgesellschaften (§ 166) und mit Ausnahme der Beleidigungen, die einen Angriff gegen die Republik oder die republikanische Staatsform enthalten (§§ 5, 1 ff. V. v. 26. 6. 22) — wird ein strafrechtlicher Schutz gegen Beleidigungen nicht zuteil. Dagegen sind (was einen gewissen Ersatz bildet) die böswillige Beschädigung von Hoheitszeichen und dergleichen sowie die böswillige Beschädigung öffentlich angeschlagener Bekanntmachungen usw. nach §§ 135, 103, 134 StGB. bei Strafe verboten.

Kraft des Persönlichkeitsrechts hat der einzelne ferner zur Unterscheidung von anderen Personen ein ausschließliches Recht auf Führung seines Namens (wozu auch der Vorname und die nach Art. 109 RV. einen Teil des Namens bildende Adelsbezeichnung gehört). Dieses Recht steht in gleicher Weise auch den Vereinigungen zu, und zwar auch den nicht rechtsfähigen (RG. 78, 101). Der Namensberechtigte wird nach § 12 BGB. geschützt gegen jede Behinderung in der Führung seines Namens und gegen unbefugten Gebrauch des Namens durch einen anderen, der auch darin zu finden ist, daß der Name ohne Erlaubnis des Berechtigten zur Bezeichnung einer Romanfigur und dergleichen, zur Bezeichnung einer Ware oder eines Geschäfts verwendet wird, da hierdurch ebenfalls in das Persönlichkeitsrecht eingegriffen wird. Die Änderung des nach familienrechtlichen Grundsätzen sich bestimmenden Namens ist nur mit Genehmigung der Behörde zulässig. Zuständig ist in Preußen nach der V. v. 3. 11. 19 der Justizminister, für Änderung des Vornamens nach Vf. des JM. v. 21. 4. 20 das Amtsgericht. Auch die Annahme eines Doppelnamens kann gestattet werden (Vf. des M. des J. v. 29. 8. 19). Geschützt wird ferner der Name, den ein Künstler oder Schriftsteller für sein Sachgebiet sich beigelegt hat. Eine weitere Ausdehnung hat der Namensschutz aus wirtschaftlichen Gesichtspunkten dadurch erfahren, daß dem Handelsgeschäft in der Firma (§§ 17 ff. HGB.) und der Ware in dem Warenzeichen (G. v. 12. 5. 94) eine dem Namen ähnliche Bezeichnung beigelegt werden kann. Die Firma des Einzelkaufmanns hat (abgesehen von unterscheidenden Zusätzen) dessen Familiennamen mit mindestens einem ausgeschriebenen Vornamen, die Firma der offenen Handelsgesellschaft mindestens den Namen eines Gesellschafters mit einem auf das Gesellschaftsverhältnis hinweisenden Zusatz, die Firma der Aktiengesellschaft eine in der Regel vom Gegenstand des Unternehmens zu entlehnende Bezeichnung mit dem Zusatz „Aktiengesellschaft" zu enthalten. Die Firma, die von allen an dem gleichen Orte (Gemeinde) bereits bestehenden Firmen sich deutlich unterscheiden muß, ist zur Eintragung in das Handelsregister anzumelden. Die Änderung der Geschäftsinhaber (bei der Einzelfirma oder Gesellschaftsfirma) führt eine Änderung der Firma nicht notwendig nach sich. Die Firma hat einen selbständigen Vermögenswert und kann mit dem Handelsgeschäft übertragen werden. Wird in diesem Falle das Handelsgeschäft unter der bisherigen Firma fortgeführt, so hat dies im Verhältnis zu Dritten, falls nicht ein anderes in das Handelsregister eingetragen und demgemäß veröffentlicht oder dem Dritten besonders mitgeteilt wird, den Eintritt des Erwerbers in die Schulden und Außenstände zur Folge (§§ 25 ff.). Er haftet für die Schulden und er darf Dritten gegenüber über die Außenstände verfügen. Die Warenzeichen sodann, die nicht in bloßen Zahlen oder Buchstaben bestehen dürfen, müssen in der bei dem Patentamt zu führenden Zeichenrolle eingetragen sein. Freizeichen, Angaben über Beschaffenheit, Herstellung usw., öffentliche Wappen, ungehörige Bezeichnungen sind von der Eintragung ausgeschlossen (§ 4 G. v. 12. 5. 94). Durch die Eintragung wird übrigens niemand gehindert, seinen Namen, seine Firma, Wohnung usw. zur Kennzeichnung seiner Waren zu verwenden (§ 13). Die Eintragung des Warenzeichens bedarf nach Ablauf von 10 Jahren der Erneuerung (§ 8). Die Löschung kann von jedermann verlangt werden, wenn der dazu gehörige Geschäftsbetrieb nicht mehr fortgesetzt wird (§ 9). Nur zusammen mit diesem Geschäftsbetriebe ist die Übertragung zulässig (§ 7).

§ 25. Recht der Selbstbestimmung.

In allen die Person oder das Vermögen berührenden Angelegenheiten, deren Wahrnehmung dem einzelnen überlassen ist, kann dieser kraft Selbstverwaltungsrechts hierüber Bestimmung treffen. Die Bestimmung kann bestehen in der Vornahme von Verfügungen (Veräußerungen, Entäußerungen), in der Eingehung von Verpflichtungen und in Fällen, in denen es sich nicht um rein persönliche Angelegenheiten, wie z. B. die Ausübung familienrechtlicher Befugnisse, eine Verfügung von Todes wegen handelt (vgl. §§ 1317, 1750, 1748, 1728, 2065, 2282), in Erteilung einer Ermächtigung (man unterscheidet danach Verfügungsgeschäfte, Verpflichtungsgeschäfte, Ermächtigungsgeschäfte). Ein Rechtsgeschäft liegt vor, wenn der Eintritt des Erfolgs von dem Vorhandensein eines auf diesen Eintritt gerichteten Willens abhängig ist. Bedarf es eines solchen Willens nicht, genügt vielmehr ein bestimmter, äußerlich zutage tretender Sachverhalt, wie z. B. bei dem Besitzerwerb, der Begründung des Wohnsitzes, der Verzeihung, Annahme der Erbschaft durch Nichtausschlagung, so pflegt man von einer Rechtshandlung zu sprechen.

Zur Vornahme eines Rechtsgeschäfts ist erforderlich das Vorhandensein eines rechtsgeschäftlichen Willens und weiter, daß dieser innere Wille in dem äußeren Verhalten der Partei, in der mündlichen oder schriftlichen oder durch Handlungen betätigten Erklärung seinen Ausdruck gefunden hat (über die Auslegungsgrenzen s. § 31 S. 185 ff). Das Fehlen des Willens wird aber, um die Sicherheit des Verkehrs nicht zu gefährden, nicht in allen Fällen beachtet. Unbeachtlich ist der geheime Vorbehalt, das Erklärte nicht zu wollen, sofern nicht etwa der Erklärungsgegner den Vorbehalt kennt (§ 116). Der Mangel der Ernstlichkeit ferner ist nur zu berücksichtigen, wenn der Erklärende erwarten durfte, die Nichternstlichkeit werde nicht verkannt werden, wenn er also ohne böse Absicht gehandelt hat (§ 118). In der Abgabe einer Willenserklärung, die nur zum Schein erfolgt, ist dagegen aller Regel nach ein unehrliches Verhalten zu finden. Der Einwand des Scheingeschäfts wird daher nur zugelassen, wenn die Erklärung mit Einverständnis des Gegners abgeben ist (§ 117). Erforderlich ist in allen Fällen der Wille der rechtlichen Bindung. Ist nach den vorliegenden Umständen nicht dieser Wille, sondern nur der Wille vorhanden, eine auf sittlichem oder gesellschaftlichem Gebiete liegende Verpflichtung einzugehen, so fehlt es an den Voraussetzungen des Rechtsgeschäfts. Darauf, daß er nicht den Willen gehabt hat, ein Rechtsgeschäft für sich einzugehen, sondern nur für seinen Vollmachtgeber habe handeln wollen, kann der Erklärende, wenn ein solcher Wille nicht erkennbar hervorgetreten ist, sich nicht berufen (§ 164). Möglich ist, daß der Urheber der Willenserklärung das Erklärte überhaupt nicht gewollt hat und zu der Erklärung nur aus Irrtum gekommen ist, weil er die Bedeutung seiner Erklärungshandlung falsch aufgefaßt hat (§ 119 — Fall des Versprechens, Verschreibens, Vergreifens oder sonstiger Verwechslung). Dieser Irrtum wird nur beachtet, wenn die Willenserklärung aus diesem Grunde unverzüglich angefochten ist (§ 121). Ebenso ist es, wenn der eine Teil unter dem von dem anderen Teile Erklärten sich etwas ganz anderes vorgestellt hat, als der Wortsinn dieser Erklärung besagt und die Erklärung nach Treu und Glauben verstanden werden durfte. Oft wird der Sachverhalt so liegen, daß der Wille nur ein beschränkter gewesen ist, daß das Geschäft nur unter gewissen Voraussetzungen gewollt war, die der Erklärende irrtümlich als eingetreten oder künftig eintretend angenommen hat. Auch hier ist der Erklärende, wenn er durch Berufung auf den Irrtum sich von dem Rechtsgeschäft freimachen will, zur unverzüglichen Anfechtung (§ 121) genötigt. Der Beweis, daß tatsächlich sein Wille ein beschränkter war, daß er bei Nichterfüllung des von ihm Vorausgesetzten das Erklärte tatsächlich nicht gewollt haben würde, ist natürlich von dem Anfechtenden zu führen. Es genügt hierzu nicht der Nachweis einer rein innerlichen Beschränkung des Willens. Die Beschränkung muß vielmehr aus den begleitenden Umständen erkennbar sein oder doch aus dem typischen Charakter des betreffenden Rechtsgeschäfts sich ergeben. Der bloße Beweggrund muß zum Inhalt des Rechtsgeschäfts erhoben sein. Hierher gehört auch der Irrtum über verkehrswesentliche Eigenschaften der Person oder Sache (§ 119 Abs. 2). Etwas dem Ähnliches ist es, daß der Käufer einer speziell bestimmten Sache erwarten darf, eine mangelfreie Sache (Freiheit von Fehlern, die den Wert oder die Tauglichkeit zu dem gewöhnlichen oder dem nach dem Vertrage vorausgesetzten Gebrauch aufheben oder mindern, § 459) zu erhalten. Wird diese Erwartung nicht erfüllt, so kann der Käufer nach seiner Wahl von dem Kaufe abgehen (Wandelung) oder Herabsetzung des in Erwartung der Mangelfreiheit versprochenen Kaufpreises (Minderung) verlangen. Dieser Anspruch auf Wandelung oder Minderung (Pflicht des Käufers nach § 466, auf Aufforderung sich fristgemäß über Annahme der ihm angebotenen Wandelung zu erklären) folgt insofern seinen besonderen Regeln, als nicht unverzügliche Anfechtung erfordert wird, der Anspruch vielmehr binnen der Verjährungsfrist von sechs Monaten, bei Grundstücken von einem Jahre geltend gemacht werden darf (§§ 477, 478). Ähnliche Vorschriften sind in §§ 537, 539 für die Miete gegeben. Das Recht auf Wandelung oder Minderung kann übrigens der Käufer als minderes Recht auch in Anspruch nehmen, wenn es sich um Lieferung einer Gattungssache handelt, wo er den Anspruch auf Lieferung einer mangelfreien Sache und im Falle der Nichterfüllung dieser Pflicht (außer dem Falle der Zusicherung oder der Arglist) den Anspruch auf Schadensersatz hat (§§ 480, 463; vgl. für die Miete § 538, für den Werkvertrag §§ 633, 634). Der Natur des gegenseitigen Vertrags entspricht es überhaupt, daß ein jeder Teil seine Verpflichtung nur eingeht in Erwartung der Gegenleistung. Er darf demgemäß voraussetzen, daß eine rechtliche Verpflichtung des anderen Teils zur Gegenleistung besteht, daß diese nicht durch Unmöglichwerden der Leistung (mag nun die Unmöglichkeit auf bloßem Zufall oder auf Schuld des Verpflichteten beruhen) gehindert wird und daß der Zweck der Leistung nicht durch schuldhafte Verweigerung der Erfüllung (Nichterfüllung trotz Fristsetzung, Nichterfüllung von Fixgeschäften) in Frage gestellt wird (§§ 323, 325, 326, 361, vgl. auch über Widerruf des Darlehnsversprechens wegen Vermögensverschlechterung § 610 und über Rücktritt vom Versicherungsvertrage RG. 60, 56). Für den Fall der Wandelung, der Unmöglichkeit der Erfüllung und der schuldhaften Nichterfüllung gelten jedoch nicht die allgemeinen Grundsätze über Irrtum, sondern die Grundsätze des Rücktrittsrechts (§§ 346—361, 467, 543, 634 letzter Absatz, 327). Der Rücktritt ist ausgeschlossen, wenn der Berechtigte durch sein Zutun nicht mehr in der Lage ist, den von ihm empfangenen Gegenstand unverändert (abgesehen von unerheblichen Änderungen) zurückzugeben — Ausnahme nach § 467, wenn der Mangel, wie bei Schlachttieren, sich erst bei der Umgestaltung gezeigt hat — oder ihn schuldhaft trotz Fristsetzung nicht zurückgewährt hat. Die dem Gegner obliegende Herausgabe der Sache ist so zu bewirken, als wenn zur Zeit des Empfanges ein Eigentumsanspruch hierüber rechtshängig gewesen wäre (§ 347). Dem unentgeltlichen Rechtsgeschäft ist eigentümlich, daß die Zuwendung wegen Unentbehrlichkeit, womit der Zuwender nicht hat zu rechnen brauchen (in Höhe der noch vorhandenen Bereicherung) widerrufen werden kann (§§ 528, 529 hinsichtlich der Schenkung, vgl. auch § 605 Nr. 1 u. 2 hinsichtlich der Leihe). Die Schenkung kann nach §§ 530 ff. in den Grenzen der Bereicherung auch wegen groben Undanks widerrufen werden, da der Schenker erwarten darf, daß seine Freigebigkeit nicht mit Undank gelohnt werde. Allgemein ist in § 812 (vgl. hierzu §§ 815, 820) bestimmt, daß nach Bereicherungsgrundsätzen eine Leistung wegen Nichteintritts des mit der Leistung nach dem Inhalt des Rechtsgeschäfts bezweckten Erfolges zurückgefordert werden kann (s. auch über das Rücktrittsrecht bei einer Schenkung wegen Nichtvollziehung der Auflage §§ 525 ff.). Desgleichen ist die Rückforderung nach § 814 zulässig wegen Nichtbestehens der vorausgesetzten Verbindlichkeit, wobei davon ausgegangen werden darf, daß in aller Regel eine Nichtschuld nicht geleistet zu werden pflegt. Eine Gesellschaft endigt nach § 726 bei Nichterreichbarkeit des Gesellschaftszwecks. Wird ein Vergleich geschlossen, so geschieht das unter der Voraussetzung, daß das als unstreitig zugrunde Gelegte, worüber ein Streit oder eine Ungewißheit nicht bestand, der Wirklichkeit entspricht (§ 779). Der Vergleich ist unwirksam, wenn diese

Voraussetzung nicht zutrifft. Eine Ehe kann außer wegen Irrtums über persönliche Eigenschaften des anderen Ehegatten (§ 1333) von jedem Ehegatten der neuen Ehe angefochten werden, wenn sich herausstellt, daß der für tot erklärte frühere Ehegatte in Wirklichkeit noch lebt (§ 1350). Wird einem Ehegatten unmittelbar oder mittelbar durch Fristablauf (§ 1571) wegen einer zur Scheidung berechtigenden Verfehlung Verzeihung gewährt, so darf der Verzeihende erwarten, daß ihm wegen eines damals gegen ihn begründeten Scheidungsanspruchs ebenfalls Verzeihung zuteil wird. Ist diese Erwartung eine unrichtige, so ist es ihm unbenommen, auf die verziehenen Scheidungsgründe zurückzugreifen (§ 1574 Abs. 3). Ein besonderer Fall der irrtümlichen Voraussetzung findet sich im Prozeßrecht. Die Partei, die von dem Beweismittel der Zuschiebung oder Zurückschiebung des Eides Gebrauch macht, tut dies in der Voraussetzung, daß der Gegner nicht etwa wegen wissentlicher Verletzung der Eidespflicht verurteilt ist oder verurteilt wird (§ 470 ZPO.). Seine Rechte in bezug auf Beweisführung bleiben erhalten, wenn die Unrichtigkeit dieser Voraussetzung sich ergibt. In allen Fällen, wo die Anfechtung wegen Irrtums auf Grund des § 119 BGB. zu erfolgen hat, ist der Erfolg der Anfechtung dadurch beschränkt, daß dem Anfechtungsgegner, der auf die Gültigkeit der Erklärung ohne Schuld vertraut und dadurch einen Schaden erlitten hat, dieser Schaden innerhalb der Grenzen des negativen Interesses zu ersetzen ist (§ 122). Diese Beschränkung und die Pflicht der unverzüglichen Anfechtung fällt weg, wenn der Irrtum durch arglistige Täuschung herbeigeführt ist, mag nun die Täuschung von dem Erklärungsgegner oder einem Dritten ausgegangen sein, sofern nur im letzteren Falle der Erklärungsgegner die Täuschung erkannt hat oder doch hätte erkennen müssen (§ 123). Das Recht auf Schadensersatz wegen unlauterer Handlung (§ 826) bleibt neben der Anfechtung, die dem Erklärungsgegner gegenüber binnen Jahresfrist zu erfolgen hat, bestehen.

Zur Gültigkeit des Rechtsgeschäfts ist weiter erforderlich, daß der erklärte Wille ein freier ist und daß der Erklärende die Fähigkeit hat, mit Überlegung zu handeln. Eine jede Willenserklärung ist anfechtbar (Anfechtungsfrist ein Jahr), wenn der Erklärende hierzu widerrechtlich durch Drohung (darunter fällt nicht die Drohung mit erlaubter Selbsthilfe, Recht 1923 Nr. 168) bestimmt worden ist (§ 123). Daß der Erklärende sich im Zustande der Furcht befunden hat, genügt nicht, die Ungültigkeit der Erklärung zu bewirken. Eine Ausnahme ist gemacht in § 741 HGB. hinsichtlich der Höhe des Berge- oder Hilfslohns, wenn der Vertrag hierüber infolge Seenot während der Dauer der Gefahr geschlossen ist. Ist ein absoluter Zwang geübt worden, so ist ein Rechtsgeschäft überhaupt nicht vorhanden. Nichtig ist ferner eine Willenserklärung, wenn dem Erklärenden, wie dies bei Kindern unter sieben Jahren, bei krankhafter Störung der Geistestätigkeit und bei Bewußtlosigkeit der Fall ist, die Fähigkeit, mit Überlegung zu handeln, gänzlich abgeht (§§ 104, 105). Hat eine Entmündigung stattgefunden (über den Beginn der Wirksamkeit s. § 661 ZPO.), so kommt es, solange die Entmündigung nicht aufgehoben ist, auf lichte Zwischenräume nicht an. Die Fähigkeit, mit Überlegung zu handeln, kann in beschränkter Weise vorhanden sein. Es trifft dies zu bei Minderjährigen (unter 21 Jahren), sofern sie nicht nach Vollendung des 18. Lebensjahrs mit ihrer Einwilligung durch Beschluß des Vormundschaftsgerichts für volljährig erklärt sind (§§ 3—5), sowie bei den wegen Geistesschwäche, Verschwendung oder Trunksucht entmündigten oder infolge Entmündigungsantrags nach § 1906 unter vorläufige Vormundschaft gestellten Personen (§ 114). Die Genannten sind beschränkt geschäftsfähig. Sie können — ohne Zustimmung des gesetzlichen Vertreters — nur solche Rechtsgeschäfte eingehen, die für sie, weil sie lediglich eine Berechtigung begründen, von rechtlichem Vorteil sind (§ 107). Unter Umständen, wie bei arglistiger Übervorteilung eines Geistesschwachen, kann Nichtigkeit nach § 138 wegen sittenwidrigen Verhaltens gegeben sein. Abgesehen von einer solchen Handlungsweise ist zur Gültigkeit einer Willenserklärung nicht erforderlich, daß der Erklärende tatsächlich mit Überlegung gehandelt hat. Darauf, daß das Rechtsgeschäft nicht ohne Überlegung vorgenommen wird, wird jedoch in der Weise hingewirkt, daß für bedenklichere Rechtsgeschäfte die Beobachtung einer bestimmten Form erfordert wird, so für das Schenkungsversprechen gerichtliche oder notarielle Beurkundung nach § 518, ferner für die Bürgschaft, die Ausstellung eines selbständigen Schuldversprechens oder Schuldanerkenntnisses und das Leibrentenversprechen die Schriftform nach §§ 766, 780, 781, 761, für die Verpflichtung zur Veräußerung von Grundeigentum oder zur Übertragung des gegenwärtigen Vermögens gerichtliche oder notarielle Beurkundung nach §§ 313, 311. In diesen Fällen kann der Mangel der Form durch nachträgliche Erfüllung des Rechtsgeschäfts geheilt werden. In anderen Fällen dient die Formvorschrift wesentlich dem Zwecke, im Allgemeininteresse den Rechtszustand kenntlich zu machen. Aus diesem Grunde ist für Grundstücksgeschäfte, nämlich für die Veräußerung oder Belastung des Grundeigentums oder der dinglichen Grundstücksrechte und die Aufgabe des Grundeigentums — außer der bei Grundstücksveräußerungen einzuhaltenden Auflassung (§§ 925, 1017, s. über notarielle Auflassung Art. 143 Abs. 1 EG., Art. 26 Pr. AG., G. v. 13. 5. 18) — die Eintragung in das Grundbuch (§§ 873, 928), für die auf länger als ein Jahr einzugehende Grundstücksmiete oder Grundstückspacht die Schriftform (§§ 566, 581 Abs. 2) vorgeschrieben. Ausnahmsweise bedarf die Abtretung der Hypothekenforderung (der Grundschuld) nicht der Eintragung in das Grundbuch, es genügt die Übergabe des Hypothekenbriefes (Grundschuldbriefes) in Verbindung mit schriftlicher Abtretungserklärung (§§ 1154, 1192). Die Aufhebung eines dinglichen Grundstücksrechts erfordert regelmäßig die Löschung im Grundbuch (§§ 875 f., 1168). Zur Errichtung einer Aktiengesellschaft, einer Gesellschaft m. b. H. oder einer Genossenschaft ist außer der gerichtlichen oder notariellen Beurkundung des Gesellschaftsvertrags (bei Genossenschaft genügt schriftliche Abfassung, § 5 GenG. v. 20. 5. 98) die Eintragung in das Handelsregister erforderlich. Die Notwendigkeit der Eintragung in das Grundbuch oder das Handelsregister hat zur Folge, daß die die Eintragung rechtfertigenden Erklärungen durch öffentliche oder öffentlich beglaubigte Urkunden nachgewiesen werden müssen (§ 29 GBO. v. 24. 3. 97, § 182 HGB., vgl. auch § 873 Abs. 2 BGB. über den dem Grundbuchamte zu führenden Nachweis). Die gerichtliche oder notarielle Beurkundung ist meist auch für Nachlaßgeschäfte vorgeschrieben, für den Vertrag über den künftigen gesetzlichen Erbteil oder Pflichtteil unter den Miterben (§ 312 Abs. 2), für die Errichtung und die Aufhebung einer Verfügung von Todes wegen mit Ausnahme des eigenhändigen Testaments (§§ 2231, 2254 f., 2276, 2290), die Anfechtung des Erbvertrags und den Rücktritt von einer solchen Verfügung (§§ 2282, 2296), den Erbverzichtsvertrag (§ 2348), die Verfügung des Miterben über seinen Erbteil (§ 2033), Verträge über Veräußerung der Erbschaft oder des Erbteils (§§ 2371, 2385). Einer besonderen Form bedürfen ferner die wichtigeren familienrechtlichen Geschäfte. Die Eheschließung erfolgt durch die vor dem Standesbeamten mit dessen Einverständnis von den demnächstigen Ehegatten abzugebende Eheschließungserklärung, der ein Aufgebot vorausgehen und eine Bestätigung der Eheschließung durch den Standesbeamten nachfolgen soll (§§ 1316 ff., vgl. § 1324 über Heilung des Formmangels bei einer lediglich in das Heiratsregister eingetragenen Ehe durch zehnjährige, oder bei früherem Tode des einen Ehegatten dreijährige Ersitzung). Die Annahme an Kindes Statt tritt in Kraft, sobald der gerichtlich oder notariell beurkundete Annahmevertrag von dem Amtsgericht des Annehmenden bestätigt, d. i. als rechtsbeständig anerkannt ist (§§ 1741, 1753, 1754). Das gleiche gilt für die Aufhebung der Kindesannahme (§§ 1768—1770). Ein uneheliches Kind kann (abgesehen von der nachfolgenden Eheschließung) nicht durch eine Erklärung des Vaters, sondern nur durch eine auf seinen Antrag ergehende Verfügung der Staatsgewalt legitimiert werden. Die Anerkennung des unehelichen Kindes kann formlos erfolgen (die Anerkennung in öffentlicher Urkunde schließt den Einwand der mehreren Zuhälter aus, § 1718). Die Anfechtung der Ehe durch einen Ehegatten (§ 1341) und die Anfechtung der Ehelichkeit des in der Ehe geborenen Kindes durch den Vater (§ 1596) ist nur durch Erhebung der Anfechtungsklage statthaft. Hinsichtlich des ehelichen Güterrechts ist gerichtliche oder notarielle Beurkundung des Ehevertrags vorgeschrieben, durch welchen das eheliche Güterrecht in einer vom Gesetz abweichenden Weise geregelt wird (§§ 1432 ff.). Bemerkenswert ist noch, daß sowohl die Eheschließung als der Kindesannahmevertrag, der Erbvertrag und der güterrechtliche Ehevertrag, damit keine Unklarheiten entstehen, bei gleichzeitiger Anwesenheit beider Teile geschlossen werden muß. Aus dem Mobiliarsachenrecht ist zu erwähnen, daß zur Übertragung des Eigentums, zur Begründung und Übertragung von dinglichen Rechten an beweglichen Sachen die Besitzübergabe (§§ 929 ff., 1032, 1081 Abs. 2, 1205, 1206, vgl. vorher § 13), zur Aneignung einer herrenlosen Sache die Besitznahme (§ 958), zum Verzicht auf das Eigentum die Besitzaufgabe (§ 959, anders hinsichtlich der Aufhebung des Nießbrauchs und des Faustpfandrechts nach §§ 1064, 1255, auch die Rückgabe an den Eigentümer bringt diese Rechte zum Erlöschen nach §§ 1063, 1253) gefordert wird. Zur Erfüllung der nach gesetzlicher Vorschrift gebotenen Schriftform ist übrigens nach §§ 126, 127 die Unterzeichnung der Urkunde durch die Parteien nötig.

Zur Wirksamkeit eines Rechtsgeschäfts gehört, daß es demjenigen, der hieraus eine Berechtigung oder Verpflichtung verlangen soll, falls die Erklärung nicht ihm gegenüber persönlich abgegeben ist, zugeht, was in dem Augenblicke anzunehmen ist, wo die Erklärung ordnungsgemäß (durch Mitteilung an eine zur Empfangnahme und Weitergabe verpflichtete Person des Hausstandes oder in ähnlicher Weise) in seinen Machtbereich gelangt (§ 130). Bis zu diesem Zeitpunkte hat das Rechtsgeschäft, ohne daß es widerrufen zu werden braucht, keinerlei Wirkung. Zustimmungserklärungen zu einem Rechtsgeschäft sind einem der am Rechtsgeschäft oder dem Vertrage Beteiligten bekanntzugeben (§ 182). In gleicher Weise ist der Widerruf zu erklären (§ 183). Regelmäßig ist die Zustimmung frei widerruflich. Ausnahmen gelten auf sachenrechtlichem, auf familienrechtlichem und erbrechtlichem Gebiete (§§ 876, 880 Abs. 2, 1178 Abs. 2, 1180 Abs. 2, 1183, 1255 Abs. 2, 1276, 1726 Abs. 2, 1748 Abs. 1, 1812 ff., 2116 ff., 2291 Abs. 2). Erklärungen in Nachlaßsachen, die allgemein für die Nachlaßbeteiligten von Bedeutung sind, müssen dem Nachlaßgericht gegenüber abgegeben werden, so die in beweisender Form (öffentlich beglaubigter Urkunde) zu erklärende Ausschlagung der Erbschaft nach § 1945, die Anfechtung einer über das Erbrecht errichteten letztwilligen Verfügung nach § 2081, die Anfechtung eines Erbvertrags nach dem Tode des andern Vertragschließenden nach § 2281, die Annahme, Ablehnung oder Kündigung des Amtes eines Testamentsvollstreckers nach §§ 2202, 2226. Auch die Anfechtung der Ehelichkeit des Kindes nach dessen Tode ist von dem Vater dem Nachlaßgericht zu erklären (§ 1597). Der Verzicht des Elternteils auf die Nutznießung wird nur wirksam durch Erklärung gegenüber dem Vormundschaftsgericht (§ 1662). Eine dem Versicherungsrecht angehörige Besonderheit ist es, daß für eine dem Versicherungsnehmer gegenüber abzugebende Willenserklärung, wenn dieser ohne Anzeige an den Versicherer seine Wohnung geändert hat, die Absendung eines eingeschriebenen Briefes nach der letzten dem Versicherer bekannten Wohnung genügt (§ 10 des G. über den Versicherungsvertrag vom 30. 5. 08). Ist sonst der Aufenthalt der Person, der gegenüber eine Erklärung abzugeben ist, unbekannt, so kann gemäß § 132 BGB. die Zustellung nach den für die öffentliche Zustellung einer Ladung geltenden Vorschriften der ZPO. bewirkt werden, sofern diese Zustellung von dem Amtsgericht des Wohnsitzes, andernfalls des letzten inländischen Aufenthalts des Empfängers bewilligt ist (§ 132). Ausnahmsweise nicht empfangsbedürftig ist die Anerkennung der Ehelichkeit eines in der Ehe geborenen Kindes und die Annahme der Erbschaft. Zu erfordern ist aber auch hier, daß das Vorhandensein des inneren Willens durch äußere Handlungen in Erscheinung getreten ist.

Stehen zwei Rechtsgeschäfte miteinander in dem Zusammenhang, daß das eine Rechtsgeschäft das dem andern Teile gemachte Angebot und das zweite Rechtsgeschäft die diesem Angebot entsprechende Annahmeerklärung des anderen enthält, so liegt ein Vertrag vor. Schuldverbindlichkeiten können nur durch Vertrag begründet und nur durch Vertrag erlassen werden (§§ 305, 397). Des Vertrags bedarf es auch zur Verfügung über ein Recht, nicht aber zur Ausübung eines die Aufhebung des Rechtsverhältnisses herbeiführenden Rücktrittsrechts, zur Anfechtung oder Aufrechnung, zur Erlangung oder Aufgabe des Besitzes (§§ 855, 856, 959), zur Aufhebung des Nießbrauchs oder Pfandrechts an einer beweglichen Sache (§§ 1064, 1255 Abs. 1). Eine antragsmäßige Eintragung in das Grundbuch, auch eine Löschung, kann schon dann erfolgen, wenn allein der im Grundbuch Eingetragene (Ausnahmen von der Notwendigkeit der Eintragung in den Fällen der §§ 40 ff. der GBO. v. 24. 3. 97) sie bewilligt, dessen Recht von ihr betroffen wird (§ 19 GBO.). Trotz der Eintragung ist aber eine Berechtigung nicht entstanden, wenn es an der erforderlichen sachenrechtlichen Einigung fehlt. An das einem Anwesenden gemachte Angebot — ein solches ist in der bloßen Mitteilung einer Preisliste oder Ankündigung einer Versteigerung nicht enthalten — ist der Antragende, falls er für den Eingang der Annahmeerklärung nicht eine Frist bestimmt hat, nur gebunden, wenn der Antrag sofort angenommen wird (§§ 147, 148 BGB.). Der einem Abwesenden gemachte Antrag muß in Ermangelung einer Fristbestimmung bis zu dem Zeitpunkt angenommen sein, in welchem der Antragende den Eingang der Antwort unter regelmäßigen Umständen erwarten darf (§§ 147, 148). Zu der Annahme gehört auch, daß die Annahmeerklärung rechtzeitig dem Antragenden zugegangen ist (§ 130). Auf die Annahmeerklärung kann jedoch der Antragende verzichten. Der Vertrag ist dann in dem Zeitpunkt zustandegekommen, in welchem die Annahme durch Handlungen in erkennbarer Weise erfolgt ist. Die Zeit, bis zu welcher die Annahme zulässig ist, bestimmt sich nach dem aus den Umständen zu entnehmenden Willen des Antragenden (§ 151). Ist der Antragsgegner hinsichtlich der Zeit der Annahme nicht beschränkt, so kann ihm doch nachträglich eine Frist zur Annahme gesetzt werden. Einer Annahmeerklärung bedarf es auch nicht, wenn eine solche Erklärung nach der Verkehrssitte nicht zu erwarten ist, was insbesondere der Fall ist, wenn der Antragende die sofortige Absendung der bestellten Ware, die sofortige Besorgung der Verrichtung ohne jeden Zeitverlust, der durch vorherige Zusendung einer Annahmeerklärung entstehen würde, im Sinne hat. Die Annahme liegt hier in der sofortigen Ausführung des Geschäfts. Auch ein bloßes Stillschweigen kann als Annahme ausgelegt werden, wenn eine derartige Übung in dem Geschäftsverkehr der Parteien sich herausgebildet hat oder es sich um eine bloße Freigebigkeit, einen Erlaß (JW. 1911, 87 [5]), einen Verzicht, eine Stundung, eine Erlaubnis usw. handelt. Dem entspricht es, daß eine Schenkung nach § 516 Abs. 2 als angenommen gilt, wenn der Empfänger nicht innerhalb der bei oder nach der Schenkung ihm gesetzten Frist die Annahme der Schenkung abgelehnt hat. Hat der Antragsgegner die Annahmeerklärung so schleunig abgesandt, daß sie bei regelmäßiger Beförderung rechtzeitig bei dem Antragenden eingetroffen sein würde, so hat dieser, wenn er von der Bindung frei sein will, die Verpflichtung, das verspätete Eintreffen dem Absender sofort anzuzeigen (§ 149). Widerspruchslose Empfangnahme des Annahmeschreibens hat die Bedeutung der Zustimmung. Wird ein Lieferungsangebot freibleibend gemacht, so ist nichtsdestoweniger der Antragende, wenn er die auf das Angebot sofort gemachte Bestellung ablehnen will, verpflichtet, die Ablehnung dem Besteller, sofern nicht etwas anderes bedungen ist, unverzüglich mitzuteilen (RG. 103, 93; JW. 1923, 118 [1]). Das freibleibende Angebot berechtigt auch nur, den Vertrag im ganzen abzulehnen, nicht aber die einzelnen Bedingungen, was Menge, Preis usw. betrifft, zu ändern (JW. 1922, 23 [3]). Stillschweigen auf ein das Ergebnis der Verhandlungen klarstellendes Bestätigungsschreiben ist als Einverständnis aufzufassen. Von der rechtsgeschäftlichen Willenserklärung ist zu unterscheiden die Mitteilung einer Tatsache, sowie die Äußerung eines Urteils. Eine Erklärung kann jedoch in dem Sinne abgegeben und angenommen werden, daß für ihre Richtigkeit gehaftet werden soll (Anerkennung eines Rechtsgeschäfts, Anzeige der Abtretung nach § 409). Eine solche Haftung ist ohne weiteres anzunehmen, wenn eine vom Gesetz geforderte Anzeige erstattet wird (Anzeige beim Nachlaßgericht von dem Eintritt der Nacherbfolge nach § 2146, von dem Verkaufe der Erbschaft nach § 2384). Die Erteilung von Rat oder Empfehlung ist nach § 676 nur verpflichtend, wenn ein Vertragsverhältnis oder eine unerlaubte Handlung vorliegt. Notwendig zum Zustandekommen einer den Vertrag begründenden Willenseinigung ist, daß zwischen

Angebot und Annahme eine bewußte Übereinstimmung besteht. Eine Übereinstimmung muß wenigstens insoweit bestehen, daß der Annehmende, wenn er auch das Angebot nicht kennt, doch eine Vorstellung von der Möglichkeit dieses Angebots hat, sei es, daß er das Angebot schon als geschehen annimmt oder für später als sicher erwartet, und mit Rücksicht hierauf den Vertrag eingeht. Ein dem Vertrage ähnliches Verpflichtungsverhältnis wird durch Auslobung und durch Stiftung geschaffen. Für die Vornahme einer bestimmten Handlung oder die Erreichung eines bestimmten Erfolges der Handlung kann nach §§ 657 ff. durch öffentliche Bekanntmachung eine Belohnung ausgesetzt werden. Der Auslobende ist zur Leistung verpflichtet, sobald die Handlung vorgenommen ist, wobei nicht zu erfordern ist, daß die Handlung im Bewußtsein der Auslobung ausgeführt ist. Bis zur Vornahme der Handlung kann die Auslobung, falls nicht auf die Widerruflichkeit in der Auslobung verzichtet ist oder eine Frist zur Ausführung bestimmt ist, durch gleiche öffentliche Bekanntmachung oder durch besondere Mitteilung widerrufen werden (über die eine Preisbewerbung enthaltende Auslobung, die zu ihrer Gültigkeit eine Fristbestimmung erfordert, s. § 661). Die Stiftung wird an sich durch einseitiges, der schriftlichen Form bedürfendes Rechtsgeschäft errichtet (§ 81). Es wird aber erst wirksam mit der Genehmigung durch die staatliche Behörde (regelmäßig die oberste Verwaltungsstelle), welche Genehmigung gewissermaßen einen Ersatz der Annahme bildet. Bis zur Erteilung der Genehmigung kann das Stiftungsgeschäft unter Lebenden frei widerrufen werden; auch noch von den einzelnen Erben des Stifters, falls nicht etwa der Erblasser das Gesuch um Genehmigung bereits bei der zuständigen Behörde eingereicht oder in der gerichtlichen oder notariellen Stiftungsurkunde das Gericht oder den Notar mit der Einreichung betraut hat (§§ 80, 81); für den Widerruf des in einer Verfügung von Todes wegen enthaltenen Stiftungsgeschäfts gelten die gleichen Vorschriften wie für den Widerruf dieser Verfügung). Über die Bedeutung des Vertragsverhältnisses für die Gestaltung des Erbrechts vgl. § 28 a. E.

Durch den Vertrag können Rechte auf schuldrechtlichem Gebiete nicht bloß zwischen den Vertragsteilnehmern begründet werden. Es kann durch den Vertrag zwischen Gläubiger und Schuldner ein Recht auf die nach dem Vertrage zu bewirkende Leistung unabhängig von dem Forderungsrecht des Versprechensempfängers (vgl. § 335) einem Dritten zugewandt werden, und zwar in dem Maße der Unabhängigkeit, wie es dem im Vertrage erstrebten Zwecke entspricht (§§ 328 ff.). In Betracht hierbei kommt namentlich, ob dem Dritten durch den Vertrag eine besondere Fürsorge, insbesondere eine Sicherheit nach dem Tode des Versprechensempfängers (§ 330) gewährt werden soll. Einwendungen gegen den sachlichen Bestand des Vertrags sind natürlich durch das Forderungsrecht des Dritten nicht ausgeschlossen. Geht die Vertragspflicht auf Befriedigung eines Gläubigers des Vertragsgegners (Erfüllungsübernahme), so wird im Zweifel nur eine Verbindlichkeit gegenüber dem Vertragsgegner, nicht gegenüber dem Gläubiger begründet (§ 329). Ähnlich ist es im Falle der Schuldübernahme. Aus einem derartigen, zwischen dem bisherigen Schuldner behufs Befreiung von seiner Schuld und dem Schuldübernehmer geschlossenen Vertrage kann der Gläubiger Rechte erst erlangen, wenn ihm die Schuldübernahme von einem der beiden Vertragsteile mitgeteilt und daraufhin, spätestens binnen der von einem Vertragsteile gesetzten Frist der Vertrag von ihm genehmigt wird (§ 415). Die Schuld geht hierdurch mit den bisher entstandenen Einwendungen — wozu das Recht der Aufrechnung nicht gehört — auf den Übernehmer über (§ 417). Für die Hypothekenübernahme seitens des Grundstückserwerbers gilt die Abweichung, daß die Übernahme nur von dem Grundstücksveräußerer mitgeteilt werden kann nach Umschreibung des Grundstücks und zwar unter dem Hinweise, daß die Genehmigung des Gläubigers als erteilt anzusehen ist, wenn er sechs Monate seit Eingang der Mitteilung ohne Widerspruchserhebung hat verstreichen lassen (§ 416). — Schuldrechtlich können zwei Vertragsverpflichtungen miteinander so zusammenhängen, daß die eine Verpflichtung die Voraussetzung der anderen bildet. Dies ist der Fall, wenn A, welcher der Schuldner des B ist, sich hierdurch hat bestimmen lassen, Verpflichtungen gegenüber C als dem Gläubiger des B einzugehen. Dieser Umstand berechtigt ihn nicht, Einwendungen gegen das Schuldverhältnis gegenüber C aus dem Schuldverhältnis zu B zu entnehmen. Der Bürge ferner kann mit Einwendungen sich nicht schützen, die nicht gegen den Bestand der Bürgschaftsschuld, sondern nur gegen den Bestand seiner eigenen Schuld gegenüber B gerichtet sind (vgl. §§ 767, 768). Der Angewiesene, der der Anweisung gemäß sich zu einer Leistung an C verpflichtet hat, kann zur Befreiung von dieser Verpflichtung nicht Einwendungen aus dem zwischen ihm und B bestehenden Schuldverhältnis geltend machen (vgl. § 790).

Dem Selbstbestimmungsrecht der Parteien sind dadurch Schranken gezogen, daß der Inhalt des Rechtsgeschäfts nach seinem Schuldgrunde nicht gegen ein gesetzliches Verbot (§ 134) oder gegen die guten Sitten (§ 138) verstoßen darf. Bei der Anwendung des § 134 ist zu prüfen, wie weit das gesetzliche Verbot sich erstreckt, ob bei Veräußerungen das Verbot allein gegen den Verkäufer sich richtet oder allgemein gegen jeden am Kauf Beteiligten (vgl. RG. 98, 254). Strafgesetzliche Verbote, welche ein Rechtsgeschäft nicht als solches, sondern nur wegen besonderer Umstände treffen, haben die Nichtigkeit des Rechtsgeschäfts nicht zur Folge. Die Sittenwidrigkeit (§ 138) kann darin begründet sein, daß die nach dem Vertrage vorzunehmende Handlung ihrer Natur nach verwerflich ist, was auch die Verwerflichkeit der für diese Handlung zu gewährenden Gegenleistung nach sich zieht, oder darin, daß Vermögensvorteile für Handlungen gegeben werden, die, wie z. B. der Bekenntniswechsel oder die Unterlassung einer Strafanzeige, von der Rücksicht auf solche Vorteile vollständig frei bleiben müssen. Daß allein der Beweggrund ein unsittlicher ist, beeinträchtigt die Gültigkeit nicht. Die Unsittlichkeit muß dem Rechtsgeschäft nach seinem Gesamtcharakter (bei zusammenfassender Beurteilung von Inhalt, Beweggrund und Zweck, wie das RG. sich meist ausdrückt) anhaften. Die Nichtigkeit kann auch das dingliche Vollzugsgeschäft ergreifen. Wennschon die Gültigkeit des (abstrakten) dinglichen Geschäfts von einem dem schuldrechtlichen Verpflichtungsgeschäft anhaftenden Mangel nicht berührt wird, so kann doch gerade die Vollziehung ein ausschlaggebendes Moment für die Sittenwidrigkeit bilden (man denke z. B. an Bestechung, an Anstiftung zu einem Verbrechen, an die übermäßige Ausnutzung der Lage des wirtschaftlich Schwächeren). Ist gegen ein gesetzliches Verbot oder gegen die guten Sitten nur auf seiten des Empfängers durch Annahme der Leistung verstoßen, so ist dieser nach der Bereicherungsvorschrift des § 817 zur Herausgabe des Erlangten verpflichtet. Ist ein solcher Verstoß, ohne daß das Rechtsgeschäft nichtig ist, auch auf Seiten des Leistenden anzunehmen, so soll der Empfänger nach § 817 Satz 2 — welche Vorschrift kaum zu billigen ist — das tatsächlich Geleistete behalten dürfen.

Eine Willenserklärung kann, sofern es sich nicht um eine rein persönliche Angelegenheit handelt, von einem Vertreter abgegeben werden. Das Zustandekommen des Rechtsgeschäfts richtet sich dann — mit Ausnahme des Falles, daß der Vollmachtgeber bestimmte

Weisungen erteilt hat und insoweit die eigene Kenntnis oder fahrlässige Unkenntnis gegen sich gelten lassen muß — nach der Person des Vertreters (§ 166).

Achter Hauptteil.

Familienrecht.

§ 26. Persönliche Beziehungen der Familienmitglieder.

Die Familiengemeinschaft erzeugt zwischen den Familienmitgliedern persönliche Rechte und Pflichten. Durch das der Ehe vorausgehende Verlöbnis (§§ 1297 ff.) wird zwischen den Verlobten ein Brautstand geschaffen. Eine Klage auf Erfüllung des Eheversprechens findet nicht statt (§ 1297). Ungerechtfertigter Rücktritt vom Verlöbnis zieht nur eine Schadensersatzpflicht wegen Aufwendungen und Vermögenseinbuße nach Maßgabe der §§ 1298 ff. nach sich. Die Ehe selbst — die nicht als Doppelehe (strafbar nach § 171 StGB.) und nicht mit Verwandten oder Verschwägerten in gerader Linie oder Geschwistern (§ 1310 BGB.) eingegangen werden darf — begründet für die Ehegatten die Pflicht der Lebensgemeinschaft und der auf alle Lebensverhältnisse sich erstreckenden Treue. Die Ehegatten sind nicht nur verbunden, alles zu unterlassen, was dem anderen Schaden bringt, sondern sind auch zu gegenseitiger Beistandsleistung und zu gegenseitigem Schutze verpflichtet. Vereinbarungen hierüber sind zwischen den Ehegatten nur insoweit statthaft, als sie dem Wesen der Ehe nicht widerstreiten. Ein Abkommen über dauerndes Getrenntleben oder Enthaltung vom Geschlechtsverkehr würde als den ehelichen Pflichten zuwiderlaufend unverbindlich sein (Warn. 1911 Nr. 108). Die Bestimmung darüber, wie das Gemeinschaftsleben im einzelnen zu gestalten ist — die, wenn ein Gemeinschaftsleben bestehen soll, immer nur von einem Ehegatten getroffen werden kann — gebührt grundsätzlich dem Ehemann, dem als Haupt der Familie es vornehmlich obliegt, für den Unterhalt und den Schutz der Familie zu sorgen. Die Frau kann aber die Befolgung verweigern, wenn die Anordnung sich als Mißbrauch des ehemännlichen Rechtes darstellt, wenn der Mann etwas Unverständiges oder die Frau ungebührlich Beschränkendes anordnet (§§ 1353/4). Der Lebensgemeinschaft der Ehegatten entspricht es, daß die Frau den Namen und den Stand des Mannes (§ 1355) sowie seinen Wohnsitz (§ 10) teilt, falls nicht der Mann den Wohnsitz im Ausland an einem Orte nimmt, wohin die Frau ihm nicht zu folgen braucht. Vermöge seines Schutzrechts ist der Mann befugt, den Strafantrag wegen Beleidigung oder Körperverletzung seiner Frau zu stellen (§§ 195, 232 StGB. — der spätere Tod der Frau ändert an dieser Befugnis nichts — als ihr Beistand in der Hauptverhandlung aufzutreten (§ 149 StPO.) und Rechtsmittel für sie einzulegen (§ 340 StPO.). Über die Person der Frau kann der Mann nicht verfügen. Desgleichen ist die Frau nicht befugt, sich durch Übernahme von Verpflichtungen zu einer in Person zu bewirkenden Leistung den Pflichten des Ehelebens zu entziehen. Der Mann kann ein solches Rechtsverhältnis mit Ermächtigung des Vormundschaftsgerichts kündigen (§ 1358).

Die grundsätzliche Unauflöslichkeit der Ehe ist von Bedeutung für das Scheidungsrecht und das Anfechtungsrecht. Die Scheidung der Ehe kann nur verlangt werden wegen Ebebruchs (§ 1565), Lebensnachstellung (§ 1566), böslicher Verlassung (bösliches Getrenntbleiben trotz Verurteilung zur Rückkehr während eines Jahres, § 1567) und wegen Zerrüttung der Ehe durch schwere Eheverfehlungen, sofern dem verletzten Ehegatten nach seinem persönlichen Empfinden und nach den aus dem sittlichen Wesen der Ehe sich ergebenden Anforderungen die Fortsetzung der Ehe nicht zugemutet werden kann (§ 1568). Geisteskrankheit berechtigt nur ausnahmsweise zur Scheidung, wenn jede Möglichkeit einer dauernden Wiederherstellung der geistigen Gemeinschaft ausgeschlossen ist (§ 1569, RG. 98, 295). Die Nichterhebung der Klage binnen der Frist von sechs Monaten steht der Verzeihung gleich (§§ 1570 u. 1571). Der allein für schuldig an der Scheidung erklärte Ehegatte geht der aus der Ehe erlangten vermögensrechtlichen Vorteile verlustig (§§ 1584, 1478); der Unterhaltsanspruch geht ihm schon dann verloren, wenn er für mitschuldig erklärt ist (§§ 1578—1583). Ist die Frau der allein für schuldig erklärte Teil, so kann der Mann ihr die Führung seines Namens untersagen; in diesem Falle kann sie auch nicht den Namen des Mannes wieder annehmen, mit dem sie vor Eingehung der letzten Ehe verheiratet war (§ 1577). Der Ehebruch, der zur Scheidung geführt hat, wird auf Antrag des verletzten Ehegatten bestraft (§ 172 StGB.) und hat ein Eheverbot zwischen den beiden am Ehebruch Schuldigen zur Folge (§§ 1312, 1328). Die Anfechtung der Ehe ist insofern beschränkt, als die Täuschung über Vermögensverhältnisse, auch die arglistige Täuschung hierüber, keinen Anfechtungsgrund bildet (§ 1334 Abs. 2). Die binnen sechs Monaten (§ 1339) zu erklärende Anfechtung ist wegen Irrtums — abgesehen von dem Falle, daß der für tot erklärte Ehegatte noch am Leben ist, was einem jeden der beiden Ehegatten der neuen Ehe zur Anfechtung berechtigt (§ 1350) — nur insoweit zulässig, als der Ehegatte über die Identität oder solche persönliche Eigenschaften des andern Ehegatten geirrt hat, die ihn bei verständiger Auffassung der Ehe und nach seinem persönlichen Empfinden von der Eheschließung abgehalten haben würden (§ 1334). Weiter geht die Anfechtung wegen arglistiger Täuschung über persönliche Verhältnisse (sofern der andere Ehegatte die Täuschung selbst verübt oder sie bei der Eheschließung gekannt hat), indem alle Umstände dieser Art ein Anfechtungsrecht gewähren. Ein Mangel der Ernstlichkeit des Willens findet, sofern der Erklärende nur gewußt hat, daß es sich um eine Eheschließung handelt, keine Beachtung, ebensowenig der Einwand des Scheingeschäfts (vgl. § 1332). Die Nichtigkeit der Ehe wird nicht dadurch herbeigeführt, daß die Eheschließenden das heiratsfähige Alter, für den Mann die Volljährigkeit, für die Frau das Alter von sechzehn Jahren, noch nicht erreicht haben (§§ 1303, 1323), auch nicht durch das Fehlen unbeschränkter Geschäftsfähigkeit in Verbindung mit dem Mangel der Einwilligung des gesetzlichen Vertreters, aus welchem Grunde nur die Anfechtung nach §§ 1331, 1336 möglich ist.

Die Fürsorge für die Person der Kinder, die mit der Volljährigkeit oder Volljährigkeitserklärung des Kindes (§§ 1626, 4, 5) bei der Tochter schon vorher mit der Verheiratung (§ 1633) endet, gebührt kraft des Rechts der elterlichen Gewalt vorzugsweise dem Vater, neben welchem aber auch die Mutter für die Person der Kinder zu sorgen hat. Bei Widerstreit der Meinungen ist die Entscheidung des Vaters maßgebend, vorausgesetzt, daß sie in Wahrnehmung des Fürsorgerechts ergangen ist (§ 1634, Recht 1922 Nr. 987). Bei tatsächlicher Verhinderung des Vaters und während des Ruhens seiner elterlichen Gewalt (wodurch ihm jedoch nicht die Nutznießung genommen wird, § 1678, s. aber auch § 1685 Abs. 2) übt die Mutter das Personensorgerecht aus (§§ 1685, 1676—1678). Mit dem Wegfall der elterlichen Gewalt des Vaters durch Tod oder, sofern die Ehe aufgelöst ist, durch Verwirkung geht gemäß § 1684 die elterliche Gewalt auf die Mutter über, der auch nach Auflösung der Ehe während des Ruhens der elterlichen Gewalt des Vaters bei voraussichtlich bleibender Verhinderung die volle Ausübung seiner Rechte (einschließlich der Nutznießung) vom Vormundschaftsgericht übertragen werden kann (§ 1685 Abs. 2). Wird die Ehe geschieden, so fällt unbeschadet der Befugnis des Vormundschaftsgerichts, im Interesse der Kinder eine abweichende Anordnung zu treffen, die Sorge für die Person der Kinder im Verhältnis der Ehegatten zueinander (RG. 102, 289) dem unschuldigen Ehehatten und bei Schuldigerklärung beider Ehegatten hinsichtlich der Kinder unter sechs Jahren und der Töchter der Mutter, hinsichtlich der älteren Söhne dem Vater zu, der übrigens hier wie in anderen Fällen, auch bei Verheiratung der Tochter (§ 1633), die ausschließliche Vertretung behält. Dem schuldigen Ehegatten verbleibt indes das in seinen Einzelheiten vom Vormundschaftsgericht zu regelnde Recht des Verkehrs mit dem Kinde. Der Fürsorgeberechtigte hat das Recht der erzieherischen Einwirkung; über die Einwilligung des Vaters zur Eheschließung s. § 1305, über die elterliche Einwilligung zur Annahme des Kindes an Kindesstatt s. § 1748 und über die Einwilligung des Ehegatten des Annehmenden oder Angenommenen § 1746. Der im Besitz der elterlichen Gewalt befindlichen Mutter kann zur Unterstützung und Überwachung ein Beistand beigeordnet werden, was auf Antrag der Mutter oder Anordnung des Vaters geschehen muß (§ 1687). Das Recht der Sorge für die Person kann im Falle des Mißbrauchs (§ 1666) eingeschränkt oder ganz entzogen werden. Verwirkt wird die elterliche Gewalt, wenn ihr Inhaber wegen eines gegen die Person des Kindes (wenn auch nur mittelbar) begangenen Verbrechens oder vorsätzlichen Vergehens zu einer Gefängnisstrafe von mindestens sechs Monaten oder zu Zuchthaus verurteilt ist (§ 1680). Der elterlichen Gewalt unterstehen die in der Ehe geborenen Kinder einschließlich der vorehelich erzeugten und der binnen 302 Tagen nach Auflösung der Ehe nachgeborenen Kinder, falls in der Empfängniszeit (dem Zeitraum vom 181. bis zum 302. Tage vor der Geburt) der Ehemann der Frau beigewohnt hat und die Erzeugung durch den Ehemann nicht offenbar unmöglich ist (§§ 1591 ff.). Über die Anerkennung der Ehelichkeit hat allein der Ehemann zu befinden, der die Anfechtungsklage binnen Jahresfrist erheben muß (§ 1593). Das uneheliche Kind gehört zur Familie der Mutter, nicht des Vaters. Es erhält einen Vormund. Der Mutter steht nur die Sorge für die Person des Kindes zu. Der natürliche Vater hat keine Rechte gegenüber dem Kinde, sondern nur die Pflicht des

Unterhalts (§§ 1708 ff.), auch eine gewisse Entschädigungspflicht gegenüber der Mutter (§ 1715, vgl. dazu auch §§ 825, 1300). Gegenüber den aus nichtiger Ehe hervorgegangenen Kindern hat der schlechtgläubige Ehegatte keine oder, wenn es die Mutter ist, nur die der Mutter eines unehelichen Kindes zustehenden Rechte (§§ 1699 ff.). Ist beiden Elternteilen die Nichtigkeit bekannt, so gilt das Kind abgesehen von dem Unterhaltsanspruch gegen den Vater als unehelich (§§ 1699, 1703). Die vollen Rechte des ehelichen Kindes erlangt das uneheliche Kind durch nachfolgende Eheschließung zwischen der Mutter und dem natürlichen Vater (§§ 1719 ff.) sowie im Verhältnis zwischen dem Kinde nebst seinen Abkömmlingen zu dem Vater, nicht zu den Verwandten des Vaters, durch Ehelichkeitserklärung, die auf Antrag des Vaters durch staatliche Verfügung erteilt werden kann (§§ 1723 ff.). Zur Ehelichkeitserklärung ist die Einwilligung des Kindes und, wenn dieses noch nicht 21 Jahr alt ist, auch die Einwilligung der Mutter erforderlich, welche jedoch auf Antrag des Kindes durch das Vormundschaftsgericht ersetzt werden kann (§§ 1726 ff.). Die Kindesannahme ist, da zur Gewinnung ehelicher Kinder die Ehe bestimmt ist, nur ausnahmsweise, regelmäßig erst nach Vollendung des 50. Lebensjahrs gestattet (§§ 1741 ff.). Ein Kindschaftsverhältnis wird hierdurch nur zwischen den Vertragsparteien einschließlich der später geborenen Abkömmlinge des angenommenen Kindes begründet und nur in der Weise, daß ein Erbrecht des Annehmenden nicht entsteht (§§ 1762—1764, 1757, 1759, 1768 f.). Der Vertrag kann, wenn das Kind das 14. Lebensjahr noch nicht vollendet hat (in gleicher Weise wie bei der Ehelichkeitserklärung, § 1728 Abs. 2) für das Kind durch den gesetzlichen Vertreter mit Genehmigung des Vormundschaftsgerichts geschlossen werden (§ 1750). Eine Änderung der gesetzlichen Wirkungen der Kindschaft ist nur insoweit statthaft, als die Nutznießung des Annehmenden und das Erbrecht des Kindes ausgeschlossen werden können (§ 1767). Die Annahme an Kindesstatt tritt mit der Bestätigung, die nur beim Fehlen der gesetzlichen Erfordernisse versagt werden kann, genauer mit der Bekanntmachung dieses Beschlusses an den Annehmenden in Kraft (§ 1754 BGB., § 67 FGG.). Angenommen werden kann auch das uneheliche Kind des Annehmenden. Die Familiengemeinschaft zwischen Eltern und Kindern tritt darin hervor, daß die Kinder (wie auch die Ehefrau) den Namen, Stand und Wohnsitz des Vaters teilen, solange nicht von den Kindern rechtswirksam eine Änderung getroffen ist. Das angenommene Kind führt den Familiennamen des Annehmenden und, wenn der Annehmende eine Frau ist, den ihr vor der Verheiratung zustehenden Familiennamen, es kann diesem Namen seinen bisherigen Familiennamen beifügen (§ 1758). Die Aufnahme oder Einbürgerung erstreckt sich nach § 16 des R. und StAGes. v. 22. 7. 13 auch auf die Kinder in elterlicher Gewalt (mit Ausnahme der verheirateten Töchter), sofern sie in der Urkunde nicht ausgenommen sind, die Entlassungsurkunde erstreckt sich auf die Kinder nach § 23 nur dann, wenn diese Personen in der Urkunde namentlich aufgeführt sind (vgl. auch §§ 26—28).

Eine Pflicht zur Begründung einer Familie durch Eheschließung ist dem Gesetze fremd. Der für die Förderung des Ehelebens bedeutungsvolle Grundsatz, daß geschlechtlicher Verkehr außerhalb der Ehe verwerflich ist, findet jedoch dadurch Anerkennung, daß nicht nur die widernatürliche Unzucht (§ 180 StGB.) bestraft wird, sondern auch das Hineintragen des Unzüchtigen in die Öffentlichkeit (§§ 183, 184, 184b) und die aus Eigennutz oder gewohnheitsmäßig erfolgende Beförderung der Unzucht (§ 180, s. auch § 181 über schwere Kuppelei und MinErl. v. 28. 7. 21, wonach weibliche Angestellte in Gast- oder Schankwirtschaften bei grober Anstandsverletzung nicht beschäftigt werden dürfen).

§ 27. Familienrechtliche Vermögensgemeinschaft.

Die Familiengemeinschaft hat auch eine gewisse Vermögensgemeinschaft zur Folge. Das Vermögen der Ehefrau und der Kinder in elterlicher Gewalt wird als ein für die Familie bestimmtes Vermögen von dem Ehemann (Vater) verwaltet, der als Nutznießungsberechtigter auch die Nutzungen dieses Vermögens (§§ 1383, 1649, 1652) — unbeschadet der Verpflichtung zur Tragung der Lasten und Zinsen (§§ 1385—1388l 1654) — bezieht. Über den Stamm des Frauenvermögens steht ihm die Verfügung nur insoweit zu, als es sich um Geld oder verbrauchbare Sachen oder um Tilgung von Verbindlichkeiten der Frau durch Leistung eines zu ihrem Vermögen gehörigen Gegenstandes oder durch Aufrechnung handelt, er hat jedoch auch hier die Pflicht ordnungsmäßiger Verwaltung und soll hinsichtlich des Frauengeldes die Vorschriften über die Anlegung von Mündelgeld beobachten (§§ 1376/77). Im übrigen bedarf der Mann zu Verfügungen über den Vermögensstamm, der nötigenfalls (§ 1379) durch das Vormundschaftsgericht zu ersetzenden Zustimmung der Frau, wie auch diese ohne Zustimmung des verwaltenden Mannes über ihr Vermögen nicht verfügen kann (§§ 1375, 1395). Ausnahmsweise ist die Zustimmung des Mannes nicht erforderlich, wenn er durch Krankheit oder Abwesenheit an Abgabe einer Erklärung verhindert ist und Gefahr im Verzuge ist (§ 1401), auch nicht in den in §§ 1406, 1407 bestimmten besonderen Fällen (Annahme oder Ausschlagung einer Erbschaft usw., Widerspruchsklage gegenüber einer Zwangsvollstreckung). Bei Rechtsgeschäften, die zur Besorgung persönlicher Angelegenheiten der Frau (Unterhaltsbeschaffung, Kurkosten usw.) nötig werden (§ 1402), kann die Zustimmung des Mannes durch das Vormundschaftsgericht ersetzt werden. In der Eingehung von Verbindlichkeiten ist die Frau nicht beschränkt. Die mangelnde Zustimmung des Mannes hat nur die Folge, daß das in der Verwaltung des Mannes befindliche Vermögen nicht belastet wird (§ 1412), was für Verbindlichkeiten aus unerlaubten Handlungen natürlich keine Geltung haben kann (§ 1415 Nr. 1) und auch nicht für die Kosten eines von der Frau geführten Rechtsstreits gilt (§ 1412 Abs. 2). In der Führung von Rechtsstreitigkeiten ist die Frau nicht beschränkt. Die Kosten sind, soweit sie nicht das Vorbehaltsgut betreffen (§ 1415) oder dem Manne infolge seiner Schutzpflicht zur Last fallen (§ 1416 Abs. 2), aus dem Eingebrachten zu decken (§§ 1387/88, 1415/16, 1463/64, 1532/35). Gegen die Gefahren aus schlechter Verwaltung des Mannes wird die Frau dadurch geschützt, daß sie — in gleicher Weise wie der Mann (§ 1372) — die Aufnahme eines Verzeichnisses über das eingebrachte Gut unter ihrer Zuziehung (§ 1372), außerdem Auskunft über den Stand der Verwaltung (§ 1374), bei erheblicher Gefährdung ihrer Rechte Sicherheitsleistung und demgemäß Hinterlegung der Inhaberpapiere oder Umschreibung auf ihren Namen (§§ 1391—1393) oder statt der Sicherheitsleistung Aufhebung der Verwaltung und Nutznießung (§ 1420) verlangen kann. Letzteres Recht hat sie auch bei Unfähigkeit des Mannes zur Verwaltung (§§ 1418 Nr. 3, 4 u. 5, 1419). Die Folge einer solchen Aufhebung ist die Gütertrennung, die nach §§ 1364, 1426 auch dann eintritt, wenn der Mann die Ehe mit einer in der Geschäftsfähigkeit beschränkten Frau ohne Einwilligung ihres gesetzlichen Vertreters eingegangen ist. Die Beteiligung der Frau an dem von dem Manne zu tragenden ehelichen Aufwand wird bei Gütertrennung dadurch bewirkt, daß die Frau einen angemessenen Beitrag aus ihren Einnahmen zu leisten hat. Ausgenommen von der Verwaltung und Nutznießung ist das Vorbehaltsgut, das außer dem durch Ehevertrag oder Anordnung des Zuwenders als Vorbehaltsgut erklärten Vermögen die ausschließlich zum persönlichen Gebrauche der Frau bestimmten Sachen und den Erwerb der Frau aus Arbeit und selbständigem Geschäftsbetriebe umfaßt (§§ 1365—1371). Die Verwaltung des Vorbehaltsguts — im Gegensatz zum eingebrachten Gut — führt die Frau selbständig auf eigene Kosten (§§ 1413, 1415 Nr. 2 u. 3). Im übrigen gebührt die Verwaltung grundsätzlich dem Manne. Die Frau nimmt jedoch hieran insofern teil, als ihr die Leitung des Hauswesens und damit auch die Besorgung der in diesen Kreis fallenden Rechtsgeschäfte mit verbindlicher Wirkung für den Ehemann zukommt. Dieses Recht darf ihr nicht ohne Not von dem Manne entzogen oder beschränkt werden, widrigenfalls auf ihren Antrag diese Maßnahme von dem Vormundschaftsgericht aufzuheben ist (§ 1357).

Den Eheleuten ist es unverwehrt, durch Ehevertrag einen anderen Güterstand einzuführen, welcher jedoch, soweit die Verwaltung und Nutznießung des Mannes abgeändert ist, dem gutgläubigen Dritten gegenüber, wenn nicht im Eheregister eingetragen, keine Geltung hat (§ 1435). Vom Gesetz geregelt ist der Güterstand der allgemeinen Gütergemeinschaft, der Errungenschaftsgemeinschaft und der Fahrnisgemeinschaft. Gemeinsam diesen Güterständen ist, daß nicht nur die Verwaltung, sondern auch die Verfügung — abgesehen von den der Zustimmung der Frau bedürftigen Verfügungen über Grundstücke, über das Gesamtgut als Ganzes und reinen Schenkungen — allein in der Hand des Mannes ist (§§ 1442 ff., 1519, 1549), der nur bei böslichem Verhalten ersatzpflichtig ist (§ 1456), andererseits aber auch für die rechtsgeschäftlichen Verbindlichkeiten seiner Ehefrau, soweit sie wirksam sind (§§ 1460 ff., 1530 ff., 1549) aufkommen muß. Das Gesamtgut erstreckt sich bei der allgemeinen Gütergemeinschaft auf das gesamte Vermögen beider Ehegatten, soweit es nicht Vorbehaltsgut ist (§§ 1440/41) oder durch Rechtsgeschäft nicht übertragen werden kann, so daß nur die Nutzungen in das Gesamtgut fallen können (§ 1439); bei der Errungenschaftsgemeinschaft auf den während dieses Güterstandes von dem Manne oder der Frau gemachten Erwerb (§ 1519), während das auf Schenkung, Verfügung von Todeswegen und dergleichen beruhende Vermögen — abgesehen von dem als Vorbehaltsgut der Frau erklärten Vermögen (§ 1526) — als eingebrachtes Gut anzusehen ist, von dem nur die Nutzungen zum Gesamtgut fließen (§§ 1520 ff.); bei der

Fahrnisgemeinschaft endlich auf das bewegliche Vermögen und die Errungenschaft, während hinsichtlich des eingebrachten Guts und des Vorbehaltsguts der Frau im allgemeinen die Grundsätze der Errungenschaftsgemeinschaft zur Anwendung kommen (§§ 1550—1556). Dem erweiterten Verfügungsrecht des Mannes entspricht es, daß bei allgemeiner Gütergemeinschaft ein Anspruch auf Sicherheitsleistung nicht gegeben ist. Statt dessen kann auf Aufhebung der Gütergemeinschaft geklagt werden, wenn der Mann durch Nichteinholung der erforderlich gewesenen Zustimmung der Frau, durch bösliche Verminderung des Gesamtguts, durch Verschwendung oder Überschuldung sich vertrauensunwürdig gemacht hat (§ 1468). Nach dem Tode eines der Ehegatten wird die allgemeine Gütergemeinschaft zwischen dem überlebenden Ehegatten, solange er sich nicht wiederverheiratet (§ 1493), und den Abkömmlingen fortgesetzt, falls nicht die Fortsetzung durch Ehevertrag oder in dem Falle, daß der verstorbene Ehegatte zur Entziehung des Pflichtteils oder zu der Klage auf Aufhebung der Gütergemeinschaft berechtigt ist, durch letztwillige Verfügung ausgeschlossen ist oder die Fortsetzung von dem überlebenden Ehegatten abgelehnt wird (§§ 1508, 1509, 1484, 1492). Die Abkömmlinge nehmen in der fortgesetzten Gütergemeinschaft, soweit sie nicht hiervon durch letztwillige Verfügung des verstorbenen Ehegatten und zwar mit Zustimmung des andern Ehegatten ausgeschlossen sind, die vorher von der Ehefrau innegehabte rechtliche Stellung ein (§§ 1487, 1511, 1516). Für die Auseinandersetzung gelten die Regeln der gesetzlichen Erbfolge über Erbunwürdigkeit, Erbverzicht, Vorempfänge und Pflichtteil (§§ 1506, 1517, 1503, 1505, 1511 Abs. 2 bis 1515). Der überlebende Ehegatte hat das Recht, die zum Gesamtgut gehörigen Gegenstände gegen Ersatz des Wertes zu übernehmen, die gleiche Vergünstigung kann ein jeder Ehegatte mit Zustimmung des andern einem anteilsberechtigten Abkömmling für den Fall der Teilung zuwenden. Zur Erleichterung der Rechte der Gläubiger ist für den gesetzlichen Güterstand in § 1362 die Vermutung aufgestellt, daß die im Besitz eines der Ehegatten befindlichen beweglichen Sachen dem Ehemann gehören. Für das Gütergemeinschaftsrecht gilt die Vermutung, daß das vorhandene Vermögen Gesamtgut ist. Es ist dies ausdrücklich in § 1527 für die Errungenschaftsgemeinschaft bestimmt. Der gleiche Satz muß aber auch für die Gütergemeinschaft und die Fahrnisgemeinschaft Geltung haben, da auch bei diesen Güterständen die Gesamtgutseigenschaft die Regel bildet.

Ähnlich dem eingebrachten Gut der Ehefrau ist das Vermögen der in elterlicher Gewalt stehenden Kinder, soweit es nicht zu dem dem Vorbehaltsgut der Ehefrau vergleichbaren freien Vermögen gehört (§§ 1650/51, 1638/39), der Verwaltung und Nutznießung des Gewalthabers unterworfen. Für die Ausübung der Verwaltung ist ebenso wie bei der Verwaltung des Vormundes die Rücksicht auf das Wohl des Kindes entscheidend. Der Gewalthaber hat das von ihm zu verwaltende Vermögen zu verzeichnen, er hat bei Anlegung des Geldes die Vorschriften über mündelsichere Anlegung zu beachten (§ 1642, vgl. auch § 1653) — wobei jedoch, wenn wirtschaftliche Gründe dies erfordern, eine von § 1642 abweichende Anlegung gestattet werden kann (G. v. 23. 6. 23) — und für bestimmte Rechtsgeschäfte (Verfügungen über Grundstücksvermögen, über eine Erbschaft, ein Erwerbsgeschäft, Darlehnsaufnahme und ähnliche bedenkliche Geschäfte) nach § 1643 die Genehmigung des Vormundschaftsgerichts einzuholen. Vor Eingehung einer neuen Ehe hat er sich mit seinen Kindern, soweit das Vormundschaftsgericht nicht die Hinausschiebung auf einen späteren Termin gestattet, auseinanderzusetzen (§§ 1669, 1493, 1314). Die Vermögensverwaltung endet mit Rechtskraft des Konkurseröffnungsbeschlusses (§ 1647). Dem Inhaber der elterlichen Gewalt verbleibt das Nutznießungsrecht, auch wenn ihm in der Vermögensverwaltung wegen Gefährdung des Kindesvermögens Beschränkungen auferlegt werden oder ihm wegen Nichterfüllung dieser Pflichten oder der nötigenfalls ihm auferlegten Pflicht der Sicherheitsleistung die Vermögensverwaltung entzogen wird (§§ 1667, 1668, 1670). Der Gewalthaber geht durch letztere Maßnahme nicht des Rechts, die Herausgabe der Nutzungen zu verlangen, sondern nur des Rechts, die Nutznießung selbst auszuüben, verlustig (§ 1656).

Die familienrechtliche Vermögensgemeinschaft kommt ferner darin zur Geltung, daß die Familienmitglieder im Notfalle einander Unterhalt zu gewähren haben. Die Verpflichtung zum Unterhalt liegt ohne jede Beschränkung dem Manne gegenüber der Frau und, wenn der Mann sich nicht selbst unterhalten kann, auch der Frau gegenüber dem Manne ob (§§ 1360/61, s. auch wegen des nach der Scheidung dem vollständig unschuldigen Ehegatten zu gewährenden Unterhalts §§ 1578/79, 1583 und wegen der Unterhaltspflicht bei Nichtigkeit der Ehe §§ 1345/46, 1351). Diese Verpflichtung bildet derart eine Gegenleistung für die dem Inhaber der elterlichen Gewalt nach dem Recht der verschiedenen Güterstände zukommenden Vermögensbefugnisse, daß bei einer mit erheblicher Gefahr für die Zukunft verbundenen Verletzung der Unterhaltspflicht auf Aufhebung der Verwaltung und Nutznießung (§ 1418 Nr. 3) und nach Gütergemeinschaftsrecht auf Aufhebung der Gemeinschaft (§§ 1468 Nr. 3, 1542, 1549) geklagt werden kann. Eine Unterhaltspflicht besteht ferner nach §§ 1601 ff. zwischen den Verwandten in gerader Linie, vorausgesetzt, daß der den Unterhalt Fordernde bedürftig ist und daß der Verpflichtete nach seiner Vermögenslage bei Anspannung seiner Kräfte und Fähigkeiten ohne Gefährdung seines eigenen standesmäßigen Unterhalts zur Leistung imstande ist. Der Anspruch geht auf Gewährung standesmäßigen oder, wenn die Bedürftigkeit durch sittliches Verschulden herbeigeführt oder eine zur Pflichtteilsentziehung berechtigende Verfehlung begangen ist, auf Gewährung notdürftigen Unterhalts (§§ 1610/11). Anwendbar ist die Vorschrift des § 1611 Abs. 1 (Beschränkung wegen sittlichen Verschuldens) auch auf den Unterhaltsanspruch des geschiedenen Ehegatten (§ 1580 Abs. 3). Die Unterhaltspflicht der Eltern gegenüber den minderjährigen unverheirateten Kindern ist insofern eine erhöhte, als sie nach § 1602 schon dann eintritt, wenn die Einkünfte des Kindes (ohne Heranziehung des Stammvermögens) zur Deckung seines Unterhalts nicht ausreichen, und als nach § 1603 die Eltern alle verfügbaren Mittel zu ihrem Unterhalt und dem dieser Kinder gleichmäßig zu verwenden haben. Im letzteren Falle ist jedoch bei Vorhandensein eines weiteren unterhaltspflichtigen Verwandten, der ohne Gefährdung seines standesmäßigen Unterhalts dem Kinde den Unterhalt gewähren kann, die Unterhaltspflicht von diesem anstatt der Eltern zu erfüllen. Der Ehegatte und die minderjährigen unverheirateten Kinder sind vor den anderen Kindern unterhaltsberechtigt (§ 1609 Abs. 2). Der Vater haftet, was den Unterhaltsanspruch des Kindes betrifft, vor der Mutter, mit Ausnahme des Falles, daß diese die Nutznießung am Kindesvermögen hat (§ 1606). Die geschiedene Frau hat nach § 1585 ihrem Manne zu den Unterhaltskosten des gemeinschaftlichen Kindes einen verhältnismäßigen Beitrag zu gewähren.

Mit der familienrechtlichen Vermögensgemeinschaft hängt es schließlich zusammen, daß der Nachlaß des Verstorbenen nicht erblos wird, sondern nach den Regeln der gesetzlichen Erbfolge den Blutverwandten und dem Ehegatten anfällt. Mit dem Tode des Erblassers geht der Nachlaß — abgesehen davon, daß vor Annahme der Erbschaft ein Nachlaßanspruch gegen den Erben nicht geltend gemacht werden kann, § 1958 — auf den nächstberufenen Erben über, falls dieser nicht binnen 6 Wochen oder (sofern der deutsche Erblasser seinen letzten Wohnsitz im Auslande gehabt hat oder der Erbe bei Beginn der Frist sich dort aufgehalten hat) binnen 6 Monaten seit Kenntnis des Berufungsgrundes die Erbschaft ausschlägt (§§ 1942 ff.), was die Berufung des nächstfolgenden Erben zur Folge hat (§ 1953). Die Reihenfolge der Berufung richtet sich nach der Erbfolgeordnung. In der ersten Ordnung erben die Abkömmlinge und zu ein Viertel der Ehegatte (§ 1931) und zwar erstere in der Art, daß sie im Verhältnis zueinander die Vorempfänge an Ausstattung, desgleichen an Berufsvorbildungskosten und Zuschüssen, soweit sie das den Vermögensverhältnissen des Erblassers entsprechende Maß übersteigen, und an sonstigen Zuwendungen, bei denen der Erblasser dies bei der Zuwendung angeordnet hat, sich auf den Erbteil anrechnen zu lassen haben (§§ 1931, 2050 ff.). Gesetzliche Erben der zweiten Ordnung sind die Eltern des Erblassers und deren Abkömmlinge sowie zur Hälfte der Ehegatte, der außerdem die Haushaltsgegenstände und die Hochzeitsgeschenke als Voraus erhält und der die Verwandten der folgenden Ordnung mit Ausnahme der Großeltern ausschließt (§ 1931); der dritten Ordnung die Großeltern und deren Abkömmlinge; der folgenden Ordnung immer die um einen Grad weiter entfernten Vorfahren und deren Abkömmlinge (Parentelenordnung). In den ersten drei Ordnungen treten die Abkömmlinge — die aus eigenem Recht dem Erblasser gegenüber erbberechtigt sind — vollständig an Stelle des verstorbenen Elternteils, so daß der noch lebende Elternteil und die Abkömmlinge des verstorbenen den gleichen Teil erhalten. In den anderen Ordnungen (in denen das Gefühl der Familienzusammengehörigkeit nicht mehr in gleichem Maße lebendig ist) entscheidet lediglich die Gradesnähe. Allgemein gilt der Grundsatz, daß die Erben einer nachfolgenden Ordnung immer erst dann zur Erbfolge gelangen können, wenn in der vorhergehenden Ordnung kein Erbe mehr vorhanden ist. Es besteht somit zwischen den Erben derselben Ordnung und desselben Grades, soweit nicht, wie in den ersten drei Ordnungen das Eintrittsrecht der Abkömmlinge eingreift, ein Anwachsungsrecht. Von Bedeutung für die Beerbung ist, daß der endgültige Erbe, damit der Nachlaß zu keiner Zeit ohne Erben ist, bereits zur Zeit des Todes des Erblassers als Erbe gilt (§§ 1942, 1953). Hiermit im Zusammenhang steht es, daß auch für die erst später Berufenen das Erbrecht als ein veräußerliches und vererbliches Recht bereits mit dem Tode des Erblassers erworben wird (Rückziehung des Anfalls auf die Zeit des Erbfalls). Stirbt der berufene Erbe, ohne die Erbschaft fristzeitig ausgeschlagen zu haben, nach diesem Zeitpunkt, so geht sein Erbrecht auf seine Erben, nicht auf die weiteren Erben des ursprünglichen Erblassers über. Allgemeine Voraussetzung der Erbberechtigung ist, daß der Erbe nicht durch einen der öffentlichen Beurkundung bedürftigen Vertrag, der in Ermangelung einer anderen Vertragsbestimmung auch seine Abkömmlinge bindet, dem Erblasser gegenüber auf das Erbrecht verzichtet hat (§§ 2346 ff.) oder auf die binnen Jahresfrist zu erhebende Anfechtungsklage des nach ihm Berufenen wegen vorsätzlicher Beeinträchtigung der Testamentsfreiheit (worunter auch die vorsätzliche Tötung des Erblassers fällt) oder wegen Unterdrückung oder Fälschung der von Todes wegen errichten Verfügung als erbunwürdig erklärt wird (§§ 2339 ff., vgl. auch wegen Ausschluß des Erbrechts des Ehegatten § 1933). Ist ein Verwalter oder Ehegatte nicht vorhanden oder doch nicht zu ermitteln, so tritt an Stelle der Familiengemeinschaft die Volksgemeinschaft. Das Erbrecht kann, nachdem von dem Nachlaßgericht eine Feststellung getroffen ist, daß ein anderer Erbe trotz öffentlicher Aufforderung zur Anmeldung nicht zu ermitteln war, von dem Fiskus geltend gemacht werden (§§ 1936, 1964ff.).

Die Abkömmlinge, der Ehegatte und die Eltern des Erblassers haben einen Anspruch auf Hinterlassung eines die Hälfte des Wertes des gesetzlichen Erbteils betragenden Pflichtteils (§ 2303). Den entfernteren Abkömmlingen und den Eltern steht dieser Anspruch nicht zu, soweit der nähere Abkömmling pflichtteilsberechtigt ist oder trotz Vorliegens eines Pflichtteilentziehungsgrundes den Pflichtteil erhalten hat (§ 2309). Zulässig ist die Entziehung des Pflichtteils wegen der in §§ 2333—2335 bezeichneten groben Verfehlungen, außerdem ist eine Beschränkung des Pflichtteils des Abkömmlings zulässig wegen einer seinen späteren Erwerb erheblich gefährdenden Verschwendung oder Überschuldung nach Maßgabe des § 2338. Behufs Berechnung des Pflichtteils ist unter Zugrundelegung der durch etwaigen Erbverzicht (§ 2316 Abs. 1 und § 2310 letzter Satz) geänderten gesetzlichen Erbfolge der Wert des Nachlasses unter Ausscheidung der aufschiebend bedingten Rechte und Verbindlichkeiten (§ 2313) und daraufhin der Wert des gesetzlichen Erbteils festzustellen, auf den die Vorempfänge nach den Regeln der gesetzlichen Erbfolge anzurechnen sind (§ 2316). Auf den hiernach sich ergebenden Pflichtteil sind wieder diejenigen Zuwendungen (soweit sie noch nicht auf den gesetzlichen Erbteil verrechnet sind) in Anrechnung zu bringen, bei welchen der Erblasser dies bestimmt hat (§ 2315). Der mit dem Tode des Erblassers entstehende Pflichtteilsanspruch ist vererblich und übertragbar (§ 2317), er unterliegt einer dreijährigen Verjährung (§ 2332). Verpflichtet zur Entrichtung des am Pflichtteil Fehlenden (s. hierüber §§ 2305 u. 2306) ist der Erbe, der jedoch zur verhältnismäßigen Mittragung der Pflichtteilslast den Vermächtnisnehmer (§ 2318) — wie dieser wiederum den Untervermächtnisnehmer (§ 2188) — heranziehen kann. Über die Verteilung der Pflichtteilslast kann der Erblasser abweichende Anordnungen treffen. Ist der an sich dem Pflichtteilsberechtigten zukommende Erbteil oder Pflichtteil an dessen Stelle einem anderen zugewandt, so ist hierin die Anordnung zu sehen, daß dieser insoweit die Pflichtteilslast übernehmen soll (§ 2320). Das dem Pflichtteilsberechtigten als Erbteil Hinterlassene kommt auf den Pflichtteil unbedingt in Anrechnung, wobei Beschränkungen oder Beschwerungen des Erbteils, soweit dieser den Pflichtteil nicht übersteigt, in Wegfall kommen (§ 2306). Im übrigen steht es in der Wahl des Pflichtteilsberechtigten, ob er den den Pflichtteil übersteigenden, aber durch Einsetzung eines Nacherben usw. beschränkten oder durch Vermächtnisse oder Auflagen beschwerten Betrag annehmen oder unter Ausschlagung dieser Zuwendung den ganzen Pflichtteil fordern will. Für den Fall der Annahme ist zur vereinfachten Berechnung des noch fehlenden Pflichtteilsbetrags vorgeschrieben, daß die Zuwendungen ohne Rücksicht auf Beschränkungen oder Beschwerungen zum vollen Werte in Ansatz zu bringen sind (§§ 2306/07). Schlägt der Pflichtteilsberechtigte ein ihm zugewendetes Vermächtnis aus, so hat derjenige, welchem die Ausschlagung zugute kommt, insoweit die Pflichtteilslast zu tragen (§ 2321; wegen des Untervermächtnisses s. § 2322). Die von dem Erblasser in den letzten 10 Jahren gemachten Schenkungen sind zum Nachlaß zuzurechnen. Soweit hierdurch eine Erhöhung des Pflichtteils eintritt, auf welche die dem Pflichtteilsberechtigten selbst zugewendeten Schenkungen anzurechnen sind, hat der Erbe hierfür aufzukommen, an dessen Stelle, soweit er eine Schmälerung seines eigenen Pflichtteils erleiden würde, der Beschenkte nach Bereicherungsgrundsätzen haftet (§§ 2325ff.).

Das Vorhandensein von Familienfideikommissen und dergleichen ist im neuen Recht gemißbilligt. Über die Auflösung der bestehenden Familiengüter einschließlich der standesherrlichen Hausgüter (vgl. Art. 155 RV.) ist in Ostpreußen die V. v. 10. 3. 19, das G. v. 23. 6. 20 (Adelsgesetz) und die Bek. v. 30. 12. 20 wegen Neufassung der V. v. 10. 3. 19 ergangen. Die Auflösung oder Änderung der Familiengüter (Familienfideikommisse, Erbstammgüter, Lehen) kann durch Familienschluß erfolgen, zu dessen Zustandekommen es genügt, daß die Hälfte der Anwärter und für die übrigen die Familienvertretung zustimmt oder daß die zustimmende Mehrheit drei Viertel der Familienmitglieder ausmacht (§ 6 Bek. v. 30. 12. 20). Der Beschluß bedarf der Aufnahme und Bestätigung durch die Aufsichtsbehörde (§ 2), die auf Grund eines Familienschlusses auch die Umwandlung von Wäldern, Sammlungen usw. in Stiftungen anordnen kann (§ 9 b). Die Zwangsauflösung ist durch V. v. 19. 11. 20 geordnet. Sie soll nach § 1 dieser V. erfolgen, soweit die Auflösung bis zum 1. 4. 21 nicht im Wege des Familienschlußverfahrens geregelt ist. Gemäß Vfg. des JM. v. 15. 2. 21 ist am Sitze eines jeden Oberlandesgerichts ein Auflösungsamt für Familiengüter zu bilden.

§ 28. Gewillkürte Erbfolge.

Die gesetzliche Erbfolge kann der Erblasser durch Verfügung von Todes wegen — die von dem Erblasser persönlich errichtet sein muß (§§ 2064 f., Ausnahmen hinsichtlich der Vermächtnisse in §§ 2151—2154, 2156, über die durch Zustimmung eines andern bedingte Verfügung s. RG. 95, 278) — ändern. Er kann an Stelle des gesetzlichen Erben einen anderen Erben einsetzen, kann den gesetzlichen oder gewillkürten Erben durch Einsetzung eines Nacherben, durch Bestellung eines Testamentsvollstreckers oder durch Verwaltungsanordnungen beschränken und kann durch Vermächtnisse oder Auflagen dem Erben oder Vermächtnisnehmer schuldrechtliche Verpflichtungen auferlegen. Für die Erbeinsetzung ist wesentlich, daß der Eingesetzte das Recht der Verwaltung und Verwertung des Nachlasses hat. Eine Erbeinsetzung ist deshalb regelmäßig nur anzunehmen, wenn der Erblasser sein Vermögen ganz oder zu einem Bruchteil dem Bedachten zugewendet hat, so daß diesem das nach Berichtigung der Schulden und Ausantwortung der Vermächtnisse verbleibende Vermögen zugute kommt (§ 2087). Auf den Nacherben geht die Erbschaft in dem Zustande, wie sie aus dem ursprünglichen Nachlaß sich entwickelt hat, mit dem Eintritt des Nacherbfalls über (§§ 2139, 2111). Die Anwartschaft auf die Nacherbschaft erlangt er jedoch schon vorher mit dem Erbfall als ein veräußerliches, im Zweifel auch vererbliches

Vermögensrecht (§ 2108 Abs. 2). Durch die Einsetzung eines Nacherben wird der Vorerbe in der Verfügung über das unbewegliche Vermögen und in der Befugnis zu unentgeltlichen Verfügungen, soweit er nicht in diesen Beziehungen befreit ist (§ 2136), insofern eingeschränkt, als mit dem Eintritt der Nacherbfolge die das Recht des Nacherben beeinträchtigende Verfügung ohne weiteres unwirksam wird (§ 2113). Die Einziehung einer Hypothek ist jedoch, da die spätere Unwirksamkeit der Einziehung dem durch die Leistung nicht befreiten Hypothekenschuldner sehr nachteilig sein kann (abgesehen von der Hinterlegung des Kapitals), nur mit Einwilligung des Nacherben gestattet (§ 2114). Zur Sicherung seines Rechtes kann der Nacherbe die Aufnahme eines Bestandsverzeichnisses unter seiner Zuziehung (§ 2121), ferner die Hinterlegung der Inhaberpapiere oder bei ihrer Umschreibung auf den Namen des Vorerben die Beischreibung seines Nacherbenrechts (§§ 2116/17) und im Falle seiner Gefährdung durch unwirtschaftliches Verhalten oder ungünstige Vermögenslage des Vorerben Sicherheitsleistung verlangen (§§ 2128/29). Ist der Erbe unter einer aufschiebenden Bedingung oder von einer gewissen Zeit an eingesetzt, so treten bis dahin die gesetzlichen Erben als Vorerben ein. Im Zweifel ist anzunehmen, daß der Bedachte, auch der nur mit einem Vermächtnis Bedachte, den Eintritt der aufschiebenden Bedingung erleben muß (§ 2074). Die Einsetzung eines Nacherben ist — mit Ausnahme des Falles, daß sie für den Eintritt eines bestimmten Ereignisses in der Person des Vorerben oder Nacherben oder für das Nachgeborenwerden von Geschwistern angeordnet ist — nur wirksam, wenn die Nacherbfolge binnen spätestens 30 Jahren seit dem Erbfall eingetreten ist (§ 2109).

Die an sich dem Erben gebührende Verwaltung kann der Erblasser einem Testamentsvollstrecker, wie bei Einsetzung eines Testamentsvollstreckers im Zweifel anzunehmen ist, übertragen (§§ 2205, 2208, 2209, 2211, 2212). Kraft des Verwaltungsrechts ist dieser auch befugt, Verbindlichkeiten für den Nachlaß einzugehen, soweit die ordnungsmäßige Verwaltung es erfordert (§ 2206). Zu unentgeltlichen Verfügungen, die nicht durch sittliche Pflicht oder Anstandsrücksichten gerechtfertigt sind, ist er keinesfalls berechtigt (§ 2206 letzter Satz). Zu den Befugnissen des Testamentsvollstreckers gehört es außerdem im Zweifel, daß er die letztwilligen Verfügungen des Erblassers zur Ausführung zu bringen hat (§§ 2203, 2208) und bei Vorhandensein mehrerer Erben die Auseinandersetzung unter ihnen gemäß § 2204 zu bewirken hat. Die Vertretung des Nachlasses gegenüber den Gläubigern ist Sache des Erben. Die Klage kann jedoch auch gegen den den Nachlaß verwaltenden Testamentsvollstrecker erhoben werden (§ 2213); auch ist die Klage gegen ihn auf Duldung der Zwangsvollstreckung in die seiner Verwaltung unterliegenden Nachlaßgegenstände nicht ausgeschlossen. Über das Erbrecht oder das Pflichtteilsrecht hat er nicht zu befinden. Verwaltungsanordnungen des Erblassers hat der Testamentsvollstrecker zu befolgen. Bei erheblicher Gefährdung des Nachlasses können sie indes von dem Nachlaßgericht auf Antrag außer Kraft gesetzt werden (§ 2216). Die Dauer der Vermögensverwaltung des Testamentsvollstreckers kann mit gewissen Ausnahmen (vgl. § 2109 bei der Nacherbfolge) den Zeitraum von 30 Jahren seit dem Erbfall nicht übersteigen (§ 2210). Eine Aufsicht des Nachlaßgerichts findet insofern statt, als der Testamentsvollstrecker diesem die Annahme des Amtes und die Kündigung erklären muß (§§ 2202/26), als das Nachlaßgericht bei einer Meinungsverschiedenheit der Testamentsvollstrecker zu entscheiden hat (§ 2224) und es bei Vorhandensein eines wichtigen Grundes den Testamentsvollstrecker auf Antrag zu entlassen hat (§ 2227). Der Erblasser kann im Testament das Nachlaßgericht um Ernennung eines Testamentsvollstreckers ersuchen (§ 2200).

Die Vermächtnisforderung wird als ein vererbliches Recht bereits mit dem Tode des Erblassers erworben, was aber nicht ausschließt, daß sie durch Erklärung gegenüber dem Beschwerten mit rückwirkender Kraft ausgeschlagen werden kann (§ 2180). Geltend gemacht werden kann die Forderung (abgesehen von Sicherungsmaßnahmen) erst von der Zeit an, wo der etwaige Anfangstermin oder die aufschiebende Bedingung eingetreten ist und die Persönlichkeit des Berechtigten durch seine Erzeugung oder ein sonstiges Ereignis bestimmt ist (Vermögensanfall, §§ 2176 ff.). Von diesem Zeitpunkt an erhält der Vermächtnisnehmer die tatsächlich von dem Beschwerten gezogenen Früchte (§ 2184). Vorher haftet dieser nach den Grundsätzen über Zuwendung unter aufschiebender Bedingung (§ 2179). Der Vermächtnisanfall muß — mit den der Vorschrift des § 2109 bei der Nacherbfolge entsprechenden Ausnahmen — binnen spätestens 30 Jahren seit dem Erbfall eingetreten sein, widrigenfalls das Vermächtnis unwirksam wird (§§ 2162/63). Über das ihm Zugewendete hinaus kann der Vermächtnisnehmer seinerseits mit Vermächtnissen oder Auflagen nicht beschwert werden (§ 2187), und er ist zur Erfüllung der ihm auferlegten Verpflichtungen erst verbunden, wenn er die Ausantwortung des ihm zugewendeten Vermächtnisses verlangen kann (§ 2186). Von dem Vermächtnis unterscheidet sich die Auflage dadurch, daß die Leistung nicht einem bestimmten Berechtigten zugewendet ist. Ein Recht auf Vollziehung der Auflage ist aber den Erben, Miterben und demjenigen eingeräumt, welcher bei Wegfall des Beschwerten an dessen Stelle treten würde (§ 2194). Der letztere hat auch, falls die Leistung des Beschwerten nicht durch die zulässigen Zwangsmittel erwirkt werden konnte oder die Vollziehung durch seine Schuld vereitelt ist, nach Bereicherungsgrundsätzen einen Anspruch auf Rückgabe des Betrages, der zur Vollziehung der Auflage nötig gewesen wäre (§ 2196). Ist die Vollziehung im öffentlichen Interesse geboten, so kann sie nach § 2194 von der Behörde gefordert werden.

Die letztwillige Verfügung kann beliebig widerrufen werden. Der Erblasser, der in seiner Entschließung frei bleiben soll, kann sich durch Vertrag weder zur Errichtung noch zur Nichterrichtung, weder zur Aufhebung noch zur Nichtaufhebung einer solchen Verfügung verpflichten (§ 2302). Gestattet ist nur die Abschließung eines Erbvertrags mit der Wirkung, daß die Erbeinsetzung nur durch neuen Vertrag derselben Personen, die in ihm angeordneten Vermächtnisse und Auflagen außerdem mit Zustimmung des Vertragsgegners aufgehoben werden können (§§ 2290/91). Ein Rücktritt von dem Erbvertrage ist, wenn er nicht vorbehalten ist, nur zulässig wegen Verfehlungen des Bedachten, die zur Entziehung des Pflichtteils berechtigen oder (bei nicht pflichtteilsberechtigten Personen) zur Entziehung des Pflichtteils gegenüber einem Abkömmling berechtigen würden, auch wegen Wegfalls einer Verpflichtung zur lebenslänglichen Entrichtung wiederkehrender Leistungen an den Erblasser, die der Bedachte mit Rücksicht auf den Erbvertrag eingegangen ist (§§ 2293—97). Der Abkömmling kann in seinen Rechten aus dem Erbvertrag gemäß §§ 2289 Abs. 2, 2338 auch wegen Verschwendung oder Überschuldung beschränkt werden. Eine Verpflichtung des Erblassers bei Lebzeiten entsteht aus dem Erbvertrage nicht. Böswillige Schenkungen können jedoch dem Beschenkten mit dem Bereicherungsanspruch wieder abgefordert werden (§ 2287, RG. 77, 5 u. 111). Bei böslicher Beeinträchtigung eines Vertragsvermächtnisses ist der Erblasser nach § 2288 zur Wiederherstellung oder zum Wertersatz verpflichtet. Auch das von Ehegatten errichtete gemeinschaftliche Testament hat insofern Vertragscharakter, als es Verfügungen enthält, die in dem in § 2270 bezeichneten Abhängigkeitsverhältnisse zueinander stehen. Eine solche Verfügung des Überlebenden kann von diesem nach dem Tode des andern Ehegatten, falls er das ihm Zugewendete nicht fristzeitig ausgeschlagen hat, unbeschadet seiner Berechtigung, die Verfügung wegen Verfehlungen des Bedachten gemäß § 2294 aufzuheben, nicht mehr widerrufen werden (§ 2271).

Ein Vertragsverhältnis tritt in gewisser Weise auch sonst bei der Erbfolge in Erscheinung. Der als Erbe durch Gesetz oder Verfügung Berufene wird zwar ohne weiteres Erbe, ohne daß die Berufung (wie nach gemeinem Recht) von ihm angenommen zu werden braucht. Es bleibt aber in der Schwebe, ob dieses Erbesein nicht ein bloß vorläufiges ist. Erst die Annahme, die ausdrückliche oder stillschweigende, die auch in dem Verstreichenlassen der Ausschlagungsfrist liegt, macht die Beerbung zu einer vollwirksamen. Vor der Annahme der Erbschaft kann der Erbe von den Gläubigern nicht belangt werden (§ 1958). Zum Erwerbe des Erbrechts ist ferner erforderlich, daß die Möglichkeit der Annahme durch eine bestimmte Person gegeben ist. Der Erbe muß zur Zeit des Erbfalls wenigstens erzeugt sein (§ 1923). Andernfalls ist im Zweifel seine Einsetzung als Nacherbe anzunehmen und zwar tritt der Nacherbfall mit der Geburt ein (§§ 2101, 2106). In den Besitz der Erbschaft gelangt dieser Erbe als Nacherbe — abgesehen davon, daß die Zeit des Nacherbfalls und das sonst hierfür gesetzte Ereignis eingetreten sein muß — erst mit seiner Geburt (§ 2106). Ähnlich ist es mit dem Vermächtnis, das dem Vermächtnisnehmer nach der ausdrücklichen Vorschrift des § 2178 erst anfällt mit seiner Geburt oder, sofern seine Persönlichkeit durch ein besonderes Ereignis bestimmt wird, durch Eintritt dieses Ereignisses.

Neunter Hauptteil.

Staatsgewalt. Rechtsverwirklichung.

§ 29. Rechtsschutz.

Die der Staatsgewalt Unterworfenen sind dem Staate als dem Träger der Rechtsordnung Gehorsam schuldig. Der Staat hat die von ihm erlassenen Anordnungen zur Durchführung zu bringen und hat dafür zu sorgen daß die von ihm anerkannten Rechte zur Verwirklichung gelangen können. Von Bedeutung sind hierfür die Vorschriften über Rechtsschutz, über Rechtsverfolgung, über Rechtsanwendung und über Vollziehung.

Der einem jeden Recht notwendig innewohnende Rechtsschutz besteht darin, daß der Verpflichtete gehalten ist, den durch das Gesetz gebotenen tatsächlichen Zustand herzustellen und bei Veränderung des rechtlich geschützten Zustandes den früheren Zustand wiederherzustellen — herstellender Rechtsschutz, Recht auf Erfüllung einer Verbindlichkeit, auf Beseitigung einer Störung, insbesondere auf Herausgabe (Rückgabe) der einem andern entzogenen Sache, Recht auf Sonderung. Wer eine Verbindlichkeit zu erfüllen hat, hat die Leistung auf seine Kosten zu bewirken und hat bis zur Ablieferung der Leistung die Gefahr zu tragen. Die Erfüllung ist, wenn nicht ein anderes bestimmt ist, sofort zu bewirken und zwar regelmäßig am Wohnsitz des Schuldners zur Zeit der Begründung des Schuldverhältnisses, und, wenn die Schuld mit dem Gewerbebetriebe des Schuldners in Verbindung steht, an dem Orte seiner damaligen gewerblichen Niederlassung (§ 269). Bei Geldschulden trifft den Schuldner, ohne daß an dem für den Gerichtsstand bedeutsamen Erfüllungsort etwas geändert wird, nach § 270 die Übermittlungspflicht. Bei Eingriffen in fremde Rechte kann die Wiederherstellung nicht verlangt werden, wenn dadurch ein unwirtschaftlicher Zustand geschaffen würde. Es kann z. B. nicht verlangt werden, daß eine durch Einebnen vorteilhaft veränderte Grundfläche in die frühere Gestalt zurückversetzt wird. Aus der gleichen Rücksicht ist die Sonderung der miteinander verbundenen Bestandteile einer Sache, wenn sie den abzutrennenden oder den verbleibenden Teil besonders nachteilig beeinflussen würde (wesentliche Bestandteile) für unstatthaft erklärt §§ 93,

946, 947, vgl. über Aussäen, Einpflanzen, Einbauen § 94), desgleichen die Rückgängigmachung einer durch Verarbeitung, Schreiben, Zeichnen usw. herbeigeführten Umbildung einer Sache. Das Eigentum der neu gebildeten Sache fällt — vorbehaltlich der Vergütungspflicht — falls nicht etwa der Wert des Stoffes erheblich überwiegt, dem Hersteller zu (§ 950). Das Recht auf Herausgabe erstreckt sich, wenn es sich um Herausgabe eines Nachlasses oder einer Gütermasse des ehelichen Güterrechts handelt, auf die Vermögensgesamtheit, wozu auch der Erwerb durch ein auf die Vermögensgesamtheit bezügliches Rechtsgeschäft, regelmäßig auch das als Ersatz für Zerstörung, Beschränkung oder Entziehung Erworbene gehört (§§ 2041, 2374, 2111, 2019, 2021, 1370, 1486). Die Kosten der Beseitigung einer Beeinträchtigung fallen denjenigen zur Last, welche (selbst oder durch einen anderen) die Beeinträchtigung vorgenommen haben, auch wenn sie kein Verschulden trifft (vgl. RG. 45, 299). Ein Rückforderungsrecht ist schon dann gegeben, wenn eine Verwendung in fremdes Vermögen ohne Rechtspflicht und ohne Schenkungsabsicht vorgenommen ist. Rückforderungsberechtigt ist derjenige, für dessen Rechnung die Verwendung erfolgt ist.

Ist die Herstellung oder Wiederherstellung nicht oder nicht vollständig möglich oder ist sie untunlich (vgl. § 251 Abs. 2), so ist bei Vorliegen eines Verschuldens ein Anspruch auf Schadensersatz gegeben (vgl. über das Recht auf Buße im Betrage von 3 bis 10 000 Goldmark Art. IV V. v. 6. 2. 24). Schuldhaft handelt, wer die Rechtswidrigkeit seines Handelns oder, sofern die Rechtswidrigkeit wegen des schadenbringenden Erfolges anzunehmen ist, die Schädlichkeit seines Handelns bei gehöriger Aufmerksamkeit erkennen mußte und bei gehöriger Vorsicht die den verbotenen Erfolg herbeiführende Körperbewegung vermeiden konnte. Nicht in Schuld ist, wer unzurechnungsfähig ist. Er ist jedoch bei Begehung einer unerlaubten Handlung nicht davon befreit, eine nach Billigkeit zu bemessende Entschädigung zu leisten (§§ 827/29). Trifft den Verletzten bei dem Unfall oder bei Abwendung des Schadens selbst ein Verschulden, so kann hierdurch je nach der Erheblichkeit und dem Umfange des Verschuldens ein Schadensersatzanspruch ganz oder teilweise ausgeschlossen sein (§§ 254, 846). Als schuldhaft gilt es, wenn der Verletzte den andern Teil nicht auf die Gefahr eines nicht ohne weiteres erkennbaren, ungewöhnlich hohen Schadens aufmerksam gemacht hat. Im allgemeinen ist jede Fahrlässigkeit zu vertreten.

In Vertrauensverhältnissen (im Verhältnisse zwischen Gesellschaftern nach § 708, zwischen Ehegatten nach § 1359, zwischen Vater oder Mutter und den in ihrer elterlichen Gewalt befindlichen Kindern nach § 1664, zwischen dem Vorerben und Nacherben nach § 2131) und in Gefälligkeitsverhältnissen (bei unentgeltlicher Aufbewahrung nach § 690) beschränkt sich die Haftung auf die in eigenen Angelegenheiten gewohnte Sorgfalt. Der Schenker und der Verleiher haftet nur für Arglist und grobe Fahrlässigkeit (§§521, 599) und braucht für Rechtsmängel oder Fehler, da er die Sache nur in dem Zustande zu gewähren hat, den sie tatsächlich hat — anders sind die Verpflichtungen des Verkäufers usw., s. hierüber § 30 S. 189/190 — nur im Falle der Arglist aufzukommen (§§ 523, 600). Ein Verschulden des gesetzlichen Vertreters und des Erfüllungsgehilfen muß der Schuldner in gleicher Weise wie ein von ihm selbst begangenes Verschulden vertreten (§ 278). Für die von einem Angestellten in seinem Anstellungsverhältnis begangenen unerlaubten Handlungen haftet der Geschäftsherr, falls er nicht nachweist, daß er nicht nur bei der Auswahl des Angestellten, sondern auch bei seiner Ausrüstung mit den erforderlichen Gegenständen, bei Erteilung der nötigen Anweisung sowie bei der Beaufsichtigung oder der etwa gebotenen Leitung der Verrichtung mit der gehörigen Sorgfalt gehandelt hat (§ 831). Die gleiche Pflicht zur Verhütung des Schadens hat der Tierhalter und Tierhüter nach §§ 833/34 hinsichtlich der Tiergefahr (unbedingt haftet der Tierhalter für die in § 833 nicht ausgenommenen Tiere) und der Besitzer eines Bauwerks nebst den Aufsichtspflichtigen nach §§ 836/38 hinsichtlich der Einsturz- und Ablösungsgefahr. Eine erhöhte Haftung ist dem Betriebsunternehmer einer Eisenbahn, einer Fabrik oder Gräberei durch das RHaftpflichtges. v. 7. 6. 71 auferlegt. Der Unternehmer einer Eisenbahn haftet, wenn bei dem Betriebe eine Person getötet oder körperlich verletzt ist, für den Schaden, sofern nicht nachweisbar der Unfall durch höhere Gewalt oder eigenes Verschulden des Verletzten herbeigeführt ist. Die Unternehmer der vorgenannten andern Betriebe haben bei solchen Personenschäden für jedes Verschulden der zur Betriebsleitung oder Beaufsichtigung angenommenen Personen einzustehen. Der Reeder ist nach §§ 485/86 HGB. mit dem Schiffsvermögen für den Schaden haftbar, der durch Verschulden einer Person der Schiffsbesatzung im Betriebe verursacht ist. Der Gastwirt hat unbedingt für Verlust oder Beschädigung der in seinem Betriebe von dem Gaste eingebrachten Sachen aufzukommen, falls nicht der Schaden durch höhere Gewalt oder durch eigenes Verschulden des Gastes oder seiner Begleiter entstanden ist (§§ 701/03 BGB.). Abgesehen von diesen besonderen Fällen ist die Haftung eines jeden für den Schaden, der durch die seiner Verfügung unterstehenden Personen oder Sachen angerichtet ist, anzuerkennen, wenn er in rücksichtsloser Weise das Bestehen eines Zustandes, der einen Unfall herbeiführen mußte, geduldet hat. Der zu einer Leistung Verpflichtete wird schadensersatzpflichtig nicht nur, wenn die Unmöglichkeit der Leistung von ihm verschuldet ist, sondern auch, wenn er durch Nichtentrichtung zur kalendermäßig bestimmten Zeit oder trotz vorhergegangener Mahnung schuldhaft (§ 285) in Verzug gekommen ist. Die Schadensersatzpflicht infolge Unrechts oder Verzugs hat zur Folge, daß für den gesamten, durch die Rechtsverletzung entstandenen Vermögensschaden eingestanden werden muß, auch für die nur zufälligen Folgen, deren Eintritt durch den Verzug oder die unerlaubte Handlung möglich geworden ist (vgl. §§ 287, 848), sofern es sich nicht um Ereignisse handelt, die einem ganz andersartigen Gefahrenkreise angehören (nichtadäquate Verursachung). In vollem Umfange schadensersatzpflichtig ist auch derjenige, welcher bei Begehung einer unerlaubten Handlung nur als Mittäter oder Gehilfe mitgewirkt hat (gesamtschuldnerische Haftung gemäß § 840). Der zu ersetzende Schaden umfaßt zugleich den entgangenen Gewinn (§ 252) und die durch unerlaubte Handlung herbeigeführte Beeinträchtigung des Erwerbs (§ 842). Eingeschränkt ist die Schadensersatzpflicht des Besitzers einer fremden Sache, die dieser ohne unerlaubte Handlung erlangt hat. Zu ersetzen sind hier nur die Nutzungen, die bei ordnungsmäßiger Wirtschaft zu ziehen gewesen wären, und der Schaden durch schuldhafte Beschädigung oder Untergang der Sache, nicht der weitere Schaden (§§ 987, 989, 990). Über die Schadensersatzpflicht des redlichen Besitzers s. § 12. Nichtvermögensrechtliche Nachteile werden nur ausnahmsweise ersetzt (Anspruch auf Schmerzensgeld bei Körperverletzung nach § 847, auf Entschädigung für seelische Leiden bei Freiheitsentziehung und bei geschlechtlichem Mißbrauch einer Frauensperson ebenfalls nach § 847, desgleichen im Falle des Verlöbnisbruchs durch den Verlobten, dem die unbescholtene Braut die Beiwohnung gestattet hat, nach § 1300). Die Nichterfüllung der dem Gläubiger obliegenden Pflicht zur Annahme der Leistung zieht eine Schadensersatzpflicht insofern nach sich, als der Schuldner während des Verzugs des Gläubigers nur Vorsatz und grobe Fahrlässigkeit zu vertreten braucht, als er von der Pflicht zur Entrichtung von Zinsen befreit ist und seine Pflicht zur Herausgabe von Nutzungen sich auf die wirklich gezogenen Nutzungen beschränkt (§§ 300/02). Von einer jeden Verpflichtung gegenüber dem im Verzuge befindlichen Gläubiger kann sich der Schuldner dadurch befreien, daß er die zu leistende Sache, nötigenfalls den Erlös zur Hinterlegung bringt (§§ 372 ff.) und den Besitz des herauszugebenden Grundstücks nach vorheriger Androhung an den Gläubiger aufgibt.

Ist der Verpflichtete zur Herstellung oder Wiederherstellung außerstande, ohne daß ein Verschulden anzunehmen ist, so tritt an Stelle der Schadensersatzpflicht die Pflicht zur Herausgabe der Bereicherung. Der Verpflichtete ist zur Herausgabe der Vorteile verbunden, die ihm durch das Freiwerden von der Leistung erwachsen. Erlangt der leistungspflichtige Schuldner infolge des Umstandes, der die Erfüllung unmöglich macht, einen Ersatz oder Ersatzanspruch wie z. B. eine Entschädigung aus Versicherung oder Enteignung, so kann der Gläubiger die Herausgabe des dem Schuldner zugekommenen Vorteils verlangen (§ 281, RG. 93, 142). Besteht ein Rückforderungsrecht auf Grund Eigentums, auf Grund einer Zuwendung durch unverbindlichen Vertrag oder ohne Rechtsgrund, so muß, wenn der geleistete Gegenstand nicht in Natur zurückgegeben werden kann, der Wert insoweit vergütet werden, als der Herausgabepflichtige zur Zeit der Rechtshängigkeit des Anspruchs oder des Verzugs, zur Zeit des Empfangs der Leistung in Kenntnis des Rückforderungsrechts oder zur Zeit des Empfangs der verwerflichen Leistung (§ 819) bereichert war. Zur Bereicherung gehören auch die verbliebenen Nutzungen und der an Stelle der Leistung getretene Ersatz. Anderseits sind die Aufwendungen, die der Herausgabepflichtige zur Erlangung des Vorteils gemacht hat oder zu denen er sich nur infolge der Zuwendung entschlossen hat, in Abzug zu bringen. Es kommt hierbei nicht darauf an, ob die Ausgaben notwendige, nützliche oder willkürliche waren. Nur wird bei notwendigen und nützlichen Ausgaben leichter anzunehmen sein, daß sie mit der Zuwendung in Zusammenhang stehen. Ist durch solche Ausgaben der Wert der Sache bleibend erhöht, so ist diese Erhöhung, was auch für das Recht des Besitzers gegenüber dem Eigentumsanspruch gilt (§ 996 — bezüglich der notwendigen Verwendungen bestimmt sich sonst das Recht des Besitzers auf Ersatz gemäß § 994 nach den Grundsätzen über Geschäftsführung ohne Auftrag —) unbedingt als zu ersetzende Verwendung in Anrechnung zu bringen. Ist ein Rücktrittsrecht auf Grund Vereinbarung oder kraft Gesetzes (vgl. § 25 S. 132, 133) gegeben, so greifen die Vorschriften über Herausgabe der Bereicherung nur in beschränkter Weise Platz. Der Herausgabepflichtige hat, da er mit der Möglichkeit des Rücktritts hat rechnen müssen, ebenso wie der Besitzer einer fremden Sache nach Eintritt der Rechtshängigkeit, für den Untergang oder die Beschädigung der Sache im Falle eines Verschuldens aufzukommen und die bei ordnungsmäßiger Wirtschaft zu ziehenden Nutzungen zu ersetzen (§§ 347, 987, 989).

Wird eine unerlaubte Handlung begangen, die gegen die Grundlagen der Rechtsordnung verstößt, so ist zur Sühne des Unrechts und zur Wiederherstellung der Rechtssicherheit die Anwendung des Strafschutzes geboten. Die verschiedenen strafbaren Handlungen sind bei Darstellung der einzelnen Rechtsgüter aufgeführt. Eine unerlaubte Handlung und folgeweise eine strafbare Handlung liegt nicht vor, wenn die Handlung zur Abwehr eines gegenwärtigen rechtswidrigen Angriffs geboten war (§ 53 StGB., § 227 BGB.). Aber auch eine in Bestürzung, Furcht oder Schrecken erfolgte Überschreitung der Grenzen der Notwehr bleibt straffrei. Gegen unberechtigte Angriffe, die von Sachen oder Tieren ausgehen, ist in entsprechender Anwendung des § 53 StGB. ebenfalls die Möglichkeit der Notwehr anzuerkennen (vgl. § 228 BGB.). Keine unerlaubte Handlung im strafrechtlichen Sinne ist ferner anzunehmen im Falle des Notstandes, der aber nur vorliegt, wenn es sich um Rettung des Täters selbst oder eines Angehörigen aus einer gegenwärtigen Gefahr für Leib oder Leben handelt und der Notstand nicht verschuldet war, auch auf andere Weise nicht zu beseitigen war (§ 54 StGB.). Allgemeine Voraussetzung der Strafbarkeit ist weiter, daß die Begehung der unter Strafe gestellten Tat dem Täter als Verschulden anzurechnen ist. Meist wird zur Strafbarkeit ein vorsätzliches Zuwiderhandeln gegen ein Verbot oder Gebot (bewußt vorsätzliche Verursachung des strafbaren Erfolges, mag dieser durch Unterstützung der ihn befördernden Kräfte oder durch Schwächung der abhaltenden Kräfte herbeigeführt werden) gefordert. Vorsätzlich handelt auch, wer den Erfolg zwar nicht geradezu will, aber für den als möglich vorgestellten Fall des Eintritts dieses Erfolges auch hiermit einverstanden ist (Eventaldolus). Bei anderen Verfehlungen, namentlich solchen gegen das Leben, bei Körperverletzungen, Verletzungen des Gemeinwohls, Zuwiderhandeln gegen öffentlich-rechtliche Pflichten (vgl. §§ 222, 230, 309, 314, 316, 318, 326, 121 Abs. 2, 163, § 5 der V. zum Schutze der Republik v. 26. 6. 22 usw.) genügt fahrlässiges Handeln. Der Täter braucht eine Vorstellung von dem strafbaren Erfolge nicht gehabt zu haben, sofern er nur nach seiner Persönlichkeit und den Umständen der Tat hierzu alle Veranlassung gehabt hätte. Zu einem Vergehen gegen 113 (Widerstand gegen die Staatsgewalt) wird, was die rechtmäßige Amtsausübung betrifft, nach der Praxis der Gerichte nur erfordert, daß der Vollstreckungsbeamte den Auftrag von einer zur Erteilung solcher Aufträge zuständigen Behörde erhalten und in gesetzmäßiger Weise zur Ausführung gebracht hat (RGSt. 40, 213). Angeschuldigte, die zur Zeit der Begehung der Straftat das 14. Lebensjahr noch nicht vollendet haben, sind straffrei (§ 2 JugGerG. v. 16. 2. 23). Die Strafbarkeit des Angeschuldigten, der damals noch nicht 18 Jahre alt war, hängt davon ab, ob er die Fähigkeit hatte, die Verbotswidrigkeit der von ihm begangenen Handlung einzusehen und seinen Willen danach zu bestimmen (RStG. 47, 385, § 3 Ges. v. 16. 2. 23). Über die Art der Bestrafung jugendlicher Personen unter 18 Jahren s. §§ 9 ff. dieses Ges. Die Strafbarkeit wird ferner ausgeschlossen durch unverschuldeten Irrtum über diejenigen Umstände, welche den objektiven Tatbestand der Straftat ausmachen (§ 59 StGB.). Hierher gehört auch die irrige Annahme einer die Strafbarkeit beseitigenden Berechtigung. Daß die unverschuldete Unkenntnis einer auf Grund des § 3 des Ermächtigungsges. v. 4. 8. 14 erlassenen Kriegsverordnung einen Strafausschließungsgrund bilden kann, ist in der BV. v. 18. 1. 17 ausdrücklich anerkannt.

Nicht notwendig ist, daß die Straftat in vollem Umfange zur Verwirklichung gekommen ist. Der Bestrafung unterliegt auch der Mittäter, der in der selbständigen Absicht, die Tat zur Vollendung zu bringen, sie in Gemeinschaft mit dem anderen Täter verwirklicht hat, sowie der eine Beihilfehandlung vornehmende Gehilfe, der insoweit sich zur Begehung der Straftat dem Willen des Täters untergeordnet hat (§§ 47, 49 StGB.). Bestraft wird außerdem, wer mit der Ausführung der strafbaren Handlung in der Absicht der Vollendung der Straftat bei einem Verbrechen oder, falls hier der Versuch für strafbar erklärt ist, bei einem Vergehen den Anfang macht (§§ 44, 46), desgleichen der Anstifter, vorausgesetzt, daß es zu einem Anfang der Ausführung der Straftat gekommen ist (§ 48), und auch ohne diese Voraussetzung derjenige, welcher schriftlich oder gegen Gewährung von Vorteilen einen andern zur Mitwirkung bei einem Verbrechen aufgefordert oder sich selbst hierzu erboten hat (§ 49 a; strafbar ist nach § 25 G. v. 21. 7. 22 auch die Verabredung des Mordes). Schon das Unternehmen der Anstiftung ist als selbständige Straftat zu bestrafen beim Meineid nach § 152. In gewissen Fällen sind bereits Vorbereitungshandlungen — wie beim Hochverrat nach §§ 83—86, beim Münzverbrechen nach § 151 — unter Strafe gestellt. Ein besonderes Vergehen bildet ferner die nach Begehung des Verbrechens oder Vergehens erfolgte, nicht schon vorher zugesagte Beistandsleistung, durch welche der Täter der Bestrafung entzogen oder die Vorteile der Straftat ihm gesichert werden sollen (Begünstigung nach § 257 und Hehlerei). Letzteres Vergehen wird durch eigennützige Begünstigung des Täters in bezug auf Diebstahl, Unterschlagung, Raub oder dadurch begangen, daß der Hehler die durch strafbare Handlung einem andern entzogene Sache aus Eigennutz verheimlicht, in seine Verfügungsgewalt bringt oder zu ihrem Absatze bei Dritten mitwirkt (§§ 258 ff.). Die im StGB. zugelassenen Strafen bestehen in Todesstrafe (wegen Mordes nach § 211, wegen versuchen Mordes im Falle des § 1 des RG. zum Schutze der Republik v. 21. 7. 22, ferner wegen schweren Kriegsverrats, das ist Landesverrat im Felde nach § 58 des MStGB. v. 30. 6. 72, Übergabe eines festen Platzes usw. nach § 63, Feigheit während des Gefechts nach § 84), in Freiheitsstrafen (§§ 13 ff. StGB., Zuchthaus von einem Jahr bis zu fünfzehn Jahren oder lebenslänglich, Gefängnis von einem Tag bis zu fünf Jahren, Festungshaft von einem Tag bis zu fünfzehn Jahren oder lebenslänglich, einfache Haft von einem Tag bis zu sechs Wochen, verschärfte Haft von gleicher Dauer nach § 361 Nr. 3 bis 8, neben welcher Strafe zugleich auf Überweisung an die Landespolizeibehörde zur Ermöglichung der Unterbringung in ein Arbeitshaus auf höchstens zwei Jahre erkannt werden kann, § 362), in Vermögensstrafen (Geldstrafe bei Übertretungen nach § 27 StGB. in der Fassung der V. v. 6. 2. 24 eine Goldmark bis einhundertfünfzig Goldmark, bei Vergehen und Verbrechen drei bis zehntausend Goldmark, falls hier nicht Geldstrafe in unbeschränkter Höhe angedroht ist. Beruht das Verbrechen oder Vergehen auf Gewinnsucht, so kann nach § 27a in der Fassung der gleichen V.

auf eine Geldstrafe bis zu 100 000 Goldmark erkannt werden, auch neben der im Gesetz allein angedrohten Freiheitsstrafe. Ist die Geldstrafe nicht einbringlich, so tritt an ihre Stelle bei Vergehen oder Verbrechen Gefängnis oder, wenn auf Zuchthaus erkannt wird, Zuchthausstrafe von einem Tage bis zu einem Jahre, bei Übertretungen, ausnahmsweise auch bei Vergehen Haft von einem Tage bis sechs Wochen (§ 29 das.). Die Vorschriften, durch die für die Umwandlung ein bestimmter Geldbetrag einem Tage Freiheitsstrafe gleichgesetzt ist, sind aufgehoben. An Stelle einer kurzen Freiheitsstrafe kann nach § 27b in der F. der V. v. 6. 2. 24 eine Geldstrafe gesetzt werden. Über Geldstrafen, die nicht bei Verbrechen, Vergehen oder Übertretungen angedroht sind, vgl. Art. II und III dieser V. Zulässig als Vermögensstrafe ist auch die Einziehung der durch vorsätzliches Verbrechen oder Vergehen eines Teilnehmers hervorgebrachten Gegenstände (falsches Geld, verfälschte Urkunde, verfälschte Lebensmittel usw.). Die nebenbei zu erkennenden Ehrenstrafen bestehen in der Unfähigkeit zu öffentlichen Ämtern und zum Heeresdienst (§ 31 StGB.) und in der Aberkennung der bürgerlichen Ehrenrechte (§§ 32 ff.). Geldstrafen und kürzere Freiheitsstrafen sollen einen gewissen Druck zur Beobachtung des Strafgesetzes ausüben. Längere Freiheitsstrafen sind dazu bestimmt, bessernd auf die Gesinnung des Verurteilten einzuwirken. Ist eine Besserung nicht zu erwarten, so bleibt nur übrig, den Täter solange wie möglich unschädlich zu machen. Bei Bemessung der Strafhöhe ist namentlich auf die Stärke des verbrecherischen Willens, auf die Größe des Schadens und die Gefährlichkeit des Verbrechers Rücksicht zu nehmen. Begehung der Straftat im Rückfall (§§ 244, 245, 261, 264, 362 Abs. 2 hinsichtlich des Bettelns), gewerbs- oder gewohnheitsmäßige Verübung (§§ 260, 294, vgl. § 180) sind verschiedentlich als Strafschärfungsgründe vorgesehen. Die für mehrere Straftaten zu erkennende Gesamtstrafe hat gemäß § 74 in einer Erhöhung der verwirkten schwersten Strafe zu bestehen. Eine einheitliche Handlung ist anzunehmen, wenn durch dieselbe Handlung mehrere Strafgesetze verletzt werden, indem der Erfolg der Handlung unter verschiedenen Gesichtspunkten als strafbar erscheint. Die Bestrafung richtet sich hier nach dem schwersten Strafgesetz (§ 73). Im fortgesetzten Zusammenhang begangene Straftaten gleicher Art können der natürlichen Auffassung als einheitliche Handlung erscheinen. Von Gesetzeskonkurrenz pflegt man zu sprechen, wenn eine Strafdrohung vollständig den Tatbestand einer anderen Strafdrohung in sich aufnimmt. — Zur bedingten Aussetzung einer Freiheitsstrafe von nicht mehr als 6 Monate sind die Pr. Gerichte nach dem Erl. v. 2. 8. 20 ermächtigt.

Der vorbeugende Schutz betätigt sich hauptsächlich auf dem Gebiete der strafbaren Handlungen, ist aber auch sonst von Bedeutung. Gefährliche Anlagen auf einem Grundstück braucht der Nachbar nach § 907 BGB. nicht zu dulden, sofern eine unzulässige Einwirkung ihres Bestehens oder ihrer Benutzung auf das Nachbargrundstück mit Sicherheit vorauszusehen ist. Hierunter fallen auch bauliche Anlagen bei drohender Gefahr des Einsturzes oder der Ablösung von Teilen, desgleichen Vertiefungen, die dem Nachbargrundstück die erforderliche Stütze nehmen. Die Rechte des Eigentümers gegenüber dem Nießbraucher sind in §§ 1051/54 dahin geordnet, daß er, sobald das Verhalten des Nießbrauchers die Besorgnis einer erheblichen Verletzung der Rechte des Eigentümers begründet, Sicherheitsleistung und nötigenfalls zur Erzwingung der Sicherheit die Anordnung einer Verwaltung verlangen kann. Das gleiche Recht steht dem Eigentümer auch zu, wenn das bezeichnete Verhalten des Nießbrauchers trotz Abmahnung fortgesetzt wird. Gleichartig sind die dem Nacherben zur Sicherung gegenüber dem Vorerben in §§ 2127/28 gegebenen Vorschriften. Die Besorgnis einer erheblichen Verletzung kann hier schon durch die ungünstige Vermögenslage des Vorerben begründet sein. Der Verleiher kann von dem Leihvertrage zurücktreten, wenn der Entleiher einen vertragswidrigen Gebrauch von der Sache gemacht hat und die Gefahr einer weiteren Vernachlässigung der Sache besteht (§ 605 Nr. 2). Das Rücktrittsrecht des Vermieters setzt in solchem Falle voraus, daß der Mieter durch vertragswidrigen Gebrauch die Rechte des Vermieters in erheblichem Maße verletzt und dies Verhalten trotz Abmahnung des Vermieters fortsetzt (§ 553). Der Ehefrau wird nach gesetzlichem Güterrecht ein Schutz gegen die Verwaltung des Mannes dadurch gewährt, daß sie bei erheblicher Gefährdung des eingebrachten Gutes Sicherheitsleistung sowie Hinterlegung oder Umschreibung der zum eingebrachten Gut gehörigen Inhaberpapiere auf ihren Namen und sogar Aufhebung der Verwaltung und Nutznießung des Mannes verlangen kann (§§ 1391/93, 1418/19, s. über Aufhebung der Gütergemeinschaft §§ 1468/69, 1549 und über Aufhebung der Errungenschaftsgemeinschaft §§ 1542/43). Bei Gefährdung des Kindesvermögens durch den Inhaber der elterlichen Gewalt hat nach § 1667 das Vormundschaftsgericht einzuschreiten. Aus besonderen Gründen kann nach § 1844 der Vormund (Pfleger) zur Leistung von Sicherheit für das von ihm zu verwaltende Vermögen angehalten werden.

Die Verhütung strafbarer Handlungen ist hauptsächlich Sache der Polizei, die allerdings bei Vorbereitungshandlungen nur eingreifen kann, wenn es sich um Vorbereitung eines bestimmten Unternehmens handelt. Das Eindringen in fremde Wohnungen ist der Polizei nur ausnahmsweise bei besonders dringender Gefahr gestattet. Eine Ausnahme wird gemacht bei Vorhandensein einer Lebensgefahr und aus Anlaß eines aus der Wohnung hervorgegangenen Hilferufs (§ 9 G. v. 12. 2. 1850). Was die Beaufsichtigung der Versammlungen betrifft, so sind die Beauftragten der Polizeibehörde nach § 14 des Vereinsges. v. 19. 4. 08 befugt, eine Versammlung für aufgelöst zu erklären, wenn Vorschläge erörtert werden, die eine Aufforderung oder Anreizung zu Verbrechen oder von Amts wegen zu verfolgender Vergehen enthalten. Versammlungen unter freiem Himmel können nach Art. 123 RV. bei unmittelbarer Gefahr für die öffentliche Sicherheit verboten werden. Um strafbaren Handlungen vorbeugen zu können, ist in den Fällen, wo gemäß gesetzlicher Bestimmung auf Zulässigkeit von Polizeiaufsicht erkannt ist (§§ 38, 49a, 115 Abs. 2, 122 Abs. 3 usw.) der höheren Landespolizeibehörde die Befugnis gegeben, dem Verurteilten (sofern er unter Polizeiaufsicht gestellt ist) den Aufenthalt an bestimmten Orten zu untersagen. Haussuchungen bei diesen Personen unterliegen hinsichtlich der Zeit der Vornahme keiner Beschränkung (§§ 38, 39). Zur Verhinderung strafbarer Handlungen dient es ferner, daß Gegenstände, die zur Begehung eines vorsätzlichen Verbrechens oder Vergehens gebraucht oder bestimmt sind, sofern sie dem Täter oder einem Teilnehmer gehören, eingezogen werden können (§ 40). Bei einzelnen Straftaten ist die Einziehung auch ohne diese Voraussetzung zulässig (§§ 152, 295, 296a, 369 Nr. 2, 360 Abs. 2, 367 Abs. 2, § 77 des Viehseuchenges. v. 26. 6. 09 wegen verbotswidriger Einfuhr usw.). Etwas der Einziehung Ähnliches ist die in § 41 StGB. vorgeschriebene Unbrauchbarmachung einer Schrift wegen ihres strafbaren Inhalts. Ebenso ist in §§ 42, 43 des Urheberrechtsges. v. 19. 6. 01 die Vernichtung der unter Verletzung des Urheberrechts hergestellten oder verbreiteten Exemplare und der zu ihrer Herstellung bestimmten Formen vorgeschrieben, falls der Berechtigte nicht vorzieht, sie gegen Vergütung zu übernehmen. Die Herstellung oder der Besitz von Gegenständen, die zur Begehung strafbarer Handlungen zu benutzen sind, ist verschiedentlich (wie z. B. in §§ 151, 369 Nr. 1 u. 2 StGB.) als selbständige Straftat erklärt. Auf die Verhütung strafbarer Handlungen hat die Polizeibehörde selbstverständlich auch dann Rücksicht zu nehmen, wenn die Erteilung einer polizeilichen Erlaubnis in ihrer Hand liegt. Von Bedeutung ist dies namentlich für die Erteilung der Konzession zum Gewerbebetriebe. Kann die Konzession wegen Unzuverlässigkeit versagt werden (wie nach §§ 34, 35 GewO., vgl. auch § 30 unter a, § 33 unter 1 das.), so ist vor allem zu prüfen, ob die Gefahr besteht, daß der Gewerbebetrieb zur Begehung strafbarer Handlungen mißbraucht wird. Daß zu dem gewerblichen Verkehr mit unedlen Metallen, mit Edelmetallen und dergleichen in den beiden V. v. 11. 6. 23 eine Erlaubnis erfordert wird, hat hauptsächlich darin seinen Grund, daß ein größerer Schutz gegen die hier vielfach vorkommenden Unehrlichkeiten gewährt werden soll. Den hiermit befaßten Gewerbetreibenden ist eine genaue Buchführung zur Pflicht gemacht. Sie dürfen auch die erworbenen Gegenstände vor Ablauf von 5 Tagen (mit teilweiser Ausnahme von Großbetrieben) nicht weiter veräußern oder verändern. Polizeilicher Natur ist die in Art. 48 RV. in die Hände des Reichspräsidenten gelegte Machtbefugnis, die zur Wiederherstellung der öffentlichen Sicherheit und Ordnung erforderlichen Maßnahmen zu treffen (vgl. die auf Grund des Art. 48 von dem Reichspräsidenten über Druckschriften und Versammlungen erlassene V. v. 28. 9. 21 und jetzt Abschnitt III und IV des G. zum Schutze der Republik v. 21. 7. 22, vgl. auch V. v. 10. 8. 23 über das Verbot aufhetzender Zeitungen).

§ 30. Rechtsverfolgung.

Die Verfolgung der dem einzelnen um seiner selbst willen zustehenden Rechte ist seinem Belieben überlassen. Zum Zwecke der Rechtsverfolgung ist er regelmäßig darauf angewiesen, den Schutz des Staates durch Klageerhebung anzurufen. Die Rechtsverfolgung im Wege der Selbsthilfe ist außer dem Falle der zur Abwehr eines rechtswidrigen Angriffs gebotenen Notwehr (§§ 227/8) und der Verteidigung des Besitzstandes (§ 859) nach §§ 229 ff. nur gestattet, wenn die Hilfe des Staates sonst zu spät kommen würde, und zwar nur mit der Beschränkung, daß die Selbsthilfe ohne Verzögern (§ 230 Abs. 4) in Gerichtshilfe (Antrag auf dinglichen oder persönlichen Arrest) umzuleiten ist. Eine Art Selbsthilfe (ein Druckmittel zur Erlangung der Befriedigung) ist auch die Einhaltung der Gegenleistung (§ 320) und die Zurückbehaltung einer aus dem gleichen rechtlichen Verhältnis geschuldeten Leistung (§ 273). Über das mit einem Pfandrecht verbundene Zurückbehaltungsrecht s. §§ 559/63 (Miete), 647/48 (Werkvertrag), § 704 (Gastwirt), §§ 369/71 HGB. (kaufmännisches Zurückbehaltungsrecht), 397 (Kommissionär), 410/11 (Spediteur), 421 (Lagerhalter), 440/43 (Frachtführer). Das Pfandrecht kann in den Fällen der §§ 273, 562, 704 BGB., 369 letzter Absatz HGB. durch Sicherheitsleistung abgelöst werden. Der Unternehmer eines Bauwerks kann nach § 648 die Eintragung einer Sicherungshypothek auf das Baugrundstück verlangen. Was sodann die Rechtshilfe durch Klageerhebung betrifft, so ist diese nicht nur zulässig bei Klagen auf Leistung, die einen bestimmten Antrag enthalten müssen (§ 253 ZPO., Ausnahme nach § 254, wenn mit der Klage auf Leistung eine diesen Anspruch vorbereitende Klage auf Auskunfterteilung verbunden ist), sondern auch, das Vorhandensein eines Rechtsschutzinteresse vorausgesetzt, bei Klagen auf Feststellung und auf künftige Leistung (§§ 256—259). Die Verfügungsfreiheit, die dem einzelnen außerhalb des Rechtsstreits zusteht, verbleibt ihm auch im Rechtsstreit selbst. Der Partei kann — unbeschadet der Pflicht des Gerichts, auf Klarstellung hinzuwirken, § 139 — nur das zugesprochen werden, was ihrem Verlangen entspricht; es können nur die von ihr gemachten tatsächlichen Anführungen und (mit Ausnahme der §§ 141/43) nur die von ihr gestellten Beweisanträge berücksichtigt werden. Die Partei kann auf den von ihm benannten Zeugen verzichten, was indes das Recht des Gegners nicht ausschließt, die Vernehmung des erschienenen Zeugen seinerseits zu verlangen (§ 399). Über den Anspruch selbst und über prozessuale Befugnisse — soweit sie nicht als im öffentlichen Interesse gegeben anzusehen sind — kann die Partei einseitig durch Anerkenntnis, Verzicht, Geständnis verfügen. Beschränkt ist das Verfügungsrecht insoweit, als nach den Vorschriften des bürgerlichen Rechts für den Anspruch selbst Beschränkungen bestehen. Die Parteien haben nicht die Macht, die Ehe im Scheidungs- oder Anfechtungsprozeß nach ihrem Belieben zur Lösung zu bringen, sie können im Nichtigkeitsprozeß weder zugunsten der Gültigkeit, noch zugunsten der Nichtigkeit der Ehe Verfügungen vornehmen und können nicht willkürlich eine Veränderung des Personenstandes (abgesehen von dem Recht des Ehemanns, die

Ehelichkeit des in der Ehe geborenen Kindes anzuerkennen), eine Entmündigung oder eine Todeserklärung herbeizuführen (§§ 617, 618, 622, 640, 641, 670, 968, 970). Dafür ist dem Gericht in diesen Prozessen das Recht gegeben, Tatsachen und Beweismittel von Amts wegen zu berücksichtigen. Ist ein Rechtsgeschäft wegen Verstoßes gegen ein gesetzliches Verbot oder gegen die guten Sitten nichtig, so ist diese Nichtigkeit, wenn ein solcher Sachverhalt sich im Prozesse herausstellt, von Amts wegen zu beachten. Mit dem Verfügungsrecht der Parteien steht in Zusammenhang, daß — abgesehen von dem amtsgerichtlichen Verfahren, dem Beweisverfahren, der Rechtsmitteleinlegung und der Zustellung der auf Scheidung oder Nichtigkeit der Ehe lautenden Urteile — auch der Prozeßbetrieb in den Händen der Parteien liegt. Änderungen des bürgerlichen Streitverfahrens hat die V. v. 13. 2. 24 gebracht. Außer verschiedenen Vereinfachungen (hinsichtlich der Vorbereitung der mündlichen Verhandlung, des Urteilstatbestandes, der Zuständigkeit des Einzelrichters, des § 360, 338 Nr. 3 ZPO. usw.) ist der Parteibetrieb für Vertagungen aufgegeben und die Erörterungspflicht ausgedehnt, die namentlich für das der Klageerhebung vorausgehende Güteverfahren Bedeutung hat. Zur Geltendmachung öffentlicher Rechte ist die Behörde berufen, die dieses Recht im Verwaltungsverfahren oder im Verwaltungsstreitverfahren — auf letzteres Verfahren ist sie in einzelnen Fällen, wie nach §§ 114 Abs. 3, 119, 120 G. v. 1. 8. 83 von Anfang an beschränkt — zur Geltung zu bringen hat. Doch gibt es auch auf dem Gebiete des öffentlichen Rechts Eigenrechte (Ansprüche auf Gehalt, auf finanzielle Zuschüsse, auf Schadensersatz wegen Verletzung öffentlich-rechtlicher Verpflichtungen, Ausgleichungsansprüche), die vor den ordentlichen Gerichten zu verfolgen sind. Klage im Verwaltungsstreitverfahren kann zur Durchführung öffentlich-rechtlicher Ansprüche auch von dem einzelnen, besonders wenn er in seinen Rechten als Mitglied öffentlicher Verbände sich verletzt glaubt (vgl. §§ 18, 76 des ZustG. v. 1. 8. 83), erhoben werden. In diesem Verfahren kann der nach dem Ermessen des Verwaltungsgerichts erforderliche Beweis in vollem Umfange von Amts wegen aufgenommen werden, wie auch das Verwaltungsgericht dritte von dem Verwaltungsstreit beteiligte Personen von Amts wegen beiladen kann (§§ 76, 70 G. v. 30. 7. 83). Bei Streitigkeiten der Beteiligten im Verwaltungsstreitverfahren (s. z. B. §§ 47 Abs. 3, 56 Abs. 5 des ZustG. v. 1. 8. 83) ist innerhalb der durch das öffentliche Recht gezogenen Grenzen gleichfalls die Verfügungsfreiheit der Partei anzuerkennen. Ist eine polizeiliche Verfügung ergangen, so kann diese nach Wahl des Betroffenen durch Beschwerde oder durch Klage im Verwaltungsstreitverfahren angefochten werden (§ 127 des G. v. 30. 7. 83). Die Wahl der Beschwerde schließt nicht aus, daß gegen den in letzter Instanz ergangenen Bescheid des Oberpräsidenten binnen 2 Wochen die Klage beim Oberverwaltungsgericht angestellt werden kann. Soweit die Zuständigkeit der Verwaltungsgerichte begründet ist, ist die Zuständigkeit der ordentlichen Gerichte ausgeschlossen. Auf die Einrede der Unzulässigkeit des Rechtswegs kann nicht verzichtet werden. Die Verfolgung strafbarer Handlungen ist der Staatsanwaltschaft (Amtsanwaltschaft) zugewiesen. Bei geringen Vergehen findet nach der neuen V. v. 4. 1. 24 §§ 23, 24 ein Strafverfolgungszwang nicht statt. Bei verschiedenen Straftaten — feindliche Handlungen gegen befreundete Staaten (§§ 102—104 StGB.), Hausfriedensbruch (§ 123 Abs. 1), Beleidigung (§§ 189, 194—196), Körperverletzung (§§ 223, 230 Abs. 1, 232), Sittlichkeitsvergehen (§§ 172, 182, 236/7, vgl. auch 170), Familiendiebstahl (§ 247), Betrug gegen nahestehende Personen (§ 263 Abs. 4) usw. — tritt die Strafverfolgung nur auf Antrag des Verletzten ein (§§ 61 ff. StGB.). Die Erhebung der Privatklage ist dem Verletzten nach § 414 StPO. (weitergehend jetzt § 374 StPO. in der F. v. 22. 3. 24) bei Beleidigung oder Körperverletzung gestattet. Hat hier die Staatsanwaltschaft die Strafverfolgung als im öffentlichen Interesse liegend übernommen, so kann der Verletzte sich der erhobenen öffentlichen Klage als Nebenkläger mit den Rechten des Privatklägers (§ 437) und mit der Befugnis zur selbständigen Einlegung von Rechtsmitteln anschließen (§§ 435 ff.). Die Anschließung als Nebenkläger ist auch statthaft zur Betreibung des Antrags auf Zuerkennung einer Buße (§§ 443 ff.). Hat die Staatsanwaltschaft einem von dem Verletzten gestellten Antrage auf Erhebung der öffentlichen Klage nicht stattgegeben, so kann der Antragsteller Beschwerde einlegen und bei ablehnendem Bescheide gerichtliche Entscheidung (durch das Oberlandesgericht oder Reichsgericht) beantragen. Er ist, wenn die öffentliche Klage erhoben ist, bei bestimmten Straftaten, die jetzt im Wege der Privatklage verfolgt werden können, zur Anschließung als Nebenkläger berechtigt (§§ 395, 374 StPO. in der neuen Fassung). Die Polizeibehörde kann nach Maßgabe der landesgesetzlichen Bestimmungen ohne Mitwirkung der Staatsanwaltschaft polizeiliche Strafverfügung wegen einer

Übertretung erlassen (§§ 413 ff. Pr. G. v. 23. 4. 83, vgl. auch G. v. 28. 10. 71 §§ 32 ff. über das Verfahren in Poststrafsachen). Wird gerichtliche Entscheidung beantragt, so wird ohne Anklageerhebung zur Hauptverhandlung geschritten. Bei Zuwiderhandlungen gegen Steuergesetze gebührt nach §§ 386 ff. der RAbgabenordnung v. 13. 12. 19 die Strafverfolgung dem Finanzamt, das jedoch die Sache an die Staatsanwaltschaft abgeben kann (§§ 390, 411). Gegen den von dem Finanzamt erlassenen Strafbescheid kann entweder Beschwerde an das Landesfinanzamt eingelegt oder auf gerichtliche Entscheidung angetragen werden.

Im Strafverfahren kann die Staatsanwaltschaft vor Erhebung der öffentlichen Klage durch das Ermittlungsverfahren oder die vom Richter zu führende Voruntersuchung sich Klarheit darüber verschaffen, ob der Verdacht der strafbaren Handlung begründet ist. Ebenso kann der Angeschuldigte zur Verteidigung gegen die Eröffnung des Hauptverfahrens Beweiserhebungen oder eine Voruntersuchung beantragen (§ 201 StPO.). Die Voruntersuchung wird von dem Untersuchungsrichter geführt, sie kann auch einem Amtsrichter übertragen werden. In bürgerlichen Rechtsstreitigkeiten bleibt es dagegen den Parteien überlassen, sich auf privatem Wege über die für den Klageanspruch oder die Einwendungen erheblichen Tatsachen zu unterrichten, ohne daß die Hilfe des Staates in Anspruch genommen werden kann. Ausnahmsweise findet nach §§ 486 ff. ZPO. eine Beweisaufnahme außerhalb des Prozesses statt, wenn zu besorgen ist, daß sonst das Beweismittel verloren gehen oder seine Benutzung erheblich erschwert sein werde, oder wenn der Gegner mit der Beweisaufnahme einverstanden ist. Eine ähnliche Vorschrift ist in §§ 522 ff. HGB. gegeben, wonach der Richter bei Schiffsunfällen zur Aufnahme der Verklarung den Schiffer und die von diesem gestellten oder vom Richter ausgewählten Personen der Schiffsbesatzung eidlich als Zeugen abzuhören hat. Eine gewisse Erleichterung der Rechtsverfolgung gewährt es, daß auf Antrag einer Partei, die eine Klage zu erheben beabsichtigt, von dem Amtsgericht ein Sühnetermin abgehalten werden muß (§ 510 c ZPO.). Kommt im Termine eine Eingung nicht zustande, so kann hier sogleich die zu Protokoll zu nehmende Klage erhoben werden. Auch in Auseinandersetzungsstreitigkeiten findet im allgemeinen eine amtliche Mitwirkung zur Klarstellung der Sachlage und zur Erzielung einer gütlichen Einigung nicht statt. Eine besondere Vorschrift ist, daß bei Vorhandensein mehrerer Erben sich auf Antrag das Nachlaßgericht, falls nicht ein Testamentsvollstrecker hierfür bestellt ist, mit der Erbauseinandersetzung zu befassen hat (§§ 86 ff. FGG. v. 17. 5. 98 — vgl. auch § 729 HGB. über Verteilung der Havereikosten durch die im Bedarfsfall vom Gericht besonders zu ernennenden Dispacheure und § 64 des G. über den Versicherungsvertrag v. 30. 5. 08 über die Ernennung von Sachverständigen zur Abschätzung der Versicherungsschäden). Die öfffentliche Behörde ist stets befugt, sich durch Vornahme von Ermittlungen Aufklärung zu verschaffen, ob und in welcher Richtung die Voraussetzungen ihres Einschreitens gegeben sind. Auch dem Konkursgericht (§ 75 KO.) und dem Vormundschaftsgericht (§ 12 FGG. v. 17. 5. 98) ist zu gleichem Zwecke allgemein die Befugnis zu Beweiserhebungen gegeben.

Um ihre Rechte verfolgen zu können, muß den Parteien (dem Kläger und gleicherweise dem Beklagten, der das Recht auf Befreiung von der ihm angesonnenen Verpflichtung verfolgt) die Möglichkeit gegeben sein, ihre Anführungen im Rechtsstreit vorzubringen. Sie haben ein Recht auf Gehör und müssen, um dieses wirksam betätigen zu können, auch ein Recht auf Kenntnisnahme der im Rechtsstreit abgegebenen Erklärungen haben. Beides, das Recht auf Gehör und auf Kenntnisnahme, ist in dem Recht auf Zuziehung enthalten. Eine Ausnahme von dem Recht auf Gehör ist es, daß dem Gesuche um Anordnung eines Arrests oder einer einstweiligen Verfügung ohne Anhörung des Gegners stattgegeben werden kann, was darin seine Rechtfertigung findet, daß es sich um eine nur vorläufige Entscheidung handelt, die nur bei Gefahr im Verzuge zu erlassen ist und gegen die jederzeit Widerspruch erhoben werden kann, in welchem Falle die Entscheidung durch Endurteil zu treffen ist (§§ 920, 921, 924, 925, 936 ZPO.). Auch der Zahlungsbefehl wird ohne Anhörung des Schuldners erlassen, dem jedoch das Recht der Widerspruchserhebung (§§ 694/96) vorbehalten bleibt. Eine weitere Ausnahme ist, daß vor Erlaß des Pfändungsbeschlusses der Schuldner, um ihm nicht Gelegenheit zu geben, die zu pfändende Forderung noch im letzten Augenblick dem Gläubiger zu entziehen, nicht gehört werden darf (§ 834). Dem Recht auf Gehör entspricht es, daß der Partei die zu Erkundigungen behufs Vorbereitung ihres Vorbringens erforderliche Zeit gelassen werden muß. Bei Bestimmung der Termine und Fristen ist darauf Rücksicht zu nehmen, daß das Recht der Partei auf Vorbereitung nicht geschmälert wird. Reicht die Zwischenzeit hierfür nicht aus, so kann die Verlegung des Termins oder die Verlängerung der Frist beantragt werden (§§ 225, 227 — Abkürzung oder wiederholte Verlängerung nur nach Gehör des Gegners statthaft). Besonders bestimmt ist in §§ 262, 217, 492, daß zwischen der Zustellung der Klage und der mündlichen Verhandlung ein Zeitraum von mindestens zwei Wochen, im amtsgerichtlichen Verfahren von mindestens einer Woche oder drei Tagen (Einlassungsfrist) und zwischen der Zustellung einer Ladung in einer bereits anhängigen Sache und dem Termine mindestens ein Zeitraum von einer Woche (Ladungsfrist) liegen muß. In Meß- und Marktsachen beträgt die Einlassungs- und Ladungsfrist 24 Stunden. Vgl. auch die Vorschriften in § 132 über die rechtzeitige Zustellung der vorbereitenden Schriftsätze. Das Recht auf Gehör bedeutet nicht nur, daß die Partei angehört werden muß, sondern auch, daß ihr Vorbringen sachlich gewürdigt werden muß, daß ihren Beweisanträgen, wenn sie gerechtfertigt sind, zu entsprechen ist und daß bei der Entscheidung ihre Darlegungen zu berücksichtigen sind, was aus der Urteilsbegründung (§ 286) ersichtlich sein muß. Andrerseits darf das Recht auf Gehör nicht dazu mißbraucht werden, den Rechtsstreit in die Länge zu ziehen. Verteidigungsmittel, die früher hätten vorgebracht werden sollen, können, wenn dies aus grober Nachlässigkeit unterblieben ist und ihre Zulassung die Erledigung des Rechtsstreits verzögern würde, auf Antrag zurückgewiesen worden (§ 279). Dasselbe gilt nach § 374 von der Benennung neuer Zeugen und nach § 433 von dem Verlangen der Vorlegung einer in den Händen eines Dritten oder einer Behörde befindlichen Urkunde. Zur Hebung eines Hindernisses von ungewisser Dauer, das einer Beweisaufnahme entgegensteht, sowie zur Beschaffung einer von einem Dritten herauszugebenden Urkunde ist, und zwar im ersteren Falle auf Antrag, eine Frist zu bestimmen, nach deren Ablauf das Beweismittel nur bei Nichtverzögerung des Rechtsstreits benutzt werden kann (§§ 356, 431). Ist die Einlegung des Rechtsmittels, die Revisionsbegründungsfrist (233) oder die rechtzeitige Einzahlung des für die Revisionsinstanz erforderten Gebührenvorschusses (§ 554) versäumt, so ist eine Wiedereinsetzung auf den binnen zwei Wochen zu stellenden Antrag nur zulässig, wenn die Versäumung durch Naturereignisse oder andere unabwendbare Zufälle herbeigeführt worden ist, die auch bei der äußersten, vernünftigerweise zu erwartenden Sorgfalt nicht abgewehrt werden konnten (§§ 232 ff.). Die Versäumung eines Verhandlungstermins, die den Erlaß eines Versäumnisurteils zur Folge gehabt hat, kann ohne weiteres dadurch wieder gutgemacht werden, daß gegen das Versäumnisurteil binnen zwei Wochen Einspruch eingelegt wird (§§ 330 ff.). Wiedereinsetzung gegen den Ablauf der Einspruchsfrist wird nach § 233 Abs. 2 auch dann gewährt, wenn die Partei von der Zustellung des Versäumnisurteils ohne Schuld keine Kenntnis bekommen hat. Ist auch der infolge des Einspruchs angesetzte neue Verhandlungstermin versäumt worden, so ist ein weiterer Einspruch nicht statthaft (§ 345). Ist durch unverschuldete Versäumung eines Beweistermins die Unvollständigkeit der Beweisaufnahme herbeigeführt, so kann eine nachträgliche Beweisaufnahme stattfinden (§ 367). Besondere Vorschriften sind für das verbreitende Verfahren in Punktensachen getroffen. Ansprüche, Angriffs- oder Verteidigungsmittel, Beweismittel und Beweiseinreden, die nicht zu Protokoll des beauftragten Richters festgestellt sind, können nicht geltend gemacht werden, falls sie nicht etwa erst später entstanden oder der Partei bekannt geworden sind (§ 354).

Das Recht auf Kenntnisnahme gewährt der Partei ein Recht, von allen gerichtlichen Anordnungen (Urteilen und Prozeßverfügungen), von sämtlichen Beweiserhebungen und von allen schriftlichen Erklärungen der Gegenpartei Mitteilung zu erhalten. Urteile sind den Parteien durch Verkündung bekannt zu machen (§ 310/12). Die Bekanntmachung der Beschlüsse und Verfügungen des Gerichts kann durch Verkündung oder durch Zustellung geschehen (§ 329). Die Parteien können Ausfertigungen oder Abschriften der gerichtlichen Anordnungen und der gerichtlichen Protokolle sich erteilen lassen (§ 299). Schriftsätze sind nicht nur dem Gericht einzureichen, sondern auch dem Gegner zuzustellen. Die Klageerhebung, der Beitritt eines Streitgehilfen, die Streitverkündung, Anträge auf Aussetzung des Verfahrens oder Aufnahme eines unterbrochenen oder ausgesetzten Verfahrens einschließlich der zu diesem Zweck zu machenden Anzeigen können rechtswirksam nur in einem solchen dem Gegner zugestellten Schriftsatz erklärt werden (§§ 253, 510 — der hiervon keine Ausnahme macht, da die Klageerhebung erst im Termin erfolgt — 70, 73, 239, 246, 250, 271, 522). Auch die Berichtigung des Urteilstatbestandes und die Ergänzung des

Urteils kann nur in einem solchen Schriftsatz beantragt werden (§§ 320/21). Die im Buch 1 Tit. 5, §§ 239 ff. bezeichneten Erklärungen erachtet jedoch das RG. (52, 347 und öfter) schon dann für wirksam, wenn sie in der mündlichen Verhandlung abgegeben sind. Aus dem Recht auf Kenntnisnahme ergibt sich auch das Recht auf Anwesenheit in den gerichtlichen Terminen, in den Verhandlungsterminen sowohl wie in den Beweisterminen. Nicht ausgeschlossen ist durch dieses Recht auf Anwesenheit, daß die Partei zur Aufrechterhaltung der Ordnung aus dem Sitzungszimmer entfernt werden kann (§ 158 ZPO., § 178 GVG.).

Das allgemeine Recht auf Zuziehung hat eine besondere Bedeutung für den Fall, daß an Stelle der den Prozeß führenden Person infolge gesetzlichen Übergangs der Prozeßführung (infolge Erbfalls, Konkurseröffnung, Notwendigkeit der Vertretung, Wegfall dieser Vertretung) eine andere Person eintritt. Das Verfahren wird dann — sofern nicht ein Prozeßbevollmächtigter bestellt ist, dem es jedoch in solchem Falle freisteht, die Aussetzung zu verlangen — solange unterbrochen, bis der neue Prozeßführungsberechtigte freiwillig das Verfahren aufgenommen hat oder im Falle des § 239 seine Verpflichtung zur Aufnahme vom Gericht festgestellt ist (§ 239 ff.). Zur Aufnahme genügt es, daß die Partei dem gesetzlichen Vertreter des Gegners ihre Absicht, das Verfahren fortzusetzen, anzeigt (§ 241). Stirbt in Anwaltsprozessen der Anwalt, so kann die Partei selbst zur Bestellung eines neuen Anwalts mit der Wirkung aufgefordert werden, daß bis zur Anzeige der Bestellung die Zustellungen wirksam an die Partei erfolgen können (§ 244). Die Aussetzung kann auch von Amts wegen im Interesse der von dem Verkehr mit dem Prozeßgericht abgeschnittenen Person angeordnet werden (§ 247). Vereinbaren die Parteien das Ruhen des Verfahrens, so bleibt dieses bis zu Ladung der einen Partei durch die andere unterbrochen (§ 251). Keinen Einfluß auf den Fortgang des Verfahrens hat es, wenn der im Prozeß befangene Anspruch im Wege der Einzelrechtsnachfolge einem andern übertragen wird. Der Erwerber muß sich zur Vermeidung einer Verzögerung des Rechtsstreits gefallen lassen, daß der Prozeß für seine Rechnung von dem Veräußerer fortgeführt wird (§ 265).

Das Recht auf Gehör erweitert sich vielfach zu einem Recht auf mündliche Verhandlung, die der Partei eine größere Gewähr als das schriftliche Verfahren dafür bietet, daß alles Wesentliche zur Kenntnis des Gerichts gelangt und daß etwaige noch bestehende

Unklarheiten durch die Verhandlung beseitigt werden. Für die Entscheidung darf nur das in der mündlichen Verhandlung Vorgetragene berücksichtigt werden. Die Entscheidung über den Klageanspruch, mag es sich dabei um sachrechtliche oder um verfahrensrechtliche Fragen handeln, darf nur ergehen auf Grund mündlicher Verhandlung. Nicht aber bedarf es einer solchen Verhandlung über Nebenpunkte, die zur Vorbereitung der Verhandlung oder zur Ausführung des Urteils von Bedeutung sind, wie Anordnungen über Sicherheitsleistung für Prozeßkosten, über Bewilligung des Armenrechts, über anderweitige Festsetzung eines Termins oder einer Frist (§§ 225, 227), über Aussetzung des Verfahrens (§ 248), über Zulässigkeit der Revision (§ 554a). Beweiserhebungen, auch die Leistung eines Parteieides, können, falls die Parteien hierüber nicht einig sind, nur auf Grund mündlicher Verhandlung angeordnet werden (§§ 358 ff., 460, 461, 477 Abs. 3). Über die Rechtmäßigkeit der Zeugnisverweigerung und über die Verpflichtung des Anwalts zur Rückgabe einer ihm eingehändigten Urkunde kann ebenfalls nur nach vorgängiger mündlicher Verhandlung entschieden werden (§§ 135, 386, 387). Ebenso erfordert die Entscheidung über die Vollstreckungsgegenklage und die Widerspruchsklage (§§ 767, 771), daß eine mündliche Verhandlung vorhergegangen ist, während die in den §§ 887—890 bezeichneten Entscheidungen über Erzwingung von Handlungen oder Unterlassungen ohne mündliche Verhandlung erlassen werden können (§ 891). Dies gilt auch für die Verpflichtung zur Leistung des Offenbarungseides (§§ 900/01). Die Anordnung eines Arrestes oder einer einstweiligen Verfügung ist ohne mündliche Verhandlung zulässig, die aber, sobald der Schuldner Widerspruch erhebt, nachgeholt werden muß (§§ 921, 924, 925, 936, 973).

Die Parteien können nach § 23a V. v. 22. 12. 23, vereinbaren, daß die Entscheidung ohne mündliche Verhandlung ergeht, die vergleichsberechtigten Parteien können ferner gemäß §§ 27a, 27b dieser V. die Entscheidung durch Schiedsurteil nach freiem Ermessen beantragen. Dies Verfahren greift ohne Antrag Platz für amtsgerichtliche Streitigkeiten von nicht mehr als 50 Goldmark (§ 27c). Über die durch die V. v. 13. 2. 24 herbeigeführten Änderungen der Rechtsverfolgung s. S. 176.

Zur Wahrnehmung seiner Rechte kann die Partei einen Prozeßbevollmächtigten annehmen, dem damit auch der Prozeßbetrieb übertragen ist (§ 79, vgl. wegen der Zustellungen § 176). Der Bevollmächtigte hat sich, was abgesehen von der Bestellung eines Anwalts von Amts wegen zu berücksichtigen ist, durch schriftliche Vollmacht auszuweisen (§§ 80, 88). Kraft der Vollmacht ist er, soweit seine Befugnisse in dieser Beziehung nicht eingeschränkt sind, auch zur Verfügung über den Streitgegenstand durch Vergleich, Verzicht oder Anerkennung und unbeschränkbar zur Annahme der vom Gegner zu erstattenden Kosten befugt (§§ 81, 83). Auch die Zuziehung eines Beistandes ist gestattet (§ 90). Zum Schutze der Parteien, daß sie nicht durch ungeeignete Vertretung Schaden erleiden, ist vorgeschrieben, daß sie im Verfahren vor den Landgerichten und den höheren Gerichten durch einen bei dem betreffenden Prozeßgericht zugelassenen Rechtsanwalt vertreten sein müssen (§ 78). Die Vertretungsbefugnis des Anwalts wird im Verhältnis zum Gericht nicht schon durch Kündigung der Vollmacht, sondern erst durch Anzeige von der Bestellung eines neuen Anwalts aufgehoben (§ 87). Die Rechtsanwälte, welche eine dem Richter gleiche Vorbildung haben, stehen den Parteien zur Besorgung von Rechtsangelegenheiten auch sonst zur Verfügung (vgl. RAO. v. 1. 7. 78, abgeändert durch G. v. 22. 5. 10, 9. 7. 23; GebO. v. 7. 7. 19, mehrfach geändert, zuletzt namentlich durch G. v. 29. 4. 20, 8. 7. 21, 12. 7., 18. 8. und 13. 12. 23). Der armen Partei kann auf ihren Antrag, wenn die Rechtsverfolgung nicht als aussichtslos zu erachten ist, ein Anwalt, der hierdurch die Berechtigung erhält, Ersatz seiner Gebühren und Auslagen aus der Staatskasse zu fordern (G. v. 6. 2. 23), beigeordnet werden. Im Verfahren vor den Gewerbegerichten und den Kaufmannsgerichten ist die Vertretung durch Anwälte ausgeschlossen. Nach den Vorschriften der StPO. (§§ 140 ff. in der F. v. 22. 3. 24) muß in dem Verfahren vor dem Reichsgericht, dem Oberlandesgericht in erster Instanz oder dem Schwurgericht eine Verteidigung des Angeschuldigten stattfinden. In anderen Strafsachen ist eine Verteidigung notwendig, wenn der Angeschuldigte taub oder stumm ist oder es sich um ein Verbrechen handelt und die Verteidigung beantragt ist. Auf den Schutz jugendlicher Personen (unter 18 Jahren) ist schon dadurch Rücksicht genommen, daß die Verhandlung vor Jugendgerichten stattfindet (§ 17 des Jugendgerichtsges. v. 16. 2. 23). In dem Verfahren vor den großen Jugendgerichten (wenn die Tat an sich zur Zuständigkeit des Reichsgerichts oder Schwurgerichts gehören würde) ist nach § 29 dem Jugendlichen ein Verteidiger zu bestellen, zu dessen Bestellung auch sonst Anlaß sein kann. Im Verwaltungsverfahren und im Verwaltungsstreitverfahren (§ 73 G. v. 30. 7. 83) sind die Parteien in der Wahl eines von ihnen zu bestellenden Bevollmächtigten nicht beschränkt. Der Vorsitzende des Kreisausschusses oder Bezirksausschusses und der Ressortminister haben zur Wahrnehmung des öffentlichen Interesses einen Kommissar zu bestellen, wenn das Gesetz die öffentliche Behörde, welche die Rolle des Klägers oder des Beklagten wahrzunehmen hat, nicht bezeichnet (§ 74 Abs. 3). Ein Kommissar kann für die mündliche Verhandlung auch auf den Antrag der Behörde, unter Umständen ohne solchen Antrag bestellt werden.

§ 31. Rechtsanwendung.

Zur Anwendung des Rechts bedarf es der Auslegung des Gesetzes und des Rechtsgeschäfts sowie der Beweisprüfung.

Was zunächst die Auslegung des Gesetzes betrifft, so kommt es nicht nur auf die nach sprachlichen Regeln sich ergebende Wortbedeutung, sondern hauptsächlich darauf an, den der Gesetzesvorschrift zugrunde liegenden Rechtsgedanken — der zu einer Einschränkung oder einer Erweiterung des Wortsinns führen kann (Gesetzesanalogie, Rechtsanalogie bei analoger Anwendung eines aus dem Zusammenhang mehrerer Gesetzesvorschriften sich ergebenden Rechtssatzes — klarzustellen, zu welchem Zweck auf die rechtsgeschichtliche Entwicklung (geschichtliche Auslegung) und den inneren Zusammenhang der Rechtsordnung (systematische Auslegung) eingegangen werden muß. Bei der Auslegung des Rechtsgeschäftes handelt es sich darum, den rechtsgeschäftlichen Willen, wie er durch die das Rechtsgeschäft begleitenden Handlungen und Unterlassungen in Erscheinung getreten ist, zu ermitteln und auf diese Weise den im Rechtsgeschäft meist nur unvollkommen ausgedrückten Willensinhalt darzulegen. Regelmäßig darf bei Auslegung des Rechtsgeschäfts davon ausgegangen werden, daß die Partei nur das gewollt haben wird, was sie nach dem von ihr erstrebten Zwecke bei verständiger Würdigung der Sachlage nur gewollt haben kann. Rücksicht zu nehmen ist auf das bei solchen Willenserklärungen Übliche und auf die Billigkeit. Aus der Beachtung des Üblichen folgt die Maßgeblichkeit der Verkehrssitte (§ 157), die Geltung hat, auch wenn die Parteien sie nicht gekannt haben (RG. 69, 125). Für die Zeitberechnung ist die übliche Kalenderrechnung (§§ 187 ff.) anzuwenden.

Der Tag ist regelmäßig der als geringste Zeiteinheit in Betracht kommende Zeitabschnitt. Die Monatsfrist läuft ab mit dem dem Beginne der Frist kalendermäßig entsprechenden Monatstage. Mit Rücksicht auf die Übung der Sonntagsheiligung wird der auf den letzten Tag der Frist entfallende Sonntag oder allgemeine Feiertag in die zur Erklärung oder Leistung bestimmte Frist nicht eingerechnet. Als Preis der Ware ist in Ermangelung einer anderen Abmachung der kundenübliche Preis zu entrichten, und zwar in inländischer Währung, während der Wert des ausländischen Geldes nach dem Kurse zu berechnen ist. Die Auslegung nach Billigkeit führt namentlich dazu, daß dem Verhältnis von Leistung und Gegenleistung Rechnung getragen werden muß. Von weittragender Bedeutung ist der für Verträge in § 157 aufgestellte Grundsatz der Auslegung nach Treu und Glauben. Der Vertrag ist so auszulegen, wie die Willenserklärung von dem Gegner nach Treu und Glauben verstanden werden mußte, und bei Willenserklärungen, die für die Allgemeinheit oder doch einen größeren Kreis bestimmt sind, kann nur der objektive Inhalt der Erklärung, nicht die subjektiv verschiedene Auffassung der am Rechtsgeschäft Beteiligten für die Auslegung entscheidend sein. Die Auslegung ist übrigens nicht darauf beschränkt, den Willen zu ermitteln, den der Urheber der Willenserklärung wirklich gehabt hat. Auch der Wille kann in Betracht kommen, den er zweifellos gehabt haben würde, wenn er die Verhältnisse richtig übersehen und richtig eingeschätzt haben würde. Diese ergänzende Auslegung ist von Wichtigkeit namentlich für die Auslegung von Vermächtnissen (vgl. §§ 2169 ff., Gruch. 62, 248, RG. 99, 82). Sie kann aber ebenso bei Rechtsgeschäften unter Lebenden Platz greifen, wenn die Willensrichtung des Erklärenden aus dem Rechtsgeschäft erhellt. Anerkannt ist, daß eine unerwartet eingetretene unverhältnismäßig große Geldentwertung zur Aufhebung oder Umgestaltung eines Vertrags führen kann (RG. 100, 129; 103, 179).

Für die Auslegung sind nicht blos Handlungen, sondern auch Unterlassungen bedeutsam. Die lange Zeit unterlassene Geltendmachung eines Rechts kann bedeuten, daß das Recht (wenn es überhaupt bestanden hat) nachher aufgegeben ist. In vielen Fällen sind vom Gesetz für die Ausübung eines Rechts bestimmte Fristen vorgeschrieben, deren Nichteinhaltung das Erlöschen des Rechts zur Folge hat (Pflicht der unverzüglichen Anfechtung wegen Irrtums nach § 121, der unverzüglichen Rüge der Mangelhaftigkeit der Ware bei einem beiderseitigen Handelsgeschäft nach § 377 HGB., der Anfechtung einer Willenserklärung wegen arglistiger Täuschung oder Drohung nach § 124 BGB. binnen Jahresfrist, Anfechtung der Ehe nach § 1350 binnen sechs Monaten, Geltendmachung des Scheidungsgrundes bei Fortbestehen der ehelichen Gemeinschaft nach § 1571 binnen sechs Monaten, Anfechtung der Ehelichkeit durch den Ehemann der Mutter nach § 1594 binnen Jahresfrist). Aber auch wenn derartige Fristen nicht festgesetzt sind, kann aus dem untätigen Verhalten der Partei, die zur Wahrung ihres Rechts keinerlei Schritte unternommen hat, die Aufgabe dieses Rechts geschlossen werden.

Einen großen Teil des bürgerlichen Rechts nehmen die Vorschriften ein, die darüber Bestimmung treffen, was in den einzelnen Fällen als mutmaßlicher Wille der Partei Rechtens sein soll. Es sind dies entweder ergänzende Vorschriften, die ohne weiteres zur Anwendung kommen oder Auslegungsregeln, die nur „im Zweifel" also nur dann gelten sollen, wenn aus den Umständen des Falles ein anderer Wille nicht festgestellt werden kann. Eine vollständige Übersicht dieser Vorschriften kann hier nicht gegeben werden. Es muß genügen, auf die wichtigeren Erscheinungen hinzuweisen.

Wird eine Willenserklärung unter einer (aufschiebenden) Bedingung abgegeben, so tritt die Rechtswirksamkeit der Erklärung erst mit Erfüllung der Bedingung ein. Die Berechtigung selbst ist jedoch, was das Datum des Rechts betrifft, bereits mit Abgabe der bedingten Erklärung erworben. Es ist insofern, was dem Wesen der Bedingung entspricht, eine Rückwirkung im rechtlichen Sinne anzunehmen. Die Gebundenheit besteht bereits seit Setzung der Bedingung (§§ 160, 161). Nicht aber bedeutet die Rückwirkung, daß nunmehr die Nutzungen der Zwischenzeit an den Erwerber herauszugeben wären. Eine solche Rückwirkung in tatsächlicher Hinsicht ist nur anzunehmen, wenn sie nachweislich von den Parteien gewollt ist (§ 159). In gleicher Weise ist die Rückwirkung bei der auflösenden Bedingung (§ 161 Abs. 2) zu behandeln. Als Bedingung wird meist ein ungewisses Ereignis gesetzt. In diesem Falle entspricht es regelmäßig dem Willen der Parteien, daß auf den Eintritt oder Nichteintritt des Ereignisses keinerlei Einwirkung ausgeübt werden darf, widrigenfalls das Gegenteil des hierdurch herbeigeführten Erfolges als eingetreten anzusehen ist (§ 162). Ist es im Ungewissen, ob und wann ein bestimmtes Ereignis eintritt, so kann die

Verpflichtung ebensowohl als bedingte wie auch als befristete gemeint sein. Eine gewisse Verwandtschaft mit der Bedingung hat der Vorbehalt eines Rücktrittsrechts. Die Beendigung eines auf unbestimmte Zeit eingegangenen Rechtsverhältnisses ist von einer Kündigung abhängig, wobei vielfach eine bestimmte Frist eingehalten werden muß. Für Darlehne (§ 609) ist bei einem Betrage von nicht mehr als 300 M. die Kündigungsfrist auf einen Monat, sonst auf drei Monate, für Grundschulden (§ 1193) auf sechs Monate festgesetzt. Bei Miete oder Pacht von Grundstücken kann, je nachdem der Mietzins tageweise, wöchentlich, monatlich oder — was abgesehen von der Landgüterpacht (§ 584, s. auch § 595) als Regel anzusehen — vierteljährlich bemessen ist, am vorhergehenden Tage, am ersten Werktage der Woche zum Schluß derselben, am 15. des Monats zum Schluß des Monats, am dritten Werktage zum Schluß des Vierteljahrs gekündigt werden (§ 565). In gleicher Weise sind in § 621 die Kündigungsfristen für das Dienstverhältnis bestimmt, nur mit der Abweichung, daß bei einer mindestens vierteljährlichen Vergütung die Kündigung zum Schluß des Kalendervierteljahrs mit Kündigungsfrist von sechs Wochen zulässig ist. Die letztere Vorschrift gilt allgemein für das Dienstverhältnis der zur Leistung von Diensten höherer Art in einem die Erwerbstätigkeit ausfüllenden Dienstverhältnis Angestellten (§ 622). Bei der Miete beweglicher Sachen muß, wenn der Mietzins nicht tageweise bemessen ist, spätestens am dritten Tage vor Ablauf des Mietverhältnisses gekündigt worden (§ 565 Abs. 2). Für Gesellen und Gewerbegehilfen ist in §§ 122 u. 134 GewO. eine Kündigungsfrist von zwei Wochen vorgesehen, die in der Regel auch bei Hausgehilfen einzuhalten ist. Für die Gesellschaft ist in § 723 nur bestimmt, daß die Kündigung — abgesehen von dem Vorhandensein eines wichtigen Grundes — nicht zur Unzeit geschehen darf. Der Austritt aus einer offenen Handelsgesellschaft ist nach § 132 HGB. nur zum Schlusse eines Geschäftsjahrs nach vorheriger sechsmonatlicher Kündigung, der Austritt aus einer Erwerbs- und Wirtschaftsgenossenschaft nach §§ 65 ff. G. v. 20. 5. 98 ebenfalls nur zum Schlusse des Geschäftsjahrs nach vorheriger dreimonatlicher Kündigung, die schriftlich sein muß, gestattet. Ist der Rücktritt von dem Eintritt eines besonderen Ereignisses abhängig, so kann dem infolge dieses Ereignisses Rücktrittsberechtigten zur Erklärung über Ausübung des Rücktritts von dem andern Teile eine angemessene

Frist gesetzt werden, deren Nichtbenutzung den Verlust des Rücktrittsrechts zur Folge hat (§ 355, vgl. §§ 466, 108, 177, 1396).

Die auf Leistung von Sachen gerichtete Verbindlichkeit kann eine bestimmte Einzelsache oder eine Gattungssache (wobei der Inbegriff, aus dem sie zu entnehmen, mehr oder weniger begrenzt sein kann) zum Gegenstand haben. Für Gattungssachen gilt die Regel (s. jedoch hierzu die nachfolgenden Bemerkungen über den Kauf), daß ein Sache von mittlerer Art und Güte zu leisten ist (§ 243). Die Verpflichtung zur Leistung (zur Veräußerung oder Belastung) einer Sache erstreckt sich im Zweifel auch auf das Zubehör (§§ 314, 97, 98; vgl. §§ 926, 1031, 2164, 401, nach welcher letzteren Vorschrift mit Abtretung der Forderung auch die dazu gehörigen Nebenansprüche abgetreten sind, ferner 444 und 952). Sind mehrere Leistungen zur Wahl gestellt, so steht das Wahlrecht im Zweifel dem Verpflichteten zu. Es beschränkt sich bei zufälligem Untergang einzelner Gegenstände (falls nicht ein anderer Vertragswille erhellt) auf die übrig gebliebenen Gegenstände (§§ 262/65). Das Verpflichtungsverhältnis kann auch ein solches sein, daß der Gläubiger zur Forderung einer bestimmten Leistung berechtigt ist, der Schuldner aber durch eine andere Leistung sich von der Verbindlichkeit lösen kann (so z. B. nach §§ 528 Satz 2, 2329 Abs. 2). Über den Erfüllungsort s. § 29 im Anfang. Ist die Zeit der Leistung nicht bestimmt, so kann der Gläubiger nach § 271 sofortige Leistung verlangen, womit jedoch nicht gesagt ist, daß der Gläubiger nicht verpflichtet wäre, dem Schuldner die zur Vornahme einer Handlung erforderliche Zeit zu belassen. Im Zweifel kommt die Zeitbestimmung nur dem Schuldner zugute, so daß die frühere Leistung ihm unbenommen ist (§§ 271 Abs. 2, 695). Einen Anspruch auf Vergütung der Zwischenzinsen gewährt die vorzeitige Zahlung einer unverzinslichen Geldschuld nicht (§ 272).

Die im 7. Abschnitt des zweiten Buches des BGB. behandelten einzelnen Schuldverhältnisse unterscheiden sich durch die Verschiedenheit der nach dem Vertrage zu bewirkenden Leistungen. Der Verkäufer ist nach § 433 zur Eigentumsverschaffung an der zu übergebenden Sache (oder bei dem Verkaufe eines Rechts zur Rechtsverschaffung) verpflichtet. Der Käufer darf ferner erwarten, daß die Sache nicht mit Fehlern behaftet ist (vgl. § 25 Abs. 2). Wird diese Erwartung nicht erfüllt, so hat er das Recht auf Wandlung oder Minderung. Hieraus folgt aber nicht, daß die Verpflichtung des Verkäufers nach Inhalt des Vertrags auf Lieferung einer mangelfreien Sache ginge. Der Käufer einer speziell bestimmten Sache hat nicht das Recht, zu verlangen, daß der Verkäufer in Erfüllung seiner Vertragspflicht an Stelle dieser Sache eine mangelfreie liefert. Dieses Recht ist ihm nach § 480 nur gegeben bei Verkauf einer Gattungssache. In Frage würde nur kommen können, ob nicht der Käufer einer speziell bestimmten Sache, ohne von dem Vertrage abzugehen, von vornherein die Übernahme wegen Mangelhaftigkeit ablehnen kann, was jedoch nur in dem Falle gestattet werden könnte, daß der Verkäufer darauf besteht, die Sache ohne Beseitigung des Mangels zu übergeben (vgl. RG. 86, 93). Nicht zu den Pflichten des Verkäufers gehört es, die verkaufte Sache nach dem vom Erfüllungsort verschiedenen Bestimmungsorte zu übersenden. Die vom Verkäufer übernommene Übersendung, — die meist einem Handelsbrauche entsprechen wird — ist für Rechnung des Käufers auf dessen Gefahr und Kosten zur Ausführung zu bringen (§447). Der Verkäufer ist nur verantwortlich, wenn er bei der Übersendung es an der nötigen Sorgfalt hat fehlen lassen. Bei der Miete einer Sache hat der Mieter ein Recht darauf, daß ihm die Sache in einem benutzbaren, „einem zu dem vertragsmäßigen Gebrauche geeigneten" Zustande überlassen und in diesem Zustande erhalten wird (§ 536). Wird diese Vertragspflicht verletzt, so hat der Mieter außer dem Recht auf Minderung des Mietzinses (§ 537) und auf Kündigung des Mietvertrages (§ 542) ein Recht auf Schadensersatz (§ 538). Die Kosten der zur Erhaltung der Sache vorzunehmenden Ausbesserungen und die auf der Sache ruhenden Lasten hat der Vermieter zu tragen (§ 546, Ausnahme in § 547 hinsichtlich der Fütterungskosten). Nach Beendigung der Miete ist die Sache, abgesehen von den durch ordnungsmäßigen Gebrauch oder durch Zufall herbeigeführten Veränderungen oder Verschlechterungen, in dem gleichen Zustande zurückzugeben, in dem sie bei der Hingabe war (§§ 548, 591). Den Pächter eines landwirtschaftlichen Grundstücks treffen die gewöhnlichen Ausbesserungskosten (§ 582). Wird das Grundstück mit Inventar verpachtet, so liegt dem Pächter nach § 586 die Erhaltung der Inventarstücke ob, nicht auch die Ergänzung (abgesehen von Einstellung der Tierjungen). Wird das Inventar vom Pächter zum Schätzungswerte gegen Rückgabe zum Schätzungswerte übernommen, so bestimmt in der Regel (anders nach RG. 104, 394 bei unvorhergesehenem Eintritte einer unverhältnismäßigen Preissteigerung) der Unterschied der beiden

Schätzungssummen — wobei der Pächter die Übernahme der überflüssigen oder zu wertvollen Inventarstücke ablehnen kann — wieviel der Pächter herauszuzahlen oder zu empfangen hat (§§ 587 ff.). Dem Mieter, der insofern die Verrichtungen eines Verwalters versieht, ist in § 545 die Pflicht auferlegt, sobald besondere Maßnahmen des Vermieters notwendig werden, sei es, daß sich ein Mangel der Sache zeigt oder ein Dritter sich ein Recht an der Sache anmaßt oder Vorkehrungen zur Abwendung einer unvorhergesehenen Gefahr zu treffen sind, dem Vermieter sogleich Anzeige zu machen (vgl. wegen des Nießbrauchs § 1042). Im Verhältnis zwischen Eigentümer und Nießbraucher (§§ 1041/50) sowie zwischen dem Vorerben und Nacherben (§§ 2124/26) ist es der Nießbraucher und der Vorerbe, der in größerem Maße zu den Unkosten herangezogen wird. Dem Nießbraucher liegen Ausbesserungen und Erneuerungen (§ 1041) insoweit ob, als sie zu der gewöhnlichen Unterhaltung der Sache gehören, er hat die Versicherungskosten (soweit die Versicherung einer ordnungsmäßigen Wirtschaft entspricht, § 1045) und die öffentlichen Lasten mit Ausnahme derjenigen außerordentlichen Lasten, die als auf den Stammwert der Sache gelegt anzusehen sind (wie außerordentliche Kriegssteuern, Anliegerbeiträge, § 1047) zu tragen (vgl. hinsichtlich des Nießbrauchs an einem Vermögen auch § 1088). Der Vorerbe ist von den auf den Stammwert des Nachlasses gelegten außerordentlichen Lasten nach § 2126 befreit, während er die übrigen Lasten zu tragen hat. Für die Leihe ist, damit dem Verleiher durch seine Gefälligkeit keine Unkosten entstehen, in § 601 bestimmt, daß die gewöhnlichen Kosten der Erhaltung (die eine Folge des Gebrauches sind) von dem Entleiher zu tragen sind. Für die Bestimmung der Pflichten des Schenkers ist davon auszugehen, daß der Schenker den Gegenstand nur in dem tatsächlichen Zustande, in welchem er zur Zeit der Schenkung sich befindet, dem Beschenkten überlassen, nicht aber weitere Verpflichtungen, weder hinsichtlich der Gewähr eines bestimmten Rechts noch hinsichtlich der Beschaffenheit der Sache, übernehmen will. Der Schenker ist deshalb nach §§ 523/24 nur verantwortlich, wenn er arglistig einen Mangel im Recht oder einen Fehler der verschenkten Sache verschwiegen hat. Hatte er die Leistung eines erst zu erwerbenden Gegenstandes versprochen, so trifft ihn insofern eine weitergehende Verantwortung, als er auf Schadensersatz und beim Vorhandensein einer fehlerhaften Beschaffenheit auf Lieferung einer fehlerfreien Sache in Anspruch genommen werden kann, wenn ihm der Rechtsmangel oder der Fehler infolge grober Fahrlässigkeit unbekannt geblieben ist. Der Schenkungsvertrag unterscheidet sich hiernach wesentlich von den auf Veräußerung oder Belastung einer Sache gegen Entgelt gerichteten Verträgen, denen es eigentümlich ist, daß das Versprechen der Leistung zugleich das Versprechen der Rechtsverschaffung, und zwar der Verschaffung eines von Belastungen freien Rechts (vgl. § 434) in sich schließt (§§ 445, 433—444). Dem Mieter gegenüber ist der Vermieter aller Regel nach nicht zur Beschaffung des Mietsrechts, sondern nur zur Gewährung des vertragsmäßigen Gebrauchs (§ 541) verpflichtet. Die bei dem Kauf ausgebildeten Grundsätze über Haftung wegen Fehlerfreiheit sind gleichfalls auf alle entgeltlichen Veräußerungs- oder Belastungsverträge ausgedehnt (§ 493). Für die Auslegung von Vermächtnissen — die als den Schenkungen ähnliche, unentgeltliche Zuwendungen sich darstellen — ist der Grundsatz bedeutsam, daß der Erblasser, wenn der vermachte Gegenstand nicht zur Erbschaft gehört, doch alle an dem Gegenstand ihm sonst zustehenden Rechte zuwenden will (Recht auf Besitz und auf Wertersatz nach § 2169, Recht auf Miteigentum nach § 2172, auf den trotz früherer Leistung noch in der Erbschaft verbliebenen Vermächtnisgegenstand nach § 2173). Unter Umständen kann es der Wille des Erblassers sein, den Vermächtnisträger zur Beschaffung des vermachten Gegenstandes zu verpflichten (§ 2169). Im allgemeinen wird aber anzunehmen sein, daß der Erblasser nur das gewähren will, was in der Erbschaft ist, und nur so gewähren will, wie es in der Erbschaft ist. Der Vermächtnisnehmer kann deshalb im Zweifel nicht verlangen, daß die auf dem vermachten Gegenstande ruhenden Verpflichtungen, die zugunsten Dritter bestehen, beseitigt werden (§ 2165). Ist das vermachte Grundstück mit einer Hypothek belastet, so hat der Vermächtnisnehmer für die Schuld insoweit aufzukommen, als der Wert des Grundstücks reicht, wobei die Schuld, wenn mehrere Nachlaßgrundstücke mit einer Gesamthypothek oder einer Gesamtgrundschuld belastet sind, nach dem Verhältnis der Werte der Grundstücke auf diese zu verteilen ist. Die Bestimmungen darüber, in welcher Weise die auf Vertrag oder Gesetz beruhende Sicherheitsleistung zu bewirken ist, sind in dem allgemeinen Teil des BGB. §§ 232 ff. enthalten. Ist die Sicherheitsleistung in anderer Weise nicht ausführbar, so kann sie durch Stellung eines tauglichen Bürgen erfolgen. Hinsichtlich der Verträge über Handlungen sei hervorgehoben, daß der Beauftragte (Verwalter) das Geschäft nach den Weisungen und im Interesse des Auftraggebers zu besorgen hat, den er durch fortlaufende Nachrichten über den Stand des Geschäfts unterrichten soll. Unter Umständen ist es seine Pflicht, wenn er annehmen darf, daß dies die Billigung des Auftraggebers findet, von dessen Weisungen abzuweichen, er muß aber zuvor, soweit tunlich, seine endgültige Entschließung einholen (§ 665). Nach Ausführung des Geschäfts hat er Rechenschaft zu legen (§ 666). Handelt es sich um eine mit Einnahmen oder Ausgaben verbundene Verwaltung, so ist in geordneter Weise unter Beifügung der Belege Rechnung zu legen, deren Richtigkeit bezüglich der Einnahmen auf Erfordern durch Leistung des Offenbarungseides zu bekräftigen ist (§ 259). Bei dem Dienstvertrage trifft den Dienstberechtigten nach § 618 die besondere Vertragspflicht, auf den Schutz von Leben und Gesundheit des Dinstverpflichteten, worauf dieser im voraus nicht verzichten kann (§ 619), Rücksicht zu nehmen. Er hat die Räume, Vorrichtungen und Gerätschaften so einzurichten und das Dienstverhältnis so zu regeln, daß dieser Rücksicht nach Möglichkeit genügt wird. In Krankheitsfällen hat der Dienstberechtigte nach Maßgabe des § 617 dem Verpflichteten die erforderliche Verpflegung und ärztliche Behandlung bis zur Dauer von sechs Wochen zu gewähren. Außerhalb des BGB. ist eine besondersartige Regelung getroffen für die Verlagsverträge (G. v. 19. 6. 01) und für die Rechte und Pflichten aus dem Versicherungsvertrage (G. v. 30. 5. 08, das sich auf die Feuerversicherung, Hagelversicherung, Viehversicherung, Transportversicherung, Haftpflichtversicherung und Lebensversicherung erstreckt).

Weitere Bestimmungen betreffen die bei dem Rechtsverhältnis in Betracht kommenden Personen. Die Verbindung der Ansprüche mit der Person des Berechtigten ist wenigstens bei vermögensrechtlichen Ansprüchen meist nicht eine derartige, daß die Ansprüche nicht übertragen werden könnten. Die Abtretbarkeit einer Forderung wird nicht schon dadurch ausgeschlossen, daß mit der Berechtigung eine Gegenverpflichtung verbunden ist, vorausgesetzt, daß sie auch von dem nachfolgenden Gläubiger erfüllt werden kann. Unübertragbar ist die Berechtigung, wenn es sich um eine persönliche Begünstigung des Berechtigten (vgl. § 514 über Vorkaufsrecht, §§ 847, 1300), um eine zur Befriedigung des persönlichen Bedürfnisses bestimmte Berechtigung (vgl. § 1092 über beschränkte persönliche Dienstbarkeiten), um ein persönliches Vertrauensverhältnis (wie beim Auftrag und der Gesellschaft nach §§ 664, 717) handelt, oder wenn sonst durch den Gläubigerwechsel der Inhalt der Berechtigung mit Rücksicht auf persönliche Eigenschaften des Gläubigers eine Änderung erfahren würde (unübertragbar ist z. B. im Zweifel der Anspruch auf Dienste nach § 613, das Recht auf Naturalverpflegung usw.). Die Verpflichtung kann dagegen (in Ermangelung anderer Vereinbarung) ohne Zustimmung des Gläubigers nicht übertragen werden. Zulässig ist nur die Leistung durch einen Dritten, falls nicht der Schuldner, wie im Zweifel beim Dienstvertrage, die Leistung in Person zu bewirken hat (§ 267). Auch sonst ist es dem Gläubiger unbenommen, auf Widerspruch des Schuldners die Leistung abzulehnen. Für Vermögensrechte ist (mit Ausnahme des Nießbrauchs § 1061 und anderer persönlicher Dienstbarkeiten § 1090 Abs. 2, der Leibrente § 759, des Fortbestehens einer Gesellschaft § 727, des Vorkaufsrechts gemäß § 514, des Widerrufs von Schenkungen § 530, des Anspruchs auf Ersatz nichtvermögensrechtlichen Schadens, falls er nicht bereits rechtshängig geworden ist, §§ 847, 1330) die Vererblichkeit die Regel, nicht aber für familienrechtliche oder öffentlich-rechtliche Befugnisse. Steht ein Recht mehreren Personen zu, so kann es, wenn die Mehreren als Gesamthänder in einem Gesellschaftsverhältnis (§§ 709, 719) oder in einer Erbengemeinschaft (§ 2040) zueinander stehen, nur gemeinschaftlich ausgeübt werden. Die gleiche Vorschrift ist in § 356 für die Ausübung des Rücktrittsrechts (nicht für die Ausübung des Anfechtungsrechts RG. 56, 423) gegeben. Das Bestehen eines Gesamtgläubigerverhältnisses hat diese Wirkung nicht. Ein jeder Gesamtgläubiger kann vielmehr die ganze Leistung fordern und folgeweise kann der Schuldner sich durch Leistung an einen von ihm auszuwählenden Gläubiger befreien, auch wenn ein anderer Gläubiger bereits Klage erhoben hatte (§§ 428/29). Haben mehrere eine teilbare Leistung zu fordern, so sind sie im Zweifel zu gleichen Anteilen berechtigt (§ 420). Ist der Gegenstand der Forderung eine unteilbare Leistung, so ist jedem Gläubiger (sofern nicht ein Gesamtgläubigerverhältnis vorliegt) das Recht gegeben, die Leistung an alle zu fordern (§ 432), welches Recht nach § 2039 auch einem jeden Miterben zusteht. Den in Bruchteilsgemeinschaft stehenden Personen wird nach § 745 dadurch geholfen, daß durch Stimmenmehrheit eine ordnungsmäßige Verwaltung und Benutzung beschlossen werden kann und jeder Teilhaber, auch nach § 2038 Abs. 2 jeder Miterbe, sofern nicht bereits eine solche Regelung stattgefunden hat, eine dem Interesse aller Teilhaber entsprechende Verwaltung und Benutzung im Klagewege verlangen kann (vgl. auch § 744). Die gleichen Vorschriften haben auch bei der Erbengemeinschaft Geltung, machen aber im Interesse der schleunigen Erbauseinandersetzung, (§ 420 greift für das Miterbenrecht nicht Platz) das Einziehungsrecht des einzelnen (§ 2039) nicht entbehrlich. Zu einer teilbaren Leistung sind mehrere Schuldner — falls sie nicht als Gesamtschuldner sich verpflichtet haben — im Zweifel zu gleichen Anteilen verpflichtet (§ 420). Eine Haftung als Gesamtschuldner ist im Zweifel anzunehmen, wenn die Verpflichtung in demselben Vertrage eingegangen ist (§§ 427, 714). Gesamtschuldnerisch haften auch nach § 768 die mehreren Bürgen, ohne daß die Bürgschaft in demselben Vertrage übernommen zu sein braucht, und nach §§ 2058/59 die Miterben schon insofern, als sie nach Teilung des Nachlasses, sofern nicht gemäß § 2061 die unbekannten Nachlaßgläubiger öffentlich zur Anmeldung ihrer Forderungen erfolglos aufgefordert sind oder die Voraussetzungen des § 2060 zutreffen, für die gesamten Nachlaßschulden, nicht nur für den ihrem Erbteil entsprechenden Teil der Schulden aufzukommen haben. Der Verzug des Gläubigers gegenüber einem Gesamtschuldner wirkt zugleich zugunsten der übrigen Gesamtschuldner (§ 424).

Als Mitverpflichteter kommt auch der Bürge in Betracht. Im Verhältnis zwischen dem Bürgen und dem Hauptschuldner ist letzterer der allein Verpflichtete. Soweit der Bürge den Gläubiger befriedigt, erhält er von dem Hauptschuldner dadurch Ersatz, daß die Forderung gegen diesen auf ihn übergeht (§ 774). Der Bürge haftet in demselben Umfange wie der Hauptschuldner, auch für die durch dessen Verzug oder Verschulden entstandene Erweiterung der Schuld (§ 767). Voraussetzung der Haftung ist das Bestehen der Verbindlichkeit des Hauptschuldners. Der Bürge kann deshalb die Einreden des Hauptschuldners geltend machen. Von seinem Anhaftungsrecht kann er zwar keinen selbständigen Gebrauch machen, er kann aber, solange dieses besteht, die Befriedigung des Gläubigers verweigern (§ 770). Die Inanspruchnahme des Bürgen ist, wenn dieser nicht auf die Einrede der Vorausklage verzichtet, insbesondere sich als Selbstschuldner verbürgt hat, erst zulässig, nachdem die Zwangsvollstreckung in sein bewegliches Vermögen versucht worden ist, es sei denn, daß über sein Vermögen der Konkurs eröffnet oder sonst anzunehmen ist, daß die Zwangsvollstreckung gegen ihn nicht zur Befriedigung des Gläubigers führen werde oder daß er durch Aufenthaltsänderung die Rechtsverfolgung wesentlich erschwert hat (§§ 771 bis 73). Eine Einrede kann der Bürge nicht daraus erheben, daß der Gläubiger bei Einziehung der Forderung nachlässig gewesen sei. Er kann nur, wenn er dem Hauptschuldner gegenüber die Rechte eines Beauftragten hat, bei wesentlicher Verschlechterung der Vermögensverhältnisse des Hauptschuldners und in ähnlichen derartigen Fällen (§ 775) von diesem die Befreiung von der Bürgschaft oder, wenn die Schuld noch nicht fällig ist, Sicherheitsleistung verlangen.

Zur Rechtsanwendung gehört ferner die Beweisprüfung. Ein jeder, der ein Recht geltend macht, hat den Beweis des Rechts zu führen. Es trifft ihn die Beweislast und im Zusammenhang damit auch die Behauptungslast. Nachzuweisen ist nur, daß das Recht entstanden ist. Der Beweis des späteren Wegfalls liegt dem dies behauptenden Gegner ob. Der Beweispflichtige braucht auch nur denjenigen Tatbestand zu beweisen, welcher regelrecht die Entstehung (bzw. den Wegfall) des fraglichen Rechts ergibt, nicht das Nichtvorhandensein von Ausnahmen, welche geeignet sind, die Entstehung (den Wegfall) des Rechts zu hindern oder in seinem Umfange zu beschränken. Was als Regel (als normalmäßiger Zustand) und was als Ausnahme anzusehen, ist regelmäßig aus der Fassung der einzelnen Vorschriften des BGB. zu erkennen, indem das als Ausnahme Gesetzte durch Wendungen wie „wenn nicht" „es sei denn, daß" „die Vorschrift findet keine Anwendung" und dergleichen gekennzeichnet ist. Von Bedeutung für die Beweislast ist die allgemeine Regel, daß der tatsächlich bestehende Zustand als rechtlich bestehend vermutet wird. Ist ein Vertrag in der gehörigen Form geschlossen, so wird die Rechtsgültigkeit des Vertrags vermutet, ohne daß das Nichtvorhandensein von Willensmängeln nachgewiesen zu werden braucht. Ebenso besteht eine Vermutung für die Rechtsmäßigkeit des Besitzes einer beweglichen Sache (§ 1006), für die Richtigkeit eines Grundbucheintrags (§ 891) und für die Ehelichkeit des in der Ehe oder bald nachher (in der § 1593 bestimmten Frist von 302 Tagen nach Auflösung der Ehe) geborenen Kindes (§§ 1591 ff.). Auf die zu beweisenden Tatsachen können aus anderen Tatsachen Schlüsse gezogen werden. Insbesondere kann das Verhalten des in Anspruch Genommenen, daß er freiwillig dem Verlangen des andern Teils sich gefügt hat, von Erheblichkeit sein. Die tatsächlichen Verhältnisse können im einzelnen Fall auch so gelagert sein, daß im gewissen Sinne eine Umkehr der Beweislast (vgl. RG. 12, 191) gerechtfertigt ist. Hat der Gegner durch sein Verhalten dem Beweispflichtigen arglistig die Beweisführung unmöglich gemacht oder erheblich erschwert, so darf kraft dieses Umstandes der dem Beweispflichtigen obliegende Beweis als geführt erachtet werden, so daß der andere Teil mit dem Beweise des Gegenteils belastet wird (so auch § 444 ZPO. hinsichtlich der von einer Prozeßpartei vorzulegenden Urkunde). Eine erhebliche Erschwerung der Beweisführung kann darin zu finden sein, daß der Ansprucherhebende ungebührlich lange die Geltendmachung seines Rechtes aufgeschoben hat und dadurch der in Anspruch Genommene genötigt wird, den ihm obliegenden Beweis der Einwendungen und den ihm freistehenden Gegenbeweis gegen die Klagebehauptungen unter ungünstigeren Umständen zu führen. Ein jeder Anspruch geht deshalb durch Verjährung — die rechtsgeschäftlich nicht erschwert werden kann (§ 225 BGB.) — unter, wenn der Berechtigte binnen der Verjährungsfrist nicht die Verwirklichung des Anspruchs durch Leistung oder doch durch Anerkennung erreicht und binnen dieser Frist auch nicht durch Klageerhebung oder Vollstreckungshandlung die Verwirklichung erstrebt hat, wobei zu bemerken ist, daß durch Anerkennung (§ 208) und gerichtliche Geltendmachung (§ 209) nur eine Unterbrechung der Verjährung mit der Wirkung des Beginns einer neuen Verjährung (§ 217, Fortdauer der Unterbrechung nach § 211 bis zur Erledigung des Prozesses) herbeigeführt wird. Der rechtskräftig festgestellte Anspruch unterliegt einer neuen Verjährung von 30 Jahren (§ 218). Die Verjährungsfrist — über deren Beginn s. die Bemerkungen auf der folgenden Seite — beträgt regelmäßig 30 Jahre, für Forderungen des täglichen Lebens (§ 196) zwei Kalenderjahre und, wenn es sich um regelmäßig wiederkehrende Forderungen, um Zinsen usw. handelt (§ 197), vier Kalenderjahre, für Schadensersatzansprüche aus unerlaubter Handlung drei Jahre seit Kenntnis der Tat und des Ersatzpflichtigen, sonst 30 Jahre (§ 852), für Ansprüche aus Annahme einer Anweisung (§ 786) oder eines Wechsels (Art. 77 WO. in der Fassung vom 3. 6. 08), drei Jahre für Gewährleistungsansprüche nach § 477 BGB. abgesehen von dem Falle der Arglist sechs Monate und bei Grundstücken ein Jahr. Die Verjährung beginnt in dem Zeitpunkte, wo der Anspruch geltend gemacht werden konnte (§§ 198 bis 202). Sie läuft nicht, solange der Berechtigte innerhalb der Verjährungsfrist durch Rücksichtnahme auf Familienbeziehungen (§ 204, oder innerhalb der letzten sechs Monate der Verjährungsfrist durch Stillstand der Rechtspflege, durch höhere Gewalt, durch Mangel der gesetzlichen Vertretung oder durch Mangel der Nachlaßvertretung, mag dieser letztere Mangel sich auf seiten des Gläubigers oder Schuldners zeigen, an der Geltendmachung verhindert war (§§ 203—207). Die Verjährung wird nur berücksichtigt, wenn der Schuldner sich hierauf beruft (§ 222). Mit dem Hauptanspruch verjähren auch die Nebenansprüche. Die Verjährung des persönlichen Anspruchs zieht aber nicht die Verjährung des zu seiner Sicherung bestimmten Rechtes (Pfandrecht, Hypothek, fiduziarische Übertragung gemäß § 223) nach sich. Der Käufer, der vor Ablauf der Verjährung die Anzeige von der Fehlerhaftigkeit der Sache an den Verkäufer abgesandt hat, behält nach § 478 das Recht, die Ansprüche auf Wandelung oder Minderung einredeweise geltend zu machen. Die Verjährung ist immer nur dazu bestimmt, eine Verpflichtung zu tilgen, nicht aber einen Anspruch einredefrei zur Entstehung zu bringen. Die Verjährung des Anspruchs aus unerlaubter Handlung nimmt dem Verletzten nicht das Recht, seine Gegenansprüche verteidigungsweise geltend zu machen (§ 853, vgl. §§ 821, 2083, 2345).

Verschieden von der Beweispflicht ist die Ausweispflicht (Legimationspflicht), die haptsächlich für den Rechtsverkehr außerhalb des Prozesses in Betracht kommt. Der Bevollmächtigte, der als solcher ein einseitiges Rechtsgeschäft einem anderen gegenüber vornimmt, muß sich durch Vorlegung der Vollmachtsurkunde ausweisen, widrigenfalls der andere das Rechtsgeschäft unvorzüglich zurückweisen kann (§ 174). Ebenso wird für den Prozeß gefordert, daß sich der Bevollmächtigte durch schriftliche Vollmacht, die auf Verlangen des Gegners gerichtlich oder notariell beglaubigt werden muß, auszuweisen hat (§ 80 ZPO.). Daß für Abschließung eines Vertrags derartiges nicht gilt, hat darin seinen Grund, daß der andere Teil es hier vollständig in der Hand hat, ob er auf Verhandlungen mit dem angeblich Bevollmächtigten sich einlassen will. Ist eine Forderung durch Abtretung oder kraft Gesetzes auf einen neuen Gläubiger übergegangen, so braucht der Schuldner nach §§ 410, 412

BGB. diesem nur gegen schriftliche Anzeige der Abtretung durch den bisherigen Gläubiger oder gegen Aushändigung einer über die Abtretung von dem bisherigen Gläubiger ausgestellten Urkunde zu leisten. Eine Kündigung oder Mahnung kann mangels eines solchen Ausweises von dem Schuldner unverzüglich zurückgewiesen werden (§ 410 Abs. 1). Zum Ausweise des Erben dient der nach § 2353 ff. von dem Nachlaßgericht auszustellende Erbschein. Unbenommen ist dem Erben, den Ausweis auch in anderer Weise zu führen. Auch sonst kann von einer Ausweispflicht insofern gesprochen werden, als der Schuldner, der Grund hat, die Richtigkeit des Anspruchs zu bezweifeln, durch Nichterfüllung, da die Voraussetzung des Verzugs ein Verschulden bildet, nicht ohne weiteres in Verzug kommt und als bei einer nicht auf Verschulden beruhenden Ungewißheit über die Person des nicht als Berechtigter ausgewiesenen Gläubigers der Schuldner sich durch Hinterlegung (§§ 372 ff.) von der Schuld befreien kann.

Die erleichterte Führung des Ausweises durch die Urkunde gewinnt eine besondere Bedeutung bei den als Forderungsträger zum Umlauf bestimmten Urkunden, den Inhaberpapieren, Orderpapieren, dem Wechsel und dem Scheck, indem hier die Forderung mit der das Recht beweisenden Urkunde sich zu einer Einheit verbindet. Die Ausübung des Gläubigerrechts ist an den Besitz der Urkunde gebunden und gegenüber dem durch den Inhalt der Urkunde verbrieften Recht sind Einwendungen nur in beschränktem Umfange zugelassen. Verpflichtet ist aus der Schuldverschreibung auf den Inhaber (§§ 793 ff.) der Aussteller kraft des Umstandes, daß er durch die Ausstellung, mag auch die Urkunde wider seinen Willen in den Verkehr gebracht sein, das Inhaberpapier geschaffen hat. Ohne Genehmigung des Reiches oder des Landes, in welchem der Aussteller seinen Wohnsitz oder seine gewerbliche Niederlassung hat, dürfen derartige Urkunden nicht in den Verkehr gebracht werden, unbeschadet der Verpflichtung des Ausstellers, dem Inhaber den durch die Ausgabe der nichtigen Schuldverschreibung erlittenen Schaden zu ersetzen (§ 795). Ausnahmsweise ist durch § 4 G. v. 11. 3. 08 die Ausstellung eines Schecks auf den Inhaber und durch § 4 G. v. 30. 5. 08 über den Versicherungsvertrag die Ausstellung eines Versicherungsscheins auf den Inhaber gestattet. Einwendungen gegen die Verpflichtung zu der in solchen Urkunden angegebenen Leistung sind nur insoweit zulässig, als sie die

Gültigkeit der Ausstellung betreffen oder sich aus der Urkunde ergeben oder dem Aussteller unmittelbar gegen den Inhaber zustehen (§ 796). Gläubiger ist der Inhaber, vorausgesetzt, daß er nach den Vorschriften des Sachenrechts oder Schuldrechts zur Verfügung über die Urkunde berechtigt ist. Den Mangel des Verfügungsrechts hat der Schuldner zu beweisen (§ 793). Die Leistung allein bewirkt noch nicht das Erlöschen des Forderungsrechts. Der Aussteller ist daher zur Leistung nur verbunden gegen Aushändigung der Urkunde, wodurch er, auch wenn der Inhaber nicht verfügungsberechtigt sein sollte (§ 793), unbedingt befreit wird und das Eigentum der Urkunde diesem Inhaber übertragen wird (§ 797). Der Empfänger der Leistung kann jedoch, wenn er seine Nichtberechtigung kennt und durch Annahme der Leistung unlauter handelt, nach § 826 ersatzpflichtig werden. Bei Orderpapieren — hierzu gehören nach § 363 HGB. außer kaufmännischen Anweisungen und Verpflichtungsscheinen über eine einseitige Leistung Konnossamente, Ladescheine, Lagerscheine und Bodmereibriefe — ist Gläubiger der durch eine fortlaufende Reihe von Indossamenten legitimierte Inhaber der Urkunde (§ 365 HGB., ebenso Art. 36 WO.), dem ebenfalls nur die gegenüber der Schuldverschreibung auf den Inhaber zugelassenen Einwendungen entgegengesetzt werden können (§ 364 HGB.). Diese Beschränkung trifft nicht zu, wenn der Erwerb nicht durch Indossament, sondern in anderer Weise, durch Abtretung usw. stattgefunden hat. Zu den Orderpapieren zählen auch der Wechsel, der Scheck und die Namensaktie, bei denen indes — abgesehen von der Namensaktie — die Indossabilität durch entsprechenden Zusatzvermerk ausgeschlossen werden kann (Art. 15 WO., § 8 des Scheckges. v. 11. 3. 08, § 222 HGB.). Dem auf Zahlung einer Geldsumme lautenden Wechsel ist eigentümlich, daß eine weitere Beschränkung der Einwendungen stattfindet und daß zu der wechselrechtlichen Haftung des Ausstellers und des Akzeptanten noch diejenige der Indossanten hinzutritt (Art. 81, 82 WO. in der Fassung (v. 3. 6. 08). Einwendungen aus dem dem Wechsel zugrunde liegenden Rechtsverhältnis können nämlich — wenn von dem nach Verfall des Wechsels gemäß Art. 83 WO. verbleibenden Bereicherungsanspruch abgesehen wird — nur erhoben werden, sofern dem Wechselkläger ein arglistiges Verhalten zur Last fällt, wenn z. B. trotz vollständiger Erledigung des Schuldgrundes der Wechsel zur Ausbeutung des Wechselschuldners mißbraucht wird. Im übrigen sind Einwendungen gegen den Bestand der wechselmäßigen Verpflichtung insoweit statthaft, als den Verpflichteten an Entstehung des Einwands keinerlei Verschulden trifft; zulässig ist z. B. die Einrede des unüberwindlichen Zwanges, der Fälschung und dergleichen. Einwendungen aus der Tilgung der wechselmäßigen Verpflichtung können den nachfolgenden Wechselgläubiger entgegengesetzt werden, wenn dieser, worin ein arglistiges Verhalten liegt, beim Erwerbe des Wechsels hiervon Kenntnis hatte. Eine weitere Besonderheit des Wechselrechts ist es, daß der Wechselgläubiger, um Zahlung von dem Aussteller oder dem Indossanten verlangen zu können, durch Vorlegung der vorschriftsmäßig aufgenommenen Protesturkunde (s. G. v. 30. 5. 08) sich darüber ausweisen muß, daß er Zahlung von dem Akzeptanten trotz rechtzeitiger Vorzeigung des Wechsels (spätestens am zweiten Werktage nach dem Zahlungstage) nicht hat erhalten können (Art. 41 WO.). Der Scheck enthält nach dem Scheckges. v. 11. 3. 08 die Anweisung an eine Anstalt des öffentlichen Rechts, an ein Bankiergeschäft oder ein dem ähnliches Geschäft (§ 2), aus dem Guthaben des Ausstellers eine bestimmte Geldsumme zu zahlen. Der Scheck ist bei Sicht zahlbar (§ 7) und kann nicht akzeptiert werden (§ 10). Der im Inlande ausgestellte und zahlbare Scheck muß binnen zehn Tagen dem Bezogenen vorgelegt werden (§ 11). Zulässig ist es, durch den quer über die Vorderseite gesetzten Vermerk „nur zur Verrechnung", die Benutzung des Schecks zur Barzahlung auszuschließen (§ 14). Für die Einlösung des Schecks haften dem Inhaber der Aussteller und die Indossanten. Der zur Ausübung des Regreßrechts gegen die Vormänner erforderliche Nachweis der rechtzeitigen Vorlegung des Schecks kann außer durch Protest (s. § 30 u. G. v. 30. 5. 08 über Erleichterung des Wechselprotestes) durch die auf den Scheck zu setzende Erklärung des Bezogenen oder Bescheinigung der Abrechnungsstelle des Bezogenen (§§ 16 u. 12) geführt werden. Die vorangeführten Urkunden können, wenn sie abhanden gekommen oder vernichtet sind, im Wege des Aufgebotsverfahrens für kraftlos erklärt werden (§§ 799 f. BGB., wonach übrigens in der Schuldverschreibung auf den Inhaber die Unzulässigkeit des Aufgebots bestimmt werden kann, § 365 Abs. 2 HGB., Art. 73 WO., § 27 des Scheckges. v. 11. 3. 08). Von den Inhaberpapieren sind zu unterscheiden die bloßen Ausweispapiere (Legitimationspapiere, zu denen regelmäßig die Sparkassenbücher, Depotscheine usw. gehören), deren Bedeutung nur darin besteht, daß der Schuldner mit befreiender Wirkung an den Inhaber leisten kann (§ 808 BGB., vgl. auch § 807), wodurch indes eine etwaige Haftung wegen unlauteren Verhaltens aus § 826 nicht ausgeschlossen ist.

Zur Führung des dem Beweispflichtigen obliegenden Beweises können Beweismittel jeder Art verwendet werden. Das Gericht hat in freier Beweiswürdigung (§§ 286, 287 ZPO.) zu entscheiden, ob der Beweis erbracht ist, ob und welche Beweiskraft den einzelnen Beweismitteln zuzuerkennen ist. Beweisanträge der Partei dürfen nicht aus dem Grunde abgelehnt werden, weil das Gericht es nicht für wahrscheinlich hält, daß die Beweisaufnahme den beabsichtigten Erfolg haben werde. Zulässig ist die Ablehnung, wenn bereits ein festes Beweisergebnis gewonnen ist, das durch die neuen Beweise, wie auch die Beweisaufnahme ausfallen mag, nicht mehr erschüttert werden kann. Freier gestellt ist das Gericht nach § 287 in Schädensprozessen, in denen der Schaden (die Höhe des Schadens und die Entstehung des Schadens) frei zu schätzen ist. Infolge dieser Schätzungsbefugnis ist das Gericht der Verpflichtung überhoben, sämtliche angetretene Beweise zu erheben. Gesetzliche Beweisregeln sind aufgestellt für den Urkundenbeweis. Es ist vorgeschrieben, daß die öffentliche Urkunde vorbehaltlich des Gegenbeweises den vollen Beweis des Beurkundeten erbringt (§ 415 ZPO.) und daß die Echtheit der Unterschrift unter einer Privaturkunde den Schluß zuläßt, daß die über der Unterschrift stehenden Erklärungen durch diese gedeckt sind (§ 416). Die Aufstellung dieser Regeln war notwendig, um den die Urkunden errichtenden Personen die Sicherheit zu gewähren, daß die Beurkundung nicht wirkungslos bleibt. Freie Beweiswürdigung tritt aber sogleich wieder ein, wenn die Urkunde äußere Mängel zeigt (§ 419). Besondere Vorschriften gelten für den Beweis der prozessualen Vorgänge. Der Beweis der Zustellung kann (abgesehen von der Zustellung an einen Anwalt, die durch ein schriftliches Empfangsbekenntnis des Anwalts dargetan werden kann) nur durch formgerechte Urkunden des Gerichtsvollziehers und des Postboten (Zustellung durch die Post und durch Aufgabe zur Post) — deren Berichtigung indes statthaft bleibt — geführt werden (§§ 166 ff., § 212a in der F. der V. v. 13. 2. 24). Die Beobachtung der für die mündliche Verhandlung vorgeschriebenen Förmlichkeiten kann nur durch das Protokoll — vorbehaltlich des Beweises der Fälschung — bewiesen werden (§ 164). Zum Beweise des Parteivorbringers dient der Urteilstatbestand, soweit er nicht mit dem Sitzungsprotokoll in Widerspruch steht (§ 314). Für die Zustellung im Verwaltungsstreitverfahren (vgl. §§ 64 Abs. 4, 81, 86, 100, 112 des Allg. LVerwG. vom 30. 7. 83) gelten nicht die Vorschriften der ZPO., sondern die Bestimmungen der Geschäftsregulative. Bei Beurteilung des Streitfalls hat das Gericht nach seiner freien, aus dem Inbegriff der Verhandlungen und Beweise geschöpften Überzeugung zu entscheiden. Beim Ausbleiben einer Partei kann es die von der Gegenpartei vorgebrachten Tatsachen für zugestanden erachten (§ 79). Zur Erleichterung des Beweises kann unter Umständen das Aufgebotsverfahren angewandt werden. So kann es benutzt werden zur Feststellung der Verschollenheit einer Person, des Erlöschens eines im Grundbuch eingetragenen Rechts und zur Kraftloserklärung von Urkunden (§§ 946 ff. ZPO., §§ 927, 1170, 1171 BGB.).

Nicht die Führung des vollen Beweises, sondern nur die Glaubhaftmachung wird, um keine Zeit zu verlieren, für die Anträge auf Arrestlegung oder Erlaß einer einstweiligen Verfügung erfordert. Glaubhaft zu machen ist nicht nur der Anspruch selbst, sondern auch die dem Antragsteller drohende Gefahr, daß ohne die Sicherung durch Arrest (äußerstenfalls durch persönlichen Arrest) die Durchführung der Zwangsvollstreckung wegen Geldforderung, und ohne die eine Regelung des gegenwärtigen Zustandes bezweckende einstweilige Verfügung die Verwirklichung der beanspruchten Individualleistung vereitelt oder wesentlich erschwert werde (§§ 916 ff.). In Arrestsachen (§§ 921, 936) kann das Gericht zur Glaubhaftmachung die Leistung einer nach freiem Ermessen zu bestimmenden Sicherheit als genügend ansehen, es hat auch freie Hand, eine solche Sicherheitsleistung zur Verstärkung der Glaubhaftmachung zu fordern. Zur Abwehr des Anspruchs kann der Gegner — nötigenfalls im Widerspruchsverfahren (§ 924) — das Nichtvorhandensein einer Gefährdung durch Gegenglaubhaftmachung mit allen nach § 294 zugelassenen Beweismitteln (Eideszuschiebung ist ausgeschlossen) dartun (§ 924, RG. 27, 427 f.). Mit der Glaubhaftmachung begnügt sich ferner das Gesetz bei Regelung verschiedener Nebenpunkte, so in dem Verfahren der Ablehnung eines Richters wegen Besorgnis der Befangenheit (§ 44) und bei Darlegung des Vorhandenseins der Revisionssumme (§ 546, vgl. auch hinsichtlich der Schätzung des Streitgegenstandswertes § 3). Zu erwähnen ist noch die besondere Beweisbeschränkung im Urkunden- und Wechselprozesse (§§ 592 ff).

kann der Kläger den für diese Prozeßart erforderlichen urkundlichen Beweis des auf Geld oder vertretbare Sachen (Urkunden) gerichteten Anspruchs durch Vorlegung der Urkunden antreten — zum Beweise der Echtheit ist auch Eideszuschiebung zulässig —, so gewinnt er dadurch den Vorteil, daß ebenso wie er selbst auch der Beklagte bezüglich seiner Einwendungen und des Gegenbeweises auf die Beweismittel der Urkunde und der Eideszuschiebung beschränkt ist (§ 598). Eine sachliche Benachteiligung des Beklagten kann hieraus nicht wohl entstehen. Der Urkunden- und Wechselprozeß findet nur statt, wenn die Klage die Erklärung enthält, daß im Urkundenprozeß bzw. im Wechselprozeß geklagt werde (§§ 593, 604). Der Kläger kann auch bis zum Schlusse der mündlichen Verhandlung zum ordentlichen Prozesse übergehen (§§ 596, 602). Anderseits dient es dem Schutze des Beklagten, daß ihm, wenn er dem Anspruch widersprochen hat, im Falle seiner Verurteilung die Ausführung seiner Rechte vorbehalten wird (§ 599). Der Rechtsstreit bleibt dann im ordentlichen Verfahren anhängig (§ 600). Eine Folge der Beschränkung der Beweisaufnahme ist es, daß, soweit streitige Anführungen wegen Fehlens der zulässigen Beweise nicht zu berücksichtigen sind, auch eine Beschränkung des Rechts auf Gehör eintritt.

§ 32. Vollziehung.

Zur Verwirklichung der Maßnahmen, die zur Durchführung der Rechtsordnung, des herstellenden Schutzes usw. notwendig sind, kann von den Gerichten unmittelbarer Zwang durch Gewalt gegen die Person (persönlicher Sicherheitsarrest nach § 918 ZPO., Überwindung des Widerstandes des Schuldners, der die Vornahme einer Handlung zu dulden hat, nach § 892) und durch Wegnahme der herauszugebenden Sache (§ 883, vgl. § 897) angewandt werden. Handelt es sich um Vollstreckung von Geldstrafen, so kann das Vermögen des Schuldners zwangsweise verwertet werden. Die näheren Vorschriften hierüber sind in dem die Zwangsvollstreckung behandelnden Abschnitt der ZPO. (§§ 704 ff.) enthalten. Die Ausführung der Zwangsvollstreckung ist im allgemeinen in die Hände des Gerichtsvollziehers gelegt, der durch den Besitz der vollstreckbaren Urteilsausfertigung (§§ 724 f.) hierzu legitimiert ist. Wird bei einer Vollstreckungshandlung des Gerichtsvollziehers Widerstand geleistet oder ist der Schuldner abwesend, so sind zwei erwachsene Personen oder ein Gemeinde- oder Polizeibeamter als Zeugen zuzuziehen (§ 759). Die Verwertung beweglicher Sachen hat nach vorgängiger Pfändung (in der Regel nicht vor Ablauf einer Woche seit der Pfändung, § 816) durch Versteigerung zu erfolgen. Dem Zuschlag soll ein dreimaliger Aufruf vorhergehen. Gold- und Silbersachen dürfen nicht unter dem Gold- oder Silberwert zugeschlagen werden und können zu diesem Werte nötigenfalls freihändig verkauft werden (§ 820). Auf Antrag des Gläubigers oder Schuldners kann das Vollstreckungsgericht nach § 825 eine abweichende Verwertung der Pfandsache anordnen. Zur Pfändung von Forderungen bedarf es eines Beschlusses des Vollstreckungsgerichts. Die Pfändung wird dadurch wirksam, daß der Gläubiger den Beschluß dem Drittschuldner zustellen läßt (§ 829). Die Verwertung geschieht in der Weise, daß die Forderung dem Gläubiger nach seiner Wahl durch Beschluß zur Einziehung überwiesen oder an Zahlungsstatt zum Nennwert übereignet wird (§§ 835 ff.). Ist die Forderung eine bedingte oder betagte oder die Einziehung sonst mit Schwierigkeiten verbunden, so kann auf Anordnung des Vollstreckungsgerichts die Verwertung in anderer Weise stattfinden (§ 844). Wertpapiere unterliegen der Pfändung durch den Gerichtsvollzieher (§ 821) und können von diesem, falls sie einen Börsen- oder Marktpreis haben, zum Tageskurse freihändig verkauft werden. Für die Verwertung der Forderungen aus Orderpapieren oder Wechseln (§ 831) gelten dagegen, wenn schon die Pfändung als solche durch Besitznahme seitens des Gerichtsvollziehers bewirkt wird, die Vorschriften über Pfändung von Forderungen. Betrifft der Anspruch die Herausgabe einer Sache, so hat das Vollstreckungsgericht die Herausgabe an einem vom Gläubiger zu beauftragenden Gerichtsvollzieher und, wenn es sich um eine unbewegliche Sache handelt, an einen vom Amtsgericht der belegenen Sache zu bestellenden Sequester anzuordnen (§§ 847 ff.). Die Verwertung der Grundstücke durch Zwangsversteigerung und Zwangsverwaltung ist durch das G. v. 4. 3. 97 geregelt. Ein Grundstück kann nach diesem Ges. nur zur Versteigerung gebracht werden, wenn nach Deckung der Kosten des Verfahrens und der sämtlichen, dem betreibenden Gläubiger vorgehenden Forderungen — Kosten, öffentliche Lasten und wiederkehrende Leistungen sind durch Barzahlung, andere Posten durch Übernahme zu decken (§ 49) — für den Gläubiger noch etwas übrig bleibt (§ 44). Zu diesem Zwecke ist im Versteigerungstermine das geringste Gebot zu berechnen, in welches die vorbezeichneten Forderungen aufzunehmen sind. Bedingte Ansprüche sind hierbei wie unbedingte zu berücksichtigen (§ 48, vgl. § 50); eine Gesamthypothek ist auf Antrag zur Ermöglichung des Einzelausgebots der belasteten Grundstücke gemäß § 64 in der Art zu verteilen, daß sie bei den einzelnen Grundstücken zu dem dem Wertverhältnis der belasteten Grundstücke entsprechenden Teilbetrage zum Ansatz kommt. Besteht eine in das geringste Gebot eingerechnete Post nicht zu Recht, so hat der Ersteher den entsprechenden Geldwert zu entrichten (§§ 50, 51). Über Erteilung des Zuschlags wird durch Beschluß (§ 87) entschieden, gegen den binnen zwei Wochen (§§ 96, 98) ein jeder Beteiligter aus einem sein eigenes Recht berührenden Grunde Beschwerde einlegen kann. Mit dem Zuschlag, der durch die Verkündung wirksam wird (§ 89), fällt das Eigentum ohne Rücksicht darauf, ob es dem Schuldner zustand, dem Ersteher zu, und zwar belastungsfrei, soweit nicht nach den Versteigerungsbedingungen die Belastungen bestehen bleiben (§§ 52, 91). In das Grundbuch wird der Ersteher als Eigentümer erst eingetragen nach Ausführung des Teilungsplanes. Nutzungen und Lasten gehen mit dem Zuschlag (§ 56) auf ihn über, auch die Gefahr in Ansehung des Grundstücks selbst, während bezüglich der mitversteigerten Gegenstände die Gefahr auf ihn bereits mit dem Schluß des Versteigerungstermins übergangen ist. Die Verteilung des Erlöses erfolgt in einem besonderen Termine nach einem Verteilungsplan, über den die anwesenden Beteiligten zu hören sind. Entstehen hierbei Streitigkeiten, so ist in dem Teilungsplane auf beide Fälle, auf den Fall, daß der Widerspruch begründet ist und auf den gegenteiligen Fall Rücksicht zu nehmen. Zu den Pflichten des Teilungsrichters gehört es auch, die unbekannten Berechtigten einer zur Hebung kommenden, bar zu zahlenden Post zu ermitteln (§§ 138 ff.) und die eingetretenen Änderungen auf den eingereichten Hypothekenbriefen (§ 127) zu vermerken. Die Zwangsverwaltung eines im Eigenbesitz des Schuldners befindlichen Grundstücks wird durch den vom Gericht bestellten Verwalter unter Aufsicht des Gerichts (§ 153) geführt. Aus den Nutzungen des Grundstücks — die einschließlich der Miet- und Pachtzinsen von der Beschlagnahme schon infolge der Besitznahme des Verwalters erfaßt werden — sind von dem Verwalter die Kosten der Verwaltung und die laufenden öffentlichen Lasten ohne weiteres zu berichtigen, ferner auf Grund eines im Termin aufzustellenden Teilungsplans die in § 10 Nr. 1 bis 5 rangordnungsgemäß aufgeführten Forderungen, diejenigen zu 2, 3 und 4 (Liedlohn, Abgaben, Schuldposten) jedoch nur insoweit, als laufende Beträge wiederkehrender Leistungen zu entrichten sind, in letzter Linie die (in einem Termine auszuzahlenden) Kapitalforderungen (§§ 155 ff.). Die Zwangsversteigerung hat die Aufhebung der Zwangsverwaltung erst zur Folge, wenn sämtliche vor dem Zuschlag gezogene Nutzungen verwertet und verteilt sind. Wegen des Rechts der landschaftlichen Kreditanstalten, die Zwangsversteigerung des beliehenen Grundstücks zu betreiben und die Zwangsverwaltung einzuleiten, s. das Pr. G. v. 3. 8. 97.

Den Zwangsmaßnahmen zur Erwirkung von Handlungen oder Unterlassungen des verurteilten Schuldners hat eine durch Beschluß des Prozeßgerichts gegen ihn zu erlassende Androhung vorauszugehen. In dem Beschlusse ist auszusprechen, daß der Schuldner zur Vornahme der Handlung durch Geldstrafe (ohne Beschränkung des Höchstmaßes, Art. XI V. v. 6. 2. 24) oder Haft (deren Dauer nach § 913 sechs Monate nicht überschreiten darf) anzuhalten ist (§ 888), oder, wenn es sich um die Verpflichtung des Schuldners handelt, eine Handlung zu unterlassen oder die Vornahme einer Handlung zu dulden, wegen einer jeden Zuwiderhandlung zu Geldstrafe oder Haft (deren Dauer bei Festsetzung einer Gesamtstrafe auf zwei Jahre beschränkt ist) zu verurteilen ist (§ 890). Zulässig ist das Zwangsvollstreckungsverfahren aus § 888 nur bei Handlungen, die nicht von einem Dritten vorgenommen werden können (vgl. § 887) und deren Leistung ausschließlich von dem Willen des Schuldners abhängt. Die aus einem Dienstvertrage geschuldeten Dienste und das eheliche Zusammenleben können nicht erzwungen werden. In Betracht kommen hauptsächlich, wenn auch nicht ausschließlich, die Ansprüche auf Auskunfterteilung und dergleichen. Die Wahl zwischen Geldstrafe und Haft steht dem Prozeßgericht zu, das übrigens, wenn es zunächst Geldstrafe gewählt hat, immer noch auf das Zwangsmittel der Haft zurückgreifen kann. Die Betreibung der an den Fiskus zu zahlenden Geldstrafe bleibt dem Gläubiger überlassen. Ist die zu erzwingende Handlung geleistet, so kann eine weitere Zwangsvollstreckung nicht stattfinden, was indes die Vollstreckung der gemäß § 890 in bestimmter Höhe bereits festgesetzten Strafe nicht ausschließt. Über Ersetzung einer Willenserklärung durch Urteil vgl. § 894.

Den Vorschriften der ZPO. nachgebildet ist die V. v. 15. 12. 99, 24. 8. 15 über das Verwaltungszwangsverfahren zur Beitreibung von Geldbeträgen. Vollstreckungsbehörde ist die mit der Einziehung der Geldbeträge betraute Behörde. Der Zwangsvollstreckung soll in der Regel eine Mahnung mit dreitägiger Zahlungsfrist vorausgehen (§ 7). Die Pfändung beweglicher Sachen und Wertpapiere wird von dem Vollziehungsbeamten ausgeführt. Für die Pfändung von Forderungen und die Überweisung, die hier ausnahmslos zur Einziehung erfolgt, ist die Vollstreckungsbehörde zuständig. Für die Zwangsversteigerung oder Zwangsverwaltung sind die Vorschriften über das gerichtliche Verfahren maßgebend, das auf Antrag der Vollstreckungsbehörde durchgeführt wird (§ 51). Die Bestimmungen über die Gebühren sind durch V. v. 21. 4. 21 und 28. 8. 22 geändert.

In Angelegenheiten der allgemeinen Landesverwaltung sind nach §§ 132 ff. G. v. 30. 7. 83 der Regierungspräsident, der Landrat, die Ortspolizeibehörde und der Gemeindevorsteher berechtigt, ihre auf Grund gesetzlicher Befugnisse getroffenen Anordnungen, soweit Handlungen in Frage stehen, die von einem Dritten nicht geleistet werden können, durch Geldstrafen (die durch Art. III des Geldstrafenges. vom 27. 4. 23 und Art. III 2 V. v. 6. 2. 24 erhöht sind, vgl. auch Art. IX unter 2 des ersteren G.) zu erzwingen. Unmittelbarer Zwang darf nach § 132 letzter Absatz nur angewendet werden, wenn ohne solchen Zwang die Anordnung unausführbar sein würde. Den Verwaltungsbehörden stehen zur Vollstreckung die Polizeibeamten zur Verfügung, die bei Gefahr im Verzuge zur Festnahme von Personen (§ 127 StPO.) und, sofern sie zu Hilfsbeamten der Staatsanwaltschaft erklärt sind, auch zu Beschlagnahmen (mit Ausnahme der auf der Post befindlichen Sendungen) und zu Durchsuchungen (§§ 98, 100, 105 StPO.) befugt sind. Über das Recht der Landjäger zum Waffengebrauch verhält sich die Pr. Dienstvorschrift v. 20. 7. 06, abgeändert durch Vfg. des M. d. J. v. 25. 5. 19, 12. 8. 21 und 17. 6. 22; auf den Waffengebrauch der Forst- und Jagdbeamten bezieht sich das G. v. 31. 3. 37 nebst Instruktion v. 17. 4. 37 (dazu Vfg. des M. für L. v. 8. 8. 19). In der vorerwähnten Vfg. v. 17. 6. 22 ist bestimmt, daß die Entscheidung, ob nach Lage des Falles der flache Hieb oder ein Schreckschuß genügt, von dem Führer der Polizeimannschaft, sonst dem einzelnen Beamten selbständig zu treffen ist. Über die polizeiliche Tätigkeit im allgemeinen s. § 38. Wird das militärische Einschreiten notwendig, so ist das hierauf gehende Ersuchen an das Wehrkreiskommando oder das Marinestationskommando, bei dringender Gefahr an den nächsten militärischen Befehlshaber zu richten. Selbständiges militärisches Einschreiten ist nach § 17 des RWehrges. v. 23. 3. 21 statthaft, wenn die Behörden durch höhere Gewalt verhindert sein sollten, das militärische Einschreiten herbeizuführen, oder Angriffe oder Widersetzlichkeiten gegen Teile der Wehrmacht selbst das Einschreiten erfordern.

Für den Vollzug der Freiheitsstrafen haben die Landesregierungen die vom RJM. veröffentlichten Grundsätze v. 7. 6. 23 vereinbart, die an Stelle der am 28. 10. 97 vereinbarten Grundsätze treten und spätestens bis zum 1. 7. 24 zur Durchführung gebracht werden sollen. Im Mittelpunkt der Vorschriften steht, daß die Gefangenen zur Arbeit anzuhalten sind. Auch den Gefangenen, die Festungshaft oder einfache Haft (nicht geschärfte Haft aus § 361 Nr. 3—8) verbüßen und demgemäß sich eine angemessene Beschäftigung selbst wählen können, ist auf ihren Antrag Arbeit zuzuweisen (§ 62). Die Vollziehung der Zuchthausstrafe ist durchweg durch Zwangsvorschrift geregelt, während in den Gefängnissen das Tragen eigener Kleidung, die Selbstbeköstigung und der Genuß von Tabak, sowie die Selbstbeschäftigung gestattet werden kann (§§ 162—164). Die Arbeilszeit soll in der Regel im Zuchthause nicht mehr als zehn Stunden, im Gefängnis nicht mehr als neun Stunden werktäglich betragen. Das von den Gefangenen mit Rücksicht auf die Leistungsfähigkeit zu erfüllende Arbeitsmaß (Tagewerk) wird für jeden besonders festgesetzt. Aus dem Arbeitsertrage wird den Gefangenen eine von dem Vorsteher zu bestimmende Arbeitsbelohnung, teils als Hausgeld, teils als Rücklage, die hauptsächlich für die Zeit nach der Entlassung eine Vorsorge gewähren soll, gutgeschrieben. Ob der Gefangene in Einzelhaft, in Zellenhaft (bei welcher sich das Alleinsein nur auf die Zeit des Aufenthalts in der Zelle erstreckt) oder in Gemeinschaftshaft unterzubringen ist, bestimmt der Vorsteher. Bei längeren Strafen sollen in der Regel mindestens die ersten drei Monate in Einzelhaft oder Zellenhaft vollzogen werden (§ 44). Besuche dürfen die Gefangenen in der Regel nur alle sechs Wochen empfangen, Briefe nur alle vier Wochen absenden (§ 161). Für Zuchthausgefangene sind diese Fristen auf drei Monate und zwei Monate hinaufgesetzt (§ 157). In größeren Anstalten ist für Erteilung von Unterricht an Gefangenen, die eine Freiheitsstrafe von mehr als drei Monate verbüßen und noch nicht 30 Jahr alt sind, zu sorgen (§ 106). Zur Benutzung in der arbeitsfreien Zeit ist eine Bücherei (§ 107) in den Gefangenenanstalten einzurichten. Der Zuspruch eines Geistlichen des Bekenntnisses soll niemand fehlen. In gesundheitlicher Beziehung ist vorgeschrieben, daß den Gefangenen in der Regel täglich mindestens eine halbe Stunde Bewegung im Freien zu gestatten ist. Über den Mindestraum der Zellen s. § 87. Die zu mehr als einem Monat Verurteilten werden alsbald nach der Aufnahme ärztlich untersucht (§ 89). Wegen Ungebührlichkeiten werden Hausstrafen verhängt, unter anderem Schmälerung der Kost auf die Höchstdauer von einer Woche und Arrest auf die Höchstdauer von vier Wochen. Bei Gefährdung der Sicherheit oder Ordnung können Sicherungsmaßnahmen ergriffen werden. — Bei Vollstreckung längerer Strafen ist der Vollzug in Stufen in der Art anzustreben, daß der Strafvollzug je nach der Besserung der Gesinnung allmählich gemildert und der Übergang in die Freiheit vorbereitet wird (§ 130).

Eigenmacht ist ausnahmsweise in Notfällen gestattet (§ 704 BGB., § 54 StGB., § 12 G. v. 1. 8. 22).

Zehnter Hauptteil.

Staatsgewalt. Leistungspflichten.

§ 33. Persönliche Leistungen.

Die der Staatsgewalt Unterworfenen sind ferner kraft ihres Unterordnungsverhältnisses, die Staatsbürger auch kraft der Pflicht und Treue zu den verschiedensten Leistungen, persönlichen Leistungen und Sachleistungen verbunden. Die Pflicht zum Heeresdienst, die früher die wichtigste in Person zu erfüllende Leistung bildete, ist jetzt weggefallen. Durch G. v. 21. 8. 20 ist — was auch in § 1 des Wehrges. v. 23. 3. 21/18. 6. 21 erneut zum Ausdruck gebracht ist, — die allgemeine Wehrpflicht für Heer und Flotte beseitigt. Wer in die Wehrmacht freiwillig als Soldat eintreten will, muß sich zum ununterbrochenen Dienst auf zwölf Jahre verpflichten. Als Tag des Diensteintrittes ist der Gestellungstag beim Truppenteil anzusehen, an welchem Tage zugleich der die Zugehörigkeit zur Wehrmacht begründende Verpflichtungsschein ihm auszuhändigen ist (§ 18 des Wehrges. in der Fassung des G. v. 18. 6. 21). Der Offiziersanwärter muß eine Verpflichtung zur ununterbrochenen Dienstzeit als Offizier von zunächst 25 Jahren eingehen (§ 25 Wehrges.). Die Entlassung kann nach §§ 20, 25 das. aufgeschoben werden, wenn der sofortigen Entlassung die dienstlichen Verhältnisse entgegenstehen. Allgemeiner Grundsatz ist, daß bei gemeiner Gefahr (§ 360 Nr. 10 StGB., vgl. §§ 315, 319, 34 des Pr. Wasserges. vom 7. 4. 13 wegen der Überschwemmungsgefahr) alle Einwohner zur Hilfeleistung aufgeboten werden können. Zur Annahme eines Amtes der vormundschaftlichen Verwaltung — als Vormund, Gegenvormund, Pfleger, Beistand, nicht als Mitglied des Familienrats (§ 1869 BGB.) — ist ein jeder Deutscher verpflichtet, dem nicht die in § 1786 angeführten Entschuldigungsgründe (insbesondere ein Alter von sechzig Jahren, Gebrechlichkeit, Besitz von mehr als vier minderjährige Kinder, Führung von mehr als zwei Vormundschaften oder Pflegschaften) zur Seite stehen. Dem Vormunde (Pfleger, Beistand) und aus besonderen Gründen dem Gegenvormund kann von dem Vormundschaftsgericht eine angemessene Vergütung aus dem Mündelvermögen bewilligt werden (§§ 1836, 1694, 1915). Die Verpflichtung zur Bekleidung eines Ehrenamtes besteht ferner für das Amt eines Schöffen, eines Geschworenen und einer Vertrauensperson (§§ 35, 40, 84, 88 GVerfG.). Als Entschädigung wird auf Grund des § 55 des GVerfG. gemäß der V. v. 18. 3. 24 für den Verdienstausfall ein Betrag von 0,05 bis 0,75 Goldmark für die Stunde gewährt, ferner ein Tagegeld und Übernachtungsgeld nach den Sätzen, die Reichsbeamte der Stufe I bei Dienstreisen (vgl. Reisekostenverordnung v. 14. 10. 21) beziehen. Hierzu kommen als Fahrkosten der Fahrpreis für die dritte Eisenbahnklasse oder die zweite Schiffsklasse und bei anderweiter Beförderung für jedes Kilometer des Hin- und Rückweges 0,05 Mark. Fahrkosten können nur beansprucht werden, wenn die Wohnung des Schöffen mehr als 2 km entfernt ist. Dem Handelsrichter werden nach Maßgabe des G. v. 13. 12. 23 die Reisekosten erstattet. Ehrenamtliche Stellen müssen außerdem übernommen werden in der Verwaltung und Vertretung der Gemeinden (§ 65 LandgemO. v. 3. 7. 91, § 74 der Städteordnung für die östlichen Provinzen Preußens v. 30. 5. 53, übereinstimmend die in Preußen geltenden anderen Städteordnungen), desgleichen in der Verwaltung und Vertretung des Kreises (§ 8 der Kreisordnung v. 13. 12. 72 in der Fassung v. 19. 3. 81). Ehrenamtliche Stellen sind ferner vorgesehen für die gewählten Mitglieder der bei den Finanzämtern für die Steuerbezirke gebildeten Ausschüsse (§ 27 RAbgO. v. 13. 12. 19, V. v. 25. 5. 20), für die gewählten Mitglieder der den Landesfinanzämtern angegliederten Finanzgerichte (§§ 14, 16 ff. der RAbgO.), für die gewählten Vertreter der Arbeiter und Unternehmer in Reichsversicherungssachen (§§ 12 ff. RVers.O. v. 19. 7. 11), vgl. auch über die Wahlehrenämter §§ 38, 39 des RWahlges. v. 6. 3. 24. Zur Ablehnung der Wahl berechtigen nur erhebliche Gründe nach Art der in Vormundschaftssachen berücksichtigten Gründe (vgl. § 17 RVersO, § 74 Städteordnung v. 30. 5. 53, § 8 Kreisordnung). Das Ehrenamt wird abgesehen von einer Entschädigung für Dienstaufwand, teilweise auch (§ 21 RVersO.) für Verdienstausfall, unentgeltlich verwaltet. Den Land- und Stadtgemeinden (§ 54 Städteordnung v. 30. 5. 53, § 78 LandgemO. v. 3. 7. 91) ist das weitere Recht gegeben, von den Gemeindeangehörigen Hand- und Spanndienste zur Ausführung von Gemeindearbeiten zu erfordern. Diese Dienste haben jedoch hauptsächlich nur einen Vermögenswert, der deshalb auch auf die Steuerleistungen in Anrechnung kommt, und sie können, außer in Notfällen, durch Stellvertreter geleistet werden.

Unentbehrlich sind dem Staate persönliche Dienste auch insofern, als er für die Zwecke der Rechtspflege und Verwaltung darauf angewiesen ist, Auskunft und Anzeige zu fordern. Zur Zeugnisablegung über bestimmt bezeichnete Tatsachen im gerichtlichen Verfahren (§§ 383 ff. ZPO., §§ 51 ff. StPO.) im Verwaltungsstreitverfahren (§ 78 G. v. 30. 7. 83), in Steuersachen (§§ 177 ff. der RAbgO. v. 13. 12. 19) und in vielen Fällen des Verwaltungsverfahrens (vgl. § 15 FGG. v. 17. 5. 98, § 75 KO., § 46 der die Kriegsschäden betreffenden Entschädigungsordnung v. 30. 7. 21, V. über Auskunftspflicht hinsichtlich wirtschaftlicher Verhältnisse v. 28. 7. 23) ein jeder verbunden, sofern nicht in der Sache der Zeuge selbst oder nahe Angehörige des Zeugen (Verlobter, Ehegatte, Verwandte bis zum dritten, Verschwägerte bis zum zweiten Grade) als Partei beteiligt sind oder die Beantwortung der Fragen ihnen einen unmittelbaren Nachteil bereiten würde oder der Zeuge einer Verletzung der gesetzlich anerkannten Treupflicht (durch Offenbarung des kraft Amtes, Standes oder Gewerbes ihm Anvertrauten oder eines Kunst- oder Gewerbegeheimnisses) sich schuldig machen würde. In Strafsachen (§§ 51 ff. StPO.) muß, damit das Zeugnis im Interesse der Angehörigen verweigert werden kann, die Gefahr strafgerichtlicher Verfolgung bestehen (§ 54, ebenso § 78 RAbgO. v. 13. 12. 19). Die

Verschwiegenheitspflicht beschränkt sich hier auf das den Geistlichen, Verteidigern, Rechtsanwälten und Ärzten Anvertraute. Verschieden von der Zeugnispflicht ist die Sachverständigenpflicht, indem zur Erstattung eines Gutachtens — abgesehen von den zur Verweigerung des Zeugnisses und den zur Ablehnung eines Richters berechtigenden Gründen — nur verpflichtet ist, wer vor Gericht sich hierzu bereit erklärt hat, wer die Sachkunde zu Zwecken des Erwerbes verwertet oder zu ihrer Ausübung öffentlich bestellt oder ermächtigt ist (§§ 407, 408 ZPO., §§ 75, 76 StPO., § 188 RAbgO.). Öffentliche Beamte dürfen als Sachverständige nicht herangezogen werden, wenn die vorgesetzte Behörde erklärt, daß ihre Vernehmung — was schon in der starken Beanspruchung des Beamten seinen Grund haben kann — den dienstlichen Interessen nachteilig sei. Die Erfüllung der Zeugnis- und Begutachtungspflicht kann durch Geldstrafen (§§ 390, 409 ZPO., §§ 69, 77 StPO., § 184 Abs. 2 RAbgO. in Verbindung mit Art. II des Geldstrafenges. v. 23. 11. 23) erzwungen werden. Bei wiederholter Verweigerung des Zeugnisses kann Haftstrafe bis zu der in § 90 ZPO., § 69 StPO. bestimmten Dauer angeordnet werden. Die Verletzung der Eidespflicht wird, wenn vorsätzlich begangen, als Verbrechen des Meineids nach §§ 154 ff. StGB., bei fahrlässigem Handeln nach § 163 das. geahndet. Zeugen und Sachverständige haben nach Maßgabe der Gebührenordnung v. 10. 6. 14 in der Fassung v. 13. 3. 22 — die Beträge sind verschiedentlich erhöht, zuletzt durch V. v. 21. 12. 23 — Anspruch auf Ersatz ihrer Auslagen und auf Entschädigung für Zeitversäumnis, Sachverständige außerdem auf angemessene Vergütung für ihre Mühewaltung. Eine der Zeugnispflicht entsprechende allgemeine Pflicht zur Gestattung der Augenscheineinnahme ist im Strafverfahren insofern anerkannt, als die zur Aufklärung vom Gericht für erforderlich erachtete Augenscheineinnahme inbezug auf Örtlichkeiten (§ 86 StPO.) und die Durchsuchung von Räumen zur Auffindung von Beweismitteln (oder zur Ergreifung des Schuldigen) — bei dritten Personen nur in beschränktem Maße, sofern ein bestimmter tatsächlicher Anhalt vorliegt — nach §§ 102 ff. zulässig ist. Auch die körperliche Untersuchung des einer Straftat Verdächtigen (§ 102, vgl. über Beobachtung des Geisteszustandes des Angeschuldigten § 81, über richterliche Leichenschau §§ 87 ff.) ist nicht ausgeschlossen. Bewegliche Gegenstände, die als Beweismittel für die Untersuchung von Bedeutung sein können, unterliegen, falls sie nicht freiwillig herausgegeben werden, der Beschlagnahme (§ 94, vgl. über Zulässigkeit der Beschlagnahme auf der Post § 99), ebenso schriftliche Mitteilungen im Verkehr mit dem Beschuldigten, die jedoch von den zur Verweigerung des Zeugnisses berechtigten Personen nicht herausgegeben zu werden brauchen (§ 97). Auch im bürgerlichen Streitverfahren ist gerichtliche Augenscheineinnahme (§ 371) statthaft, wenn schon hierfür Zwangsmittel — abgesehen davon, daß aus der Weigerung der Partei eine für sie ungünstige Folgerung gezogen werden kann — nicht zu Gebote stehen. Ein Anspruch auf Besichtigung oder auf Vorlegung einer Sache (Urkunde) kann nur nach dem Grundsätzen des bürgerlichen Rechts im Klagewege (vgl. § 429) erhoben werden. Von besonderer Wichtigkeit sind in dieser Beziehung der Vorschriften der §§ 809—811 BGB., wonach die Einsicht einer Urkunde, wie § 810 bestimmt, gefordert werden kann, wenn sie im alleinigen Interesse des Antragstellers oder zur Beurkundung eines zwischen diesem und einem anderen gemeinschaftlichen Rechtsverhältnisses errichtet ist. Die Vorlegung der von den Kaufleuten (vgl. § 4 HGB.) zu führenden Handelsbücher kann nach § 45 HGB. von dem Gericht auch sonst nach freiem Ermessen angeordnet werden. Über die Verpflichtung des Steuerschuldners und auskunftpflichtiger Personen zur Vorlegung von Urkunden s. §§ 207, 185/187 RAbgO. Eine Zeugnispflicht liegt selbstverständlich dem Beschuldigten (§ 136 StPO.) oder der Prozeßpartei nicht ob. Ein gewisser Ersatz ist es, daß im bürgerlichen Streitverfahren dem Gegner über bestimmt formulierte Tatsachen, die in Ermangelung einer anderweiten Einigung der Parteien (s. § 450) in Handlungen des Gegners, seiner Rechtsvorgänger oder Vertreter bestehen müssen oder wenigstens von diesen Personen wahrgenommen sein müssen, ein Eid zugeschoben werden kann (§ 445) und daß zur Ergänzung des Beweises einer Partei ein richterlicher Eid (§§ 457 ff.) anvertraut werden darf. Der zugeschobene Eid kann, wenn die Voraussetzungen der Eidespflicht bei der zuschiebenden Partei zutreffen, dieser zurückgeschoben werden, was aber unstatthaft ist, wenn nur die zurückschiebende Partei, nicht der Gegner, einen Eid über die eigene Handlung oder Wahrnehmung leisten kann (§ 448). Oft wird es zweckmäßig sein, der Eidesleistung eine erläuternde Vernehmung des Schwurpflichtigen vorausgehen zu lassen. Durch die Zuschiebung Annahme oder Zurückschiebung des Eides wird die Partei nicht gehindert, bis zur wirklichen Abnahme des Eides anderweitigen Beweis anzutreten (§ 453). Die Prozeßpartei ist auch gehalten, über die Richtigkeit der von dem Gegner behaupteten Tatsachen, soweit sie eigene Handlungen oder Wahrnehmungen betreffen, eine bestimmte Erklärung abzugeben. Werden diese Tatsachen nicht ausdrücklich bestritten, so sind sie, wenn nicht ein anderer Wille der Partei erhellt, als zugestanden anzusehen (§ 138). Im Zusammenhang hiermit steht es, daß der im Verhandlungstermin nicht erscheinende Beklagte, sofern das Klagevorbringen den Anspruch rechtfertigt, klagegemäß durch Versäumnisurteil zu verurteilen ist (§§ 331 ff., vgl. auch § 542). Der Gegner kann jedoch nach § 331a in der F. der V. v. 13. 2. 24 die Entscheidung nach Lage der Akten beantragen.

Aus Verwaltungsrücksichten ist vielfach eine Pflicht der Anzeige (Anmeldung) oder eine Ausweispflicht auferlegt. Nach polizeilichen Vorschriften müssen die in eine Wohnung aufgenommenen Personen von dem Wohnungsinhaber binnen kurzer Frist bei der Polizeibehörde zur Anmeldung gebracht werden. Desgleichen haben fortziehende Personen die Pflicht, sich polizeilich abzumelden. Eine Paßpflicht besteht für Deutsche innerhalb des Reiches im allgemeinen nicht (G. v. 12. 10. 67 über das Paßwesen). Ein jeder ist aber verpflichtet, sich auf amtliches Erfordern über seine Person auszuweisen (§ 3 dieses Ges.). Der Ausländer hat nach § 2 der V. v. 10. 6. 19 diesen Ausweis durch Vorlegung eines Passes zu führen. Ein gleicher Ausweis durch einen Paß, der vor dem jedesmaligen Grenzübertritt des Sichtvermerkes der deutschen Behörde bedarf, wird nach § 1 dieser V. bei Überschreitung der Reichsgrenze durch einen Inländer oder Ausländer gefordert. Über die Gültigkeitsdauer der Pässe und die ausnahmsweise Zulässigkeit der Führung zweier Pässe s. Erl. des RM. des I. v. 7. 7. 21, über Paßgebühren Erl. v. 3. 5. 20 u. 25. 4. 21. Bei Gefährdung der öffentlichen Sicherheit oder Ordnung können nach § 9 des Ges. über das Paßwesen in der Fassung des Art. IV des Notgesetzes v. 24. 2. 23 Vorschriften über den Paßzwang von dem Reichspräsidenten (vgl. Art. 48 RV.) getroffen werden, deren Übertretung durch V. v. 6. 4. 23 unter Strafe gestellt ist. Strafbar macht sich auch nach § 360 Nr. 8 StGB. — was mit der Ausweispflicht zusammenhängt —, wer einem zuständigen Beamten gegenüber sich eines ihm nicht zukommenden Namens bedient. Vorgeschrieben ist ferner die Anmeldung der den Personenstand betreffenden Vorgänge bei dem Standesamt durch G. v. 6. 2. 75 (über die standesamtlichen Gebühren s. G. v. 8. 3. 23). Die persönliche Meldepflicht ist bei Geburten binnen einer Woche in erster Linie von dem ehelichen Vater, sodann der Hebamme, dem Arzt, jeder anderen bei der Geburt anwesenden Person, schließlich von der Mutter, sobald diese dazu imstande ist, bei Todesfällen spätestens am nächstfolgenden Wochentage von dem Familienhaupt, andernfalls dem Wohnungsinhaber zu erfüllen (§§ 17 ff., 56 ff., 68). Die Anmeldung der Eheschließung erübrigt sich, da die Ehe überhaupt nur vor dem Standesbeamten geschlossen werden kann. In verschiedenen Fällen ist eine Anmeldepflicht (Auskunftspflicht) zu Zählungszwecken eingeführt (vgl. V. v. 18. 7. 19 über Vornahme einer Volkszählung am 8. 10. 19, Vfg. des RWM. v. 13. 10. 19 über vierteljährliche Viehzählungen, G. v. 27. 7. 22 über Lohnstastik, G. v. 7. 2. 06 über schriftliche Anmeldung der ein- und ausgehenden Waren und v. 12. 2. 24 über die zur Deckung der Unkosten der Statistik zu entrichtende statistische Gebühr). Anzuzeigen ist ferner nach §§ 14, 148 Nr. 1 GewO. der Beginn eines stehenden Gewerbes. Wer ein Gewerbe im Umherziehen betreiben will, bedarf nach §§ 55, 62,148 Nr. 7 GewO. für sich und seine Begleiter eines Wandergewerbescheins, den er nach § 60 c während der Ausübung des Gewerbebetriebs bei sich führen muß. An Stelle des Wandergewerbescheins tritt, wenn das Aufsuchen von Bestellungen oder der Einkauf von Waren durch Reisende eines stehenden Geschäfts betrieben wird, die Legitimationskarte (§§ 44 a, 148 Nr. 5). Vorschriften über die Notwendigkeit eines Ausweises für Arbeiter, die zur Erlangung von Arbeitsgelegenheit im Lande umherziehen, sind bisher nicht für nötig erachtet. Ausnahmsweise wird ein Ausweis zur Ermöglichung der polizeilichen Aufsicht hinsichtlich des Jagdrechts und der Fischerei gefordert. Nach dem Pr. G. v. 31. 7. 95 hat ein jeder, der eine Jagd ausübt, einen auf seinen Namen lautenden Jagdschein — der bei Unzuverlässigkeit nach §§ 6 ff. zu versagen, nötigenfalls wieder abzunehmen ist — bei sich zu führen. Ebenso wird in §§ 92 ff. das Fischereiges. v. 11. 5. 16 für die Ausübung des Fischfangs regelmäßig der Besitz eines Fischereischeins, zutreffendenfalls auch der Besitz eines Erlaubnisscheins des Berechtigten für erforderlich erklärt. Ähnlich sind die Vorschriften des Feld- und Forstpolizeiges. v. 1. 4. 80/28. 3. 22, die in §§ 40 Nr. 2, 41 es unter Strafe stellen, wenn auf Forstgrundstücken der Berechtigte vorschriftswidrig ohne Legitimationsschein die ihm zukommenden Gegenstände sich aneignet oder den Legitimationsschein bei Ausübung einer Waldnutzung nicht bei sich führt.

§ 34. Steuerleistungen.

Die zur Verwaltung des Gemeinwesens erforderlichen Mittel werden hauptsächlich durch Erhebung von Steuern gewonnen, die teils den Besitz, teils den Verkehr belasten. Von umfassender Bedeutung für das Steuerrecht sind die Vorschriften der Reichsabgabenordnung v. 13. 12. 19, welche die Einrichtung der Finanzämter und des von ihnen zu beobachtende steuerrechtliche und strafrechtliche Verfahren behandeln. Verschiedene Vereinfachungen sind durch V. v. 14. 2. 24 vorgeschrieben. Allgemein ist durch V. des RPr. v. 11. 10. 23 (Durchführungsbestimmungen v. 13. 10. u. 27. 10. 23) für Steuerzahlungen, sofern die Steuerschuld nach dem 31. 8. 23 entstanden ist, — mit selbstverständlicher Ausnahme der Goldzölle und abgesehen von den Kleinbeträgen (§ 7 der ersten Durchführungsbestimmungen) — die Leistung der Zahlung nach dem Goldwert, der nach dem Goldumrechnungssatz zu berechnen, vorgeschrieben. Die wegen der Tabaksteuer gemachte weitere Ausnahme ist durch die V. v. 30. 10. 23 in Wegfall gekommen. Der RFM. hat das Recht, zu bestimmen, ob und unter welchen Bedingungen die Zahlung durch Hingabe deutscher Gold- oder Silbermünzen oder ausländischer Zahlungsmittel geleistet werden kann oder zu leisten ist (§ 5 letzter Abs. der V. v. 11. 10. 23). Über Vervielfachung der Steuer bei Entstehung der Steuerschuld vor dem 1. 9. 23 s. §§ 6, 7 dieser V. u. § 8 der ersten Durchführungsbestimmungen. Freiwillige Vorauszahlungen auf die Steuer werden ebenfalls auf den Goldwert umgerechnet (§ 4 der ersten Durchführungsbestimmungen, §§ 2 ff. der zweiten DurchfBest. Zur Entlastung der Finanzämter ist in der V. v. 31. 10./21. 12. 23 bestimmt, daß Geldleistungen, die auf Grund von Steuergesetzen geschuldet werden, einschließlich Zinsen, Kosten und Geldstrafen, wenn sie in Gold ausgedrückt sind, auf den nächsten durch 5 teilbaren Goldpfennigbetrag, sonst auf den nächsten durch 10 Milliarden teilbaren Papiermarkbetrag nach unten abzurunden sind (s. auch über Abrundung der vom Reiche geschuldeten Zinsen — die natürlich nur soweit gezahlt werden können, als sie im Gelde darstellbar sind — § 6 der früher erlassenen V. v. 31. 3. 23 nebst Art. I 4 der V. v. 9. 8. 23. Rechtsmittel, die im Steuerverfahren vor dem 14. Oktober 1923, dem Tage des Inkrafttretens der Steueraufwertungsordnung v. 11. 10. 23, mit einem Streitwert von nicht mehr als einer Milliarde eingelegt sind, sind für erledigt zu erklären (V. v. 24. 10. 23). Die Höhe der Steuerzinsen ist durch die V. v. 6. 3. 24 bestimmt. Die bei Zahlungsaufschub (§ 105 Abs. 1 RAbgO.) zu entrichtenden Zinsen betragen 12 v. H., die Verzugszinsen, die auf Grund der Reichssteuergesetze dem Reiche geschuldet werden, 18 v. H. Wird eine Stundung bewilligt, so wird der Zinsfuß zwischen 5 und 12 v. H. jeweils von der Finanzbehörde festgesetzt. Über die Stundung der Steuer — die regelmäßig nur gegen Sicherheitsleistung und nur gegen Verzinsung zulässig ist — und den Zahlungsaufschub verhält sich die Stundungsordnung v. 29. 1. 23 nebst Ergänzungen v. 17. 8. 23 und Art. II V. v. 21. 12. 23 (über Änderung der Hinterlegungsgebühr). Über Einziehung der Steuern s. Beitreibungsordnung v. 23. 6. 23 in der Fassung v. 5. 7. 23 (Reichsministerialbl. S. 595, 645) und Art. II der V. v. 21. 12. 23. Die Kosten des Steuerermittlungsverfahrens hat der Steuerschuldner zu tragen, wenn sich auf Grund der Ermittlungen ein Steuerbetrag ergibt, der den der Steuererklärung entsprechenden Steuerbetrag um mehr als ein Drittel übersteigt (V. v. 17. 10. 23). Über die Kosten des Mahn- und Zwangsverfahrens trifft die V. v. 21. 4. 23 und Art. XVI der zweiten StNotV. v. 19. 12. 23 Bestimmung. Der Ansatz der Kosten im Rechtsmittelverfahren unterbleibt, wenn sie den Betrag von einer Mark nicht erreichen oder die Einziehung der Kosten, die voraussichtlich 30 Mark nicht übersteigen, nach Lage der Sache unbillig wäre (V. v. 19. 4. 23, Art. XVI der V. v. 19. 12. 23). Die Steuergeldstrafen werden in Art. XV der letzteren V. behandelt.

Zur Besteuerung wird nach der V. v. 16. 2. 23 auch das ausländische Vermögen und Einkommen herangezogen, nach § 3 jedoch nur in dem Maße, daß der Verpflichtete insgesamt nicht mehr an Steuer zu zahlen hat, als er zu zahlen haben würde, wenn er wegen des Ganzen nach Auslandrecht veranlagt würde. Einkommensteuerpflichtig sind nach § 2 I 2 und II des EStG. v. 29. 3. 20 auch Nichtdeutsche, und zwar allgemein, wenn sie im Inlande einen Wohnsitz oder des Erwerbes wegen oder länger als sechs Monate ihren gewöhnlichen Aufenthalt haben, sonst nur mit den in II bezeichneten inländischen Einkommensquellen. Der Körperschaftssteuer unterliegen ausländische Körperschaften nur mit dem Einkommen aus inländischem Grundbesitz und Gewerbebetrieb (§ 1 Abs. 2 des Reichskörperschafts-StG. v. 30. 3. 20 vgl. auch wegen Heranziehung der bei ausländischen Versicherungsvereinen auf

Gegenseitigkeit von Inländern genommenen Versicherungen § 4 Abs. 3 das.). Für die Vermögensteuerpflicht der Nichtdeutschen gelten nach § 2 des G. v. 8. 4. 22 Anl. 1 die gleichen Grundsätze wie bei der Einkommensteuer (die ausländischen Personenvereinigungen sind von der Vermögensteuer befreit). Die Einkommensteuer- und Vermögensteuerpflicht entfällt, wenn der Deutsche sich länger als zwei Jahre ohne inländischen Wohnsitz dauernd im Auslande aufgehalten hat. Von der inländischen Besteuerung sind unbedingt ausgenommen das ausländische Grundvermögen, Betriebsvermögen, die ausländischen Rentenrechte (V. v. 16. 2. 23).

Zu den Besitzsteuern gehören die Einkommensteuer, die Körperschaftssteuer, die Grund- und Gewerbesteuer, die Vermögensteuer sowie die Erbschaftssteuer. Zur Vereinfachung der Einkommensteuererhebung ist diese Steuer, wie die zweite Steuernotverordnung v. 19. 12. 23 vorläufig für das Kalenderjahr 1924 vorgeschrieben hat, nach den verschiedenen Einkommensarten gesondert. Für das Einkommen aus dem Betriebe der Land- und Forstwirtschaft ist vierteljährlich (bis zum 29. 2., 15. 5., 15. 8. und 15. 11.) eine Vorauszahlung von einer Goldmark für je 1000 M. des Grundstückswertes (§ 4, wegen des Pächters s. § 4 Abs. 2), ferner für das Einkommen aus dem Gewerbe- oder Bergbaubetriebe und das Einkommen der körperschaftssteuerpflichtigen Erwerbsgesellschaften in den für die Umsatzsteuer maßgebenden Zeitabschnitten eine Vorauszahlung von 2 v. H. der Betriebseinnahmen, abzüglich der Löhne, zu entrichten. Der RFM. kann nach § 5 Abs. 3 im Einverständnis mit dem RWM., nach § 33 im Einverständnis mit dem M. für E. u. L., außerdem nach § 6 (bezüglich der Kleingewerbetreibenden) selbständig Richtlinien für die Besteuerung aufstellen. Einer besonderen Besteuerung unterliegt das Lohneinkommen. Der Arbeitgeber hat von dem den Betrag von 50 M. monatlich übersteigenden Arbeitslohn bei jeder Lohnzahlung 10 v. H. mit Ermäßigungen zugunsten der Familienangehörigen des Arbeitnehmers (1 v. H. gemäß § 17) für dessen Rechnung einzubehalten und inhaltlich des Steuerbuchs an das Finanzamt abzuführen, zu welchem Zwecke der RFM. das Einkleben von Steuermarken anordnen kann (§ 22). Die Versteuerung inländischer Kapitalerträge hat der Schuldner für Rechnung des Gläubigers dadurch zu bewirken, daß er 10 v. H. des vollen Ertrags (ohne Abzug von Unkosten) bei Fälligkeit der Schuld einbehält und binnen einer Woche an das Finanzamt abführt (§ 30). Die Vorauszahlungen endlich für das verbleibende

Einkommen aus Grundbesitz, aus selbständiger Arbeit (freiem Berufe) und aus „sonstigen Einnahmen" im Sinne des § 5, insbesondere den Einnahmen des § 11 belaufen sich unter Abzügen für die Familienangehörigen und unter Abzug der Werbungskosten des § 13 Nr. 1a und 2 des EStG. für die ersten 2000 Goldmark auf 10 v. H., für die weiteren Beträge auf 20 v. H. (§ 7). Sie dürfen nicht in Mißverhältnis zu der im Verbrauche sich kundgebenden Leistungsfähigkeit des Steuerpflichtigen stehen (§ 11) und bleiben unerhoben, wenn sie in diesem Falle 20 Goldmark, sonst 5 Goldmark nicht übersteigen. Die Schuldzinsen und die Lasten sind von den Einnahmen in Abzug zu bringen. Körperschaftssteuerpflichtige Erwerbsgesellschaften haben als Steuer monatlich mindestens ½ Tausend ihres bei der Vermögensteuerveranlagung Ende 1923 maßgebenden Vermögens zu entrichten (§ 12). Sonst haben die Vorauszahlungen binnen 10 Tagen nach Ablauf des Kalendervierteljahrs zu erfolgen (§ 7 letzter Abs.). Nach der V. des RFM. v. 3. 2. 21 war zur Abgabe einer Einkommensteuererklärung ein jeder verbunden, der im vorhergegangenen Steuerjahr ein Einkommen von mehr als 10 000 M. bezogen hat, jetzt muß ein Einkommen bezogen sein, das eine Steuer von mehr als 5 Goldmark zu tragen hat. Die Hinterziehung der Einkommensteuer wird mit einer Geldstrafe des 5 bis 20fachen des Hinterzogenen bestraft, neben welcher Strafe auf Gefängnis erkannt werden kann (§ 53).

Die durch G. v. 29. 3. 20 (neugefaßt laut Bek. v. 2. 5. 22, Ausführungsbestimmungen v. 15. 9. 22) als besondere Steuer gestaltete Kapitalertragssteuer, die auch auf ausländische Kapitalforderungen des Steuerpflichtigen sich erstreckte, ist von der V. v. 19. 12. 23 nicht übernommen. Sie war bereits durch Art. I § 6 des G. v. 20. 3. 23 bis auf weiteres außer Hebung gesetzt. Die durch G. v. 11. 8. 23 (vgl. auch V. v. 7. 12. 23) aus Anlaß der Ruhrbesetzung den Betrieben auf die Dauer von 6 Monaten auferlegte außerordentliche Abgabe und die durch ferneres G. v. 11. 8. 23 eingeführten erhöhten Steuerzahlungen auf die Einkommen-, Körperschafts- und Umsatzsteuern haben für das Jahr 1924 keine Geltung mehr. Nicht aufgehoben ist die Körperschaftssteuer durch die V. v. 19. 12. 23, die abgesehen von den Erwerbsgesellschaften nur die Vorauszahlungen bei dieser Steuer regeln will. Sie beruht auf den G. v. 30. 3. 20, 8. 4. 22, Artt. I u. III G. v. 30. 3. 23. Die Steuer beträgt für die Körperschaften — die nicht zu den Erwerbsgesellschaften gehören — 10 v. H. des steuerbaren Einkommens (§ 11 G. v. 8. 4.

22). Bei Vorhandensein eines öffentlichen Interesses werden in weitem Maße Befreiungen gewährt, teils gänzlich, teils hinsichtlich der diesen Zwecken dienenden Einkünfte (§§ 6 Nr. 3, 10; vgl. §§ 2 Nr. 4 und 14 Abs. 2). Die Zuwendungen an Unterstützungskassen des eigenen Betriebes und die nach § 10 des Grunderwerbssteuerges. v. 12. 9. 19 zu zahlende Steuer kommen gemäß § 7 in Abzug. Die Steuer ist binnen einem Monat nach Empfang des Steuerbescheids zu entrichten. Die Strafe der Hinterziehung ist die gleiche wie bei der Einkommensteuer.

Die Erhebung der Steuer vom Grundvermögen und vom Gewerbebetriebe — die sich als Ertragssteuern darstellen — ist den Ländern zugewiesen, welche diese Steuern wiederum den Gemeinden ganz oder teilweise überlassen können (§ 8 des Finanzausgleichsgesetzes v. 30. 3. 20/23. 6. 23). Die in Preußen zur Hebung kommende Grundsteuer war gemäß dem G. v. 21. 5. 61 zur Erreichung eines Betrages von 39600000 M. auf die nach ihrer damaligen Ertragsfähigkeit in verschiedene Bonitierungsklassen eingereihten Grundstücke als bleibende Last umgelegt, während die Gebäudesteuer, die bei Wohngebäuden 4 v. H., bei andern Gebäuden 2 v. H. des jährlichen Nutzungswertes ausmachte, nach § 20 des Gebäudesteuerges. v. 21. 5. 61 alle 15 Jahre von neuem festzustellen war. Durch G. v. 14. 2. 23 ist für Preußen unter Außerkraftsetzung der §§ 18 bis 27 G. v. 14. 7. 93 wegen Aufhebung direkter Staatssteuern eine staatlich veranlagte Steuer vom Grundvermögen eingeführt, die jährlich 6 vom Tausend des Wertes beträgt. Als Wert ist bei bebauten Grundstücken der bei der Veranlagung zur Ergänzungssteuer für 1917/1919 festgesetzte Wert, bei den übrigen Grundstücken das Achtfache dieses Wertes angenommen. Die Steuer wird für jeden Katasteramtsbezirk von einem Steuerausschuß unter Vorsitz des Katasteramtsvorstehers veranlagt (§ 5) und in vierteljährlichen Beträgen jedesmal in der ersten Hälfte des zweiten Monats erhoben (§ 13). Durch V. v. 22. 10. 23 u. Ges. v. 28. 2. 24 ist die Steuer (die jetzt monatlich 0,10 bis 0,25 M. für je 1000 M. des neu veranlagten Grundstückswertes beträgt) geändert worden. Die Gewerbesteuer ist in Preußen durch G. v. 24. 6. 91 geregelt. Die Veranlagung erfolgt nach der Größe der Betriebe in vier Klassen, und zwar in der Art, daß die Klassen 2—4 innerhalb des Veranlagungsbezirks gesonderte Steuergesellschaften bilden. Neben der allgemeinen Gewerbesteuer wird in der Schankfteuer eine besondere Betriebssteuer erhoben. Die Wandergewerbesteuer beruht auf dem G. v. 3. 7. 76. Für die Veranlagung im Jahre 1924 hat eine vorläufige Neuregelung der Gewerbesteuer durch V. v. 23. 11. 23 und Ergänzungs-V. v. 16. 2. 24 im Anschluß an die Veranlagung zur REinkommensteuer und Körperschaftssteuer stattgefunden. Der Gemeinde ist nach § 29 KommAbgG. v. 24. 7. 93 die Einführung besonderer Gewerbesteuern gestattet (vgl. MinVfg. v. 23. 12. 21).

An Stelle der Gewerbesteuer ist den Zwecken des Reiches die Umsatzsteuer dienstbar gemacht, die nach dem G. v. 24. 12. 19, abgeändert durch G. v. 8. 4., 30. 11. 22, 25. 6. 23 u. V. v. 19. 12. 23 alle gegen Entgelt ausgeführten, zur gewerblichen oder beruflichen Tätigkeit gehörigen Lieferungen oder Arbeitsleistungen — mit Ausnahme der in § 3 aufgeführten gemeinnützigen, wohltätigen oder öffentlichen Unternehmungen — umfaßt (Ausführungsbestimmungen v. 12. 6. 20, 17. 6. u. 23. 9. 22, 21. 2. 24). Unter die Umsatzsteuer fallen auch ärztliche und anwaltschaftliche Leistungen (s. jedoch wegen der von den Krankenkassen zu vergütenden ärztlichen Leistungen § 2 Nr. 9 G. v. 8. 4. 22). Die von den vereinnahmten Entgelten zu entrichtende Steuer beträgt im allgemeinen 2½ v. H. (IV § 2 V. v. 19. 12. 23), erhöht sich für Luxuswaren (Schmucksachen und dergleichen) nach Maßgabe der §§ 15 ff. auf den vom Hersteller, zum Teil auch bei Lieferung im Kleinhandel (§ 21), zu entrichtenden Betrag von 15 v. H. und bei den besonderen Leistungen des § 25 G. v. 8. 4. 22 (Beherbergung, Aufbewahrung von Geld oder Wertsachen, Vermietung von Reittieren) vorbehaltlich einer anderweiten Bestimmung des RFM. (§ 25 in der F. der V. v. 19. 12. 23) auf 10 v. H. Eine ermäßigte Steuer wird für Übernahme von Anzeigen durch Zeitungen oder Zeitschriften nach § 27 in der F. der V. v. 19. 12. 23 (vgl. IV § 2 Abs. 2 das.) erhoben, während sonst der Steuersatz für Übernahme von Anzeigen sich auf 5 v. H. beläuft (§ 26 G. v. 8. 4. 22). Die außerhalb des Kleinhandels erfolgenden ersten Umsätze der aus dem Ausland eingeführten Waren sowie der Umsatz nach dem Ausland (§ 2 Nr. 1 a, 1 b des G. v. 8. 4. 22, ferner § 2 c und § 4 in der F. der V. v. 19. 12. 23) bleiben steuerfrei. Steuerfrei sind auch die weiteren in § 2 bezeichneten Geschäfte, die meist schon durch eine andere Steuer getroffen werden. Die Steuer wird bei Führung der Bücher auf wertbeständiger Grundlage in Goldmark berechnet, sonst in Goldmark umgerechnet. Sie ist innerhalb 10 Tagen nach Ablauf jedes Kalendervierteljahrs, bei erheblicherer gewerblicher und beruflicher Tätigkeit nach Ablauf jedes Monats, jedesmal unter Voranmeldung, sowie innerhalb 2 Wochen nach Bekanntgabe des Steuerbescheides zu zahlen (§ 37 in der F. der V. v. 19. 12. 23). Die monatliche Vorauszahlung und Voranmeldung muß auch erfolgen, wenn der Umsatz im Jahre 1922 1½ Millionen überstiegen hat. Die Hinterziehung wird mit einer Geldstrafe bis zum 20fachen Betrage des Hinterzogenen oder mit Gefängnis bestraft (§ 43). Der Betriebsinhaber ist buchführungspflichtig.

Eine Vermögensteuer ist erst durch G. v. 8. 4. 22, abgeändert durch G. v. 20. 3. 23 Art. I § 3 (Ausführungsbestimmungen v. 4. 1. 23) zur Einführung gekommen. Ausgenommen von der Vermögensteuer sind die in § 5 aufgeführten Personen und Anstalten (darunter die religiösen Gemeinschaften und politischen Parteien) sowie die in § 10 (vgl. auch § 12) bezeichneten Vermögensgegenstände, hauptsächlich Mobiliar. Die Erhebung dieser Vermögensteuer ist jetzt eingestellt (§ 12 der SteueraufwertungsV. v. 11. 10. 23). Statt dessen ist durch die V. v. 19. 12. 23 unter II für 1924 eine neue Veranlagung zur Vermögensteuer nach dem Vermögenstande v. 31. 12. 23 (s. jedoch § 8) unter Berechnung des Vermögens in Goldmark, wobei eine Abrundung des steuerbaren Vermögens auf volle Hunderte nach unten vorzunehmen ist (§ 2), vorgeschrieben (über die Wertermittlung s. Durchführungsbestimmungen v. 8. 3. 24). Wertpapiere sind nach dem Steuerkurswert für den 31. 12. 23 oder dem für diesen Tag ermittelten Verkaufswert zu bewerten, Anteile an inl. Erwerbsgesellschaften nur zur Hälfte, Grundstücke nach dem einer Berichtigung zu unterziehenden Wehrbeitragswerte, das Betriebsvermögen, was das Anlagekapital betrifft, gemäß § 3 Nr. 2 nach dem Anschaffungs- oder Herstellungspreise Ende 1913. Schmuck- und Luxussachen, desgleichen Nutzungsrechte bleiben außer Ansatz, wenn sie den in § 10 bestimmten Wert nicht haben. Schulden und Lasten werden abgezogen, auch das auf das Vermögen der nichtnatürlichen Personen eingezahlte Grund- oder Stammkapital (§ 12). Zum Bestehen einer Steuerpflicht wird das Vorhandensein des in § 7 festgesetzten Vermögenswertes (allermindestens eines solchen von 5000 Goldmark) gefordert. Die Vermögensteuererklärung ist zur Vermeidung der Nachteile des § 15 bis spätestens den 29. 2. 24 einzureichen. Die Steuer ist vierteljährlich am 15. 2., 15. 5., 15. 8. und 15. 11. zu entrichten (§ 29 G. v. 8. 4. 22), es ist jedoch nach § 15 der V. v. 19. 12. 23 an Stelle der beiden ersten Vierteljahrszahlungen bis zum 29. 2. 24 eine der Vermögensteuererklärung entsprechende Halbjahrszahlung zu leisten (§ 15 V. v. 19. 12. 23; s. auch § 63 der dritten StNotV. v. 14. 2. 24).

In Zusammenhang der durch G. v. 8. 4. 22 Anlage 1 bekannt gemachten Vermögensteuer war die in Anlage 2 dieses Gesetzes mitgeteilte Vermögenszuwachssteuer in Aussicht genommen, die jedoch infolge Fortfalls jener Vermögenssteuer nicht zur Ausführung gekommen ist. Abgaben gleicher Art, die vornehmlich die Kriegsgewinne treffen sollten, waren früher angeordnet durch das Reichskriegssteuerges. v. 21. 6. 16/2. 7. 18/15. 4. 19, das auf das Besitzsteuerges. v. 3. 7. 13 zurückgeht, durch RG. v. 26. 7. 18 über eine außerordentliche Kriegsabgabe von dem Mehreinkommen seit der letzten landesgesetzlichen Veranlagung und durch G. v. 10. 9. 19 über eine Kriegsabgabe von Vermögenszuwachs seit der Veranlagung durch jenes Besitzsteuergesetz. Auch die auf Grund des Vermögensteuerges. v. 8. 4. 22 erforderte Zwangsanleihe wird nicht weiter erhoben. — Über die Besteuerung der Vermögensvorteile, die durch Geldentwertung dem Schuldner zugekommen sind, s. §§ 17 ff., 33 ff. der dritten StNotV. v. 14. 2. 24, über die von der Mietaufwertung zu erhebende Steuer §§ 26 ff. das.

Als eine Vermögenssteuer stellt sich auch die durch G. v. 19. 9. 19/20. 7. 22 (die neue Fassung ist bekannt gemacht am 7. 8. 22) und durch die V. v. 19. 12. 23 geregelte Erbschaftssteuer dar, die übrigens nicht nur auf den erbrechtlichen Erwerb, sondern auch auf den freigebigen Erwerb unter Lebenden durch Schenkungen oder Zweckzuwendungen (§ 1 unter Nr. 2 u. 3) Anwendung findet. Die Steuerpflicht trifft den Erwerber nach dem Werte des Empfangenen, sie belastet außerdem den Nachlaß, indem die Erben bei persönlicher Verantwortlichkeit vor Deckung der Steuer den Nachlaß nicht ausantworten dürfen (§ 18 Abs. 6). Bei der Schenkung ist für die Steuer auch der Schenker, bei der Zweckzuwendung auch der durch die Auflage Beschwerte haftbar (§ 18 Abs. 2). Maßgebend für Berechnung des Wertes ist die Zeit des Erbanfalls, bei Schenkungen die Zeit der Ausführung der Schenkung, bei Zweckzuwendungen die Zeit, in welcher die Verpflichtung des Beschwerten eingetreten ist (§§ 18, 31). Die Steuer ist nach dem persönlichen Verhältnis des Erwerbers zu dem Zuwender in fünf Klassen mit einem Steuersatz von 2, 4, 6, 8, 14 v. H. (§ 9 V. v. 19. 12. 23) zu erheben, welcher Satz bei größerem Erwerbe (über 5000, 10000 Goldmark usw.) sich jedesmal um 10 v. H. des Grundbetrags erhöht. Der Ehegatte ist mit Ausnahme des Falles, daß der Altersunterschied 20 Jahre übersteigt und die Ehe noch nicht 5 Jahre bestanden hat, steuerfrei. Die Kinder steuern in der ersten, deren Abkömmlinge in der zweiten Klasse. Ein Erwerb von nicht mehr als 3000 Goldmark und der Hausrat, auch sonstige bewegliche Gegenstände in einem Gesamtwert von nicht über 5000 Goldmark werden nicht angerechnet. In ähnlicher Weise, wenn auch in geringerem Maße, sind auch bei den anderen Klassen Ermäßigungen gewährt. Von der Erbschaftssteuer sind ferner die weiteren in § 21 bezeichneten Zuwendungen befreit. Darunter befinden sich Zuwendungen für staatliche Zwecke (§ 21 Nr. 17, s. auch § 24 Abs. 2), für kirchliche, mildtätige und gemeinnützige Zwecke. Nach § 35 ist die Steuer auf 10 Goldmark nach unten abzurunden. Der steuerpflichtige Erwerb ist binnen 3 Monaten dem Finanzamt anzumelden, das binnen einer Frist von nicht unter 1 Monat die Einreichung eines Nachlaßverzeichnisses verlangen kann (§§ 26, 27 G. v. 20. 7. 22).

Der Verkehrssteuer unterliegen Änderungen im Rechtsverkehr (Stempelsteuer), die Inverkehrsetzung von Verbrauchsgegenständen (Verbrauchssteuer) und der Beförderungsverkehr. Bei der Versteuerung von Rechtsvorgängen kommt es nicht darauf an, ob ein Vermögenserwerb hierdurch bezweckt wird, die Steuer hat mehr den Charakter einer Rechtsschutzgebühr. Die für Beurkundungen, teilweise für bloße Vertragsschlüsse (wie bei Pacht- und Mietverträgen, Tarif 48) zu verwendenden Stempelabgaben sind in dem Pr. Stempelsteuerges. in der F. v. 30. 6. 09, abgeändert durch G. v. 14. 1. 21, im einzelnen bestimmt. Vorgeschrieben ist z. B. für Kauf- und Tauschverträge über bewegliche Sachen eine Stempelabgabe von $^1/_3$ v. H., für Schuldverschreibungen eine solche von $^1/_{12}$ v. H. (Tarif 32 und 58). Ausgedehnt ist die Stempelpflicht auch auf amtliche Erklärungen, wie denn zu einer jeden Erlaubniserteilung der Behörde und zu amtlichen Zeugnissen (Tarif 22 und 77, Art. 1 Nr. 1 G. v. 14. 1. 21) eine Stempelabgabe erfordert wird.

Von besonderer Bedeutung für das geschäftliche Leben sind die nach dem G. v. 8. 4. 22, 20. 3. 23 und Art. V der V. v. 19. 12. 23 — früher galt das RStempelges. v. 3. 7. 13/26. 7. 18 — dem Reiche vorbehaltenen Stempelarten der Gesellschaftssteuer, Wertpapiersteuer, Börsenumsatzsteuer, Aufsichtsratsteuer, die unter der Bezeichnung „Kapitalverkehrssteuer“ (Ausführungsbestimmungen

v. 27. 11. 22) zusammengefaßt sind. Die Gesellschaftssteuer wird für Kapitalgesellschaften, die in Aktiengesellschaften usw. bestehen, mit 7½ v. H. der für die Gesellschaftsbeteiligung gewährten Entgelte und des von der ausländischen Gesellschaft der inländischen Niederlassung zugewandten Kapitals (§ 6 G. v. 8. 4. 22) erhoben. Steuerschuldner ist die Gesellschaft (§ 10). Die nach dem Goldwert zu leistende Steuer beträgt mindestens 20 Goldmark (§ 11 Abs. 4 in der F. v. 19, 12. 23). Letzteres gilt auch für die urkundliche Errichtung einer offenen Handelsgesellschaft oder einer Kommanditgesellschaft (§ 22). Mit einer niedrigeren Stempelabgabe ist belegt die Errichtung oder Erweiterung anderer Gesellschaften, die nicht als Kapitalgesellschaft anzusehen sind, insbesondere der nicht unter Erwerbsgesellschaften fallenden sonstigen Vereinigungen (§ 24). Die Steuer für Wertpapiere — darunter fallen auch Teilschuldverschreibungen (§ 25 unter a 3) — wird fällig, sobald die Urkunde erstmals im Inland ausgegeben oder zum Gegenstand eines Rechtsgeschäfts unter Lebenden gemacht wird (§ 27). Der Steuersatz beträgt für je 100 M. nach Verschiedenheit der in § 29 unter a bis c bezeichneten Schuld- und Rentenverschreibungen 0,50 M. bis 4 M. und für die übrigen Wertpapiere 7,50 M. (§ 29 d). Der RFM. ist nach § 90 in der F. der V. v. 19. 12. 23 ermächtigt, die Steuersätze wertbeständig zu gestalten. Der Börsenumsatzsteuer sind nach § 35 alle Anschaffungsgeschäfte unterworfen, die sich auf Wertpapiere, auf Zahlungsmittel in ausländischer Währung oder auf börsenmäßig gehandelte (§ 38) Mengen von Waren beziehen. Befreit sind nach § 42 unter anderem Waren, die im Inland von einem der Vertragschließenden erzeugt oder hergestellt sind. Die im Ausland geschlossenen Geschäfte werden von der Steuer nur betroffen, wenn wenigstens einer der Vertragsteilnehmer — der dann für die Steuer haftet (§ 45 unter d) — Inländer ist und dieser nicht etwa das Geschäft durch seine ausländische Niederlassung abgeschlossen hat. Die Steuer ist in § 52 in Tausendteilen von verschiedener Höhe je nach Verschiedenheit des Geschäfts festgesetzt. Bei Geschäften über Aktien oder Bezugsrechte (§ 53) kommt es für die Höhe der nach Hundertteilen sich berechnenden Steuer und für die Steuerhaftung darauf an, ob es sich um ein Händlergeschäft (zwischen Börsenbesuchern, § 46) um ein Kundengeschäft (bei welchem nur der eine Vertragsteil inländischer Händler ist, § 49) oder ein Privatgeschäft handelt. Die Reichsregierung ist durch G. v. 9. 7. 23 Art. I ermächtigt, die Steuer in verschiedenen Richtungen zu erhöhen, was zunächst durch V. v. 14. 7. 23 geschehen ist. Erhöht ist insbesondere die Steuer für wertbeständige Schuld- und Rentenverschreibungen, für ausländische Zahlungsmittel, für Anschaffungsgeschäfte über Aktien, Genußscheine und Bezugsrechte. Eine weitere Erhöhung bezüglich der ausländischen Schuld- und Rentenverschreibungen und Zahlungsmittel hat durch V. v. 3. 8. 23 stattgefunden (vgl. auch V. v. 21. 7. 23 über Erhöhung der in § 61 bestimmten Bezugsrechtsteuer). Eine allgemeine Erhöhung der Steuerzahlungen aus §§ 52, 53, 55, 57, 59, 60 ist durch V. v. 29. 10, 14. 9. u. 27. 11. 23 bestimmt. Die Mindeststeuer beträgt eine Milliarde, höhere Beträge sind auf volle Milliarden abzurunden. Nach der V. v. 19. 5. 23 sind Anschaffungsgeschäfte über ausländische Zahlungsmittel als Gegenleistung für aus dem Ausland eingeführte Waren von der Börsenumsatzsteuer befreit. Das Kapitalverkehrssteuergesetz enthält schließlich in §§ 63 ff. noch Bestimmungen über die Aufsichtsratsteuer, die mit 20 v. H. der dem Aufsichtsrat gewährten Vergütungen für dessen Rechnung von der Gesellschaft zu entrichten ist. In allen diesen Fällen hat die Zahlung der Steuer binnen einer Woche nach Entstehung der Steuerschuld zu erfolgen (§ 68 V. v. 19. 12. 23). Über die Pflicht des Urkundsbeamten, eine begl. Abschrift der von ihm aufgenommenen, unter das Kapitalverkehrssteuergesetz fallenden Urkunde binnen einer Woche dem Finanzamt zu übersenden, und über sonstige Sicherungsmaßnahmen s. §§ 73 ff. Die Hinterziehung wird bei der Börsenumsatzsteuer mit dem 50 fachen, bei den anderen Steuerarten mit dem 25 fachen Betrage der hinterzogenen Steuer bestraft (§ 78). Nahe verwandt der Börsenumsatzsteuer ist die gleichfalls dem Reiche zufließende Wechselsteuer, die in dem Wechselsteuerges. v. 18. 6. 23, in neuer Fassung bekannt gemacht am 10. 8. 23, abgeändert durch V. v. 14. 9. u. 26. 11. 23, für Wechsel und ähnliche Urkunden (nicht für Schecks, § 40, vgl. § 29 des Scheckges. v. 11. 3. 08) auf 2 M. für je 1000 M., mindestens auf 100 Milliarden bestimmt ist (§ 8 in der F. der V. v. 26. 11. 23). Höhere Summen sind nach dieser V. auf volle 100 Milliarden nach oben abzurunden. Der gleiche Betrag ist nach § 15 für die Nachversteuerung eines Wechsels zu entrichten, dessen Fälligkeit erst nach drei Monaten seit dem Tage der Ausstellung oder bei gezogenen Wechseln der Annahme des Wechsels eintritt, und zwar hat diese Nachsteuer nur für neun Monate, nach deren Ablauf immer nur für sechs Monate Geltung. Steuerschuldner ist, wer den Wechsel im Inlande ohne Versteuerung zuerst aus den Händen gegeben hat. Außer ihm sind alle am Umlauf des Wechsels im Inlande beteiligten Personen (über die Haftung im Falle der Versendung des Wechsels in mehreren Stücken s. §§ 11—13) für die Steuer haftbar. Fällig wird die Steuer mit Entstehung der Steuerschuld, die Wechselnachsteuer binnen drei Tagen (§ 15 Abs. 5). Die Hinterziehung zieht eine Geldstrafe bis zum 50 fachen der hinterzogenen Steuer nach sich (§ 21). Dem RFM. ist nach Art. VI der V. v. 19. 12. 23 die Ermächtigung gegeben, die Wechselsteuer auf Gold umzustellen. Eine vierteljährliche Börsenbesuchsteuer und eine einmalige Börsenzulassungssteuer ist als eine den Ländern zufließende Reichssteuer eingeführt durch Art. VII der zweiten StNotV. v. 19. 12. 23 und V. v. 14. 2. 24.

In Betracht kommen noch die Grunderwerbssteuer und die Versicherungssteuer. Als Grunderwerbssteuer, die gleichfalls den Ländern zukommt, wird nach dem G. v. 12. 9. 19. in der F. des Art. VIII der zweiten StNotV. v. 19. 12. 23 der Satz von 4 v. H. des gemeinen Wertes des Grundstücks erhoben, welcher Wert indes nicht unter dem Veräußerungspreise angesetzt werden darf (§§ 17, 12; Durchführungsbestimmungen v. 17. 1. 24). Die Steuer erhöht sich zu ungunsten der gewerbsmäßigen Güterausschlächter, wenn binnen drei Jahren ein Teil des Grundstücks weiter veräußert wird, um 2 v. H. Sie ist nach näherer Bestimmung des § 10 auch bei gebundenem Grundbesitz in Höhe von 2 v. H. jedesmal nach Ablauf von 20 Jahren zu erheben. Die Hinterziehung der Steuer — die binnen einer Woche nach Bekanntgabe des Bescheides zu entrichten ist — wird mit einer Geldstrafe bis zum 20 fachen des hinterzogenen Betrages bestraft Versicherungssteuer wird nach dem G. v. 8. 4. 22 Anl. 13 in der F. v. Art. IX u. XIX der zweiten StNotV. v. 19. 12. 23 vom Reiche in Höhe von 2—10 v. H. je nach der Art der Versicherung (§ 5, bei der Hagelversicherung in Höhe von 20 Pf. für je 1000 M.) für die Jahresdauer erfordert. Die in § 8 aufgeführten Versicherungen, namentlich kleine Lebensversicherungen (V. v. 14. 6. 23) bleiben steuerfrei. Die Befreiungsgrenzen sind erhöht durch V. v. 28. 1. 24. Die Steuer ist von dem Versicherer für Rechnung des Versicherungsnehmers zu entrichten (§ 12). Als Strafe der Hinterziehung ist in § 18 eine Geldstrafe vom 20 fachen bis 30 fachen der hinterzogenen Steuer und Zulässigkeit von Gefängnis bis zu 6 Monaten angedroht. Über Berechnung der Steuer in Goldmark können sowohl hier wie bei der Grunderwerbssteuer von dem RFM. Bestimmungen getroffen werden (Art. VIII Nr. 3, Art. IX Nr. 8 V. v. 19. 12. 23, V. v. 28. 1. 24).

Sehr mannigfach sind die Verbrauchssteuern. Große Erträge werden namentlich aus der Besteuerung der Getränke und Gewürze gezogen. Die Betriebe, in denen steuerpflichtige Gegenstände im Inland hergestellt werden, unterliegen allgemein der steuerlichen Aufsicht. Der Betriebsinhaber muß den Zutritt zu den Betriebs- und Lagerräumen sich jederzeit, bei Gefahr im Verzuge selbst zur Nachtzeit (vgl. § 17 G. v. 26. 7. 18 über die Weinsteuer) gefallen lassen. Die Hinterziehung wird regelmäßig mit dem Vierfachen der Steuerverkürzung bestraft. Der Hinterziehung werden Versuchshandlungen in schwereren Fällen gleichgerechnet. Der Verbrauchsgegenstand ist für die Steuer verhaftet. Die strafrechtliche Verantwortlichkeit kann von dem Betriebsinhaber mit Genehmigung des Finanzamts dem Betriebsleiter übertragen werden.

Von den Getränkesteuern ist die Biersteuer durch G. v. 9. 7. 23, V. v. 24. 7. 23, G. v. 11. 8. 23, V. v. 4. 9. 23 und 15. 11. 23 — die V. über Nachversteuerung ist am 18. 7. 23 und für bierähnliche Getränke am 18. 8. 23 erlassen — neu geordnet. Sie betrug nach dem G. v. 9. 7. 23 für jedes Hektoliter je nach der durch das Brauen gewonnenen Menge 4100—5000 M. Erheblich erhöht sind diese Sätze durch V. v. 24. 7. 23 und unter Einbeziehung der bierähnlichen Getränke durch G. v 11. 8. 23 Art. I, sodann durch V. v.4. 9. u. 15. 11. 23 (nach letzteren V. beträgt z. B. die Steuer von den ersten 2000 hl für jedes Hektoliter 1 448 000 000 000 M.). Für Einfachbier (mit einem Stammwürzegehalt bis 5,5 v. H.) ermäßigt sich die Steuer um die Hälfte, für Schankbier (mit einem Stammwürzegehalt von 8—9 v. H.) um ein Viertel, während sie für Starkbier (mit Stammwürzegehalt über 14 v. H.) sich um die Hälfte erhöht. Die den kleinen Brauereien in § 3 Abs. 3 des früheren Biersteuergesetzes v. 26. 7. 7. 18 zugebilligte Vergünstigung bleibt nach dem G. v. 9. 7. 23 in der Weise bestehen, daß für die ersten 1000 hl die Steuer um 100 M für das hl gemindert wird (§ 3). Die Steuerschuld entsteht, abgesehen von dem Falle, daß das Bier innerhalb der Brauerei verbraucht wird, mit der Entfernung aus diesen Räumen. Der Haustrunk (§ 8) ist steuerfrei. Fällig wird die Steuer nach Art. I G. v. 11. 8. 23, wenn die Steuerschuld bis zum 15. des Monats entstanden ist, am 25., und wenn sie in der zweiten Hälfte des Monats entstanden ist, am 10. des folgenden Monats. Sie ist sieben Tage vorher anzumelden. Die

Hinterziehung der Biersteuer zieht eine Geldstrafe in Höhe des Vierfachen nach sich (§ 20). Bestraft wird auch, wer zur Bereitung von untergärigen Bier andere Stoffe als Gerstenmalz, Hopfen, Hefe und Wasser verwendet (§§ 10. 22). Zur Erleichterung der Steueraufsicht trägt es bei, daß den neueren Brauereien (§ 15) die Verpflichtung auferlegt ist, eigene Mühlenwerke oder Malzquetschen mit selbsttätiger Verwiegungsvorrichtung zu halten, die ausschließlich zum Schroten des Malzes zu benutzen sind. Das G. v. 9. 7. 23 hat Geltung auch für die Länder Württemberg, Bayern und Baden, die durch G. v. 27. 3. 19 und 24. 6. 19 in die Biersteuergemeinschaft eingetreten sind, nach Maßgabe dieser Gesetze und des in einzelnen Beziehungen, namentlich hinsichtlich ihres Anteils an der Steuereinnahme, sie abändernden G. v. 9. 7. 23.

Für Wein- und Traubenmost, sowie dem Wein ähnliche Getränke ist in dem Weinsteuergesetz v. 26. 7. 18/12. 4. 22 der D. v. 21. 12. 23 und 12. 2. 24 eine in Goldmark zu berechnende Abgabe mit 20 v. H. des Steuerwerts festgesetzt. Für Schaumweine und schaumweinähnliche Getränke, die nicht bloß aus Fruchtwein bestehen, steigt sie, wie in § 1 und Art. IV des G. v. 12. 4. 22 unter Aufhebung des Schaumweinsteuerges. v. 26. 7. 18/21. 4. 20 bestimmt ist, auf 30 v. H. des Steuerwerts. Ausführungsbestimmungen sind unter dem 13. 3. 18 und 13. 4. 22 ergangen. Die Steuer ist zu entrichten, sobald der Wein an den Verbraucher abgegeben wird, vorbehaltlich der Erstattung der Steuer, falls die Lieferung rückgängig wird (§§ 4, 12 G. v. 26. 7. 18) die Steuerpflicht ist spätestens am 7. Werktag des folgenden Monats anzumelden. Ein Zahlungsaufschub findet nach der D. v. 26. 10. 23 nicht statt. Für den von einem Verbraucher aus dem Ausland bezogenen Wein ist die Steuer gleichzeitig mit dem Eingangszoll zu entrichten (§ 6). Der unter Steueraufsicht ausgeführte Wein ist von der Steuer befreit. Als Strafe ist das Vierfache der hinterzogenen Steuer (oder des unrechtmäßig erlangten Steuervorteils), mindestens in Höhe von 50 M. angedroht (§ 22). Über die Strafe des Rückfalls s. § 28. Zur Förderung des Weinbaus und zur Bekämpfung der Reblauskrankheit darf aus der Steuereinnahme ein Jahresbetrag bis zu 3 Millionen Mark verwendet werden (§ 51 G. v. 12. 4. 22).

Durch ferneres Gesetz v. 26. 7. 18, abgeändert am 8. 4. 22 Art. IV, sind der Besteuerung in ähnlicher Weise wie die Weine die Limonaden unterworfen. Die Steuer wird erhoben mit 0,20 M. (Papiergeld) für das Liter, für konzentrierte Kunstlimonade mit 2 M. und für Grundstoffe zur Herstellung konzentrierter Kunstlimonade mit 40 M. für das Liter. Sie ist von dem Hersteller, der die Stoffe in Verkehr bringt, oder dem aus dem Ausland Einführenden zu entrichten. In dem gleichen Gesetze v. 8. 4. 22 über Zölle ist der Zoll für einen Doppelzentner rohen Kaffee auf 160 M., rohe Kakaobohnen auf 35 M. und für einen Doppelzentner Tee auf 350 M. heraufgesetzt. Dagegen ist die Steuer für Mineralwasser durch G. v. 11. 8. 23 über Abänderung von Verbrauchssteuergesetzen Art. II in Wegfall gebracht. Die Zölle, die auf derartige Waren gelegt sind, pflegt man als Finanzzölle zu bezeichnen, da sie nicht aus wirtschaftlichen Gründen, sondern wesentlich zur Steuergewinnung erhoben werden.

Eine Branntweinsteuer kommt, nachdem durch G. v. 26. 7. 18 (unter gewissen Entschädigungen für die bereits bestehenden Betriebe, ihre Arbeiter und Angestellten nach §§ 199 ff., welche Entschädigungen jetzt durch V. v. 21. 12. 23 eingestellt sind), das dem Reiche eine größere Einnahme bietende Branntweinmonopol eingeführt ist, nicht in Frage. Das Monopol hat durch das G. v. 8. 4. 22 und 9. 12. 22 (Ausführungsbestimmungen v. 12 .9. 22) eine neue Ausgestaltung erfahren. Der Branntwein wird im deutschen Reiche mit Ausnahme der Zollausschlüsse — nicht ausgenommen ist der badische Zollausschluß, § 2 — teils von den Brennereien der Monopolverwaltung (denen übrigens die Erzeugung von Branntwein aus bestimmten Stoffen vorbehalten ist, §§ 21 Nr. 2 und 22), teils von Eigenbrennereien (landwirtschaftlichen Brennereien, Obstbrennereien, gewerblichen Brennereien, Kleinbrennereien, § 34) hergestellt. Die Brennereien sind verschlußsicher einzurichten (§§ 52 ff. Der Branntwein ist an die Reichsmonopolverwaltung abzuliefern. Der von dieser an die Eigenbrennereien nach dem Weingeistgehalt zu zahlende Übernahmepreis wird nach dem Branntweingrundpreise, der zur Deckung der Herstellungskosten in einer Kartoffelbrennerei mittleren Umfangs ausreicht, mit gewissen Abzügen und Zuschlägen (§§ 63 ff.) berechnet. Die Herstellung innerhalb der Grenzen des Brennrechts — die von den Monopolbrennereien, soweit es sich nicht um Verarbeitung der ihnen vorbehaltenen Stoffe handelt, unbedingt einzuhalten sind (§§ 30, 21 Nr. 2) — bietet den Vorteil, daß der den Brennereien ohne Brennrecht nach § 74 zu machende Abzug nicht zur Anwendung kommt (vgl. auch § 68). Das Brennrecht kann übrigens von der Monopolverwaltung unter Mitwirkung des Beirats — über die Befugnisse der Minister vgl. Art. XIV V. v. 19. 12. 23 — mit Rücksicht auf den voraussichtlichen Branntweinverbrauch um einzelne Hundertteile gekürzt oder erhöht werden (§ 40). Die näheren Vorschriften über das Brennrecht sind in dem vierten Abschnitt (§§ 30 ff.) enthalten. Die Einbeziehung neuer Brennereien findet nur alle zehn Jahre auf Antrag statt (§ 33). Über die Verwendung des Branntweins, insbesondere über die Abgabe für gewerbliche Zwecke zu ermäßigten Preisen, nötigenfalls unter Vergällung (§ 92), trifft die Monopolverwaltung, nach § 92 der Reichsrat, Bestimmung (§ 87). Die weitere Verarbeitung ist nur insofern ihre Sache, als sie den dem Massenverbrauche dienenden einfachen Trinkbranntwein herstellt (§ 95). Von der Ablieferung an die Monopolverwaltung befreit ist namentlich der Kornbranntwein (§ 76). Wird der in solchem Falle von der Brennerei zu zahlende Branntweinaufschlag (§ 79) nicht rechtzeitig entrichtet, so sind gemäß Art. IX G. v. 11. 8. 23 Verzugszinsen zu zahlen. Auch kann, wenn der Eingang des Branntweinaufschlags gefährdet erscheint, die Vorauszahlung oder Sicherstellung verlangt werden. Sonst ist nach V. v. 23. 4. 23 bezüglich des Branntweinaufschlags der Zahlungsaufschub auf sechs Monate gegen Sicherheit und Verzinsung gestattet. Der regelmäßige Verkaufspreis ist von der Monopolverwaltung unter Mitwirkung des Beirats so zu gestalten, daß nach Deckung der Unkosten für den Hektoliter eine Reineinnahme von mindestens 4000 M. verbleibt (§§ 84, 85). Zu den Unkosten gehören auch die zur Verbilligung des in öffentlichen Anstalten für wohltätige und für wissenschaftliche Zwecke verwendeten Branntweins von dem RFM. bis 500 000 Goldmark festzusetzenden Zahlungen (Art. II V. v. 13. 2. 24). Die Einfuhr von Branntwein aus dem Auslande, mit Ausnahme von Rum, Arrak, Kognak oder Likören, steht allein der Monopolverwaltung zu (§§ 3, 99 Nr. 2, wegen des bei Einfuhr durch andere zu zahlenden Monopolausgleichs s. §§ 151 ff., 100 Abs. 1). Bei der Ausfuhr von Branntwein oder Branntweinerzeugnissen kann, da grundsätzlich durch das Monopol nur das Inland belastet werden soll, die Abgabe nach Bestimmung des Reichsrats erlassen oder erstattet werden, wie auch eine Ermäßigung oder Erstattung des Verkaufspreises stattfinden kann (§ 105). Die Hinterziehung (Geldstrafe in Höhe des Vierfachen, nicht unter 200 M.) und die sonstigen Zuwiderhandlungen sind strafbar nach §§ 119 ff. Da durch das Monopol eine Verteuerung des aus Gärung des Weingeistes gewonnenen Essigs eintritt (§ 92), so wird zum Ausgleich für den in anderer Weise hergestellten oder aus dem Ausland eingeführten Essig nach §§ 160 ff. eine Essigsäuresteuer erhoben. Nach der V. v. 21. 1. 23 bestimmt sich diese Steuer durch den Preisunterschied zwischen den Kosten des Branntweins, der zur Herstellung eines Doppelzentners wasserfreier Essigsäure im Gärungsessig nötig ist, und den Kosten des zur Herstellung der gleichen Menge gebrauchten Kalziumkarbids.

Unter den Gewürzen spielen Salz, Zucker und Tabak als Gegenstand der Besteuerung eine wichtige Rolle. Für Besteuerung des Salzes ist jetzt das G. v. 9. 7./12. 11. 23 maßgebend, während bis dahin noch das G. v. 12. 10. 67 in Kraft war. Das Salz in seinen verschiedenen Formen, auch das als Nebenerzeugnis der chemischen Industrie gewonnene Salz, wenn der RFM. mit Zustimmung des Reichsrats die Besteuerung hierauf ausgedehnt hat, unterliegt einer Steuer von 74 Goldpfennig für ein Kilogramm reines Salz, welcher Steuersatz von der Reichsregierung entsprechend dem Salzpreise erhöht oder erniedrigt werden kann (§§ 4, 5). Das zu gewerblichen Zwecken bestimmte Salz kann der RFM. bei Vorliegen eines dringenden Bedürfnisses von der Steuer freilassen (§ 1 letzter Abs.). Steuerschuldner ist, wer das Salz in den freien Verkehr überführt hat (§ 3, vgl. auch § 10). Die Fälligkeit ist nach dem G. v. 11. 8. 23 über Verbrauchssteuern Art. VI in derselben Weise bestimmt wie bei der Biersteuer. Ein Zahlungsaufschub findet nicht statt (§ 6 letzter Absatz). Die Hinterziehung zieht eine vierfache Geldstrafe nach sich (§ 12).

Die Zuckersteuer hat ebenfalls durch ein G. v. 9. 7. 23 eine Neuregelung erfahren. Die Steuer ist nach der V. v. 12. 11. 23 von Stärkezucker mit 6 Goldmark, von anderem Zucker (Rübenzucker, Rohrzucker) mit 15 Goldmark für den Doppelzentner, sobald der Zucker in den freien Verkehr überführt wird, zu entrichten (§§ 5, 3), wobei der RFM. ermächtigt ist, die Steuer je nach der Änderung des Zuckerpreises zu erhöhen oder zu ermäßigen (§ 6). Wegen der Fälligkeit der Steuer gelten nach dem G. v. 11. 8. 23 Art. III die gleichen Bestimmungen wie bei der Biersteuer. Über den gebundenen Verkehr mit unversteuertem Zucker s. § 13. Die Bestimmung über Besteuerung der Rübensäfte ist nach § 5 zweiter Abs. von dem RFM. zu treffen, der nach § 9 auch berechtigt ist, den zur Viehfütterung oder zu gewerblichen Zwecken zu verwendenden Zucker und die für den eigenen Haushalt zu verbrauchenden Rübensäfte von der Steuer frei zu lassen, was indes die Steueraufsicht über derartige Betriebe nicht ausschließt (§ 14). Ein Zahlungsaufschub ist auch bei dieser Steuer nicht zugelassen (§ 7 Abs. 2). Die Hinterziehung wird nach §§ 16 ff. mit dem vierfachen Betrage der hinterzogenen Steuer bestraft. Werden in dem Betriebe heimliche Vorrichtungen zur Herstellung oder Aufbewahrung von Zucker gefunden, so trifft den Betriebsinhaber hierfür eine besondere Geldstrafe von nicht unter 500 000 M. (§ 19). Über Nachversteuerung des Zuckers ist die V. v. 8. 4. 22 ergangen. Die Herstellung und der Bezug von Süßstoff wird nach dem Süßstoffgesetze v. 8. 4. 22 nur ausnahmsweise erlaubt. Der RFM. bestimmt jeweilig (§ 6), welchen Anteil am Reinerlöse des Süßstoffs der Gewerbetreibende (als Steuer) an das Reich abzuführen hat. Die Verwendung von Süßstoff zur Bereitung übergärigen Bieres ist durch V. v. 21. 7. 23 gestattet.

Was sodann die Tabaksteuer betrifft, so sind ihr nach dem G. v. 12. 9. 19, abgeändert durch G. v. 22. 12. 21, 29. 3. und 30. 10. 23 unterworfen die Tabakerzeugnisse, ferner die Tabakersatzstoffe, die als solche nur nach näherer Bestimmung des RFM. und zur Herstellung von Zigarren überhaupt nicht verwendet werden dürfen (§ 3), sowie das Zigarettenpapier. Die Steuer ist je nach dem Kleinhandelspreise der Zigarren, der Zigaretten, des feingeschnittenen Rauchtabaks, des Pfeifentabaks, Kautabaks, Schnupftabaks verschieden bestimmt. Sie beläuft sich beispielsweise für 1000 Zigarren im Preise von 10 Pfennig auf 20 Goldmark, für 1000 Zigaretten im Preise von 5 Pfennige ebenfalls auf 20 Goldmark. Der für die Einfuhr zu entrichtende Zoll ist in § 88 festgesetzt. Eine Ermäßigung der Steuer war für die Geltungsdauer des G. v. 21. 7. 19 über Zahlung der Zölle in Gold in § 86, der jetzt durch V. v. 30. 10. 23 I 16 aufgehoben ist, vorgesehen. Von der durch G. v. 29. 3. 23 erteilen Ermächtigung, die Zollsätze verschiedentlich herabzusetzen, hat der RFM. in der V. v. 1. 4. 23 Gebrauch gemacht. So ist der Zoll für den Doppelzentner Tabakblätter von 130 M. auf 30 M. ermäßigt worden. Die steuerpflichtige Ware darf in der Regel (Ausnahmen nach §§ 8 Abs. 2, 17 und 18) nur in vollständig geschlossenen Packungen unter Verwendung von Steuerzeichen als Beweis der gezahlten Steuer (§ 11) in den freien Verkehr gebracht werden (§§ 10, 14, 44, 59 Nr. 9 u. 10). Über den Tabakverkaufspreis im Kleinhandel s. § 45 Abs. 2 und V. v. 24. 8. 23. Die Tabaksteuer kann ohne Sicherheitsleistung für drei Monate gestundet werden und ist gegen Sicherheitsleistung bis zu sechs Monaten zu stunden (§ 12). Die Vorschriften über Steuerhinterziehung (Mindestgeldstrafe 50 M.) und über Bestrafung von Ordnungswidrigkeiten s. in §§ 56 ff. Wegen Hinterziehung wird auch bestraft, wer als Händler tabaksteuerpflichtige Erzeugnisse, die nicht vorschriftsmäßig verpackt und mit Steuerzeichen versehen sind, empfangen hat und diesen Mangel nicht binnen fünf Tagen der Steuerbehörde angezeigt hat (§§ 59 Nr. 11, 47) desgleichen, wer als Tabakpflanzer den geernteten Tabak nicht zur Verwiegung gestellt hat (§§ 59 Nr. 2, 24).

Zur Versteuerung werden außerdem herangezogen die Beleuchtungsmittel, die Heizstoffe, die Verkehrsmittel und die Vergnügungen. Die Besteuerung der Beleuchtungsmittel beruht auf dem G. v. 9. 7./21. 12. 23 über Leuchtmittelsteuer und dem G. vom gleichen Tage über Zündwarensteuer. Leuchtmittel sind die Gegenstände, die der elektrischen Beleuchtung dienen (Glühlampen, Brennstifte, Glühkörper). Die nach Überführung der Leuchtmittel in den freien Verkehr zu entrichtende, in Goldmark zu berechnende Steuer, wegen deren Fälligkeit dasselbe gilt, wie bei der Biersteuer. (G. v. 11. 8. 23 Art. VI), beträgt 20 v. H. des Steuerwerts (§§ 4, 5, 6). Ein Zahlungsaufschub findet nicht statt (§ 5). Gleicher Art sind die Vorschriften des auf Zündhölzer und Zündkerzen sich beziehenden Zündwarensteuergesetzes v. 9. 7. 23 Die V. v. 27. 10. 23 hat die Steuer auf 60 v. H. des Wertes erhöht (§ 4). Die Zündwaren dürfen nur in der vorschriftsmäßigen Verpackung in den freien Verkehr gelangen (§§ 11, 16 Nr. d und f). Sie dürfen unversteuert auf eine Steuerlage verbracht werden, ein Zahlungsaufschub ist auch hier nicht zugelassen (§§ 13, 6 Abs. 3). Die Abgabe ist hier und bei der Leuchtmittelsteuer in Goldmark zu berechnen (V. v. 21. 12. 23). Über die Nachversteuerung von Leuchtmitteln ist die V. v. 17. 8. 23, über die Nachversteuerung von Zündwaren die V. v. 18. 8. 23 ergangen.

Das Kohlensteuergesetz v. 20. 3. 23 (Ausführungsbestimmungen v. 23. 4. und 15. 5. 23) legte die Verpflichtung zur Entrichtung der Kohlensteuer demjenigen auf, welcher die von ihm gewonnene Kohle käuflich liefert oder sonst abgibt oder sie dem eigenen Verbrauche zuführt (§§ 3, 4). Steuerfrei war die Kohle, die für den eigenen Bergwerksbetrieb benötigt wurde, die Hausbrandkohle und die zur Herstellung von Preßkohle verwendete Braunkohle, wogegen die Preßkohle selbst zur Versteuerung gelangte (§ 3 Abs. 1). Über die

Steuerfreiheit der in sonstigen Betrieben verwendeten Kohle (§ 9 Abs. 3) verhielt sich die Ausführungsverordnung v. 21. 6. 13. Das Kohlensteuerges. v. 20. 3. 22 ist jetzt, nachdem die Steuersätze des § 10 bereits durch V. v. 1. 4. 23 um ein Viertel ermäßigt waren, durch V. v. 13. 10./18. 10. 23 gänzlich aufgehoben worden.

Besteuert wird ferner der inländische, zum Teil auch ausländische (§ 2) Verkehr, was die Beförderung von Personen oder Gütern auf Schienenbahnen oder Wasserstraßen, auch nach Maßgabe des § 1 Nr. 2 auf Landstraßen durch allgemeine, mit motorischer Kraft betriebene Unternehmungen betrifft (Verkehrssteuergesetz v. 8. 4. 17). Befreit sind die in § 3 bezeichneten kleineren oder dem öffentlichen Interesse dienenden Beförderungen (vgl. auch § 33). Bei der Personenbeförderung beträgt die Steuer in der ersten Fahrklasse 16 v. H., in der zweiten 14 v. H., in der dritten 12 v. H. und in der vierten 10 v. H. des Fahrpreises. Im Gepäckverkehr stellt sich die Steuer auf 12 v. H., im Güterverkehr auf 7 v. H. des Preises. Die Steuer ist vom Unternehmer zu Lasten derer zu entrichten, welche den Beförderungspreis zu zahlen haben (§ 7). Sie sind nach den Grundsätzen des bürgerlichen Rechts zur Erstattung der Steuer verpflichtet (§§ 10, 20). Neben der Abgabe für Güterbeförderung wird nach § 32 des Verkehrssteuerges. die unter Abschnitt V Tarifnummer 6 des Reichsstempelges. in der F. v. 2. 8. 13 vorgesehene Stempelabgabe für Frachturkunden im inländischen Eisenbahnverkehr erfordert. Die Erhebung der Verkehrssteuer auf Wasserstraßen im Binnenschiffsverkehr) hat der RFM. auf Grund der durch G. v. 5. 3. 21 ihm erteilten Ermächtigung durch V. v. 31. 3. 21 ausgesetzt. Eine besondere Verkehrssteuer ist die durch G. v. 8. 4. 22 vorgeschriebene Kraftfahrzeugsteuer, die für Krafträder, Personenkraftwagen, Kraftomnibusse und Lastkraftwagen mit einem festen Jahressatze von 100 bis 2000 M. vor der Benutzung zu entrichten ist. Hierzu kommt der gemäß G. v. 29. 12. 22 durch V. des RFM. angeordnete Zuschlag. Durch G. v. 11. 8. 23 ist aus Anlaß der Ruhrbesetzung eine einmalige außerordentliche Abgabe der Kraftfahrzeugbesitzer in Höhe des 50 fachen Betrags der durch den Zuschlag vermehrten Steuer zur Hebung gestellt. Durch V. v. 9. 11 u. 19. 12. 23 ist die Steuer auf volle Goldmark aufgewertet. Die letztere V. Art. V hat sie nach Pferdestärken und bei Lastkraftwagen nach dem Eigengewicht bemessen. Die über Zahlung der Steuer ausgestellte Steuerkarte hat der Führer des Kraftfahrzeugs stets bei sich zu führen (§ 12).

Als eine Verbrauchsabgabe im weiteren Sinne ist auch die Vergnügungssteuer anzusehen, zu deren Einführung die Gemeinden nach §§ 12, 13 des Finanzausgleichgesetzes v. 23. 6. 23 verpflichtet sind. Die vom Reichsrat laut Bek. v. 7. 7. 23 erlassenen Vorschriften über die Vergnügungssteuer haben in allen Gemeinden Geltung, soweit nicht die Länder oder mit ihrer Genehmigung die Gemeinden eine andere Steuerordnung erlassen. Die Steuer erstreckt sich auf alle dem Vergnügungszwecke dienenden Veranstaltungen, Tanzbelustigungen, Volksbelustigungen, Schaustellungen jeder Art, Theater, Konzerte (s. § 1 der Bek. v. 7. 7. 23 und den die steuerfreien Veranstaltungen aufzählenden § 2). Erhoben wird die Steuer teils in Form der Kartensteuer, die nach Preis und Zahl der abzustempelnden Eintrittskarten (mit 15, 20, 25, oder 30 v. H. des Gesamtbetrags) gemäß §§ 5 ff. berechnet wird, teils in Form der Pauschsteuer, bei welcher die Steuer regelmäßig in einem Vielfachen des Einzelpreises besteht, falls sie nicht wie z. B. bei Aufstellung eines Orchestrions, nach dem Werte des Apparats, oder, wie bei Musikvorträgen in Gastwirtschaften, nach der Zahl der Mitwirkenden, oder endlich, wie bei Kabaretts, nach der Größe des benutzten Raumes bemessen wird (§§ 18, 19). Handelt es sich um eine künstlerisch hochstehende Veranstaltung mit ordnungsmäßiger Kasseneinrichtung, so wird nach § 21 eine Steuer von 10 v. H. des Bruttoertrags eingefordert. Bezüglich der Steuerhinterziehung ist zu bemerken, daß, wenn der genaue Betrag der hinterzogenen Steuer nicht festgestellt werden kann, auf eine Geldstrafe von 20 bis 20 000 M. zu erkennen ist (§ 25). Von der durch den Reichsrat aufgestellten Steuerordnung dürfen die Gemeinden nur in den in Art. III bezeichneten Punkten, was namentlich die höhere Besteuerung der Eintrittskarten und die Gestaltung der Pauschsteuer betrifft, abweichen. Eine der Vergnügungssteuer ähnliche Steuer ist die früher nach dem RStempelG. v. 3. 7. 13, Tarifnummer 5 und jetzt nach dem G. v. 8. 4. 22 Anlage 11 für Veranstaltung öffentlicher Lotterien oder Ausspielungen bei inlänischen Loosen mit 20 v. H., bei ausländischen (s. V. v. 21. 1. 24) mit 25 v. H. zu entrichtende Abgabe Gleicher Art ist die Spielkartensteuer, die durch V. v. 27. 10. 23 für jedes Kartenspiel auf 30 Goldpfennig festgesetzt ist. Der Unternehmer eines Totalisators — zu dessen Aufstellung die Erlaubnis eingeholt werden muß — hat eine Steuer von 16⅔ v. H., der Buchmacher hat von jeder bei ihm abgeschlossenen Wette eine solche von 10 v. H.

zu zahlen (G. v. 8. 4. 22 §§ 1, 2, 10, 11). Die Hinterziehung dieser Wettsteuer wird mit dem 50 fachen Betrage, mindestens mit 1000 M., die Hinterziehung der Lotteriesteuer mit dem 5 fachen Betrage mindestens mit 500 M. bestraft (§§ 14, 23). Über die von der Lotteriesteuer befreiten Beträge s. jetzt V. v. 2. 6. 23. Die Steuer ist in Goldmark zu berechnen. Über den Wetteinsatz gibt die V. v. 12. 2. 24 Vorschriften, über die vom Buchmacher zu leistende Sicherheit die V. v. 9. 2. 23.

Für alle Steuerarten ist von Bedeutung, daß mit Geltungsdauer bis 31. 12. 24 (§ 13) erlassene G. v. 22. 12. 22 neugefaßt laut Bek. v. 26. 1. 23, das eine gewisse Sicherheit gegen die Kapitalflucht gewähren soll. Zahlungen irgend welcher Art, auch Wertpapiere dürfen (mit gewissen Ausnahmen, § 7 — gestattet ist z. B. nach der V. v. 25. 10. 23 die persönliche Mitnahme in das Ausland von nicht mehr als dem Werte von 500, im kleinen Grenzverkehr im Werte von 50 Goldmark —) nur durch Vermittlung der Banken auf Grund einer vom Finanzamt genehmigten Erklärung des Auftraggebers (§§ 2, 3, ergänzt durch V. v .29. 6. 23 unter II) ins Ausland verbracht werden, wie auch nur auf Grund einer solchen Erklärung Geldbeträge einer Person im Auslande oder einem Ausländer im Inlande (s. hierzu § 6) zur Verfügung gestellt werden dürfen (§ 2 Nr. 3). Einer Genehmigung bedarf es nicht, wenn dem Auftraggeber eine Bescheinigung der Handelskammer ausgestellt ist, daß sein Geschäftsbetrieb Zahlungen nach dem Ausland notwendig macht (§ 3). Liefern Banken ausländische Wertpapiere an Nichtbankiers aus, so ist gemäß § 4 den Finanzamt hiervon Nachricht zu geben, ebenso gemäß § 5 in dem Falle, daß eine Bank aus dem Auslande Wechsel oder sonstige Urkunden zur Einziehung im Inlande erhält. In dem G. gegen die Kapitalflucht ist ferner bestimmt, daß Depotgeschäfte (Verwahrung und Verwaltung von Wertpapieren) sowie Depositengeschäfte (Verwahrung und Verwaltung von Geldbeträgen) geschäftsmäßig nur von solchen Banken betrieben werden dürfen, die diesen Betrieb bereits am 14. 1. 20 (dem Tage des Inkrafttretens der zweiten Verordnung über Maßnahmen gegen die Kapitalflucht) unterhalten haben (§§ 10—13) und daß die weitere Ausfuhr von Waren von einer Genehmigung abhängig gemacht werden kann, wenn der Ausführende zum Schaden der deutschen Wirtschaft den Gegenwert absichtlich im Auslande belassen hat (§ 14). Zuwiderhandlungen gegen diese Vorschriften sind strafbar.

Über die Verteilung der Steuern zwischen dem Reiche und den Ländern (Gemeinden) ist in dem Finanzausgleichsgesetz v. 23. 6. 23 (Ausführungs V. v. 28. 7. 23) geändert durch Art. V der dritten StNotV. v. 14. 2. 24, Bestimmung getroffen. Die Erhebung der Steuer vom Grundbesitz und Gewerbebetrieb ist, wie bereits angeführt, den Ländern (Gemeinden) überlassen, wobei die Einschränkung in § 9 des G. v. 23. 6. 23 beigefügt ist, daß diese Steuern nicht als Einkommensteuer ausgestaltet werden dürfen, daß es auf die persönliche Leistungsfähigkeit nicht ankommen darf. Im Zusammenhang mit der ersteren Steuer steht es, daß den Ländern — unter Beteiligung der Gemeinden, denen mindestens die Hälfte abzugeben ist, § 34 — auch die Einnahme des Reiches aus der nach dem G. v. 12. 9. 19 zu erhebenden Grunderwerbssteuer abzüglich 4 v. H. für Verwaltung der Steuer durch das Reich überlassen ist. Die Länder und mit deren Genehmigung die Gemeinden sind auch berechtigt, Zuschläge zu dieser Steuer (die jedoch 4 v. H. und bei Bestehen einer bei Veräußerung des Grundbesitzes zu entrichtenden Wertzuwachssteuer 2 v. H. des steuerpflichtigen Wertes nicht übersteigen dürfen) für ihre Rechnung zu erheben (§ 36). Zur Erhebung einer Vergnügungssteuer (s. vorher auf S. 237) sind die Gemeinden soweit diese Steuer nicht von den Ländern in Anspruch genommen ist, verpflichtet (§ 13). Die Einnahme aus der Rennwett- und Lotteriesteuer des G. v. 8. 4. 22 fällt abzüglich von 4 v. H. für die Verwaltung des Reiches ebenfalls den Ländern zu, die ein Drittel hiervon für Zwecke der Pferdezucht zu verwenden haben (§ 46). Die Gemeinden dürfen ferner mit Genehmigung der Landesregierung Steuern auf den örtlichen Verbrauch von Getränken legen (§ 14, über die Höchstsätze dieser Steuer s. V. v. 24. 11. 23). Eine besondere den Ländern vorbehaltene Besteuerung ist es endlich, daß (an Stelle der weggefallenen Chausseegelder) zur öffentlich-rechtlichen Wegeunterhaltung eine Steuer nach § 12 für Benutzung der Wege durch Fahrzeuge erfordert werden kann (s. die am 23. 2. 24 bekanntgemachten Grundsätze des Reichsrats über Wegesteuern, zu deren Erhebung das Land berechtigt ist, in dessen Bezirke das Fahrzeug [Zugtier] seinen gewöhnlichen Standort hat). Die dem Reiche zufließende Kraftfahrzeugsteuer wovon mindestens die Hälfte zur Wegeunterhaltung zu verwenden ist, gebührt den Ländern nach § 45 in voller Höhe. Im übrigen ist die Besteuerung im wesentlichen Sache des Reiches (s. hierüber § 37). Als Ausgleich ist nach dem G. v. 23. 6. 23 in der

F. der V. v. 14. 2. 24 den Ländern aus dem Aufkommen des Reiches an Einkommen- und Körperschaftssteuer ein Beteiligung zu 90 v. H. (s. über die Berechnung unter Zugrundelegung des Steuersolls der einzelnen Gemeinden §§ 20—30), an Umsatzsteuer (§ 38) für sich und ihre Gemeinden eine Beteiligung zu 20 v. H. zugewiesen. Streitigkeiten über die Verteilung sind, wenn an einem Steuersoll mehrere Gemeinden beteiligt sind, in dem durch §§ 49 ff. geordneten Verfahren des Finanzamts zu erledigen. Die Länder erhielten ferner Zuschüsse für die in Erhöhung der Beamtengehälter bestehenden Mehraufwendungen oder doch Beiträge für Wohlfahrtseinrichtungen, öffentliches Schul- und Bildungswesen (§§ 60—63). Diese Zuwendungen sind durch Art. V der StNotV. v. 14. 2. 24 in Wegfall gekommen. Statt dessen sind den Ländern nach Maßgabe näherer reichsrechtlicher Vorschriften die Aufgaben der Wohlfahrtspflege, des Schul- und Bildungswesens sowie der Polizei nebst den damit verbundenen Lasten zugewiesen. Neue Aufgaben oder wesentlich erweiterte Aufgaben darf das Reich den Ländern oder Gemeinden nur übertragen, wenn es gleichzeitig die erforderlichen Mittel bereitstellt (§ 59). Den Ländern ist endlich im § 65 gewährleistet, daß ihre Einnahme aus den durch die Einkommensteuer, Körperschaftssteuer, Kapitalertragsteuer und Erbschaftssteuer des Reiches ersetzten Landes- und Gemeindesteuern in der bisherigen Höhe erhalten bleibt. Gewisse Ausgaben, insbesondere die Mindestsätze der Familienunterstützungen und die Aufwendungen auf dem Gebiete der Kriegswohlfahrtspflege sollen nach § 68 vom Reiche den Ländern und Gemeinden abgenommen werden. — Gänzlich verschieden von den Steuern sind die eine Vergütung für eine bestimmte Leistung darstellenden Gebühren, die nicht den Charakter einer Steuer annehmen dürfen (vgl. § 6 letzter Abs. des Kommunalabgabenges. v. 14. 7. 93).

§ 35. Sachleistungen.

Über das Recht auf Steuerleistungen geht es hinaus, daß der Staat, soweit das öffentliche Interesse dies unbedingt erfordert, auch das Eigentum an Sachen, namentlich an Grundstücken in Anspruch nehmen kann. Das Recht der Enteignung kann nach Art. 153 RV. nur zum Wohle der Allgemeinheit auf Grundlage eines Gesetzes und, soweit ein Reichsgesetz nichts anderes bestimmt, nur gegen angemessene Entschädigung ausgeübt werden. In Preußen ist nach dem G. v. 11. 6. 74 die Enteignung oder Beschränkung des Grundeigentums — abgesehen von besonderen gesetzlichen Bestimmungen gemäß § 54 EnteignG. im Interesse der Landeskultur (vgl, jetzt das G. v. 21 .9. 20 über Umlegung von Grundstücken, G. v. 6. 7. 75 §§ 23 ff. über Waldgenossenschaften, G. v. 7. 4. 13 §§ 206 ff., 245 ff. über Wassergenossenschaften usw.), im Interesse des Bergbaues (§§ 135 ff. des ABG. v. 24. 6. 65) oder der Landesvermessung (§ 3 G. v. 7. 10. 65 und G. v. 7. 4. 69 wegen Errichtung trigonometrischer Marksteine) — nur zulässig auf Grund einer V. des Pr. Staatsministeriums. Ausnahmsweise können vorübergehende Beschränkungen und Enteignungen zur Erweiterung öffentlicher Wege und zu ähnlichen Zwecken (§ 3) vom Bezirksausschuß beschlossen werden. Das Eigentum geht auf den Staat oder den Unternehmer, welchem das Enteignungsrecht verliehen ist, über mit Zustellung des Enteignungsbeschlusses an beide Parteien (§ 44). Dieser Beschluß kann erst ergehen, nachdem in dem Planfeststellungsverfahren der Umfang der Enteignung oder Beschränkung und in dem nachfolgenden Entschädigungsverfahren — gegenüber der Entschädigung des Bezirksausschusses kann binnen sechs Monaten der Rechtsweg beschritten werden — die Höhe der Entschädigung rechtskräftig festgestellt, außerdem die Entschädigungssumme gezahlt oder hinterlegt ist (§§ 22, 30, 32, 33). In dringenden Fällen kann unter Voraussetzung der Zahlung oder Hinterlegung die Enteignung noch vor Erledigung des Rechtswegs ausgesprochen werden (§ 34). Dem Eigentümer ist der Wert zu vergüten, den das Grundstück bei verständiger Bewirtschaftung hat, und Ersatz für die sonstigen Nachteile der Enteignung zu gewähren, was in der Weise geschehen kann, daß dem Unternehmer die Pflicht zur Einrichtung oder Unterhaltung besonderer Anlagen (§ 14) auferlegt wird. Aus Gründen des öffentlichen Wohls, insbesondere zur Beseitigung eines Notstandes, kann nach dem Pr. Ges. v. 26. 7. vom Staatsministerium ein vereinfachtes Enteignungsverfahren angeordnet werden (Verbindung des Entschädigungs- und des Enteignungsbeschlusses, vorläufige Einweisung in den Besitz nach Planfeststellung). Eine ähnliche Bedeutung wie die Enteignung hatte das in Kriegszeiten nach vielfachen Gesetzen (s. z. B. V. v. 24. 6. 15 und 14. 9. 16 über Kriegsbedarf, V. v. 22. 5. 16 über Volksernährung, V. v. 8. 5. 18 über Preistreiberei) wirksam gewordene Recht der Beschlagnahme, durch welches das Reich sich die Verfügung über Kriegsbedarf und den Ernährungsbedarf gesichert hat.

Sachleistungen sind ferner zu gewähren für die bewaffnete Macht. Das auf dem G. v. 25. 6. 68 beruhende Recht auf Quartierleistung in Friedenszeiten ist unverändert bestehen geblieben. Die zur Befriedigung des militärischen Quartierbedürfnisses erforderlichen Räume können durch Vermittlung der Gemeinde, der die Unterverteilung obliegt, gegenüber den verfügungsberechtigten Besitzern in dem durch jenes Gesetz und das beigefügte Regulativ bezeichneten Umfange in Anpruch genommen werden. Das Regulativ bestimmt auch, was zur Benutzbarkeit der Räume an Gerätschaften usw. zu gewähren ist. Für die Quartierleistung ist eine Vergütung (Servis) nach den im Tarif des G. v. 12. 7. 22 angegebenen Sätzen zu entrichten. Weitere Naturalleistungen können in Friedenszeiten nach dem G. v. 13. 2. 75/24. 5. 98 gefordert werden, insbesondere die Stellung von Vorspann, wozu alle Besitzer von Zugtieren und Wagen verpflichtet sind, die Naturalverpflegung, welche der Quartierwirt den auf Märschen befindlichen Teilen der bewaffneten Macht zu verabreichen hat, die für die Pferde und Zugtiere auf Märschen befindlichen, von den Besitzern derartiger Bestände abzugebenden Futtermittel, die Benutzung der Grundstücke für Truppenübungen, die Benutzung von Brunnen und Tränken, die Beförderung auf der Eisenbahn und zu Schiffe. Die Unterverteilung ist auch hier von der Gemeinde vorzunehmen. Für die Verpflegung sind nach § 2 G. v. 12. 7. 22 (das G. v. 9. 6. 06 kommt nicht mehr in Betracht) diejenigen Beträge zu vergüten, welche den Angehörigen der Wehrmacht gemäß § 19 des Besoldungsgesetzes v. 30. 4. 20 für die in Natur gewährte Verpflegung am Standort des Wehrkreiskommandos nach Bestimmung des Haushaltsplans einzubehalten sind. Über die Vergütung für Futtermittel s. § 3 G. v. 12. 7. 22. Die Verpflichtung zu Kriegsleistungen, die mit der Mobilmachung eintritt, bestimmte sich nach dem G. v. 13. 6. 73 (Ausführungsbestimmungen v. 1. 4. 76). Die Verpflichtung war naturgemäß eine viel weitergehende als bei Friedensleistungen (vgl. § 3 Nr. 6). Den Landlieferungsverbänden konnten nach § 16 zur Füllung der Kriegsmagazine Lieferungen von Vieh, Brotmaterial, Hafer, Heu und Stroh auferlegt werden. In dringenden Fällen war die zuständige Militärbehörde berechtigt, die Leistungen unmittelbar von der Gemeindebehörde oder, falls diese nicht rechtzeitig zu erreichen ist, von den einzelnen Leistungspflichtigen zu erfordern (§§ 4 u. 5). Das Gesetz über Kriegsleistungen v. 13. 6. 73 ist jetzt durch G. v. 19. 3. 24 aufgehoben. Eine besondersartige Leistung ist es, daß in der Nähe der Festungen, um die notwendige Armierung nicht zu hindern, den in drei Rayons eingeteilten Grundstücken nach Maßgabe des Rayonplans und des Rayonkatasters verschiedene Baubeschränkungen, wie sie im G. v. 21. 12. 71 bestimmt sind, obliegen. Nach dem Versailler Friedensvertrage v. 16. 7. 19 Art. 180 sind übrigens Befestigungen jeder Art innerhalb einer Linie von 50 km östlich des Rheins verboten. Die Befestigungsanlagen an der Süd- und Ostgrenze des Reiches sowie an der Ost- und Nordseeküste hat der Grundstückseigentümer zu dulden (V. v. 13. 2. 24).

Elfter Hauptteil.

Staatsverwaltung.

§ 36. Grundlagen der Staatsverwaltung.

Träger der Staatsgewalt ist im Reiche, das eine Republik bildet, nach Art. 1 RV. v. 11. 8. 19 das Volk. An der Verwaltung der staatlichen Angelegenheiten nehmen teil die Staatsbürger, die aus ihren Wahlen hervorgegangenen Volksvertreter, das von ihnen gewählte Staatshaupt (Reichspräsident) und unter diesem die Beamten.

Die Staatsangehörigkeit in den Ländern und damit zugleich die Reichsangehörigkeit wird nach dem G. v. 22. 7. 13 außer durch familienrechtliche Vorgänge (Geburt, Legitimation, Eheschließung) durch Einbürgerung erworben, die in Ermangelung eines Vorbehalts in der auszuhändigenden Urkunde sich auch auf die Ehefrau und die kraft elterlicher Gewalt vertretenen Kinder erstreckt. Die Einbürgerung setzt voraus, daß der Antragsteller, der nach dem Recht des Auslandes oder doch des Inlandes unbeschränkt geschäftsfähig sein muß, an den Ort seiner Niederlassung eine Wohnung oder ein Unterkommen gefunden hat, daß er an diesem Orte sich und seine Angehörigen zu ernähren imstande ist und daß er einen unbescholtenen Lebenswandel geführt hat (§ 8). Werden von einem der andern Länder Bedenken erhoben, zu deren Begründung bestimmte, die Gefährdung des staatlichen Wohls ergebende Tatsachen angeführt werden müssen, so entscheidet der Reichsrat. Früheren Deutschen und Ausländern, die mindestens ein Jahr im Heere gedient haben, werden Begünstigungen zuteil. Die Anstellung als Beamter oder Geistlicher gilt in Ermangelung eines in der Anstellungsurkunde gemachten Vorbehalts als Einbürgerung. Wer die Staatsangehörigkeit in einem Lande besitzt, erwirbt sie in einem andern Lande, in welchem er sich niedergelassen hat, durch Aufnahme, die nur aus den in §§ 3—5 des G. über die Freizügigkeit vom 1. 11. 67 bestimmten Gründen (Bestrafung, Verarmung) versagt werden darf (gegen Ablehnung des Antrags ist nach § 40 Rekurs zulässig). Die Entlassung aus der Staatsangehörigkeit muß auf Antrag (Genehmigung des Vormundschaftsgerichts erforderlich, wenn es sich um Kinder in elterlicher oder vormundschaftlicher Gewalt handelt und der die Kinder vertretende Elternteil die Entlassung nicht zugleich für sich selbst beantragt) erteilt werden, falls nicht der Entlassung militärische Gründe der in § 22 bezeichneten Art — die jedoch, abgesehen von § 22 Nr. 5, jetzt nicht mehr in Betracht kommen — entgegenstehen. Die Entlassung der Ehefrau kann von dem Mann nur mit Zustimmung der Frau und, wenn er ein Deutscher ist, nur zugleich mit seiner eigenen Entlassung beantragt werden (§ 18). Ein im Ausland sich aufhaltender Deutscher, der im Falle eines Krieges oder einer Kriegsgefahr der vom Reichspräsidenten angeordneten Rückkehr keine Folge leistet, kann der Staatsangehörigkeit für verlustig erklärt werden (§ 27), ebenso der Deutsche, der die Aufforderung zum Austritt aus dem ohne Erlaubnis seiner Regierung übernommenen ausländischen Staatsdienst nicht befolgt (§ 28). Der Verlust der Staatsangehörigkeit tritt ferner ein, wenn der im Auslande lebende Deutsche für fahnenflüchtig erklärt ist und seit Bekanntmachung dieses Beschlusses zwei Jahre vergangen sind, ohne daß er sich vor den Militärbehörden gestellt hat. Die erteilte Entlassung wird unwirksam, wenn nicht innerhalb eines Jahres seit Aushändigung der Entlassungsurkunde die Auswanderung erfolgt ist (§ 24). Durch bloßen Zeitablauf geht die Staatsangehörigkeit nicht verloren. Der antragsmäßige Erwerb einer ausländischen Staatsangehörigkeit hat den Verlust der inländischen Staatsangehörigkeit für den im Ausland Lebenden zur Folge, falls er nicht vorher auf seinen Antrag die schriftliche Genehmigung zur Beibehaltung der inländischen Staatsangehörigkeit erhalten hat (§ 25). Die unmittelbare Reichsangehörigkeit kann einem ehemaligen Deutschen, der nicht im Inland sich niedergelassen hat, auch seinen Abkömmlingen verliehen werden (§ 33 Nr. 2). Der im Reichsdienst gegen Besoldung mit dienstlichem Wohnsitz im Ausland Angestellte hat ein Recht auf Verleihung (§ 34).

Der Reichsangehörige hat Anspruch auf den Schutz des Reiches, der den im Ausland lebenden Deutschen hauptsächlich durch Beistandsleistung der deutschen Konsuls (Konsulatsges. v. 8. 11. 67, Dienstinstr. v. 6. 6. 71/22. 2. 73) gewährt wird. Mit der Schutzpflicht hängt es zusammen, daß die von Kriegsschäden betroffenen Deutschen bis zu einem gewissen Maße zu entschädigen sind (Verdrängungsschädenges., Kolonialschädenges., Auslandsschädenges., sämtlich v. 28. 7. 21, abgeändert durch G. v. 23. 6. 23, neugefaßt laut Bek. v. 10. 7. 23, die Entschädigungen sind einschließlich der Vergütungen aus Anlaß des Versailler Friedensvertrags (Liquidationsschäden) herabgesetzt durch V. v. 28. 10. 23 — keine Haftung für mittelbare Schäden; Entschädigung nur 2‰ des Friedenswertes in Goldmark, dazu bei Liquidationsschäden 3‰ im Falle der Entwurzelung, Sonderentschädigung für Verluste von Hausrat usw.; andere als Sachschäden werden nur ausnahmsweise und nur zum Teil vergütet, § 16). S. auch V. v. 14. 6. 23 über die vorläufige Unterbringung Ausgewiesener. Die Feststellung der Schäden und die Festsetzung der Entschädigungen erfolgt in dem durch die Entschädigungsordnung vom 30. 7. 21, abgeändert durch G. v. 29. 6. 23, bestimmten Verfahren. Im ersten Rechtszuge entscheiden die Spruchkammern des Reichsentschädigungsamts für Kriegsschäden. Gegen den Bescheid kann von dem Antragsteller und dem Vertreter des Reichsinteresses binnen Monatsfrist Berufung an das Reichswirtschaftsgericht eingelegt werden (§ 62). Auch für die durch den letzten Krieg innerhalb oder außerhalb des Reichsgebiets dem Reichsangehörigen verursachten Schädigungen an Leib oder Leben ist nach dem Personenschädengesetze v. 17. 7. 22 und 30. 6. 23 Ersatz zu leisten. Über Ersatz der durch Besetzung deutschen Reichsgebiets verursachten Personenschäden verhält sich das G. v. 17. 7. 22 und die V. v. 22. 9. 23. Eine Ersatzpflicht wird ferner allgemein bei Tumultschäden — und zwar selbst den Ausländern gegenüber — insoweit anerkannt, als ohne solche das wirtschaftliche Bestehen des Betroffenen gefährdet würde (RG. v. 12. 5. 20, geändert durch V. v. 8. 1. 24„ vgl. wegen Ausgleich von Härten § 17a das., vorher galt in Preußen das G. v. 11. 3. 50, vgl. hierzu RG 50, 10).

Der Anspruch muß binnen drei Monaten bei dem hierfür einzusetzenden Ausschuß angemeldet werden, der hierüber entscheidet. Gegen diese Entscheidung findet binnen Monatsfrist Beschwerde an das Reichswirtschaftsgericht statt. Der Ersatz ist zu $^6/_{12}$ vom Reiche, zu $^4/_{12}$ vom Lande und zu $^2/_{12}$ von der Gemeinde (dem Gemeindeverbande) aufzubringen. Kraft der Reichsangehörigkeit steht der Einzelne in einer festen Zugehörigkeit zu dem Reichsgebiet. Er kann nicht ausgewiesen werden und kann nicht zu seiner Bestrafung einem auswärtigen Staate ausgeliefert werden. Die von dem ersteren Grundsatz zur Verhinderung der unbefugten Ausübung von Kirchenämtern im G. v. 4. 5. 74 gemachte Ausnahme ist durch G. v. 6. 5. 90 jetzt beseitigt worden. Ausnahmsweise ist durch G. v. 21. 7. 22 die Ausweisung der Mitglieder vormals landesherrlicher Familien zugelassen.

Die Reichsangehörigkeit gewährt das Recht, an den Wahlen zum Reichstage und an der Wahl des Reichspräsidenten teilzunehmen. Ausgeschlossen von der Ausübung des Wahlrechts ist nach Art. 20 RV. und nach dem Reichswahlges. v. 27. 4. 20, 6. 3./13. 3. 24, wer das Alter von 20 Jahren noch nicht erreicht hat, wer entmündigt ist oder wegen geistiger Gebrechen unter Pflegschaft steht oder nicht im Besitz der bürgerlichen Ehrenrechte ist. Ausgeschlossen sind ferner die zur Zeit der Wahl zur Wehrmacht gehörigen Personen (§ 2 Abs. 3). Zum Zwecke der Vornahme der Wahlen ist das Reich in Wahlkreise und Wahlkreisverbände gemäß der Anlage des Wahlgesetzes eingeteilt. Bis zum 17. Tage vor der Wahl sind beim Kreiswahlleiter die Kreiswahlvorschläge, die von mindestens 50 Wählern, jetzt 20 Wählern des Wahlkreises unterzeichnet sein müssen, einzureichen (§ 15). Mehrere Kreiswahlvorschläge können miteinander gemäß § 16 innerhalb des Wahlkreisverbands verbunden werden, was spätestens 12 Tage vor der Wahl von dem in dem Kreiswahlvorschlage bezeichneten Vertrauensmann dem Leiter des Wahlkreisverbandes anzuzeigen ist. Über die Wahlanschlußerklärung s. § 19. Jeder Wähler hat eine Stimme (§ 1). Auf 60 000 Stimmen entfällt ein Abgeordneter (§§ 30, 31). Ein Bewerber ist gewählt, wenn er diese Stimmenzahl auf sich vereinigt. Die bei Verrechnung der Reststimmen im Wahlkreisverbande nicht verbrauchten Stimmen werden ihrem Reichswahlvorschlage zugewiesen (§ 31 Abs. 2), wenn diese Zurechnung gemäß § 18 rechtzeitig beantragt ist. Zur Wählbarkeit des in den Wahlvorschlag mit schriftlicher Zustimmung aufgenommenen Bewerbers ist nach

§ 4 erforderlich, daß er wahlberechtigt ist, 35 Jahre alt und seit mindestens einem Jahre Reichsangehöriger ist. Die Abgeordneten sind Vertreter des ganzen Volkes. Über die ihnen zustehende Entschädigung s. G. v. 10. 7. 20 und 22. 4. 22. Die Wahlhandlung und die Feststellung des Wahlergebnisses ist öffentlich. Der Wahltag muß nach Art. 22 RV. ein Sonntag oder öffentlicher Ruhetag sein. Im Wahlraum ist Vorsorge zu treffen, daß der Wähler den Stimmzettel unbeobachtet in den Umschlag legen kann (§ 50 RWahlordnung v. 21. 12. 20, Reichsstimmordnung v. 14. 3. 24). Zur Wahl wird nur zugelassen, wer in dem (möglichst mit dem Gemeindebezirk zusammenfallenden) Wahlbezirk sich in die Wahlliste, die spätestens vier Wochen vor der Wahl acht Tage lang öffentlich ausliegen muß, sich hat eintragen lassen oder einen Wahlschein sich hat ausstellen lassen (§§ 11—13 RWG.). Über die Gültigkeit der Stimmzettel entscheidet vorläufig der Wahlvorstand (Wahlvorsteher, Schriftführer, drei bis sechs Beisitzer). Endgültig hat über die Gültigkeit das nach Art. 31 RV. bei dem Reichstag aus Mitgliedern des Reichstags und des Reichsverwaltungsgerichts gebildete Wahlprüfungsgericht zu entscheiden (§§ 28, 37 des RWG.). — Im wesentlichen die gleichen Vorschriften (abgesehen von den Wahlvorschlägen) gelten nach dem G. v. 4. 5. 20 u. 6. 3. 24 für die Wahl des Reichspräsidenten. Gewählt ist, wer mehr als die Hälfte aller gültigen Stimmen erhält, und im zweiten Wahlgange, wer die meisten gültigen Stimmen auf sich vereinigt. Wählbar ist nach Art. 41 RV. ein jeder Deutsche, der das 35. Lebensjahr vollendet hat. Das Amt dauert nach Art. 42 sieben Jahre.

Auf die Ausübung der gesetzgebenden Gewalt haben die Reichsangehörigen insofern eine unmittelbare Einwirkung, als unter Umständen ein Volksentscheid ergehen muß. Hinsichtlich eines vom Reichstag beschlossenen Gesetzes bedarf es eines Volksentscheiids, wenn der Reichspräsident binnen Monatsfrist dies bestimmt hat (Art. 73 Abs. 1 RV.), wenn der Antrag von $^1/_{20}$ der Stimmberechtigten betreffs eines Gesetzes gestellt ist, dessen Verkündung auf Antrag eines Drittels des Reichstags ausgesetzt war, oder wenn der Einspruch des Reichsrats (Art. 74) den Volksentscheid notwendig macht, was unbedingt bei dem Einspruch gegen eine Verfassungsänderung der Fall ist (Art. 76 Abs. 2), sonst aber nur unter der Voraussetzung, daß bei erneuter Beschlußfassung des Reichstags eine Zweidrittelmehrheit für dessen Beschluß nicht erreicht ist (Art. 74). Ein Volksentscheid ist außerdem auf Verlangen von $^1/_{10}$ der Stimmberechtigten erforderlich zur Beschlußfassung über einen von ihnen vorgelegten ausgearbeiteten Gesetzentwurf, dessen Annahme im Reichstage nicht zu erreichen war (Art. 73 Abs. 3). Das Vorhandensein der nötigen Zahl Stimmberechtigter wird in einem besonderen Verfahren geprüft, nachdem der regelmäßig von 5000 Stimmberechtigten zu unterschreibende Zulassungsantrag bei dem Reichsminister des Innern gestellt ist. Binnen der von ihm festzusetzenden Frist haben, wenn dem Antrage auf Volksentscheid Folge gegeben werden soll, die Zustimmenden in die der Gemeindebehörde von den Antragstellern mitzuteilenden Eintragungslisten sich eigenhändig einzutragen (G. über den Volksentscheid v. 27. 6. 21). Die Abstimmung selbst findet in der Weise statt, daß der Stimmzettel mit „ja" oder „nein" ausgefüllt wird (§ 17). Über den Haushaltsplan, über Abgabengesetze und über Besoldungsordnungen ist ein Volksentscheid nicht statthaft, falls er nicht von dem Reichspräsidenten angeordnet ist (§ 1). Ein Beschluß des Reichstags kann durch Volksentscheid nur außer Kraft gesetzt werden, wenn die Mehrheit der Stimmberechtigten sich an der Abstimmung beteiligt hat (Art. 75 RV.). Ein Volksentscheid muß endlich ergehen zur Abstimmung über die vom Reichstag mit Zweidrittel Mehrheit beschlossene Absetzung des Reichspräsidenten (Art. 43 Abs. 2 RV.).

Abgesehen von der Zulässigkeit des Volksentscheids und der Mitwirkung des später noch zu erwähnenden Reichsrats wird die gesetzgebende Gewalt von dem Reichstage ausgeübt. Er beschließt über die für die Rechtsordnung maßgebenden Gesetze und bestimmt in Form des Gesetzes die Grundsätze, nach denen die Verwaltung zu führen ist. Dem Reichstage ist außerdem ein Recht der Kontrolle eingeräumt (vgl. Art. 33 RV.). Er ist berechtigt und auf Antrag von $^1/_5$ seiner Mitglieder verpflichtet, zur Erhebung von Beweisen (wofür im allgemeinen die Vorschriften der StPO. gelten) Untersuchungsausschüsse einzusetzen (Art. 34). An den auswärtigen Angelegenheiten nimmt er dadurch teil, daß ein ständiger Ausschuß für auswärtige Angelegenheiten (Art. 35) von ihm bestellt wird. Bündnisse oder Verträge mit fremden Staaten über Gegenstände der Reichsgesetzgebung bedürfen seiner Zustimmung. Kriegserklärung und Friedensschluß können nur durch Reichsgesetz erfolgen (Art. 45). Über den ständigen Ausschuß zur Wahrung der Rechte der Volksvertretung s. Art. 35 Abs. 2, 3 RV. und G. v. 15. 12. 23. Ein bedeutsamer Einfluß auf die Staatsleitung ist dem Reichstag ferner dadurch gegeben, daß er durch Beschluß dem Reichskanzler und den Reichsministern sein Vertrauen entziehen kann, was sie zum Rücktritt nötigt (Art. 54), und daß er, wie bereits erwähnt, mit 2/3 Mehrheit den Antrag auf Absetzung des Reichspräsidenten stellen kann (Art. 43).

Eine gewisse Teilnahme der Volksgesamtheit an der Gesetzgebung ist übrigens darin zu finden, daß das auf der Rechtsüberzeugung des Volkes beruhende, durch längere Übung befestigte Gewohnheitsrecht als Rechtsquelle anerkannt wird, wie auch eine gewisse Teilnahme der Allgemeinheit an dem Recht der Kontrolle darin hervortritt, daß die Öffentlichkeit der Verhandlungen in der Regel nicht ausgeschlossen werden darf (vgl. Art. 29 RV., §§ 171/73 GVG.).

Die Regierungsgewalt steht, was die völkerrechtliche Vertretung (Art. 45 RV.), den Oberbefehl über die Wehrmacht (Art. 47) und die in gewisser Weise damit zusammenhängenden vorläufigen Anordnungen zur Wiederherstellung der öffentlichen Sicherheit und Ordnung betrifft (Art. 48) — in Ausübung des Art. 48 kann, wie dies durch V. v. 26. 9. 23 geschehen ist, die vollziehende Gewalt dem RWehrminister und von diesem auf Militärbefehlshaber, mit oder ohne Mitwirkung von Zivilkommissaren übertragen werden), auch das Begnadigungsrecht (Art. 49) grundsätzlich dem Reichspräsidenten zu, dem übrigens durch G. v. 31. 12. 22 ein Ruhegehalt verbürgt ist. Der Reichspräsident hat die gültig zustande gekommenen Gesetze auszufertigen und binnen Monatsfrist zu verkünden (Art. 70). Ihm sind die sämtlichen Reichsbeamten und Offiziere unterstellt (Art. 46); er hat, soweit das Gesetz nichts anderes bestimmt, das Recht der Ernennung und Entlassung, das er hinsichtlich der Beamten der Besoldungsgruppen A I bis IX durch die Leiter der obersten Reichsbehörden oder die von ihnen ermächtigten nachgeordneten Behörden ausübt (V. v. 14. 6. 22). Insbesondere werden der Reichskanzler und auf dessen Vorschlag die Reichsminister von ihm ernannt und nach freiem Ermessen entlassen (Art. 53), wodurch ihm eine maßgebende Einwirkung auf deren Amtsführung gesichert ist. Das Recht der Entlassung ist deshalb für ihn von großer Bedeutung, weil er bei seiner Amtsverwaltung an ihre Mitwirkung gebunden ist. Seine Anordnungen bedürfen zu ihrer Gültigkeit nach Art. 50 der Gegenzeichnung durch den Reichskanzler oder den zuständigen Reichsminister, die damit dem Reichstage gegenüber die Verantwortung (vgl. Art. 56) übernehmen. Der Reichskanzler und die Reichsminister (Reichsminister des Äußern, des Innern, RFinanzminister, RWehrminister, RJustizminister, RWirtschaftsminister, RArbeitsminister, RMinister für Ernährung und Landwirtschaft, RVerkehrsminister, RPostminister, RMinister für die besetzten Gebiete gemäß Erl. v. 24. 8. 23, nicht mehr RM. für Wiederaufbau) bilden die Reichsregierung, wobei dem Reichskanzler, der die Richtlinien der Politik zu bestimmen hat und bei der Beratung über Gesetzentwürfe und sonstige gemeinschaftliche Angelegenheiten den Vorsitz führt, eine überragende Stellung zukommt (Art. 53, 55—57). Den Ministern ist die erforderliche Zahl höherer Beamter (Ministerialräte, Ministerialdirektoren, Unterstaatssekretäre, Staatssekretäre) beigegeben. Auch dem Reichspräsidenten und den Ministern gegenüber besitzt der die Herrschaftsmacht des Volkes zur Geltung bringende Reichstag vollste Selbständigkeit. Seine Tätigkeit ist nicht von der Einberufung durch den Reichspräsidenten abhängig. Nach Art. 23 tritt er spätestens am 30. Tage nach der Wahl zusammen. Nach Ablauf der vierjährigen Wahlperiode und im Falle der Auflösung durch den Reichspräsidenten — die aus gleichem Anlaß übrigens nur einmal statthaft ist — muß die Neuwahl binnen spätestens 60 Tagen vorgenommen werden. Art. 24 sieht den regelmäßigen Zusammentritt des Reichstags am ersten Mittwoch im November jedes Jahres vor. Eine frühere Einberufung durch den Reichstagspräsidenten muß auf Verlangen des Reichspräsidenten oder eines Drittels der Reichstagsmitglieder erfolgen. Den Schluß der Tagung und den Tag des Wiederzusammentritts bestimmt der Reichstag selbständig. Seine Selbständigkeit betätigt sich auch darin, daß er seinen Präsidenten, dessen Stellvertreter und die Schriftführer wählt, sich seine Geschäftsordnung gibt und daß der Präsident die Polizeigewalt im Reichstagsgebäude ausübt (Art. 26, 28, 38 Abs. 2). Während der Zeit, wo der Reichstag nicht versammelt ist, bleibt der ständige Ausschuß für auswärtige Angelegenheiten und der zur Wahrung der Rechte der Volksvertretung bestellte ständige Ausschuß — welche Ausschüsse auch die Rechte eines Untersuchungsausschusses haben — in Tätigkeit, wie auch der Präsident des Reichstags in dieser Zeit seine Geschäfte fortführt (Art. 27, 35). Wegen seiner Abstimmung oder seiner in Ausübung seines Berufs getanen Äußerungen darf ein Reichstagsmitglied in keiner Hinsicht zur Verantwortung gezogen werden

(Art. 36). Es darf in seinem Berufe auch nicht durch ein Strafverfahren, durch eine Verhaftung oder sonstige Freiheitsbeschränkung behindert werden. Solche Maßnahmen dürfen während der Sitzungsperiode gegen das Mitglied, falls es nicht bei Ausübung der Tat oder am folgenden Tage festgenommen ist, nicht ohne Genehmigung des Reichstags verhängt werden und müssen, wenn früher verhängt, auf Verlangen des Reichstags für die Dauer der Sitzungsperiode aufgehoben werden (Art. 37). In gleicher Weise ist dem Reichspräsidenten, dem Reichskanzler und den Ministern eine Unverantwortlichkeit nicht zugestanden. Die Genannten können außerdem vom Reichstage nach Art. 59 RV. und dem G. v. 9. 7. 21 über den Staatsgerichtshof wegen schuldhafter Verletzung der Reichsverfassung oder eines Reichsgesetzes in Anklagestand versetzt werden, wozu es eines Antrags von 100 Mitgliedern und der Zustimmung einer $^2/_3$ Mehrheit bedarf. Der zur Entscheidung berufene Staatsgerichtshof beim Reichsgericht ist aus vier Richtern, einem Rechtsanwalt und zehn weiteren Beisitzern gebildet. Nur darin ist der Reichspräsident bevorzugt, daß er ohne Zustimmung des Reichstags nicht strafrechtlich verfolgt werden kann (Art. 43 letzter Abs.).

Neben dem Reichstage und der Reichsregierung hat bei der Gesetzgebung und Verwaltung der zur Vertretung der Länder durch Mitglieder ihrer Regierungen gebildete Reichsrat (Art. 60 ff. RV.) mitzuwirken. Das Stimmenverhältnis im Reichsrat ist derart geordnet, daß jedes Land mindestens eine Stimme, kein Land aber mehr als $^2/_5$ sämtlicher Stimmen führt und daß auf 750000 Einwohner, auch einen verbleibenden Überschuß von mindestens 350 000 Einwohnern eine Stimme entfällt (G. v. 24. 3. 21). Für Preußen wird nach dem G. v. 3. 6. 21 die Hälfte von den Provinzialverwaltungen (von den Provinzialausschüssen, in Berlin von dem Magistrat) gewählt. Der Reichsrat ist insofern der Reichsregierung angegliedert als ein Mitglied der Reichsregierung, das jedoch an der Abstimmung nicht teilnimmt, in der Vollsitzung und in den Ausschüssen den Vorsitz führt. Einberufen wird der Reichsrat von der Reichsregierung, die einem von $^1/_3$ der Mitglieder gestellten Antrage auf Einberufung stattgeben muß. Der Reichsrat kann ebenso wie der Reichstag (Art. 33) verlangen, daß die Mitglieder der Reichsregierung an den Verhandlungen teilnehmen. Gegen die vom Reichstag beschlossenen Gesetze kann er Einspruch erheben (Art. 74). Nach der Geschäftsordnung v. 20. 11. 19, welche der Reichsrat sich gegeben hat, bildet er aus seiner

Mitte elf ständige Ausschüsse, für auswärtige Angelegenheiten, Volkswirtschaft, innere Verwaltung, Verkehrswesen, Haushalt und Rechnungswesen, Steuer- und Zollwesen, Rechtspflege, Verfassung und Geschäftsordnung, Reichswehrangelegenheiten, für Seewesen und für Durchführung des Friedensvertrags. Nach § 20 kann der Reichsratsbevollmächtigte sich die von ihm abzugebende Erklärung bis zur nächsten Vollsitzung vorbehalten. — Eine der gesetzgebenden Versammlung ähnliche Stellung, wenn schon nicht den Charakter einer Volksvertretung, nimmt der durch V. v. 4. 5. 20 (vgl. Art. 165 Abs. 3 und 4 RV.) begründete vorläufige Reichswirtschaftsrat ein, dem sozialpolitische und wirtschaftspolitische Gesetzentwürfe von grundlegender Bedeutung vor ihrer Einbringung zur Begutachtung vorgelegt werden sollen (Art. 11 der V. v. 4. 5. 20) und der nach dieser Vorschrift auch das Recht hat, selbst solche Gesetzesvorlagen zu beantragen. Ebenso soll der ständige Ausschuß, den der Reichswirtschaftsrat zur Behandlung wirtschaftspolitischer und sozialpolitischer Fragen bestellen kann, von dem zuständigen Ministerium vor Erlaß grundlegender Verordnungen hierüber gehört werden. Dem vorläufigen Reichswirtschaftsrat gehören insgesamt 326 Mitglieder an und zwar nach der Aufzählung in Art. 2 68 als Vertreter der Land- und Forstwirtschaft, 68 als Vertreter der Industrie, 44 als Vertreter des Handels, der Banken und des Versicherungswesens, 34 als Vertreter des Verkehrs und der öffentlichen Unternehmungen, 30 als Vertreter der Verbraucherschaft, 16 als Vertreter der Beamtenschaft und der freien Berufe, die von bestimmten Verbänden teils aus den Arbeitgebern unter Berücksichtigung des Groß-, Mittel- und Kleinbesitzes, teils aus den Arbeitnehmern zu wählen sind.

Die laufende Verwaltung liegt hauptsächlich in den Händen der Beamten, die infolge öffentlich rechtlicher Anstellung ein sie dauernd verpflichtendes Dienstverhältnis gegenüber dem Gemeinwesen eingegangen sind. Daß bei der Anstellung zugleich ein bestimmtes Amt verliehen wird, ist die Regel, die aber nicht unbedingt durchgreift, z. B. nicht bei den im Vorbereitungsdienst befindlichen Beamten, die lediglich zur Verfügung des Vorgesetzten stehen, nicht bei einem Minister, der ausnahmsweise einem besonderen Geschäftszweige nicht vorgesetzt ist. Der Anzustellende muß im Vollbesitz der bürgerlichen Ehrenrechte (§§ 31, 34 StGB.) sich befinden. Befähigt zur Bekleidung öffentlicher Ämter sind an sich auch die Frauen (Art. 128 RV.). Über die Befähigung der Frauen zu den Ämtern der Rechtspflege s. G. v. 11. 7. 22, über die Zulassung zu dem Amte eines Schöffen und Geschworenen G. v. 25. 4. 22. Die vor der Anstellung zum Nachweis der wissenschaftlichen und praktischen Befähigung abzulegenden Prüfungen sind in besonderen Prüfungsordnungen vorgeschrieben. Auf Grund des Pr. G. v. 6. 5. 69/6. 5. 20 über juristische Prüfungen und die Vorbereitung zum höheren Justizdienst ist die Prüfungsordnung v. 17. 6. 13 in der Fassung v. 15. 5. 20 ergangen, auf Grund des Pr. G. v. 10. 8. 06/8. 7. 20 über Befähigung zum höheren Verwaltungsdienst die Ausführungsanweisung v. 28. 8. 20. Über Prüfungen in höherem Baufach s. Erl. des Pr. M. v. 13. 2. 13, über die Befähigung der Eisenbahnbetriebs- und Eisenbahnpolizeibeamten die Bestimmungen v. 8. 3. 06, 3. 4. 08 und 10. 7. 11. Wegen der von den mittleren Beamten abzulegenden Prüfungen vgl. z. B. §§ 9 ff., 23 ff. der Gerichtsschreibereiordnung v. 5. 6. 13 und Vfg. des Pr. JM. v. 28. 2. 23 über Sonderprüfung für Justizsekretäre. Zu dem Vorbereitungsdienst, welcher der Gerichtsschreiberprüfung vorhergeht, wird nur zugelassen, wer das Reifezeugnis einer höheren Bürgerschule oder gleichartigen Anstalt oder das Zeugnis über Versetzung nach der Obersekunda einer höheren Lehranstalt erlangt hat. Von dem Unterbeamten wird der Besitz einer guten Volksschulbildung und die für das Amt erforderliche Rüstigkeit erfordert. Nicht unbedingt erforderlich zur Begründung des Beamtenverhältnisses ist die in § 3 RBG. v. 18. 5. 07, abgeändert durch G. v. 21. 7. 22, vorgeschriebene Leistung des Diensteides und die daselbst vorgeschriebene Aushändigung der Anstellungsurkunde (vgl. § 359 StGB. und die Bestimmung in Art. I G. v. 21. 7. 22, wonach die Verweigerung der Eidesleistung die Ernennung nichtig macht).

Durch die Anstellung — die, soweit das Gesetz nichts anderes bestimmt, auf Lebenszeit erfolgt (Art. 129 RV., andernfalls muß nach § 2 RBG. bei der Anstellung der Widerruf oder die Kündigung ausdrücklich vorbehalten werden) — tritt der Beamte in ein dienstliches Unterordnungsverhältnis, das indes bei den richterlichen Beamten (auch den mit Ausübung der richterlichen Gewalt sonst betrauten Beamten) insofern von der Regel abweicht, als diese hinsichtlich der Rechtsanwendung nur dem Gesetze, nicht den Weisungen der vorgesetzten Behörde unterworfen sind (Art. 102 RV. § 1 GVG., § 36 RAbgO. v. 13. 12. 19, vgl. § 79 AllgLVerwG. v. 30. 7. 83). Die Verletzung der dienstlichen Pflichten zieht nach dem

Reichsbeamtenges. v. 31. 3. 73, in der Fassung v. 18. 5. 07, ergänzt am 17. 7. 23, Ordnungsstrafen (Warnung, Verweis oder Geldstrafe bis zur Hälfte des monatlichen Diensteinkommens, § 74 in der F. des G. v. 16. 5. 23), nach sich, die von dem Vorgesetzten festgesetzt werden können, — vgl. das durch V. v. 29. 7. 22 mitgeteilte Verzeichnis der vorgesetzten Reichsbehörden — oder Bestrafung im förmlichen Disziplinarverfahren. Für das Verfahren sind nach den durch G. v. 21. 7. 22 abgeänderten §§ 89, 91 RBG. im ersten Rechtszuge die in der Besetzung von fünf Mitgliedern entscheidenden Disziplinarkammern zuständig (der Vorsitzende und mindestens ein Beisitzer müssen richterliche Beamte sein, in Berlin bestehen nach der V. v. 23. 5. 22 zwei Disziplinarkammern). Im zweiten Rechtszuge entscheidet der aus sieben Mitgliedern (der Vorsitzende und mindestens ein Mitglied müssen dem Reichsgericht angehören) zusammengesetzte Disziplinarhof. Er besteht nach § 91 in der F. des G. v. 21. 7. 22 aus insgesamt 11 Mitgliedern, von denen der Präsident und zwei Mitglieder dem Reichsgericht, zwei weitere Mitglieder dem Reichsrat angehören müssen. Auf Entfernung aus dem Amt durch Strafversetzung oder Dienstentlassung kann nur in dem von der obersten Reichsbehörde einzuleitenden förmlichen Disziplinarverfahren erkannt werden, für das schriftliche Voruntersuchung und mündliche Verhandlung geboten sind (§ 84). Sobald ein solches Disziplinarverfahren oder ein gerichtliches Strafverfahren eingeleitet ist, kann die oberste Reichsbehörde eine vorläufige Dienstenthebung (Suspension vom Amte), die regelmäßig den Verlust der Hälfte des Diensteinkommens zur Folge hat, verfügen (§§ 127 ff.). Die vorläufige Dienstenthebung tritt kraft Gesetzes ein, wenn ein noch nicht rechtskräftig gewordenes Urteil auf Dienstentlassung im Disziplinarverfahren oder im gerichtlichen Strafverfahren ergangen oder die Verhaftung (§ 125) gerichtlich angeordnet ist. Ist der Beamte durch körperliche oder geistige Mängel zur Erfüllung seiner Amtspflichten dauernd unfähig geworden, so kann er zwangsweise — worüber die oberste Reichsbehörde zu entscheiden hat — in den Ruhestand versetzt werden (§§ 61 ff.). Wesentlich gleicher Art sind die Vorschriften, welche das Pr. G. v. 7. 5. 51 über die Dienstvergehen und die Zwangspensionierung der Richter und das G. v. 21. 7. 52 betreffs der nicht richterlichen Beamten enthält. Disziplinarbehörden des ersten Rechtszugs sind die Provinzialbehörden und für die Verwaltungsbeamten, deren Anstellung vom Staatshaupt oder dem Minister ausgegangen ist, der Disziplinarhof, im zweiten Rechtszuge das Staatsministerium und für richterliche Beamte der große Disziplinarsenat des Kammergerichts. Die Vorschrift, daß Beamte nur unter den gesetzlich bestimmten Voraussetzungen und Formen vorläufig des Amtes enthoben, einstweilen oder endgültig in den Ruhestand oder in ein anderes Amt mit geringerem Gehalt versetzt werden kann, ist in Art. 129 zum Verfassungsgrundsatz erhoben worden. Zulässig ist es, die Versetzung in den Ruhestand (vgl. Art. 104 Abs. 1 RV. und dazu RG. 104, 58) von Erreichung einer bestimmten *Altersgrenze* abhängig zu machen, wie dies in Preußen nach dem G. v. 15. 12. 20 durch Festsetzung der Altersgrenze auf das 65., bei richterlichen Beamten und bei Hochschullehrern auf das 68. Lebensjahr geschehen ist. Im übrigen ist das Recht des Beamten auf Beibehaltung seines Amtes ein verschiedenes, je nachdem es sich um *politische Beamte*, Verwaltungsbeamte oder richterliche Beamte handelt. Die politischen Beamten (§ 25 RBG., vgl. für Preußen § 87 Nr. 2 G. v. 21. 7. 52) müssen sich jederzeit gefallen lassen, daß sie durch Verfügung des Reichspräsidenten gegen Wartegeld und Umzugskosten einstweilig in den Ruhestand versetzt werden. *Verwaltungsbeamte* sind dem ausgesetzt, daß sie im Interesse des Dienstes in ein anderes Amt von nicht geringerem Range und nicht geringerem planmäßigen Einkommen unter Vergütung der Umzugskosten versetzt werden können (§ 23 RBG., in der F. des G. v. 27. 10. 23). Eine derartige Versetzung der *richterlichen Beamten* ist dagegen nach § 51 ff. des Pr. G. v. 7. 5. 51 nur zulässig, wenn sie durch eine veränderte Organisation der Gerichte oder ihrer Bezirke nötig wird oder wenn durch Verheiratung ein Schwägerschaftsverhältnis bis zum dritten Grade zwischen zwei Richtern an demselben Gericht herbeigeführt wird. Die Dienstentlassung der Mitglieder des *Reichsgerichts* (im Falle der Verurteilung zu einer längeren als einjährigen Freiheitsstrafe oder wegen einer entehrenden Handlung) und die vorläufige Enthebung vom Amte kann nur durch Beschluß der Vollversammlung ausgesprochen werden (§§ 126 ff. GVG.). Im Bereiche der Post- und Telegraphenverwaltung sind in Übereinstimmung mit dem Betriebsrätegesetz *Betriebsvertretungen*, auch Bezirksbetriebsräte für die Oberpostdirektionsbezirke und ein Zentralbetriebsrat durch G. v. 18. 1. 23 gebildet.

Die einzelnen Rechte und Pflichten des Beamten ergeben sich aus dem ihm zugewiesenen amtlichen Wirkungskreis. Sind nach der

Verfassung des Amtes die Angelegenheiten durch gemeinschaftliche Beschlußfassung zu erledigen, so ist es Sache des Vorsitzenden, die Verhandlungen und Beratung zu leiten (vgl. §§ 194 ff. GVG., 140 ZPO.), die Amtsgeschäfte zu verteilen und die richtige Ausführung zu überwachen. Nicht verboten ist dem Beamten die politische Betätigung. Er hat hierbei aber eine gewisse Zurückhaltung sich aufzuerlegen, um nicht Zweifel an der Unparteilichkeit seiner Amtsführung zu erwecken (vgl. Vfg. des Pr. Staatsministeriums v. 21. 10. 18). Durch G. v. 21. 7. 22 ist den Reichsbeamten die besondere Pflicht auferlegt, in ihrer amtlichen Tätigkeit für die verfassungsmäßige republikanische Staatsgewalt einzutreten, insbesondere keine Verunglimpfungen zu dulden (§§ 10a, 10b des RBG. in der durch G. v. 21. 7. 22 geänderten Fassung). Der Beamte hat seine Arbeitskraft in vollem Maße für sein Amt einzusetzen. Er darf deshalb nicht ohne Genehmigung der obersten Reichsbehörde eine mit fortlaufender Vergütung verbundene Nebenbeschäftigung (§ 16), auch nicht ohne Genehmigung seiner vorgesetzten Dienstbehörde eine begutachtende Tätigkeit (§ 12) übernehmen. Nach § 19 der Pr. Gew. O. v. 17. 1. 45 ist ferner in Preußen den Beamten, auch ihren Ehefrauen und den in ihrer elterlichen Gewalt befindlichen Kindern der Betrieb eines Gewerbes ohne Genehmigung der vorgesetzten Behörde untersagt. Der Beamte bedarf zur Befreiung von den Dienstgeschäften eines ihm zu erteilenden Urlaubs und darf namentlich nicht über die Nacht hinaus sich von seinem Amtssitz entfernen. Keines Urlaubs bedarf er nach Art. 39 RV. zur Ausübung der Tätigkeit als Abgeordneter, auch nicht nach Art. 75 Pr. V. zur Übernahme des Dienstes einer kommunalen Vertretung. Ein Streikrecht der Beamten ist nicht anerkannt.

Anderseits hat der Beamte Anspruch auf standesmäßigen Unterhalt. Die Dienstbezüge, die nach dem G. v. 28. 9. 23 nicht mehr vierteljährlich ausgezahlt zu werden brauchen, sind geregelt durch G. v. 30. 4. 20, das bisher (bis April 24) 15 Ergänzungen erfahren hat. Das in der F. v. 26. 10. 22 bekannt gemachte Besoldungsgesetz ist für 1923 ergänzt durch G. v. 26. 5., 18. 6., 18. 7. u. 12. 12. 23. Die planmäßigen Reichsbeamten und die Soldaten der Wehrmacht sind in Besoldungsgruppen eingeteilt und zwar in 13 Besoldungsgruppen A mit aufsteigenden Gehältern und in 7 Gruppen B mit gleichbleibenden Gehältern (Einzelgehälter). Über die Bestimmung des allgemeinen Dienstalters vgl. Richtlinien des Pr. Staatsministeriums in der Vfg.

v. 22. 2. 22. Die Bezüge bestehen in dem aus der Besoldungsordnung Anlage des Besoldungsgesetzes) ersichtlichen Grundgehalt, das in den Besoldungsgruppen A alle zwei Jahre bis zur Erreichung des Höchstgehalts steigt, und in dem durch das Ortsklassenverzeichnis bestimmten Ortszuschlag (Anlage 4 des Besoldungsgesetzes). Die jetzt geltenden Sätze sind mitgeteilt unter IX und X des Besoldungsgesetzes v. 12. 12. 23 und im Bes.G. v. 20. 3. 24. Durch V. v. 11. 2. 24 ist der RFM. bis zum 1. 11. 24 ermächtigt, den Grundgehalt festzusetzen. Hierzu kommen nach § 16 die Kinderzuschläge, die auch den in den Hausstand aufgenommenen Stiefkindern und den tatsächlich unterhaltenen unehelichen Kindern, zu denen die Vaterschaft festgestellt ist, gewährt werden (den Kindern im Alter vom 16. bis 21. Lebensjahre regelmäßig jedoch nur dann, wenn sie in der Schulausbildung oder Berufsausbildung sich befinden und nicht das im Bes. G. v. 26. 6. 23 bestimmte eigene Einkommen haben, sowie die in § 17 Abs. 1 vorgesehenen Frauenzuschläge. In Preußen können nach der Vfg. v. 13. 5. 21 Kinderzulagen bis zum 24. Lebensjahr bewilligt werden. Außerdem erhalten die Beamten zur Anpassung des Diensteinkommens an die allgemeine Wirtschaftslage veränderliche Teuerungszuschläge zum Grundgehalt, zum Ortszuschlag und den Kinderzuschlägen. Die Art und Höhe des Teuerungszuschlags wird nach § 17 Abs. 1 durch den Reichshaushaltsplan, der Ortszuschlag durch den RFM. (Art. 6 der BesO. v. 12. 12. 23) bestimmt. Die außerplanmäßigen Beamten erhalten nach § 9 bei voller Beschäftigung im Reichsdienst Diäten gemäß der dem BesG. beigefügten Diätenordnung. Die diätarische Dienstzeit darf fünf Jahre, bei Militäranwärtern vier Jahre, bei Postgehilfinnen usw. acht Jahre nicht übersteigen (§ 5). Zur Verringerung der staatlichen Ausgaben ist nach der Abbau V. v. 27. 10. 23 die Zahl der Beamten (vgl. auch Art. 2, 5, 14, 15, 18) um mindestens 25 v. H. herabzusetzen. Die Abbau V. ist gemildert durch V. v. 28. 1. 24. Den durch die Abbau V. in den dauernden Ruhestand versetzten Beamten ist die Siedlungstätigkeit erleichtert (V. v. 11. 2. 24, s. auch das Rheimstättenges v. 10. 5. 20). Besondere dienstliche Aufwendungen sind dem Beamten zu erstatten, über Ersatz der Reisekosten s. V. 14. 10. 21 und Bek. des RFM. v. 2. 5. 22, abgeändert durch V. v. 15. 10. 23, in Preußen G. v. 3. 1. 23, über Ersatz der Umzugskosten vgl. Vfg. des Pr. JM. v. 16. 9. 22.

Den Anspruch auf angemessene Versorgung behält der Beamte,

auch wenn er in den Ruhestand übergetreten ist. Die Versorgungsbezüge werden jedoch bei größerem Privateinkommen gekürzt (Art. 10 V. v. 27. 10. 23). Das Ruhegehalt beträgt an sich mindestens 35 % des Diensteinkommens und steigt nach vollendeten 10. Dienstjahr mit jedem weiteren Dienstjahr bis zur Vollendung des 25. Dienstjahrs (hinsichtlich der Reichsgerichtsmitglieder bis zur Vollendung des 35. Dienstjahrs) um $^2/_{100}$, von da an bis $^{80}/_{100}$ des Diensteinkommens (bei den Reichsgerichtsmitgliedern bis zur Vollendung des 50. Dienstjahrs) um $^1/_{100}$ (§ 41 RBG. in der F. v. 18. 6. 23, § 128 Abs. 2 GVG. in der F. v. 22. 3. 24). Anspruch auf Ruhegehalt hat, wer nach mindestens zehnjähriger Dienstzeit — es müßte dann eine Dienstbeschädigung der Grund der Dienstunfähigkeit sein — wegen Schwäche seiner körperlichen oder geistigen Kräfte oder wegen körperlichen Gebrechens zur Erfüllung seiner Amtspflichten dauernd unfähig geworden ist und deshalb in den Ruhestand versetzt ist (§§ 34 ff. RBG.). Dienstunfähigkeit ist, falls der Beamte ein bestimmtes Lebensjahr (das 65. oder 68. gemäß § 65a RBG. in der F. der V. v. 27. 10. 23) vollendet hat, nicht mehr Voraussetzung des Anspruchs. Der Anspruch auf Ruhegehalt fällt insoweit fort, als der im Ruhestand Befindliche in einem öffentlichen Dienst ein Diensteinkommen bezieht, das unter Einrechnung des Ruhegehalts das frühere Diensteinkommen übersteigt (§ 57 Nr. 2 in der F. des G. v. 18. 6. 23). Der Verlust der Reichsangehörigkeit hat das Ruhen des Anspruchs zur Folge (§ 57 Nr. 1). Die Dienstzeit wird vom Tage der eidlichen Verpflichtung an gerechnet, nicht jedoch vor Vollendung des 18. Lebensjahrs. Anzurechnen ist unter Umständen die Zeit der früheren Beschäftigung (§ 46). Kriegsjahre und gewisse Auslandsjahre werden doppelt gerechnet §§ 49, 51 vgl. §§ 57, 58 des Wehrmachtversorgungsges. v. 4. 8. 21 und über Hinzurechnung der Hälfte der Dienstzeit während des letzten Krieges G. v. 4. 7. 21). Nicht einen Anspruch auf Ruhegehalt, sondern auf Wartegeld erwirbt der Beamte in dem Falle, daß das Aufhören des Amtes infolge einer Umbildung der Reichsbehörden die einstweilige Versetzung in den Ruhestand notwendig macht (§ 24). Das Wartegeld beträgt in diesem Falle wie auch sonst $^{80}/_{100}$ des Diensteinkommens, jedoch unter Abzug von je 2 v. H. für jedes an der Dienstzeit von 25 Jahren fehlende Jahr und nicht über das mittlere Diensteinkommen der Besoldungsgruppe XII hinaus (§ 26 RBG. in der F. des G. v. 27. 10. 23). Stirbt ein Beamter, mag er sich nun im Dienst oder im Ruhestande befinden, unter Hinterlassung einer Witwe oder von Abkömmlingen, so steht den Hinterbliebenen noch das volle Gehalt oder Ruhegehalt für das auf den Sterbemonat folgende Vierteljahr zu (§§ 7, 8, 69). Die weiteren Ansprüche der Hinterbliebenen auf das monatlich zahlbare Witwen- und Waisengeld sind durch G. v. 17. 5. 07 und 21. 12. 20 geordnet. Die Witwe erhält solange sie sich nicht wieder verheiratet, als Witwengeld 60 v. H. des von dem Beamten verdienten Ruhegehalts, jedoch nicht mehr als die Hälfte des Diensteinkommens aus der Besoldungsgruppe B 2 und nicht unter einem Drittel des niedrigsten Diensteinkommens aus der Besoldungsgruppe A 1 (§ 2 in der F. des G. v. 18. 6. 23). Die Bezüge an Witwen- und Waisengeld dürfen zusammen das Ruhegehalt, das dem Verstorbenen zugekommen sein würde, nicht übersteigen (§ 4). Die 15 Jahr jüngere Witwe muß gemäß § 6 gewisse Kürzungen sich gefallen lassen. Nicht berechtigt ist die Witwe, die erst in den letzten drei Monaten vor dem Ableben ihres Mannes die Ehe geschlossen hat (§ 8). Das Waisengeld beträgt für jedes Kind 1/5 und, wenn die Mutter verstorben oder zum Bezug von Witwengeld nicht berechtigt ist, 1/3 des Witwengeldes. Es wird bis zum Ablauf des Monats gewährt, in welchem das Kind das 18. Lebensjahr vollendet oder sich verheiratet (§ 14). Keinen Anspruch auf Witwen- oder Waisengeld kann machen, wer nach näherer Bestimmung der §§ 15 und 16, abgeändert durch § 11 G. v. 21. 12. 20 und Art. 3 G. v. 18. 6. 23, durch Verwendung im öffentlichen Dienst versorgt ist. Bei Berechnung des Ruhegehaltes ist das Grundgehalt des Beamten und der Ortszuschlag der Ortsklasse B (§ 15 Bes. G. v. 26. 10. 22) in Betracht zu ziehen. Durch das Pensionsergänzungsgesetz v. 21. 12. 20 (Ausführungsbestimmungen v. 9. 7. 21) Art. 2 Bes. G. v. 25. 10. 22 und Art. 7 Bes. G. v. 18. 6. 23 ist der Anspruch auf Kinderzuschläge und auf Teuerungszuschläge — welcher letztere Anspruch in dem G. v. 21. 12. 20 nur in Höhe der Hälfte anerkannt war — auch den Ruhegehaltsempfängern, den Wartegeldempfängern und was den Teuerungszuschlag betrifft, der hinterbliebenen Witwe und den Waisen zugewandt (vgl. auch das Beamten — Altruhegehaltsgesetz v. 7. 5. 20).

Eigenartig geregelt ist der Anspruch, welcher nach dem Wehrmachtversorgungsgesetze v. 4. 8. 21/22. 6. 23 den Unteroffizieren und Mannschaften nach Ablauf ihrer zwölfjährigen Dienstverpflichtung oder im Falle der Entlassung wegen Dienstunfähigkeit nach mindestens vierjähriger Dienstzeit, den Offizieren bei Entlassung nach mindestens zehnjähriger oder im Falle der Dienstunfähigkeit vierjähriger Dienstzeit zusteht. Zur Versorgung wird ihnen auf Antrag der Zivildienstschein mit Aussicht auf Anstellung in den nach den besonderen Grundsätzen (vgl. Bek. v. 16. 7. 23) hierfür offenstehenden Beamtenstellen erteilt (§§ 10—12, 61). Zur Erleichterung des Übergangs in den bürgerlichen Beruf werden den Unteroffizieren und Mannschaften außerdem Übergangsgebührnisse für längstens drei Jahre (§ 7) nebst Kinder- und Teuerungszuschlägen (§ 14) gewährt. Sie haben ferner, wenn der Zivildienstschein nicht erteilt ist, Anspruch auf eine Zulage zu den Übergangsgebührnissen (§ 8), auf Zahlung eines Vorschusses hierauf (§ 9), auf eine Reichsbürgschaft zur Erleichterung der ländlichen Ansiedlung (§ 13), auf eine einmalige Übergangsbeihilfe (§ 15) und auf eine einmalige Umzugsentschädigung (§ 16). Die Offiziere können nach §§ 36, 53, geändert durch Art. 5 des Bes. G. v. 18. 6. 23 ein lebenslängliches Ruhegehalt nebst Kinder- und Teuerungszuschlägen und zur Erleichterung des Berufswechsels den zu kapitalisierenden Teilbetrag des Ruhegehalts, der die Hälfte des Höchstruhegehalts der Besoldungsgruppe A XII nicht überschreiten darf, nach §§ 38 ff. eine Kapitalabfindung (auch gemäß §§ 54, 55 unbedingt eine einmalige Übergangsbeihilfe und eine einmalige Umzugsentschädigung) verlangen. Sind Offiziere vor zehnjähriger, aber nach mindestens vierjähriger Dienstzeit wegen Dienstunfähigkeit entlassen, so kommen ihnen — abgesehen von dem Anspruch auf Entschädigung wegen Gesundheitsstörungen nach dem Reichsversorgungsgesetze v. 30. 6. 23 § 33 — Übergangsgebührnisse nebst Kinder- und Teuerungszuschlägen und unter der Voraussetzung, daß ein Zivildienstschein nicht erteilt ist, ein Vorschuß auf die Übergangsgebührnisse zu (§§ 32 ff., 51,53). Wegen der Reichsbürgschaft zur Erleichterung der ländlichen Ansiedlung s. § 52. Unteroffiziere und Mannschaften können nach achtzehnjähriger Dienstzeit die Versorgung nach den für Offiziere geltenden Vorschriften wählen (§ 4).

Hat ein Beamter oder eine Person des Soldatenstandes in einem reichsgesetzlich der Unfallversicherung unterliegenden Betriebe einen Unfall erlitten, so gebührt ihm eine Entschädigung nach Maßgabe des G. v. 18. 6. 01, ergänzt durch Art. 8 BesG. v.18. 6. 23 und Art. 3 BesG. v. 14. 12. 23 (vgl. das für Pr. Beamte geltende G. v. 2. 6. 02). Als Pension wird ihm bei völliger Erwerbsunfähigkeit 2/3 des Diensteinkommens, sonst ein entsprechend geringerer Betrag zuteil. Auch die Hinterbliebenen haben Anspruch auf Entschädigung, und zwar auf ein Sterbegeld, ferner auf Zahlung einer Rente von je 20 v. H. des Diensteinkommens für die Witwe, für die Kinder bis zum Ablauf des 18. Lebensjahrs, die vom Verstorbenen unterhaltenen Vorfahren und elternlosen Enkel im Falle ihrer Bedürftigkeit. Die Renten, deren Betrag näher begrenzt ist, dürfen den Gesamtbetrag von 60 v. H. nicht übersteigen. Die früheren Angehörigen der deutschen Wehrmacht haben bei Dienstbeschädigungen nach dem Reichsversorgungsgesetze in der Fassung v. 30. 6. 23 einen Anspruch auf Versorgung, auf Heilbehandlung einschließlich Krankengeld und Hausgeld (§§ 4 ff.), auf unentgeltliche, berufliche Ausbildung zur Wiedergewinnung der Erwerbsfähigkeit (§ 21), auf die der Minderung der Erwerbsfähigkeit entsprechende Rente, im Falle der Hilflosigkeit auf eine Pflegezulage und auf Kinderzulage. Die Schwerbeschädigten (deren Erwerbsfähigkeit um mindestens 50 v. H. gemindert ist) können neben der Rente einen Beamtenschein (§ 33) erhalten. Den Versorgungsberechtigten kann auch eine Kapitalabfindung (§§ 72 ff.) gewährt werden. Den Hinterbliebenen wird das Sterbegeld und eine Hinterbliebenenrente (Witwenrente, Waisenrente, Elternrente) gezahlt. Zu den Versorgungsgebührnissen tritt noch die Ortszulage, die Teuerungszulage und die Zusatzrente (§§ 88 ff.). Die Beträge sind durch die V. v. 30. 6. und 14. 12. 23 wesentlich erhöht worden. Der Anspruch auf Versorgung muß nach § 52 binnen spätestens zwei Jahren angemeldet werden. Der Anspruch mindert sich um ein oder mehrere Zehntel, wenn der Berechtigte ein bestimmtes Einkommen aus öffentlichen Mitteln bezieht (Art. 12 BesG. v. 18. 6. 23). Mit Durchführung der RVersorgungsgesetze sind die Versorgungsämter und Hauptversorgungsämter und als Spruchbehörden die Versorgungsgerichte, in letzter Instanz das RVersorgungsgericht befaßt (G. v. 10. 1. 22, Art 21 V Abbau V. v. 27. 10. 23, V. v. 12. 2. 24). Über die Beschäftigung Schwerkriegsbeschädigter s. das G. in der F. v. 12. 1. 23, V. v. 30. 6. und 14. 12. 23, AusführungsV. v. 13. 2. 24. Die Verwundungszulagen (Art. VI G. v. 30. 6. 23) sind durch Art. 21 II V. v. 27. 10. 23 in Wegfall gebracht. Vor Erlaß des früheren Reichsversorgungsges. v. 12. 5. 20 und des Wehrmachtversorgungs-Gesetzes v. 4. 8. 21 waren das Offizierspensionsgesetz v. 31. 5. 06 (auch für Offiziere des Beurlaubtenstandes anwendbar) und das Mannschaftsversorgungsgesetz vom gleichen

Tage in Geltung. Die Rechte der Hinterbliebenen bestimmten sich nach dem Militärhinterbliebenengesetz v. 17. 5. 07 mit der durch Art. 4 des BesG. v. 18. 6. 23 eingeführten Änderung des Witwengeldes. Die Versorgung der vor dem 1. August 1914 aus der Wehrmacht ausgeschiedenen Militärpersonen und ihrer Hinterbliebenen regelt sich nach dem am 30. 6. 23 in neuer Fassung bekanntgemachten Altrentnergesetz.

Außer dem Recht auf Unterhalt hat ein jeder Beamte Anspruch auf die mit dem Amte verbundenen Ehrenstellung. Titel, die über die Amtsbezeichnung hinausgehen, werden nicht mehr verliehen (Art. 109 Abs. 4 RV., vgl. Vfg. des Pr. MdJ. v. 10. 6. 20).

Das Recht auf Betätigung der staatsrechtlichen Stellung ist auch strafrechtlich geschützt. Wer unbefugt ein Wahlrecht ausübt, macht sich nach § 108 StGB. wegen Wahlfälschung strafbar (Gefängnis nicht unter einer Woche). Wird ein Deutscher durch Gewalt oder durch Bedrohung mit einer strafbaren Handlung an Ausübung seines staatsbürgerlichen Wahlrechts oder Stimmrechts verhindert, so wird diese Tat nach § 107 mit Gefängnis nicht unter sechs Monaten oder mit Festungshaft bestraft. Die unbefugte Ausübung eines öffentlichen Amtes oder die Vornahme einer Handlung, die nur kraft eines öffentlichen Amtes vorgenommen werden darf, bildet den Tatbestand des in § 132 behandelten Vergehens. Das Unternehmen, eine Behörde oder einen Beamten durch Gewalt oder Drohung zur Vornahme oder Unterlassung einer Amtshandlung zu nötigen, fällt unter die Strafvorschrift des § 114 (Gefängnis nicht unter drei Monaten, falls nicht mildernde Umstände angenommen werden). Ein besonderer Strafschutz wird den Vollstreckungsbeamten zuteil, denen in der rechtmäßigen Ausübung ihres Amtes durch Gewalt oder Bedrohung mit Gewalt tätlicher Widerstand geleistet wird oder die während dieser Amtsausübung tätlich angegriffen werden (Gefängnis von vierzehn Tagen bis zwei Jahren nach § 113 bei Verneinung mildernder Umstände). Werden die Handlungen der §§ 113, 114 von einer zusammengerotteten Menschenmenge begangen, so tritt Bestrafung wegen Aufruhrs nach § 115 ein (Gefängnis gegen die Verüber dieser Handlungen und die Rädelsführer, selbst bei Annahme mildernder Umstände nicht unter sechs Monaten. Bestraft wird ferner die vorsätzliche Beseitigung staatlicher Vollstreckungsmaßnahmen (Gefangennahme, Beschlagnahme nach §§ 120 bis 122, 137; vgl. auch §§ 134,

136). Das mit Bruch der Verfassung verbundene Unternehmen, die bestehende Regierung zu stürzen, fällt nach § 81 Nr. 2 unter den Tatbestand des Hochverrats, wozu auch nach § 81 Nr. 1 das Unternehmen, den Reichspräsidenten regierungsunfähig zu machen, zu rechnen ist. Durch das G. v. 21. 7. 22 sind ferner mit schwerster Strafe bedroht alle Angriffe gegen die republikanische Regierung. Strafbar ist insbesondere, wer sich mit anderen vereinigt, um Mitglieder einer republikanischen Regierung des Reichs oder eines Landes durch den Tod zu beseitigen (Zuchthaus nach § 1 nicht unter fünf Jahren oder lebenslängliches Zuchthaus und bei Hinzukommen der Tötungsversuchs Todesstrafe oder lebenslängliches Zuchthaus); strafbar ist ferner nach § 7 die Begehung von Gewalttätigkeiten gegen solche Regierungsmitglieder, ihre Verabredung oder auch nur ausdrückliche Billigung, die öffentliche Beschimpfung der republikanischen Staatsform, die auf ihre Untergrabung gerichtete geheime oder staatsfeindliche Verbindung und die Verheimlichung von Waffenvorräten. Unter Strafe gestellt ist endlich das Vorgehen gegen eine gesetzgebende Versammlung, das darauf abzielt, die Versammlung zu sprengen, sie zur Fassung oder Unterlassung von Beschlüssen zu nötigen oder Mitglieder aus ihnen gewaltsam zu entfernen (§ 105, vgl. § 106 und G. v. 8. 5. 20 über Befriedigung der Gebäude des Reichstags und der Landtage). — Der militärische und der diplomatische Landesverrat im Dienste einer fremden Macht wird nach §§ 87 ff. StGB. bestraft. Die Spionage fällt unter das G. v. 3. 6. 14, vgl. auch die V. des Reichspräsidenten v. 3. 3. 23.

§ 37. Verwaltung der Länder und Gemeinden.

Ähnlich wie im Reiche ist die Verwaltung der öffentlichen Angelegenheiten in den einen Teil des Reiches bildenden Ländern, in den Gemeinden und den sonstigen Selbstverwaltungskörperschaften (Kreisen, Provinzen usw.) geordnet. Die Herrschaftsgewalt der Länder kann natürlich bei der überragenden Stellung des Reiches nur eine beschränkte sein. Zur Änderung des Gebiets von Ländern ist ein verfassungsänderndes Reichsgesetz erforderlich (Art. 18 RV.). Ein einfaches Reichsgesetz genügt, wenn zwar eines der beteiligten Länder nicht zustimmt, die Mehrheit der Wahlberechtigten aber die Änderung fordert und ein überwiegendes Reichsinteresse sie erheischt (vgl. Ausführungsgesetz v. 8. 7. 22). Vorbehalten ist den Ländern die Gesetzgebung über Wohlfahrtspflege, desgleichen über den Schutz der öffentlichen Ordnung und Sicherheit, soweit nicht ein Bedürfnis für den Erlaß einheitlicher Vorschriften im Wege der Reichsgesetzgebung vorhanden ist (Art. 9). Vorbehalten ist ferner den dem Ländie Regelung im einzelnen betreffs Kirche und Schule, betreffs der Beamten öffentlicher Körperschaften und betreffs des Bodenrechts einschließlich Wohnwesen und Bestattungswesen, auf welchen Gebieten die Reichsgesetze nur die leitenden Grundsätze aufzustellen haben (Art. 10). Die Reichsgesetzgebung kann selbstverständlich auch nicht in die eigenen Angelegenheiten der Länder eingreifen, wobei jedoch hinsichtlich der Landesabgaben in Art. 11 nach verschiedenen Richtungen Beschränkungen vorgesehen sind. Anderseits ist das Reich verpflichtet, wenn es Abgaben oder sonstige Einnahmen, die bisher den Ländern zustanden, für sich in Anspruch nehmen will, auf die Erhaltung der Lebensfähigkeit der Länder Rücksicht zu nehmen (Art. 8). Die Aufhebung der Freihafeneigenschaft (Art. 82 Abs. 4) kann nur durch verfassungsänderndes Reichsgesetz beschlossen werden. Ausschließlich dem Reiche gebührt die Gesetzgebung und Verwaltung hinsichtlich der Beziehungen zum Auslande einschließlich des Kolonialwesens und Zollwesens, hinsichtlich des Wehrwesens sowie, da das Reich ein einheitliches Handelsgebiet bildet, hinsichtlich des Münzwesens, des Post- und Telegraphenwesens (Art. 6) und nach Art. 81 der Handelsflotte. Im übrigen steht das Gesetzgebungsrecht den Ländern insoweit zu, als es vom Reiche Reiche nicht betätigt ist. Nach dem Grundsatze: "Reichsrecht bricht Landesrecht", kann das Landesrecht immer nur insoweit zur Anwendung kommen, als es mit dem Reichsrecht in Einklang steht. Mit dem Recht der Gesetzgebung ist nach Art. 15 das Recht des Reiches zur Ausübung der Aufsicht verbunden.

Für die Verfassung der Länder ist in Art. 17 bindend vorgeschrieben, daß sie eine freistaatliche sein muß, daß die Volksvertretung — was auch auf die kommunale Vertretung auszudehnen ist — aus allgemeiner, gleicher, unmittelbarer und geheimer Wahl nach den Grundsätzen der Verhältniswahl hervorgehen muß und daß die Landesregierung zu ihrer Amtsführung (vgl. Art. 54) des Vertrauens der Volksvertretung bedarf. Aber noch darüber hinaus, was namentlich die Wahlen zum Landtag, das Wahlrecht, die Wählbarkeit, die Wahldauer, die Rechte des Landtags betrifft, sind in der Pr. Verfassung v. 30. 11. 20 Art. 9 bis 30, in dem Landeswahlgesetz v. 3. 12. 20, der Landeswahlordnung v. 10. 12. 20, fast durchweg die gleichen Bestimmungen getroffen, wie sie in der Reichsverfassung, dem Reichstagswahlgesetz v. 27. 4. 20 und der Reichswahlordnung v. 21. 12. 20 enthalten sind. Abweichend ist, daß die Kreiswahlvorschläge von nur 20 Wählern des Wahlkreises unterzeichnet zu sein brauchen (§ 14 Abs. 3 des LWahlges.). Der Bewerber ist gewählt, wenn 40 000 Stimmen für ihn abgegeben sind (§ 30). Nicht nur Beamte, auch Angestellte und Arbeiter des Staates oder öffentrechtlicher Körperschaften (unbeschadet des durch Art. 137 RV. gewährten Selbstbestimmungsrechts der Religionsgesellschaften) bedürfen zur Ausübung der Tätigkeit als Abgeordneter keines Urlaubs und dürfen eine Schmälerung ihrer Bezüge hierdurch nicht erleiden (Art. 11 Pr. Verf.). Das Wahlprüfungsgericht besteht aus Mitgliedern des Landtags und des Pr. Oberverwaltungsgerichts (Art. 12). Zur Beschlußfähigkeit des Landtags wird nach Art. 21 — abweichend von Art. 32 Abs. 2 RV., welcher die Regelung dieses Punktes der Geschäfsordnung überläßt — erfordert, daß mehr als die Hälfte der Mitglieder anwesend ist. Die Auflösung des Landtags kann durch eigenen Beschluß (bei Zustimmung der Mehrheit sämtlicher Mitglieder) durch Beschluß eines aus dem Ministerpräsidenten dem Präsidenten des Landtags und des Staatsrats bestehenden Ausschusses oder durch Volksentscheid erfolgen, auf den auch von dem Staatsrat angetragen werden kann (Art. 14). Auf einen Volksentscheid zum Erlaß oder zur Abänderung von Gesetzen mit Ausnahme von Finanzgesetzen, kann nach Art. 6 angetragen werden, wenn das Volksbegehren von $^1/_{20}$ der Stimmberechtigten gestellt wird. Handelt es sich um eine Verfassungsänderung oder um Auflösung des Landtags, so muß das Volksbegehren von $^1/_5$ der Stimmberechtigten gestellt sein. Die Regierungsgewalt steht nach Art. 7 dem Staatsministerium zu. Der Ministerpräsident wird von dem Landtage ohne Aussprache gewählt (Art. 45). Er ernennt die übrigen Minister (M. des Innern, Justizminister, Finanzminister, M. für Wissenschaft, Kunst und Volksbildung, M. für Volkswohlfahrt, Arbeitsminister, M. für Landwirtschaft, Domänen und Forsten, M. für Handel und Gewerbe — die Befugnisse des früheren M. für öffentliche Arbeiten sind durch G. v. 15. 8. 21 auf die anderen Minister verteilt) und hat die Richtlinien der Politik zu bestimmen (Art. 45, 46). Der Landtag kann dem Staatsministerium oder einem einzelnen Minister durch ausdrücklichen Beschluß, worüber namentlich abgestimmt werden muß, sein Vertrauen entziehen (Art. 57). Dem Reichsrat ist in der Pr. Verf. (Art. 31 bis 43) der aus Vertretern der Provinzen bestehende Staatsrat nachgebildet. Auf je 500 000 Einwohner einer Provinz und einen Überschuß von mehr als 250 000 Einwohner entfällt ein Vertreter. Jede Provinz soll mindestens drei Vertreter, die Hohenzollernschen Lande sollen einen Vertreter haben. Ihre Wahl (vgl. das Wahlgesetz v. 16. 12. 20) erfolgt durch die Provinziallandtage (Stadtverordnetenversammlung in Berlin, Kommunallandtag der Grenzmark Posen — Westpreußen und der Hohenzollernschen Lande) und behält Gültigkeit bis zur Neuwahl dieser Landtage (Art. 33). Die Zahl der Vertreter für die einzelnen Provinzen ist in der V. v. 28. 2. 21 festgesetzt. Der Staatsrat hat im Unterschied von dem Reichsrat) das Recht, seinen Vorsitzenden selbst zu wählen. Er versammelt sich, abgesehen von der erstmaligen Einberufung durch das Staatsministerium, auf Einladung des Vorsitzenden, der hierzu auf Verlangen von 1/5 der Mitglieder (auch der ämtlichen Vertreter einer Provinz oder des Staatsministeriums) verpflichtet ist (Art. 38). Gegen die vom Landtag beschlossenen Gesetze kann der Staatsrat binnen zwei Wochen Einspruch erheben, der binnen zwei weiteren Wochen zu begründen ist. Im Falle des Einspruchs bleibt der Beschluß des Landtags nur bestehen, wenn er bei nochmaliger Beschlußfassung Zweidrittelmehrheit erlangt (Art. 42). Die Zustimmung des Staatsrats ist erforderlich zur Bewilligung von Ausgaben, die über den vom Staatsministerium vorgeschlagenen oder bewilligten Betrag hinausgehen. Die Mitglieder des Staatrats dürfen wegen ihrer amtlichen Tätigkeit außerhalb der Versammlung nicht zur Verantwortung gezogen werden (Art. 35).

Den Unterbau der staatlichen Verwaltung bilden die Gemeinden, die nicht nur die Verwaltung der eigentlichen Gemeindeangelegenheiten, des Gemeindehaushalts und der verschiedenen Gemeindeeinrichtungen (Krankenanstalt, Armenhaus, Sparkasse, Gemeindewege, Volksschulgebäude, Feuerlöschwesen usw.) führen, sondern auch im Auftrage und unter Aufsicht des Staates mit Verwaltung staatlicher Angelegenheiten (auf dem Gebiete der Polizei, der Rechtspflege, der Abgabenerhebung, der Wahlen usw.) betraut sind. In kommunaler Hinsicht sind die Landgemeinden nach §§ 24 ff. des Pr. Zuständigkeitsges. v. 1. 8. 83 dem Landrat und dem Kreisausschuß, die Stadtgemeinden nach §§ 7 ff. daselbst dem Regierungspräsidenten und Bezirksausschuß untergeordnet.

Das Aufsichtsrecht erstreckt sich im allgemeinen nur darauf, daß die Verwaltung in Übereinstimmung mit den Gesetzen geführt wird, daß namentlich auch die Vermögensverwaltung und Kassenverwaltung nicht zu beanstanden ist. Unterläßt es die Gemeinde, die ihr gesetzlich obliegenden Ausgaben zur Anweisung zu bringen, so kann die Zwangseinstellung in den Voranschlag — vorbehaltlich der Entscheidung im Verwaltungsstreitverfahren — von der Aufsichtsbehörde verfügt werden (§ 141 LandgemO. v. 3. 7. 91, §§ 19, 35 ZustG. v. 1. 8. 83). Zu Gemeindebeschlüssen über Veräußerung von Grundvermögen oder Aufnahme von Anleihen ist die Genehmigung des Kreisausschusses, beziehentlich bei Stadtgemeinden des Bezirksausschusses erforderlich (§§ 114, 115 der LandgemO. für die sieben östlichen Provinzen v. 3. 7. 91, §§ 50 der StädteO. für die sechs östlichen Provinzen mit Ausnahme von Neuvorpommern v. 30. 5. 53, § 16 Abs. 3 ZustG.). Für die Landgemeinden ist die Genehmigungspflicht auch auf Schenkungen und einseitige Verzichte ausgedehnt. Die Wahl zum Gemeindevorsteher oder Schöffen, desgleichen zum Bürgermeister oder besoldeten Magistratsmitglied bedarf — abgesehen von der vom Staatsministerium zu bestätigenden Wahl zum Bürgermeister in Städten von mehr als 10 000 Einwohner — der Bestätigung durch den Landrat oder Regierungspräsidenten, die aber nur unter Zustimmung des Kreisausschusses (§ 84 LGO oder Bez.-Ausschusses § 33 Städte O., § 13 ZustG.) versagt werden kann. Nach § 142 LGO., § 79 Städte O. kann durch V. des Staatsministeriums die Gemeindevertretung aufgelöst werden, in welchem Falle binnen sechs Wochen, bei Stadtgemeinden binnen sechs Monaten, die Neuwahl stattzufinden hat. Eine Änderung der Gemeindegrenze kann von der Gemeinde nur unter Zustimmung des Kreisausschusses oder Bezirksausschusses beschlossen werden (§§ 8, 25 ZustG.). Den Gemeinden steht in gewissem Umfange das Recht der Besteuerung zu. Die den Ländern zur Verfügung stehenden Steuern vom Grundvermögen und vom Gewerbebetriebe können den Gemeinden ganz oder teilweise ürlassbeen werden (§ 8 des Finanzausgleichsges. v. 23. 6. 23, §§ 24 bis 32 des KommunalAbgGes. v. 14. 7. 93, geändert teilweise durch G. v. 8. 8. 23). Nach § 54 des Kommunalabgabenges. in der F. v. 26. 8. 21 ist die Erhebung von Zuschlägen bis 500 v. H. der staatlich veranlagten Realsteuern ohne staatliche Genehmigung zulässig. Die Länder sind nach dem angeführten Finanzausgleichsgesetz in der

F. des Art. V der dritten StNotV. v. 14. 2. 24 auch verpflichtet, an ihrem Anteil an der Einkommensteuer und Körperschaftssteuer — der in § 20 auf 90 v. H. festgesetzt ist, — die Gemeinden zu beteiligen (§ 29), von ihrem Aufkommen an Grunderwerbsteuer den Gemeinden mindestens die Hälfte zu überweisen (§ 34) und von dem Umsatzsteueraufkommen ihnen 15 v. H. abzugeben (§ 39). Mit Genehmigung des Landes sind die Gemeinden befugt, Zuschläge zur Grunderwerbsteuer für ihre Rechnung zu erheben, wodurch jedoch eine Erhöhung der gesamten Steuer über 4 v. H. und. wenn eine solche Steuer als Wertzuwachssteuer erhoben wird, über 2 v. H. nicht herbeigeführt werden darf (§ 36). Von der Gemeinde können auch mit Genehmigung der Landesregierung — die nach § 77 des Kommunalabgabenges. in der Regel von den Ministern des Innern und der Finanzen zu erteilen ist — soweit die Besteuerung ihr freigelassen ist, besondere Gemeindesteuern bis zu einer Höchstgrenze eingeführt werden (§ 8 des Finanzausgleichsges.). Der RFM. kann, wenn er meint, daß die neue Steuerart mit dem Reichsrecht nicht vereinbar ist, hiergegen Einspruch erheben, in welchem Falle hierüber — wie auch in sonstigen Fällen — der Rfinanzhof zu entscheiden hat (§§ 5, 6 dieses Ges.). Die Erhebung einer Vergnügungssteuer nach dem Muster des von dem Reichsrat am 7. 7. 23 bekanntgemachten Entwurfs einer Steuerordnung (die nur in den zugelassenen Punkten geändert werden darf) ist, sofern eine solche Steuer nicht bereits vom Lande erhoben wird, den Gemeinden durch § 13 zur Pflicht gemacht. Nach § 14 ist es ihnen gestattet, Steuern mit Genehmigung des Landes auf den örtlichen Verbrauch von Getränken zu legen (vgl. V. über die Höchstsätze der Gemeindegetränkesteuern v. 24. 11. 23). Von dem Anteil des Pr. Staates an der Einkommensteuer und Körperschaftssteuer des Reiches sollen, wie in dem Pr. Ausführungsges. v. 13. 1. 21 bestimmt ist, 20 v. H. in Abzug gebracht werden, wovon die Hälfte zur teilweisen Deckung der vom Staate übernommenen persönlichen Volksschul- und Polizeilasten dient und die andere Hälfte zu einem Ausgleichsstock für die Landesschulkasse und zum Ausgleich steuerlicher Härten bei einzelnen Gemeinden zu verwenden ist. Den Rest erhalten der Staat und die Gemeinden (Gemeindeverbände) je zur Hälfte. Über das Recht der Gemeinden zur Erhebung von Gebühren s. §§ 4 ff. des Kommunalabgabenges. v. 14. 7. 93.

Das beschließende Organ ist in der Landgemeinde die Gemeindeversammlung, an der sämtliche stimmberechtigte Gemeindemitglieder teilnehmen, oder die Gemeindevertretung, deren Bildung beim Vorhandensein von mehr als 40 Stimmberechtigten in der LGO. § 49 vorgeschrieben ist, in der Stadtgemeinde die Stadtverordnetenversammlung. Die Neuwahl der Gemeindevertretungen der Stadt- und Landgemeinden (mit Ausnahme der Stadt Berlin) sowie der unbesoldeten Gemeindevorsteher und Magistratsmitglieder war bis zum 30. 11. 23 durch Pr. G. v. 9. 4. 23 angeordnet. Hinsichtlich der Wahlberechtigung und der Wählbarkeit gelten im wesentlichen die Grundsätze für die Landtagswahl. Die Wahl ist unmittelbar und geheim und hat dem Verhältniswahlrecht zu entsprechen. Die Gültigkeit der Wahl kann binnen zwei Wochen angefochten werden. In letzter Linie ist hierüber im Wege des Verwaltungsstreitverfahrens zu entscheiden (§ 6). Die Beschränkungen des Wahlrechts in der Weise daß ein bestimmter Teil der Gemeindevertretung aus Grundstücksbesitzern usw. bestehen muß, sind bereits durch G. v. 24. 1. 19 endgültig aufgehoben (über die Zahl der Gemeindevertreter s. § 5). Die Zahl der Stadtverordneten ist in dem G. v. 9. 4. 23 auf elf bestimmt, sie kann durch die Ortssatzung erhöht werden. Zur Beschlußfassung der Gemeindeversammlung bedarf es der Anwesenheit von mehr als $^1/_3$ der Stimmberechtigten, zur Beschlußfassung der Gemeindevertretung und der Stadtverordnetenversammlung der Anwesenheit von mehr als der Hälfte der Mitglieder (§ 106 LGO., § 42 Städte O.). Die Zusammenberufung muß auf Verlangen von $^1/_4$ der Mitglieder erfolgen. Mit der Verwaltung der Gemeindeangelegenheiten ist in den Landgemeinden der Gemeindevorsteher betraut, dem zwei bis sechs aus den Gemeindemitgliedern auf die Dauer von sechs Jahren gewählte Schöffen zur Seite stehen (§§ 74 f. LGO.). Der Gemeindevorsteher hat die Beschlüsse der Gemeindeversammlung vorzubereiten und auszuführen, und zwar die die Benutzung des Gemeindevermögens betreffenden Beschlüsse nach vorheriger Beratung mit den Schöffen (§ 88). In den Stadtgemeinden liegt die laufende Verwaltung in den Händen des Magistrats und des den Geschäftsgang leitenden Bürgermeisters (§§ 56 ff. Städte O.). Der letztere und die besoldeten Mitglieder des Magistrats werden auf zwölf Jahre oder auf Lebenszeit (G. v. 25. 2. 56), die unbesoldeten auf sechs Jahre — alle drei Jahre scheidet die Hälfte aus — von der Stadtverordnetenversammlung gewählt (§ 31). Für einzelne Geschäftszweige sowie zur Erledigung besonderer Aufträge können aus

Mitgliedern des Magistrats oder aus diesen und Stadtverordneten oder stimmberechtigten Bürgern Deputationen und Kommissionen gebildet werden (§ 59). Verpflichtungen der Landgemeinden und Stadtgemeinden können, sofern es sich nicht um ein Geschäft der laufenden Verwaltung handelt, nur durch eine von dem Gemeindevorsteher und einem der Schöffen oder bei den Stadtgemeinden von dem Bürgermeister und einem Magistratsmitgliede unterzeichnete, mit dem Gemeindesiegel versehene Urkunde, in welcher der verpflichtende Gemeindebeschluß angeführt und die etwa erforderliche Genehmigung der Aufsichtsbehörde beigefügt sein muß, übernommen werden (§ 88 unter 7 LGO., § 56 unter 8 Städte O., RG. 82, 7 und 94, 254).

Nicht eingemeindet sind die aus dem früheren Alleineigentum des Gutsherrn hervorgegangenen selbständigen Gutsbezirke. In ihnen hat der Gutsbesitzer, der sich in der Verwaltung durch einen von ihm zu bestellenden Gutsvorsteher vertreten lassen kann, alle Rechte und Pflichten der Gemeinde (§§ 122 ff. LGO.). Über die Mindestgröße der Landgemeinden und der Gutsbezirke ist eine Bestimmung nicht gegeben. Im Falle ihrer Leistungsunfähigkeit können sie durch Beschluß des Staatsministeriums aufgelöst werden. Ihre Grundstücke sind dann — in gleicher Weise wie die noch keinem Gemeinde- oder Gutsbezirk zugehörigen Grundstücke — mit einem Stadtbezirk oder auf Grund eines Beschlusses des Kreisausschusses mit einem Gemeinde- oder Gutsbezirk zu vereinigen (§ 2 LGO.). Landgemeinden und Gutsbezirke können mit anderen Landgemeinden oder Gutsbezirken zur Wahrnehmung einzelner Gemeindezwecke durch Beschluß des Kreisausschusses, von dem auch das zu errichtende Statut zu bestätigen ist, verbunden werden. Ist eine Einigung nicht zu erreichen, so bedarf es, wenn die Bildung des Verbandes durch das öffentliche Interesse gefordert wird, außer dem die Zustimmung ergänzenden Beschlusse des Kreisausschusses der Anordnung des Oberpräsidenten (§§ 128 ff. LGO.). Der Verband wird nach Maßgabe des Statuts durch den Verbandsvorsteher und Verbandsausschuß vertreten. Im öffentlichen Interesse kann auch die vollständige Vereinigung von Landgemeinden und Gutsbezirken mit anderen Gemeinde- oder Gutsbezirken von dem Kreisausschusse, gegen dessen Beschluß ein weitgehendes Beschwerderecht gegeben ist — in letzter Linie entscheidet auf Beschwerde des Oberpräsidenten das Staatsministerium — beschlossen werden (§ 2 Nr. 3 und 4 daselbst).

Aus den Gemeinden setzen sich die Kreise, aus den Kreisen wieder die Provinzen zusammen. Stadtgemeinden mit mindestens 25 000 Einwohnern können aus dem Kreise ausscheiden und für sich einen besonderen Stadtkreis bilden (§ 4 Kreisordnung in der F. v. 19. 3. 81 für die sechs östlichen Provinzen, v. 6. 5. 84 für Hannover usw. Als besondere Kommunalverbände mit eigenartiger Verfassung (vgl. Zweckverbandsges. v. 19. 7. 11) sind eingerichtet auf Grund des G. v. 27. 4. 20 die neue Stadtgemeinde Berlin (das Stadtgebiet ist in Verwaltungsbezirke eingeteilt, für die eine Bezirksversammlung und ein kollegiales Bezirsamt bestehen) und der im Rheinisch-Westfälischen Kohlenbezirke zur Förderung der Siedlungstätigkeit durch G. v. 5. 5. 20 geschaffene Siedlungsverband Ruhrkohlenbezirk. Behufs Verwaltung der Polizei durch den Amtsvorsteher, einem von dem Oberpräsidenten ernannten staatlichen Beamten, unter Mitwirkung des Amtsausschusses ist der Kreis mit Ausschluß der Städte (vgl. jedoch § 49a) in Amtsbezirke eingeteilt (§§ 47 ff. KO. v. 19. 3. 81). In kommunaler Hinsicht unterstehen die Kreise nach § 177 KO. der Aufsicht des Regierungspräsidenten. Zur Veräußerung von Grundvermögen, zur Aufnahme von Anleihen oder Übernahme von Bürgschaften und zu einer neuen dauernden Belastung der Kreisangehörigen ohne gesetzliche Verpflichtung ist nach § 176 Nr. 4, 5, 6 (vgl. auch Nr. 1, 2, 3) die Bestätigung des Bezirkausschusses erforderlich. Aufsichtsbehörde über die Provinzialverbände ist nach § 114 der Provinzialordnung in der F. v. 22. 3. 81 der Oberpräsident. Zur Aufnahme von Anleihen oder Übernahmen von Bürgschaften wird nach § 119 Nr. 3 die Bestätigung des Ministers d. I., zur neuen dauernden Belastung des Provinzialverbandes ohne gesetzliche Verpflichtung nach Nr. 5 das. (vgl. auch Nr. 1, 2, 4) die Bestätigung der Minister des I. und der F. erfordert. Die Auflösung des Kreistags (§ 179 KO.) und des Provinziallandtags (§ 122 ProvO.) kann durch Beschluß des Staatsministeriums angeordnet werden, in welchem Falle binnen bestimmter Frist Neuwahlen vorzunehmen sind. Die Änderung der Kreisgrenzen oder Provinzialgrenzen kann nur durch Gesetz erfolgen (§ 3 KO., § 4 ProvO.). Die Zahl der Mitglieder des Kreistags ist in dem Pr. G. v. 3. 12. 20 auf zwanzig bestimmt, welche Zahl in Kreisen mit mehr als 30 000 Einwohnern sich erhöht (§ 18). Die Zahl der Provinziallandtagsabgeordneten ist in diesem Gesetz (§ 6) in der Weise festgesetzt, daß innerhalb der beiden ersten Millionen

Einwohner auf je 25 000 Einwohner, demnächst auf eine größere Zahl ein Abgeordneter entfällt. Die durch das vorbezeichnete Gesetz angeordneten Neuwahlen erfolgen in allgemeiner, gleicher, unmittelbarer und geheimer Wahl nach den Grundsätzen der Verhältniswahl auf die Dauer von vier Jahren (§§ 1, 9, 11, 14, 20). Wählbar ist jeder Wahlberechtigte, der das 25. Lebensjahr vollendet hat (§§ 5, 17). Für die Kreistags- und Provinziallandtagswahlen gilt die Wahlordnung v. 31. 12. 20 in der F. v. 18. 1. 21. Die Mitglieder des Kreisausschusses — der aus dem Landrat als Vorsitzenden und sechs gewählten Mitgliedern besteht — und der Kreiskommissionen werden von dem Kreistage, die Mitglieder (7 bis 13) und der Vorsitzende des Provinzialausschusses sowie der Mitglieder der Provinzialkommissionen werden von dem Provinziallandtage gewählt, der unter einem von ihm selbst gewählten Vorsitzenden tagt (§§ 131, 133, 167 KO., §§ 32, 42, 46, 47 ProvO.). Der Kreisausschuß ist die beschließende Behörde des Kreises, die Geschäftsleitung führt der Landrat, der auch der Vorsitzende des Kreistags ist. Er wird nach § 12 V. v. 18. 2. 19 vom Staatsministerium ernannt. Der Kreistag kann für dieses Amt geeignete Personen in Vorschlag bringen. In der Provinz ist der Provinzialausschuß die beschließende Behörde, während die Leitung der laufenden Geschäfte der Provinzialverwaltung dem von dem Provinziallandtage zu wählenden Landesdirektor unter Aufsicht des Provinzialausschusses obliegt (§§ 87 ff. ProvO.). Der Landesdirektor ist der Vorgesetzte der Provinzialbeamten; zum Vorsitzenden des Provinzialausschusses kann er nicht gewählt werden (§§ 90, 47 letzter Abs.). Über den Erlaß von Statuten und Reglements sowie über die Verwendung des Kreisvermögens oder Provinzialvermögens hat in den Kreisen der Kreistag, in den Provinzen der Provinziallandtag (§§ 116 KO., 36 bis 41 ProvO.) Beschluß zu fassen. Zur Erfüllung der den Provinzen und Kreisen auferlegten öffentlichen Aufgaben (auf dem Gebiete der Landeskultur, des Landarmenwesens, des Hebammenwesens, der Chausseen und dergleichen) sind diesen Verbänden gemäß dem G. v. 30. 4. 73 durch das Dotationsges. v. 8. 7. 75 und V. v. 12. 9. 77 Renten und Fonds zugewiesen. Über das Besteuerungsrecht der Kreise s. G. v. 23. 4. 06 in der F. des G. v. 26. 8. 21 (vgl. wegen der Provinzen § 25 das.). Ein selbständiges Recht der Besteuerung ist nach Reichsrecht, nach dem vorangeführten Finanzausgleichgesetz — das ein derartiges Recht in begrenztem Umfange nur noch den

Ländern und Gemeinden (Gemeindeverbänden) zuerkennt — den Kreisen und Provinzen nicht gegeben. In Ermangelung anderer Mittel kann daher der Bedarf nur durch Verteilung auf die Gemeinden und Kreise gedeckt werden. Die Kreise sind jedoch nach § 6 G. v. 26. 8. 21 berechtigt, von den Erträgnissen der indirekten Gemeindesteuern einen Anteil in Anspruch zu nehmen und selbständig indirekte Steuern (innerhalb der Befugnisse der Länder) einzuführen. Für die Beamten und Lehrer in den Ländern, Gemeinden und sonstigen öffentlichen Körperschaften ist durch ReichsG. v. 21. 12. 20 (Reichssperrgesetz), ergänzt durch G. v. 22. 3. und 23. 6. 23, Art. 11 V. v. 27. 10. 23, vorgeschrieben, daß ihre Dienstbezüge nicht günstiger geregelt sein dürfen, als es bei gleichzubewertenden Reichsbeamten der Fall ist. Andernfalls kann der RFM. bei der Landesregierung Einspruch erheben, worüber das Reichsverwaltungsgericht und bis zu dessen Errichtung ein Reichsschiedsgericht (§ 7) zu entscheiden hat. Über die Verpflichtung der Gemeinden und Kreise, die Beamtenbesoldung entsprechend der staatlichen Besoldung zu gestalten, s. das Pr. G. v. 8. 7. 20.

Eine gewisse Verwandtschaft mit den Gemeinden haben die öffentlichen Verbände. Sie unterscheiden sich von den sonstigen Vereinigungen dadurch, daß ihre Rechte und Verpflichtungen auf öffentlichem Recht beruhen, daß die Mitgliedschaft kraft Gesetzes oder kraft Beitrittzwanges eintritt, daß Beiträge im Zwangsverfahren beigetrieben werden, daß Streitigkeiten im Aufsichtswege zu entscheiden sind und die Beamten eine den staatlichen Beamten ähnliche Stellung einnehmen (vgl. GewO. v. 26. 7. 00 § 96 über Innungen, §§ 100 bis 100 u über Zwangsinnungen, RVersO. v. 19. 7. 11 §§ 623 ff. über Berufsgenossenschaften, auch §§ 724, 725, G. v. 6. 7. 75 über Schutzwaldungen und Waldgenossenschaften, Pr. Wassergesetz v. 7. 4. 13 §§ 238 ff. über Wassergenossenschaften mit Zulässigkeit des Beitrittzwanges sowie über Zwangsgenossenschaften usw.). Von besonderer Bedeutung sind die zur Vertretung der Interessen der Landwirtschaft auf Grund des G. v. 30. 6. 94/16. 12. 20 (vgl. auch V. v. 6. 3. 22 und 15. 3. 24) errichteten Landwirtschaftskammern. Die Wahl erfolgt durch die Eigentümer, Nutznießer oder Pächter landwirtschaftlich oder forstwirtschaftlich genutzter Grundstücke. Das Verfahren ist durch die Wahlordnung v. 6. 1. 21 geregelt. Zur Vertretung der Gesamtinteressen von Handel und Gewerbe sind — abgesehen von den das Handwerk vertretenden Handwerkskammern,

§§ 103 bis 103q GewO. — die durch Wahlen der in das Handelsregister eingetragenen Kaufleute mit Genehmigung des Finanzministers gebildeten Handelskammern berufen (Pr. G. v. 24. 2. 70 in der F. des G. v. 17. 8. 97). Durch RV. endlich v. 8. 2. 19 ist die Errichtung einer Arbeitskammer für den Kohlenbergbau des Ruhrgebiets und von Oberschlesien vorgesehen. Die beiden Arbeitskammern sind infolge Erl. des Pr. M. für Handel und Gewerbe v. 18. 3. 19 ins Leben getreten.

§ 38. Rechtsverwaltung.

Die gesetzgebende Gewalt wird im Reiche ausgeübt von dem Reichstage unter Mitwirkung des Reichsrats oder durch Volksentscheid unmittelbar vom Volke (s. § 36). Zu einer Verfassungsänderung bedarf es der Zustimmung einer Mehrheit von $^2/_3$ und zwar im Reichstage einer Zustimmung von $^2/_3$ der Anwesenden, die zugleich $^2/_3$ der gesetzlichen Mitgliederzahl ausmachen muß (ebenso Art. 30 Pr. Verf.). Zu einer auf Volksbegehren erfolgenden Verfassungsänderung ist die Zustimmung der Mehrheit der Stimmberechtigten erforderlich (Art. 76 RV.). Nach Art. 55 Pr. Verf. können in Preußen, wenn der Landtag nicht versammelt ist, in Fällen dringender Not zur Aufrechterhaltung der öffentlichen Sicherheit oder zur Beseitigung eines ungewöhnlichen Notstandes von dem Staatsministerium und dem ständigen Ausschusse des Landtags Verordnungen, die der Verfassung nicht zuwiderlaufen dürfen, mit Gesetzeskraft vorbehaltlich der demnächstigen Genehmigung des Landtags erlassen werden. Die Ausführungsvorschriften, welche die Tätigkeit der mit Ausführung des Gesetzes betrauten Behörden regeln, werden, soweit das Gesetz nicht ein anderes bestimmt, nach Art. 77 RV. von der Reichsregierung — in Preußen nach Art. 51 Pr. Verf. von dem Staatsministerium — erlassen. Sie bedürfen, wenn die Ausführung des Reichsgesetzes in den Händen der Landesbehörde liegt, der Zustimmung des Reichsrats (Art. 77 RV., § 15 des Jugendwohlfahrtsges. v. 9. 7. 22). In Preußen (Art. 40 Abs. 4 Pr. Verf.) ist vor Erlaß von Ausführungsvorschriften der Staatsrat oder dessen zuständiger Ausschuß zu hören, Die Verordnungen, welche den Bau, den Betrieb und den Verkehr der Eisenbahnen regeln, werden nach Art. 91 RV. mit Zustimmung des Reichsrats von der Reichsregierung erlassen. Zu diesen Verordnungen ist jedoch, soweit es sich nicht um grundlegende Bestimmungen handelt, auf Grund des Art. 91 durch V. v. 29. 10. 20 der RVerkehrsminister ermächtigt (vgl. hierzu die V. v. 12. 2. 24). Auch die Ausübung der gesetzgebenden Gewalt ist in Nebenpunkten vom Reiche den Fachministern übertragen worden, so die Festsetzung der Post-, Postscheck- und Telegraphengebühren durch G. v. 17. 8. 23 dem RPostminister (unter Aufhebung der in § 7 G. v. 19. 12. 21 getroffenen Bestimmung). Zu gewissen Änderungen der RVersicherungsordnung und des Versicherungsges. für Angestellte ist durch G. v. 13. 7. 23 Art. IV der RArbeitsminister ermächtigt, während im übrigen die Änderung der Geldsätze in der Sozialversicherung nach dem G. v. 9. 6. 22 der Reichsregierung unter Zustimmung des Reichsrats und des Reichstagsausschusses für soziale Angelegenheiten überlassen ist (vgl. auch Art. VII des Gerichtskostenges. v. 21. 12. 22 und Art. VI G. v. 27. 3. 23 über Änderung der Höhe der Kostensätze, ferner wegen der Ermächtigung zur vorübergehenden (bis 30. 6. 24) Erhöhung oder Herabsetzung der Eingangszölle G. v. 19. 6. 23). Die Wirksamkeit der Reichsgesetze ist durch die Verkündung im RGesetzblatt bedingt. Sie treten in Ermangelung einer anderen Bestimmung mit Ablauf des 14. Tages seit Ausgabe des Gesetzblattes in Kraft (Art. 71 RV., ebenso Art. 61 Pr. V.). Rechtsverordnungen des Reiches müssen im RGBl., im RMinisterialblatt (Zentralblatt für das Reich) oder im deutschen RAnzeiger verkündet werden. Für Besoldungsangelegenheiten genügt die Verkündung im RBesoldungsblatt, für Post- und Telegraphenwesen die Verkündung in einem Amtsblatt des RPostministeriums (G. v. 13. 10. 23, Bek. v. 1. 12. 23). Zur Ergänzung der Gemeindeverfassung können durch O r t s g e s e t z bei Landgemeinden mit Genehmigung des Kreisausschusses (§ 6 der LandgemeindeO. v. 3. 7. 91), bei Stadtgemeinden nach § 11 der StädteO. v. 30. 5. 53 mit Genehmigung des Bezirksausschusses nähere Bestimmungen getroffen werden. Desgleichen ist eine nähere Regelung durch Kreisgesetz oder Provinzialgesetz (§§ 20, 176 Nr. 1 KO., §§ 8, 119 Nr. 1 ProvO.) mit Genehmigung des Staatsministeriums zulässig. Nach § 142 GewO. kann durch Ortsgesetz (oder Gesetz eines weiteren Kommunalverbandes) über die den Gemeinden zugewiesenen gewerblichen Angelegenheiten Beschluß gefaßt werden, so über Errichtung eines Gewerbegerichts oder kaufmännischen Gerichts gemäß § 1 G. v. 27. 9. 90/30. 6. 91 und § 1 G. v. 6. 7. 04, Einführung des Schlachthauszwangs gemäß § 1 Pr. G. v. 18. 3. 68, Verpflichtung zum Besuch der Fortbildungsschule nach § 120 GewO. Ortspolizeiliche Verordnungen, die nur auf die in § 6 G. v. 11. 3. 50 bezeichneten Angelegenheiten sich erstrecken dürfen, werden von der Ortspolizeibehörde erlassen. Sie bedürfen in den Städten, sofern nicht sicherheitspolizeiliche Vorschriften in Frage stehen, der Zustimmung des Magistrats, die in dringlichen Fällen vorbehalten werden kann, außerdem — bei einer Strafandrohung über 9 M. (vgl. jedoch jetzt Art. III V. v. 6. 2. 24) — der Genehmigung des Regierungspräsidenten. In den Amtsbezirken ist zum Erlaß ortspolizeilicher Verordnungen auf § 62 KrO. der Amtsvorsteher mit Zustimmung des Amtsausschusses befugt. Die Zustimmung des Amtsausschusses kann von dem Kreisausschuß, die des Magistrats von dem Bezirksausschuß (§ 149 des allgem. Landesverwaltungsges. v. 30. 7. 83) ergänzt werden. Polizeiverordnungen können außerdem von dem Landrat mit Zustimmung des Kreisausschusses, von dem Regierungspräsidenten mit Zustimmung des Bezirksausschusses und von dem Oberpräsidenten mit Zustimmung des Provinzialrats erlassen werden (§§ 137, 139, 142 Allgem. Landesverwaltungsges.). Der Minister des J. (bei stromschiffahrts- oder hafenpolizeilichen Vorschriften der M. für Handel und Gewerbe) ist, sofern nicht durch Gesetz eine abweichende Bestimmung getroffen ist, befugt, eine jede polizeiliche Vorschrift außer Kraft zu setzen. Die gleiche Befugnis steht hinsichtlich der orts- und kreispolizeilichen Vorschriften dem Regierungspräsidenten zu, der diese Befugnis jedoch, abgesehen von dringlichen Fällen, nur mit Zustimmung des Bezirkausschusses ausüben darf (§ 145 das.). Zum Erlaß polizeilicher Vorschriften sind auch, soweit die Gesetze hierauf verweisen, die Zentralbehörden mit dem Recht der Strafandrohung gemäß § 136) befugt. Der Erlaß eisenbahnpolizeilicher Vorschriften gehört, was die Übertretung der Vorschriften des Eisenbahnpolizeireglements betrifft, zur Zuständigkeit des RVerkehrsministers (das.). Polizeiliche Verordnungen der in § 367 Nr. 5 StGB. gedachten Art (über Giftwaren, Sprengstoffe) dürfen auch von dem zuständigen Minister ausgehen (das.). Der Erlaß wasserpolizeilicher Vorschriften steht nach §§ 348 bis 350 des Pr. Wasserges. v. 7. 4. 13 außer der Wasserpolizeibehörde dem Landrat, dem Regierungspräsidenten, Oberpräsidenten und den zuständigen Ministern (§ 350) zu. Für strom-, schiffahrts- oder hafenpolizeiliche Vorschriften ist nach §§ 138, 136 Allg. Landesverwaltungsges. der Regierungspräsident, Oberpräsident, (soweit nicht eine besondere Behörde beauftragt ist) und der Minister für Handel und Gewerbe zuständig. Bergpolizeiliche Vorschriften werden von dem Oberbergamt (§ 197 des Allg. BG. v. 24. 6. 65) erlassen.

Die Handhabung der Polizeigewalt (Erlaß und zwangsweise Durchführung polizeilicher Verfügungen — über die gesetzlichen Zwangsmittel s. §§ 132 ff. des Allgem. Landesverwaltungsges. und § 2 Pr. G. v. 28. 3. 22, durch den der Geldbetrag auf das Zehnfache erhöht ist, — liegt in den Händen der Polizeibehörde. Die Befugnisse einer solchen haben ausnahmslos die allgemeinen Verwaltungsbehörden (Minister des Innern, Oberpräsident, Regierungspräsident, Landrat, Bürgermeister oder der nach § 62 Städte O. v. 30. 5. 53 an seiner Stelle mit Verwaltung der Polizei beauftragte Staatsbeamte sowie der Amtsvorsteher, der wiederum die Hilfe des Gemeinde- oder Gutsvorstehers nach § 65 KrO. v. 19. 3. 81 in Anspruch nehmen kann). Der Gemeindevorsteher hat nach §§ 90, 91 Landgemeinde O. v. 3. 7. 91 die Pflicht, wenn die Erhaltung der öffentlichen Ruhe, Ordnung und Sicherheit ein sofortiges polizeiliches Einschreiten notwendig macht, das hierzu Erforderliche vorläufig anzuordnen und zur Ausführung zu bringen. Er kann zu diesem Zwecke zur vorläufigen Festnahme oder Verwahrung einer Person (Schutzhaftges. v. 4. 12. 16) schreiten. Die Befugnisse der Polizeibeamten auf strafrechtlichem Gebiete sind in den §§ 98, 99, 105 ff., 127 StPO. bestimmt. Über die Schutzpolizei und ihren Versorgungsanspruch, der den Anspruch der Wehrmachtangehörigen nicht übersteigen darf, verhält sich das RG. v. 17. 7. 22. In Preußen besteht das Schutzpolizeibeamtengesetz v. 16. 8. 22. Für die preußische Landjägerei gilt die Dienstvorschrift v. 20. 7. 06 in der F. v. 12. 3. 19 mit Zusätzen v. 25. 5. 19 und 12. 8. 21. Über die Stellung des Gewerbeaufsichtsbeamten (Gewerberats) s. § 139b GewO., über die Aufsichtsbefugnisse der Ortspolizeibehörden, Oberfischmeister usw. in Fischereisachen s. Ausführungsanw. v. 16. 3. 18. Mit polizeilichen Befugnissen ausgestattet sind regelmäßig auch die sonstigen Verwaltungsbehörden, die in die Lage kommen, einen behördlichen Zwang ausüben zu müssen, so die in den §§ 74, 45 der Eisenbahn-Bau- und Betriebsordnung v. 4. 11. 04 aufgeführten Eisenbahnbeamten, auch die Eisenbahnbehörde im Verhältnis zu den Privatbahnen, indem nach dem G. v. 3. 1. 20 der RVerkehrsminister über die nicht vom Reiche verwalteten Eisenbahnen des allgemeinen Verkehrs die Aufsicht führt, die Postbehörden (§§ 25, 34 ff. G. v. 28. 10

71), die Bergbehörden nach §§ 187 ff., 198—203 des Allg. Berggef. v. 24. 6. 65 (vgl. auch über Sitzungspolizei §§ 176 ff. GVG.). Wasserpolizeibehörden (die auch zum Erlaß von Wasserpolizeiverordnungen befugt sind), sind nach §§ 342 ff. des Pr. Wassergef. v. 7. 4. 13 — unbeschadet der in gewissen Grenzen zulässigen Änderung der Zuständigkeit — für Wasserläufe erster Ordnung nebst Hafenanlagen der Regierungspräsident, für Wasserläufe zweiter Ordnung der Landrat, in Stadtkreisen die Ortspolizeibehörde, für Wasserläufe dritter Ordnung die Ortspolizeibehörde (vgl. §§ 21, 25). Für die polizeiliche Entscheidung in der Beschwerdeinstanz ist in einzelnen Fällen das aus dem Präsidenten, aus ständigen Mitgliedern und Laienmitgliedern zusammengesetzte Landeswasseramt zuständig (§§ 370 ff., 99 Abs. 2, 192 Abs. 3, V. v. 18. 3. 14).

Über die nach öffentlichem Rechte begründeten Rechte und Pflichten haben im Streitverfahren nach näherer Vorschrift des Pr. Zuständigkeitsgef. v. 1. 8. 83 die Verwaltungsgerichte, der Kreisausschuß (Stadtausschuß), der Bezirksausschuß und das Oberverwaltungsgericht zu entscheiden. Der Bezirksausschuß besteht aus dem Regierungspräsidenten als Vorsitzenden und aus sechs Mitgliedern, und zwar aus zwei vom Staatsministerium auf Lebenszeit bestellten Beamten, von denen der eine die Befähigung zum Richteramt, der andere zum höheren Verwaltungsdienst besitzen muß und der eine von ihnen mit dem Titel Verwaltungsgerichtsdirektor der Vertreter des Regierungspräsidenten im Vorsitz ist, und aus vier vom Provinzialausschuß gewählten Mitgliedern; er ist in der Besetzung mit 5 Mitgliedern (bei Streitsachen unter Armenverbänden mit 3 Mitgliedern), worunter mindestens zwei ernannte Mitglieder und ein gewähltes Mitglied sich befindnen müssen, beschlußfähig (§§ 28 ff. des Allg. Landesverwaltungsgef., Art. 1 G. v. 13. 5. 18). Das in mehrere Senate geteilte Oberverwaltungsgericht entscheidet in der Besetzung mit mindestens 5 Mitgliedern (die Zahl muß jedenfalls eine ungerade sein) über Berufungen gegen erstinstanzliche Urteile des Bezirksausschusses und Revisionen gegen zweitinstanzlichen Urteile dieses Gerichts (G. v. 2. 8. 80). Der Entscheidung der Verwaltungsgerichte unterstehen hauptsächlich Streitigkeiten über Rechte und Pflichten der öffentlichen Verbände, auch der Land- und Stadtgemeinden (vgl. wegen Zwangseinstellung in den Haushaltsplan § 180 KrO., § 121 ProvO. und wegen Beanstandung von Beschlüssen des Kreises oder der Provinz § 178 KrO., § 118 ProvO.), ferner Streitigkeiten über Beschränkungen des Grundeigentums und der Gewerbefreiheit. Wird Grundeigentum enteignet, so hat über das Recht zur Enteignung der Bezirksausschuß zu befinden, während die Entscheidung über die Entschädigung den Gerichten verbleibt (Pr. Enteignungsges. v. 11. 6. 74). Der Oberpräsident kann die Beschlüsse des Provinzialrats, der Regierungspräsident die Beschlüsse des Bezirksausschusses und der Landrat die des Kreisausschusses als rechtsverletzend durch Klage bei dem Oberverwaltungsgericht anfechten (§ 126 des Allg. LVerwG.). Zur Entscheidung über die Gültigkeit der Reichstagswahlen ist nach Art. 31 RV. ein aus Mitgliedern des Reichstags und des künftigen Reichsverwaltungsgerichts zusammengesetztes Wahlprüfungsgericht berufen (vgl. die Übergangsbestimmung des Art. 106 und die entsprechende Vorschrift des Art. 12 der Pr. V., ähnliche Vorschriften über Zuständigkeit sind gegeben in § 113 KrO., §§ 23 u. 24 ProvO.

In bürgerlichen Rechtsstreitigkeiten und in Strafsachen entscheiden die Gerichte (über Gerichtskosten s. V. v. 30. 10. und 13. 12. 23). Zuständig sind für Vermögensstreitigkeiten im Werte von nicht mehr als 500 Goldmark und für gewisse der Beschleunigung bedürftige, einfachere Sachen (Räumungsklage in Mietsachen, Arbeitsstreitigkeiten, Verkehrsstreitigkeiten, Unterhaltsstreitigkeiten usw. die Amtsgerichte (§ 23 GVG. in der F. v. 22. 3. 24, § 5 G. v. 18. 8. 23 über Altenteilsverträge), sonst die Landgerichte in den aus drei Richtern bestehenden Zivilkammern (§§ 71, 75 GVG.). Im Berufungsverfahren, in welchem neue Anführungen zulässig sind, neue Ansprüche jedoch ohne Einwilligung des Gegners nicht erhoben werden dürfen (§ 529 ZPO.), haben bei Anfechtung amtsgerichtlicher Urteile die Zivilkammern des Landgerichts und bei Anfechtung landgerichtlicher Urteile die mit fünf, jetzt drei Richtern besetzten Zivilsenate der Oberlandesgerichte (§ 124 GVG.) zu befinden. Ohne Rücksicht auf den Wert des Streitgegenstandes sind die Landgerichte ausschließlich zuständig für die in § 71 GVG. bezeichneten Ansprüche gegen den Reichsfiskus und gegen Reichsbeamte. Die auf Prüfung der Rechtsfrage beschränkte Revision gegen Urteile der Oberlandesgerichte — die bei vermögensrechtlichen Streitigkeiten den als Beschwerdesumme vom RJM. festgesetzten Betrag erreichen muß (§ 546 ZPO.) — geht an die mit fünf Richtern besetzten Zivilsenate des Reichsgerichts. Nach der V. v. 15. 1. 24 ist in Ehesachen die Revision nur zuzulassen, wenn das OLG. von einer Entscheidung des Reichsgerichts oder, wenn solche noch nicht ergangen ist, von der eines andern OLG. abweichen will oder von der Zulassung die Klärung einer Rechtsfrage von grundsätzlicher Bedeutung zu erwarten ist. In Strafsachen sind (nach der Bek. v. 22. 3. 24) die bei den Amtsgerichten aus einem Richter und zwei Schöffen und auf Antrag der Staatsanwaltschaft aus einem zweiten Amtsrichter gebildeten kleinen Schöffengerichte zuständig, zum Teil entscheidet der Amtsrichter allein, und zwar bei Übertretungen, kleineren Vergehen und einzelnen Verbrechen (schwerer Diebstahl, Rückfallsverbrechen). Auch bei den Landgerichten sind Schöffengerichte gebildet, die als kleine Strafkammer aus dem Vorsitzenden und zwei Schöffen, als große Strafkammer aus drei Richtern und zwei Schöffen zusammengesetzt sind. Diese Strafkammern sind jedoch nur als Berufungsgerichte tätig. Gegen das Urteil des Amtsrichters geht die Berufung an die kleine Strafkammer, gegen das Urteil des Schöffengerichts an die große Strafkammer (§§ 24 ff., 73 ff. des GVG. in der F. v. 22. 3. 24). Die Einrichtung des Schwurgerichtes ist bestehen geblieben unter Mitwirkung von sechs Geschworenen, die aus einer Spruchliste ausgelost werden und die in der Hauptverhandlung das Richteramt in gleichem Umfang wie die Schöffen ausüben (§§ 79 ff.). Die Zuständigkeit der Schwurgerichte erstreckt sich auf größere Verbrechen, die nicht zur Zuständigkeit der Amtsgerichte (§ 6) oder des Reichsgerichts gehören. Dem Reichsgericht sind die Strafsachen wegen Hochverrat, Landesverrat und wegen Spionage vorbehalten, soweit nicht die Überweisung an das Oberlandesgericht erfolgt (§ 134 GVG.). Für die in der V. v. 17. 12. 23 aufgeführten Straftaten war die Zuständigkeit der Strafkammer, deren örtliche Zuständigkeit von der Landesjustizverwaltung geändert werden konnte, festgesetzt, was jetzt keine Geltung mehr hat. Gegen das Berufungsurteil der Strafkammern ist Revision an das Oberlandesgericht gemäß § 121 GVG., sonst Revision an das Reichsgericht gegeben. Besondere Bestimmungen bestanden für die nach der V. v. 13. 7. 23 bei den Landgerichten zur schleunigen Aburteilung wucherartiger Straftaten einzusetzenden, aus drei Richtern und zwei Schöffen bestehenden Wuchergerichte. Diese Gerichte sind jetzt durch V. v. 20. 3. 24 aufgehoben. Gegen die Entscheidung fand kein Rechtsmittel statt (§ 20). Die Straftaten von Jugendlichen (Personen unter 18 Jahren) werden nach dem G. v. 16. 2. 23 von den kleinen Schöffengerichten (wobei die Geschäfte des Jugendrichters und Vormundschaftsrichters zu vereinigen sind) als Jugendgerichte abgeurteilt, die zugleich über erzieherische Maßnahmen zu befinden haben (§§ 5 bis 8).

Für Streitigkeiten aus dem Arbeitsverhältnis zwischen Gewerbetreibenden und ihrem Personal (der Verdienst darf den in der V. v. 30. 8. 23 bestimmten Betrag nicht übersteigen) können nach dem G. v. 27. 7. 90 in der F. v. 29. 9. 01 Gewerbegerichte eingerichtet werden, ebenso für Streitigkeiten zwischen Kaufleuten und ihren Angestellten mit nicht höherem Verdienst (V. v. 30. 8. 23) gemäß dem G. v. 6. 7. 04 Kaufmannsgerichte, was in Gemeinden mit mehr als 20000 Einwohnern geschehen muß (§ 2 der vorangeführten beiden Gesetze). Ist ein solches Gericht nicht vorhanden, so kann nach §§ 76 ff. GewGerG. und § 19 KaufmGewG. die vorläufige Entscheidung des Gemeindevorstehers angerufen werden. Die Errichtung dieser Gerichte erfolgt gemäß § 142 GewO. auf Grund eines Ortsstatuts, sie kann nötigenfalls von der Landeszentralbehörde auf Antrag angeordnet werden. Die Vorsitzenden der beiden Gerichte müssen die Fähigkeit zum Richteramt haben. Die Beisitzer (mindestens 4) sind zur Hälfte aus den Arbeitgebern, zur Hälfte aus den Arbeitnehmern zu wählen. Rechtsanwälte und Rechtskonsulenten werden als Parteivertreter nach dem G. v. 14. 1. 22 nicht zugelassen. Berufung an das Landgericht ist nur zulässig, wenn der Streitwert den mit der Lebenshaltungsziffer vervielfachten Grundbetrag von 300 M. erreicht. Zu den Arbeitsgerichten gehören auch die nach der V. über das Schlichtungswesen v. 30. 10. 23 (AusfV. v. 10. 12. 23 u. 29. 12. 23) aus einem oder mehreren unparteiischen Vorsitzenden und aus Beisitzern der Arbeitgeber und Arbeitnehmer in gleicher Zahl zusammengesetzten Schlichtungsausschüsse. Die Schlichtungsausschüsse und die für größere Wirtschaftsbetriebe oder auch für den einzelnen Fall bestellten Schlichter haben, soweit eine vereinbarte Schlichtungsstelle nicht besteht, auf Antrag oder von Amts wegen auf den Abschluß von Gesamtvereinbarungen (Tarifverträgen, Betriebsvereinbarungen) hinzuwirken. Der von der Schlichtungskammer (§ 5) erlassene Schiedsspruch kann, auch wenn er nicht von beiden Parteien angenommen ist, von dem Schlichter, oder wenn dieser bei dem Schiedsspruch mitgewirkt hat, von dem RAM. für verbindlich erklärt werden. Mit anderen als Gesamtstreitigkeiten, mit Streitigkeiten über Entlassung eines Arbeitnehmers aus § 84 G. v. 4. 2. 20, Erlöschen der Mitgliedschaft eines Betriebsratsmitgliedes, Durchführung der vorl. Landarbeitsordnung v. 24. 1. 19 usw. (Art. 11 V. v. 30. 10. 23) sind die Gewerbegerichte und, falls als Arbeitnehmer lediglich Handlungsgehilfen oder Handlungslehrlinge beteiligt sind, die Kaufmannsgerichte befaßt.

Über die Ansprüche des Versicherten aus der Reichsversicherung haben der Spruchausschuß des Versicherungsamts (§§ 56, 1636 ff. RVersO.), die Spruchkammer des Oberversicherungsamts (§§ 77, 1675 ff.) und das Reichsversicherungsamt zu entscheiden. Über Rechtsstreitigkeiten aus dem zur Zuständigkeit der Landeskulturbehörden gehörenden Umlegungs- und Auseinandersetzungsverfahren hat nach dem G. v. 3. 6. 19 (§§ 21, 1. Abs. 5) zunächst der Vorsteher des Kulturamts zu befinden. Gegen diesen Beschluß geht innerhalb zwei Wochen dei Beschwerde an die bei dem Landeskulturamt eingerichtete Spruchkammer (bestehend aus dem Vorsitzenden und vier gewählten Beisitzern) und hiergegen binnen gleichfalls zwei Wochen die weitere Beschwerde an das Oberlandeskulturamt (§ 25, vgl. die UmlegungsO. v. 21. 9. 20). Die Entscheidung über Erteilung eines Patents gebührt nach dem G. v. 7. 4. 91/7. 12. 23. dem Patentamt. Gegen die von ihm auf Klage wegen Nichtigkeit oder Zurücknahme des Patents getroffene Entscheidung kann Berufung bei dem Reichsgericht eingelegt werden.

In einzelnen Fällen, in denen hauptsächlich auf die Billigkeit Rücksicht zu nehmen ist, sind mit der Entscheidung besondere Behörden betraut. So ist die Festsetzung des den veränderten wirtschaftlichen Verhältnissen entsprechenden Pachtzinses und sonstiger Vertragsbedingungen für landwirtschaftliche Grundstücke (auch Jagd und Fischerei) durch G. v. 29. 6. 22/13. 2. 24, Pr. G. v. 27. 9. 22, Pr. V. v. 23. 11. 22 dem Pachteinigungsamt übertragen, das aus dem Amtsrichter und vier landwirtschaftlichen Sachverständigen besteht. In Mietstreitigkeiten (vgl. § 20) ist die Entscheidung in weitem Umfange dem Mieteinigungsamt zugewiesen. Über schiedsgerichtliche Entscheidung wegen angemessener Erhöhung der Preise für Lieferung von elektrischer Arbeit, Gas und Leitungswasser s. V. v. 16. 6. 22, 28. 7. u. 29. 9. 23. Die Entscheidung über gewisse Entschädigungsansprüche an das Reich (s. namentlich G. v. 31. 8. 19, 24. 4. 20, 28. 7. 21, § 13 des Schutzhaftges. v. 4. 12. 16) ist dem Reichswirtschaftsgericht übertragen. Vgl. auch V. v. 24. 10. 23, wonach bei Ansprüchen gegen das Reich aus der Kriegsverwaltung der RFM. zur Regelung des Verfahrens ermächtigt ist.

Die Rechtsgültigkeit dieser V. ist durch Plenarentscheidung des RG. v. 22. 2. 24 (DJZ. S. 289) anerkannt.

Über öffentlich-rechtliche Streitigkeiten zwischen dem Reiche und einem Lande oder zwischen verschiedenen Ländern sowie in Ermangelung eines landesrechtlichen Gerichts über Verfassungsstreitigkeiten hat, soweit nicht ein anderer Gerichtshof des Reichs zuständig ist, nach Art. 19, 15 Abs. 3 RV. der nach dem G. v. 9 7. 21 bei dem künftigen Reichsverwaltungsgericht zu bildende Staatsgerichtshof zu befinden, zu dessen Zuständigkeit nach Art. 18 letzter Abs. auch die Entscheidung über die Vermögensauseinandersetzung bei Änderung des Gebiets eines Landes gehört (die Übergangsbestimmung s. in Art. 172). Die Zusammensetzung des Staatsgerichtshofs ist in den §§ 18, 19 G. v. 9. 7. 21 bestimmt. Anders zusammengesetzt ist der zur Entscheidung über die Anklage aus Art. 59 RV. (schuldhafte Verletzung der RVerf. oder eines RG.) gegen RPräsident, RKanzler, RMinister berufene, bei dem Reichsgericht aus dem Präsidenten dieses Gerichts und 14 Beisitzern nach dem G. v. 9. 7. 21 zu bildende Staatsgerichtshof (dessen Zuständigkeit nach § 15 durch Landesgesetz auf die Landesregierung ausgedehnt werden kann) und der durch G. v. 21. 7. 22 bei dem Reichsgericht errichtete Staatsgerichtshof zum Schutze der Republik, der in der Besetzung von neun Mitgliedern (darunter drei Mitglieder des Reichsgerichts) die in §§ 1 bis 8 bezeichneten Straftaten (auch Beschimpfung der republikanischen Staatsform), desgleichen Hochverrat, Tötung oder Tötungsversuch bezüglich der gegenwärtigen oder früheren Mitglieder einer republikanischen Regierung — wegen der Landesregierung s. § 13 Abs. 1 a. E. — abzuurteilen hat. Das G. ist nach § 27 vorläufig auf fünf Jahre erlassen. Bei einer Meinungsverschiedenheit darüber, ob eine landesrechtliche Vorschrift mit dem Reichsrecht vereinbar ist, kann gemäß Art. 13 Abs. 2 RV. und G. v. 8. 4. 20 die Entscheidung des Reichsgerichts von der zuständigen Reichs- oder Landeszentralbehörde angerufen werden. Erwähnenswert ist noch, daß die früher zulässige Konfliktserhebung bei gerichtlicher Verfolgung von Beamten oder Soldaten wegen amtlicher Handlungen durch G. v. 26. 11. 20 beseitigt ist.

Zu der gerichtlichen Tätigkeit gehört auch die Untersuchungs- und Beurkundungstätigkeit. Für die öffentliche Beurkundung sind außer den Amtsgerichten auch die Notare zuständig (§§ 167 ff. FGG. v. 17. 5. 98, Art. 31 ff., 77 ff. Pr. G. v. 21. 9. 99). Die Begutachtung von Rechtsfragen und die Raterteilung in Rechtsangelegenheiten ist im allgemeinen nicht Sache der Gerichte. Den Parteien stehen in dieser Beziehung die Anwälte zur Verfügung (vgl. Rechtsanwaltsordnung v. 1. 7. 78, 22. 5. 10 u. 9. 7. 23).

Die Entscheidung über die Verpflichtung zu Abgaben steht den Finanzbehörden, den Finanzämtern nebst deren Hilfsstellen (Steueramt, Zollamt, Hauptsteueramt, Hauptzollamt) und den Landesfinanzämtern zu, die unter Leitung des Finanzministers mit der Verwaltung des Abgabenwesens, insbesondere der Einziehung der Steuern und Zölle (gemäß der Reichsabgabenordnung v. 13. 12. 19 und dem Vereinszollgesetz v. 1. 7. 69) betraut sind. Zur Mitwirkung bei Veranlagung der Steuern sind bei den Finanzämtern Ausschüsse gebildet, an denen von den Selbstverwaltungskörpern ehrenamtlich gewählte Mitglieder teilnehmen (§§ 25, 26 RAbgO.). Vor Veranlagung der Einkommen-, Vermögen- und Umsatzsteuer soll die Gemeindebehörde gehört werden (V. v. 14. 2. 24). Gegen die Entscheidung des Finanzamts ist Einspruch zulässig. Die auf den Einspruch ergehende Entscheidung kann durch Berufung an das Finanzgericht, und die Berufungsentscheidung durch Rechtsbeschwerde an den Reichsfinanzhof angefochten werden (§ 218). Dies ändert sich, wenn es sich um Verbrauchsabgaben oder Zölle handelt, insofern, als die Anfechtung der Entscheidung des Finanzamts (oder seiner Hilfsstelle) an das Landesfinanzamt geht (§ 219). Die Finanzgerichte sind den Landesfinanzämtern angegliedert. Ihre Kammern entscheiden in der Besetzung von fünf Mitgliedern, darunter drei gewählten Mitgliedern (§ 14). Der Reichsfinanzhof ist die oberste Spruchbehörde in Steuersachen. Der Senat muß mit fünf Mitgliedern, in Beschlußsachen mit drei Mitgliedern besetzt sein, mindestens die Hälfte der Mitglieder muß die Befähigung zum Richteramt haben (§§ 32, 35). Die Finanzämter sind befugt, nach Erforschung des Sachverhalts einen Strafbescheid zu erlassen (§§ 405 ff.). Was sodann die Heeresleistungen betrifft ,so werden diese, soweit sie von der Gemeinde zu erfüllen sind, von der oberen Zivilbehörde (dem Regierungspräsidenten) festgesetzt (vgl. AusführungsV. v. 13. 7. 98 zu § 6 G. v. 24. 5. 98). Innerhalb der Gemeinde erfolgt die Unterverteilung nach Maßgabe des Ortsstatuts oder eines Gemeindebeschlusses durch den Gemeindevorstand (vgl. § 7 G. v. 25. 6. 68 über Quartierleistung, § 7 G. v. 13. 2. 75/24. 5. 98 über Naturalleistungen, §§ 50, 51 des ZustG. 1. 8. 83). Die Heeresstellen sind abgesehen von dringenden

Fällen nach Eintritt der Mobilmachung (vgl. § 4 des jetzt nicht mehr in Geltung befindlichen Kriegsleistungsges. v. 13. 6. 73) nicht berechtigt, die ihnen gebührenden Leistungen von der Gemeindebehörde oder dem Leistungspflichtigen unmittelbar einzufordern. Das Recht zur Festsetzung und Vollstreckung von Disziplinarstrafen ist den militärischen Befehlshabern verblieben.

§ 39. Freie Verwaltung.

Das Verfügungsrecht der Behörden über die staatlichen Mittel richtet sich nach den Vorschriften des Reichs- (Staats-) Haushaltsgesetzes, in welchem unter Einteilung in Kapitel, Titel und Nummern die Höchstbeträge der für einen bestimmten Verwendungszweck zur Verfügung stehenden Geldmittel aufgeführt sind (vgl. Pr. G. v. 11. 5. 98). Die Verfügung steht dem Minister des betreffenden Verwaltungszweigs zu, der die ihm untergeordneten Behörden hieran beteiligen kann (vgl. Vfg. des JM. über den Haushalt der Justizverwaltung v. 11. 3. 22). Für die Kassenverwaltung bestehen im Bereich der allgemeinen Staatsverwaltung für das Reich die Reichshauptkasse, für Preußen die Generalstaatskasse, die Regierungshauptkassen, die zugleich als Hinterlegungskassen dienen (vgl. HinterlO. v. 21. 4. 13), und die Kreiskassen. Die Verwaltung des Staatsschuldenwesens besorgt in Preußen (G. v. 24. 2. 50 nebst verschiedenen Änderungen, zuletzt v. 4. 7. 19) die Hauptverwaltung der Staatsschulden unter gewisser Aufsicht des Finanzministers (§ 6 G. v. 24. 5. 50) und unter fortlaufender Kontrolle der Staatsschuldenkommission (§§ 10 ff. das.). Diese Kommission ist zusammengesetzt aus dem Präsidenten der Oberrechnungskammer und Mitgliedern des Landtags. Die Hauptverwaltung der Staatsschulden führt zugleich unter der Benennung „Reichsschuldenverwaltung" und unter laufender Aufsicht einer aus dem Präsidenten der Oberrechnungskammer und aus je sechs Mitgliedern des Reichstags und Reichsrats (Reichsschulden O. v. 19. 3. 1900, 13. 2. 24, Pr. StaatsschuldenO. v. 12. 3. 24) zusammengesetzten Kommission die Verwaltung des Reichsschuldenwesens. Die Aufnahme von Anleihen erfolgt im Wege der Gesetzgebung (Art. 87 RV.). Der FM. kann ermächtigt werden, die Anleihe ganz oder teilweise flüssig zu machen und kurzfristige Schatzanweisungen auszugeben. Die Verwaltung der regelmäßig durch Verpachtung zu nutzenden Pr. Domänen und der Forsten, die der Staat selbst zu bewirtschaften pflegt, steht unter der Leitung der bei den Regierungen eingerichteten Abteilungen für Domänen und Forsten (§ 3 Regierungsinstruktion v. 23. 10. 17). Die preußischen Domänen sind nur ausnahmsweise veräußerlich (ALR. II 14 §§ 16—20, Edikt u. Hausges. v. 6. 11. 09) und nur unter den in der MVfg. v. 27. 4. 65/23. 6. 78 bestimmten Voraussetzungen. Über die Befugnis der Regierungen zur selbständigen Veräußerung kleiner Grundstücke s. die durch Vfg. des JM. v. 18. 11. 04 mitgeteilte KO. v. 18. 8. 04, über die Nutzung der Jagd in den Forsten s. Vfg. des M. für Landwirtschaft v. 9. 4. 21.

Den Oberbefehl über die Wehrmacht des Reichs hat nach Art. 47 RV. der Reichspräsident, der erforderlichenfalls die bewaffnete Macht nach Art. 48 Abs. 2, vorbehaltlich des Einspruchs des Reichstags, auch zur Wiederherstellung der öffentlichen Sicherheit und Ordnung verwenden darf. Bei Gefahr im Verzuge kann letzteres Recht, unbeschadet des Einspruchs des Reichspräsidenten oder Reichstags, nach Art. 48 Abs. 4 auch von der Landesregierung ausgeübt werden. Durch V. v. 20. 8. 19 ist die Ausübung des Oberbefehls von dem Reichspräsidenten, soweit er nicht unmittelbar Befehle erteilt, dem Reichswehrminister übertragen worden. Die Befehlsverhältnisse hinsichtlich der verschiedenen Truppeneinheiten (Kompagnie usw.) sind durch das Reichswehrges. v. 23. 3. 21/18. 6. 21 geregelt. An der Spitze des Reichsheeres steht ein General als Chef der Heeresleitung, an der Spitze der Reichsmarine ein Admiral als Chef der Marineleitung (§ 8). Für alle Kommandobehörden und Truppeneinheiten sind nach § 9 Vertrauensleute zu wählen. Nach § 10 ist die Bildung einer beratenden Heereskammer und Marinekammer beim Reichswehrministerium vorgesehen. Eine besondere Einrichtung sind die nach §§ 12 ff. auf Verlangen der Länder zu bestellenden Landeskommandanten, die außer den in § 13 ihnen zugewiesenen Aufgaben die landsmannschaftliche Eigenart ihres Landes zu fördern und dessen wirtschaftliche Verhältnisse zu berücksichtigen haben. Reichskriegshäfen sind in Kiel und Wilhelmshafen eingerichtet (vgl. über den Umfang dieser Kriegshafengebiete G. v. 19. 6. 83).

Die Wohlfahrtsverwaltung liegt hauptsächlich in den Händen der allgemeinen Landesverwaltungsbehörden, denen zu diesem Zwecke bestimmte Fonds ausgesetzt sind. Die Armenunterstützung, die früher den Ortsarmenverbänden und Landarmenverbänden oblag (vgl. Pr. Ausführungsges. v. 8. 3. 71) ist jetzt durch V. v. 13. 2. 24 den Bezirksfürsorgeverbänden und den Landesfürsorgeverbänden auferlegt. Die Beschwerden von Armen unterliegen der Beschlußfassung des Kreisausschusses und, wenn eine Stadt von mehr als 10 000 Einwohnern an dem Armenverbande beteiligt ist, des Bezirksausschusses (§ 41 des ZustG. v. 1. 8. 83). An der Wohlfahrtsverwaltung nehmen auch die Gerichte insofern teil, als das Vormundschaftswesen zu ihrer Zuständigkeit gehört. Vormundschaftsgericht ist das Amtsgericht, Beschwerdegericht das Landgericht. Über die bei Verletzung des Gesetzes zulässige weitere Beschwerde hat nach §§ 28 ff. Freiw. Ger. G. v. 17. 5. 98 und Art. 7 des Pr. G. v. 21. 9. 99 das Kammergericht, in dem Falle aber, daß von einer Entscheidung des Reichsgerichts abgewichen werden soll, das Reichsgericht zu entscheiden. Über die Tätigkeit der Jugendämter s. V. v. 14. 2. 24, die ihre Zuständigkeit beschränkt hat.

Hinsichtlich der wirtschaftlichen Verwaltung ist von Bedeutung, daß das Post- und Telegraphenwesen nebst dem Fernsprechwesen ausschließlich Sache des Reiches ist (Art. 88 RV.). Die Verwaltung wird von den Postämtern erster, zweiter und dritter Klasse und den Postagenturen, in höherer Instanz den Oberpostdirektionen, an deren Spitze Oberpostdirektoren stehen, und dem Reichspostamt unter Leitung des RPostministers geführt. Desgleichen gebührt dem Reiche die Verwaltung der dem allgemeinen Verkehr dienenden Eisenbahnen und Wasserstraßen (Art. 89 — 101 RV.). Gemäß Art. 89, 90 RV. hat das Reich auf Grund des durch RG. v. 30. 4. 20 genehmigten Staatsvertrags diese Eisenbahnen vom 1. 4. 20 an mit allen Rechten und Pflichten gegen eine auf das Anlagekapital und den Ertragswert Rücksicht nehmende Abfindung unter Anrechnung der schwebenden und fundierten Schuld in sein Eigentum übernommen. Ebenso sind vom gleichen Tage an gemäß Art. 97 RV. auf Grund des durch RG. v. 29. 7. 21 und 18. 2. 22 nachträglich genehmigten Staatsvertrags die natürlichen und künstlichen Wasserstraßen dieser Art, die in der Anlage des Vertrags besonders verzeichnet sind, auf das Reich übergegangen unbeschadet gewisser den Ländern verbliebener Nutzungsrechte und das Reichsverkehrsinteresse nicht berührender Verwaltungsrechte (vgl. § 12 des dem G. v. 29. 7. 21 beigefügten Vertrags). Die Entscheidung über die nach diesen Verträgen begründeten Rechte und Pflichten steht dem Staatsgerichtshof zu. Die Verwaltung der Eisenbahnen wird geführt unter der oberen Leitung des RVerkehrsministers durch das Eisenbahn-Zentralamt und die Eisenbahndirektionen, denen für den örtlichen Dienst die Betriebsinspektionen (Maschineninspektionen, Verkehrsinspektionen, Werkstätteninspektionen) untergeordnet sind, unter Beirat der Landeseisenbahnräte und des Reichseisenbahnrats (VerwaltungsO. für die Staatseisenbahnen v. 24. 5. 07, Erl. v. 1. 7. 20 über die Zuständigkeiten des RVerkehrsministers, Art. 93 RV., V. v. 24. 4. 22 über Beiräte für die Reichsbahn). Die Reichsbahn bildet nach der V. v. 12. 2. 24 ein selbständiges wirtschaftliches Unternehmen unter Leitung des RVerkehrsministers und unter Mitwirkung der Reichsregierung in den in § 9 bestimmten Angelegenheiten (Haushaltsplan, Änderung der Normaltarife, grundsätzliche Änderung der Lohntarife). Die im Eigentum des Reiches verbleibenden Eisenbahnen haften nur für Verpflichtungen aus der Verwaltung der Reichseisenbahnen, nicht für sonstige Verpflichtungen des Reiches. Nach der V. v. 13. 2. 24 können der RVerkehrsminister und der RPostminister im Rahmen der vom RFM. erteilten Ermächtigungen die Betriebseinnahmen, einschließlich derjenigen der Reichsdruckerei selbständig belasten. Für die Schiffahrts- und Hafenverwaltung sind außer örtlichen Organen die Regierungspräsidenten (Oberpräsidenten) mit den ihnen beigegebenen Wasserbauinspektoren zuständig. Die Strombauverwaltung der größeren Flüsse liegt meist in den Händen des Oberpräsidenten, dem ein Strombaudirektor beigegeben ist. Zur gutachtlichen Anhörung in wasserwirtschaftlichen Angelegenheiten ist nach § 367 des Pr. Wassergeſ.v. 7. 4. 13 für jede Provinz ein Wasserbeirat zu bilden. Verschieden hiervon sind die nach der V. v. 2. 3. 14 zur beratenden Mitwirkung in Binnenschiffahrtsangelegenheiten berufenen Bezirks-Wasserstraßenbeiräte und Landes-Wasserstraßenbeirat, in welchen nach der V. v. 22. 1. 20 auch Angestellte und Arbeiter des Betriebes aufzunehmen sind. Wegen Wahrnehmung der die Märkte und die Börse betreffenden Angelegenheiten s. § 23. Die Aufsicht über die Reichsbank wird von einem aus dem Reichskanzler als Vorsitzenden und acht Mitgliedern bestehenden Bankkuratorium ausgeübt (§ 25 des Bankges. v. 14. 3. 75 in der F. des G. v. 16. 12. 19. Verwaltende Behörde ist das Reichsbankdirektorium, während der Zentralausschuß lediglich von den Anteilseignern zur Wahrnehmung ihrer Interessen bestellt wird. In Preußen besteht für staatliche Bankgeschäfte die unmittelbar dem Finanzminister untergeordnete Staatsbank, die durch Allerh. Erl. v. 17. 4. 48 errichtete Seehandlung, deren Kapital durch G. v. 11. 8. 22 bis zu 400 Millionen Mark erhöht ist. Zur Unterstützung des M. f. H. u. G. in gewerblichen Angelegenheiten und bei Verwaltung des gewerblichen Unterrichtswesens ist in Preußen gemäß V. v. 7. 2. 21 das Landesgewerbeamt eingerichtet. Staatliche Gewerbegetriebe finden sich nur ausnahmsweise in solchen Fällen, in denen hierdurch zugleich besondere staatliche Zwecke gefördert werden, vgl. hierüber § 22. Diese Betriebe sind regelmäßig dem Minister unmittelbar unterstellt. Über die unter Aufsicht der unteren Verwaltungsbehörde stehenden Innungen s. § 20, über die Handelskammern und die Handwerkskammern § 37 a. E. Staatliche Behörden zur Förderung der Landwirtschaft sind das Kulturamt und Landeskulturamt (G. v. 3. 6. 19). Zu den Aufgaben des Kulturamts gehört es namentlich, die aus wirtschaftlichen Gründen gebotene Umlegung von Grundstücken durchzuführen (Pr. G. v. 21. 9. 20). Einen besonderen Einfluß auf die Pflege der Landwirtschaft haben die Provinzialverbände, denen zu diesem Zwecke durch daß Dotationsges. v. 8. 7. 75, V. v. 12. 9. 77, G. v. 2. 6. 02, V. v. 22. 6. 02 erhebliche Geldrenten zur Verfügung gestellt sind. Auch die Landeskulturrentenbanken, die zur Verbesserung der Landeskultur Darlehen gewähren, sind Provinzialanstalten (G. v. 13. 5. 79). Zu den auf landwirtschaftlichem Gebiete tätigen staatlichen Beamten sind auch die Kreistierärzte zu rechnen, die ihre Befähigung als beamteter Arzt durch eine besondere Prüfung (Prüfungsvorschriften v. 24. 12. 12, Bek. v. 11. 8. 9, V. v. 5. 5. 22) darzulegen haben.

Die Geschäfte der gesundheitlichen Verwaltung sind in den Kreisen von den Kreisärzten (G. v. 16. 9. 99 über die Dienststellung des Kreisarztes, Dienstanweisung v. 23. 3. 01 Erl. v. 20 12. 20 und über Änderung der Gebühren v. 27. 7. 23), in den Regierungsbezirken von den Regierungsmedizinalräten (vgl. Dienstanweisung für die Gewerbemedizinalräte v. 19. 4. 22), welche Beamten dem Landrat und dem Regierungspräsidenten als Beirat dienen, in letzter Instanz von dem Minister für Volkswohlfahrt mit Unterstützung des durch Beschluß des Staatsministeriums v. 30. 4. 21 eingerichteten Landesgesundheitsrats, falls aber zur Bekämpfung gemeingefährlicher Krankheiten Maßregeln in mehreren Ländern zu ergreifen sind, von dem Reichskanzler und dem von dem Reichsgesundheitsrat unterstützten Reichsgesundheitsamt (§ 43 G. v. 30. 6. 1900) zu erledigen. Der Landesgesundheitsrat ist nach dem angeführten Beschluß zugleich zur Beratung des Staatsministeriums in allen Fragen des öffentlichen Gesundheitswesens bestimmt. Nach einem weiteren Beschlusse des Staatsministeriums v. 30. 4. 21 ist für jede Provinz zur gutachtlichen Betätigung für die Gerichte und Verwaltungsbehörden ein gerichtsärztlicher Ausschuß zu bilden, der dem Oberpräsidenten unterstellt ist. In dem G. v. 16. 9. 99 über die Dienststellung des Kreisarztes §§ 10 ff. ist auch bestimmt, daß in einer jeden Gemeinde mit mehr als 5000 Einwohnern eine Gesundheitskommission bestehen muß, an deren Sitzungen der Kreisarzt mit beratender Stimme teilnehmen kann.

Verschiedenartig sind die mit der Verwaltung des Bildungswesens betrauten Behörden. Die Leitung der Volksschule, der Fortbildungsschule, der Bürgerschule untersteht den Regierungsabteilungen für Kirchen- und Schulsachen (§ 18 der Regierungsinstruktion v. 23. 10. 17), die auch die Aufsicht über den Privatunterricht haben. Die höheren Schulen einschließlich der Realschulen, der höheren Mädchenschulen, der Schullehrerseminare, der Blinden- und Taubstummenanstalten sind den Provinzialschulkollegien unterstellt. In ihnen führt regelmäßig der Oberpräsident den Vorsitz (vgl. § 3 der Instruktion für die Oberpräsidenten v. 31. 12. 1825). Die Universitäten stehen unmittelbar unter dem Kultusminister, der seine Berichte von den bei den einzelnen Universitäten bestellten Kurator erhält. Die Leitung der gewerblichen Fachschulen, Bergschulen, Baugewerksschulen, Navigationsschulen usw., auch der gewerblichen Fortbildungsschulen ist der Behörde zugewiesen, welche die in Frage kommenden gewerblichen Angelegenheiten zu verwalten hat.

Die völkerrechtliche Vertretung des Reiches gebührt nach Art. 45 RV. unbeschadet der nach Abs. 2 und 3 gebotenen Mitwirkung des Reichstags (Bündnisse und Verträge in Angelegenheiten der Reichsgesetzgebung bedürfen der Zustimmung des Reichstags, Kriegserklärung und Friedensschluß kann nur durch Reichsgesetz erfolgen) dem Reichspräsidenten. Die Bearbeitung der auswärtigen Angelegenheiten fällt dem Reichsminister des Äußern als Leiter des auswärtigen Amts zu, der hierbei die von dem Reichskanzler aufgestellten Richtlinien der Politik (Art. 56 RV.) innezuhalten hat. Nach der V. über die Außenhandelskontrolle v. 20. 12. 19/13. 2. 24 kann der RWirtschaftsminister die Ausfuhr von Waren jeder Art verbieten. Der Verkehr mit den auswärtigen Staaten wird durch die bei diesen Staaten beglaubigten Gesandten, Botschafter usw. (vgl. § 40) vermittelt. Die Wahrnehmung der kolonialen Angelegenheiten ist durch V. des Reichspräsidenten v. 21. 3. 24 dem Reichsminister des Äußern zugeteilt. — Der Betrieb von Auswanderungsangelegenheiten steht unter der Einwirkung des RJM. und des RAußenM. Der gewerbsmäßige Betrieb ist verboten. Sonst bedarf es der Erlaubnis der Landesbehörde (V. v. 14. 2. 24).

Zwölfter Hauptteil:

Völkerrecht.

§ 40. Völkerrechtsgemeinschaft.

Zwischen den zivilisierten Staaten besteht eine Völkerrechtsgemeinschaft, die darin zum Ausdruck kommt, daß die Staaten miteinander diplomatischen Verkehr durch Botschafter (welche die erste Rangklasse einnehmen), durch Gesandte, Ministerresidenten und Geschäftsträger unterhalten. Den Empfang eines solchen Vertreters darf der Staat, falls er nicht besondere Gründe hat, die Persönlichkeit als eine ihm nicht genehme zu beanstanden, nicht ablehnen. Wegen ihrer Bedeutung für den völkerrechtlichen Verkehr genießen den diplomatischen Vertreter einen besonderen Schutz. Sie sind von jeder Einwirkung der Herrschaftsgewalt des Empfangstaates, insbesondere der Polizeigewalt und gerichtlichen Zwangsvollstreckungsgewalt gerade so befreit, als wenn sie sich nicht auf fremdem Boden, sondern an ihrem Heimatsstaat befänden, sie können von diesem Staate zu persönlichen Steuern oder zu Dienstleistungen nicht herangezogen werden (Vorrecht der Exterritorialität). An diesem Vorrecht des Gesandten nehmen auch teil die sich bei ihm aufhaltenden Mitglieder der Familie, die Mitglieder der Gesandtschaft mit ihren Familien, das Geschäftspersonal, auch die Bediensteten, sofern sie nicht Angehörige des Empfangsstaates sind (vgl. über die deutschrechtliche Auffassung §§ 18, 19 GVfG.). Vertreter des Absendestaates in handelspolitischen Beziehungen sind die Konsuln, die jedoch nicht ohne weiteres das Recht haben, die Zentralbehörde anzugehen und denen, abgesehen von besonderen Vereinbarungen, nur die Unverletzlichkeit der Amtsräume, insbesondere des Konsulararchivs, gesichert ist. Die Konsulate des deutschen Reiches sind aufgeführt in der Bek. des JM. v. 29. 7. 22 (JMBl. S. 289). Ein Verzeichnis der auswärtigen Konsuln ist nach der Vfg. des JM. v. 14. 4. 23 (JMBl. S. 332) bei den Oberlandesgerichten auf dem Laufenden zu erhalten.

Eine engere Völkerrechtsgemeinschaft ist durch den im ersten Teil des Versailler Friedensvertrags v. 16. 7. 19 (Art. 1—26) behandelten Völkerbund geschaffen. Mitglieder des Völkerbunds sind die Staaten, die den Friedensvertrag mit Deutschland geschlossen haben, die alliierten und assoziierten Mächte, unter denen die alliierten und assoziierten Hauptmächte, nämlich außer den Vereinigten Staaten von Amerika (welche die Beteiligung abgelehnt haben), das Britische Reich, Frankreich, Italien und Japan eine besondere Rolle einnehmen, die auf Einladung beigetretenen und die später von zwei Drittel der Mitglieder der Bundesversammlung zugelassenen Staaten, für deren Aufnahme verlangt wird, daß sie den Erfordernissen des Art. 1 genügen. Die Organe des Völkerbundes sind die Bundesversammlung, in der jedes Mitglied gleichmäßig eine Stimme hat und zu der es höchstens drei Vertreter entsenden kann, und der Rat (Völkerbundrat), der sich aus Vertretern der alliierten und assoziierten Hauptmächte zusammensetzt, wozu noch die Vertreter von jedenfalls vier Bundesstaaten kommen, die von der Bundesversammlung bestimmt werden (Art. 4). Außerdem wird der in der Angelegenheit besonders beteiligte Staat zur Beratung mit eingeladen. Den im Weltkrieg siegreich gebliebenen Mächten, die im Völkerbundrat das Übergewicht haben, ist damit ein maßgebender Einfluß gesichert. Die Zahl der im Rat vertretenen Bundesmitglieder kann nur mit Zustimmung der Mehrheit der Bundesversammlung (Art. 4 Abs. 2) erhöht werden. Die Tätigkeit des Völkerbundes dient vornehmlich der Erhaltung des Weltfriedens (vgl. Art. 3 u. 4 Abs. 4). Weitere Aufgaben des Völkerbundes sind in Art. 23 aufgeführt. Die Zuständigkeit der beiden Organe ist im allgemeinen die gleiche (vgl. Art. 3 Abs. 3, Art. 4 Abs. 4). Die Beschlüsse bedürfen der Einstimmigkeit (Ausnahmen in Art. 5 Abs. 2, 15 Abs. 4, s. auch über Satzungsänderungen Art. 26). Der Bundessitz, der verlegt werden kann, ist in Genf, wo sich auch das ständige Sekretariat befindet. Vorgesehen ist in Art. 14 die Errichtung eines ständigen internationalen Gerichtshofs, der zur Begutachtung und zur Entscheidung internationaler Streitfragen angerufen werden kann. Die Bundesmitglieder sind nach Art. 12, 13, 15 verpflichtet, Streitfragen, die zu einem „Bruch" führen können, falls sie nicht der Schiedsgerichtsbarkeit unterbreitet werden, vor den Rat zu bringen — unbeschadet des Rechts der Bundesversammlung, von sich aus über jede den Weltfrieden berührende Frage zu befinden, Art. 3 — und keinesfalls vor Ablauf von drei Monaten seit dem Schiedsspruch oder dem Bericht des Rates zum Kriege zu schreiten (Art. 12.) Gegen ein Bundesmitglied, das hiergegen verstößt, müssen die übrigen Bundesmitglieder, um den Bundesverpflichtungen Achtung zu verschaffen, Waffenhilfe gewähren (Art. 16), während dasjenige Mitglied, daß sich dem Schiedsspruch oder dem einstimmigen Vorschlag der nicht zu den Parteien gehörigen Mitglieder des Rats fügt, von den andern Bundesmitgliedern nicht mit Krieg überzogen werden darf (Art. 13 letzter Abs., 15 Abs. 6). Bei Streitfragen mit Nichtmitgliedern werden diese zunächst aufgefordert, sich hinsichtlich der Beilegung der Streitfrage den Verpflichtungen der Bundesmitglieder zu unterwerfen und zwar unter den vom Rat für gerecht erachteten Bedingungen. Schreitet der Staat unter Ablehnung dieser Aufforderung zum Kriege, so findet ebenfalls Art. 16 Anwendung. Der Verfügung des Völkerbundes unterstehen die internationalen Stellen. Er verfügt auch über die den besiegten Staaten abgenommenen Kolonien insofern, als er sie unter die Vormundschaft einer geeigneten Macht als Mandatars des Völkerbundes stellt (Art. 22). Die Idee eines Friedensbundes ist bisher von dem Völkerbunde nur in geringem Maße verwirklicht.. Er dient nach der jetzigen Gestaltung hauptsächlich dem Zwecke, die im Weltkriege besiegten Staaten dauernd niederzuhalten.

§ 41. Gebietshoheit.

Grundsätzlich ist, ohne daß es auf die Größe und Bedeutung der einzelnen Staaten ankommt, die Unabhängigkeit und Selbständigkeit eines jeden Staates anzuerkennen. Die Unabhängigkeit kann zwar nach verschiedenen Richtungen hin beschränkt werden. Die wesentlichen Hoheitsrechte kann aber der Staat, ohne sich selbst aufzugeben, nicht preisgeben. Er kann namentlich sich niemals das Recht nehmen lassen, seine auswärtigen Angelegenheiten selbst zu bestimmen und seinen Bestand gegen Angriffe zu verteidigen. Nicht ausgeschlossen ist, daß einem fremden Staate ein einer Dienstbarkeit vergleichbares Recht an inländischem Staatsgebiet (Recht des Durchzugs, der Benutzung eines Eisenbahnwegs, das Besetzthalten einer Festung usw.) mit der Wirkung eingeräumt wird, daß er dieses Recht durch Selbstbetätigung zur Geltung bringen kann.

Abgesehen von diesem Falle übt der Staat die ihm zustehenden Hoheitsrechte innerhalb der Grenzen seines Staatsgebiets selbständig aus. Zwischen zwei Staaten wird die Landgrenze regelmäßig durch eine die Grenzzeichen verbindende gerade Linie bestimmt. Bei einer Scheidung durch Gebirge ist im allgemeinen die Wasserscheide und bei einer Scheidung durch Flüsse der Talweg, wo der Hauptfluß sich bewegt, als Grenze und zwar in der Art, daß der Talweg gemeinschaftlich bleibt, anzusehen. Die Küste wird gemeinhin insoweit zum Staatsgebiet gerechnet, als sie der Uferstaat durch Strandbatterien zu beherrschen vermag, und zwar pflegt diese Entfernung auf drei Seemeilen = 5,55 km vom Ufer aus, bei niedrigstem Wasserstande gemessen, angenommen zu werden (vgl. auch G. v. 30. 4. 84 und Art. 285 des Versailler Friedensvertrags, wonach die Bestimmungen des internationalen Vertrags v. 6. 5. 82/1. 2. 89 über die Fischerei in der Nordsee außerhalb der Küstengewässer in gleicher Weise auf die Fischereifahrzeuge in den zur Nordsee gehörigen deutschen Küstengewässern Anwendung finden sollen). Verschieden von dem Staatsgebiet ist die vertraglich anerkannte Interessensphäre, die ein ausschließliches Okkupationsrecht begründet.

Vermöge der Gebietshoheit ist der Staat an sich in der Lage, fremden Personen das Betreten des Staatsgebiets zu versagen. Es ist jedoch ein feststehender völkerrechtlicher Grundsatz, daß der Verkehr nicht in dieser Weise unterbunden werden darf. Die Ausländer haben selbverständlich während ihres Aufenthalts im Inland die inländischen Gesetze zu beobachten und es dürfen Ausländer schon dann, wenn sie dem inländischen Staate (durch feindseliges Verhalten, durch Neigung zu Straftaten, durch Unterstützungsbedürftigkeit und dergleichen) lästig fallen, soweit sie überhaupt zugelassen sind, ausgewiesen werden (vgl. Erl. des Pr. M. d. J. über Ausweisung v. 21. 10. 21), während der inländische Staatsangehörige, der gewissermaßen ein Anrecht am Staatsgebiet hat, der Ausweisung nicht unterliegt (§ 36,2. S.), auch auf sein Verlangen aus dem Auslande übernommen werden muß (vgl. über die Pflicht zur Einbürgerung eines ehemaligen Deutschen §§ 30, 31 des R u. StAngehG. v. 22. 7. 13) Dem Ausländer dürfen aber keine Verpflichtungen auferlegt werden, die auf eine bloße Bedrückung hinauslaufen. Er darf auch bei Unterstützungsbedürftigkeit (§ 64 G. v. 8. 3. 71) und selbst bei Ausweisungen (worüber mit verschiedenen Staaten besondere Verträge geschlossen sind — gegenüber Bayern ist noch die Gothaer Konvention v. 15. 7. 51 maßgebend) nicht hilflos gelassen werden. Unzulässig sind auch Maßnahmen, die dem Ausländer eine inländische Erwerbstätigkeit unmöglich machen, die ihn grundsätzlich von dem Betriebe eines Gewerbes, des Handels oder der Schiffahrt ausschließen. Meist sind über die Befugnisse der Ausländer in dieser Beziehung Vereinbarungen durch Handelsverträge geschlossen, in denen auch Bestimmungen über die zu entrichtenden Zölle und über die Verrichtungen der Konsuln enthalten zu sein pflegen. Neuerdings sind solche Verträge von Deutschland abgeschlossen mit Ungarn (provisorisches Abkommen zur Regelung der beiderseitigen wirtschaftlichen Beziehungen v. 1. 6. 20, bestätigt am 22. 12. 20), mit der Tschechoslowakei (Wirtschaftsabkommen und Kohlenabkommen v. 29. 6. 20 und 22. 12. 20), mit Deutsch-Österreich (Wirtschaftsabkommen v. 1. 9. 20 u. 22. 12. 20) mit der Finnischen Regierung (Abkommen über Fragen des Handelsverkehrs v. 21. 4. 22 u. 31. 1. 23). In dem Versailler Friedensvertrage hat Deutschland seinen Kriegsgegnern für die Zeit von fünf Jahren (s. jedoch Art. 280, auch 291 u. 365) hinsichtlich Behandlung der Waren, hinsichtlich des Rechts der Berufsausübung sowie der Fischerei, Küstenschiffahrt und Schleppschiffahrt zur See das Meistbegünstigungsrecht einräumen müssen (Art. 264 ff., 276 ff., 291), während die vor dem Friedensschluß mit ihnen eingegangenen Handelsverträge aufgehoben sind.

Ausgenommen von der Herrschaft des einzelnen Staates ist das Meer, das dazu bestimmt ist, den Verkehr der Völker zu vermitteln. Keiner Macht kann das Recht zugestanden werden, einzelne Teile des Meeres nach Belieben zu sperren. Auch eine Befugnis, durch Kriegsschiffe die Handelsschiffe auf die Beobachtung völkerrechtlicher Verpflichtungen untersuchen zu lassen, kann — abgesehen von dem Falle, daß der kriegführende Staat Anlaß hat, bei einer Blockade sich zu vergewissern, ob eine Verletzung der Neutralitätspflichten vorliegt — nur dann anerkannt werden, wenn sie vertraglich dem Staate zugebilligt ist, vgl. die Kongoakte v. 1885 über Sklavenhandel, Vertrag v. 6. 5. 82 über Regelung der Fischerei in der Nordsee, v. 16. 1. 87 (dazu deutsches Ausf. G. v. 4. 3. 94) über Unterdrückung des Branntweinhandels unter den Nordseefischern auf hoher See, v. 14. 3. 84 über Schutz der unterseeischen Telegraphenkabel; der letztere Vertrag und die Verträge v. 6. 5. 82, 16. 11. 87 sind durch

Art. 282 Nr. 1 und Art. 285 des Versailler Vertrags aufrecht erhalten. Der Grundsatz der Meeresfreiheit findet auch Anwendung auf Binnenmeere. Doch dürfen die Uferstaaten, wenn sie sämtlich neutral sind, die Kriegsschiffe der im Kriege befindlichen Staaten von der Kriegführung im Binnenmeer abhalten. Als Binnenmeer ist auch die Ostsee anzusehen, zu welcher der Zugang von Dänemark und Schweden beherrscht wird. Handelsschiffen darf der Zugang weder in Friedenszeiten noch in Kriegszeiten verweigert werden. Auch im Kriegsfalle darf den Kriegsschiffen der Anliegerstaaten oder ihrer Gegner (vgl. den Artikel Beuterecht in Strupp Wörterbuch des Völkerrechts) der Zugang nicht versagt werden. Wegen der Dardanellen (s. Art. 37 des mit der Türkei am 13. 8. 20 geschlossenen Friedensvertrags) ist neuestens in Lausanne zwischen England, Frankreich und der Türkei eine Vereinbarung dahin zustande gekommen, daß im Frieden sowohl Kriegsschiffe als Handelsschiffe die Dardanellen passieren können.

Freie Schiffahrt ist auch auf den internationalen Strömen (wobei Kriegsschiffe nicht in Betracht kommen können) verbürgt (Art. 331 ff. des Versailler Friedensvertrags). Zu den internationalen Strömen gehört insbesondere die Donau. Nach der endgültigen Donauakte v. 23. 7. 21, genehmigt durch RG. v. 30. 3. 22, befindet sich die Verwaltung bezüglich der See = Donau in den Händen der Europäischen Donaukommission, bezüglich der Binnen = Donau in den Händen der Internationalen Kommission. Letztere besteht nach Art. VIII aus zwei Vertretern der deutschen Uferstaaten, aus je einem Vertreter der übrigen Uferstaaten und je einem Vertreter der in der Europäischen Donaukommission vertretenen Nichtuferstaaten (gegenwärtig Frankreich, Großbritannien, Italien, Rumänien). Alle Nationen sind in Angelegenheiten der Schiffahrt gleichmäßig zu behandeln. Die im Interesse der Schiffbarkeit nötigen Arbeiten werden von den Uferstaaten ausgeführt (Art. XII). Zur Deckung der Kosten der Verbesserungsarbeiten und für Benutzung der Häfen (Art. XVI, XX) kann die Erhebung mäßiger Schiffahrtsabgaben bewilligt werden. Die Kommission kann die für nötig erachteten internationalen Dienststellen einrichten (Art. XXVII, vgl. auch Art. XXXII ff.), sie kann eine von ihr entworfene Schiffahrts- und Strompolizei O. (Art. XXIV) einführen lassen. In dem Versailler Vertrage sind außerdem für international erklärt die Elbe nebst Moldau, die Oder und die Memel, letztere insofern, als auf Antrag eines der Uferstaaten die Memel von dem Völkerbund einem internationalen Ausschuß unterstellt werden soll (Art. 331 ff., Art. 342). Was speziell die Elbe betrifft, so ist auf ihr die Schiffahrt in der durch RG. v. 22. 3. 23 genehmigten Elbschiffahrtsakte v. 22. 2. 22 (Zusatzübereinkommen v. 27. 1. 23, bestätigt am 14. 12. 23) geregelt. Die aus vier Vertretern der deutschen Elbuferstaaten, zwei Vertretern der Tschechoslowakei, je einem Vertreter Großbritanniens, Frankreichs, Italiens und Belgiens zusammengesetzte Kommission mit Sitz in Dresden überwacht die Unterhaltung und Verbesserung des Schiffahrtswegs. Über die Rheinschiffahrt verhalten sich die Art. 354 ff. des Versailler Friedensvertrags. Es ist hierdurch das Mannheimer Abkommen v. 17. 10. 68 nebst Schlußprotokoll mit verschiedenen Ergänzungen zugunsten Frankreichs wieder in Kraft gesetzt worden. Die allen mit Deutschland in Frieden lebenden Nationen mit voller Gleichberechtigung offenstehende Benutzung des Kieler Kanals ist durch Art. 380—386 des Friedensvertrags festgesetzt.

§ 42. Rechtsverkehr.

Zur Förderung des gemeinschaftlichen Wohls, zum Austausch wirtschaftlicher und geistiger Güter sind die Völker darauf angewiesen, mit einander in Rechtsverkehr zu treten und Verträge abzuschließen. Durch völkerrechtlichen Vertrag wird der Staat gebunden, sei es daß der Vertrag auf Erfüllung oder Abänderung einer Verpflichtung geht oder daß durch den Vertrag der Staat unmittelbar in den Besitz des Rechts gesetzt wird, wie dies ausnahmsweise bei Belastung des Staatsgebiets mit einer Dienstbarkeit (vgl. § 41 erster Abs.) und bei einer durch Friedensvertrag festgesetzten vorübergehenden Besetzung des Staatsgebiets zulässig ist. Abgesehen von diesen Fällen kann aber nicht durch Vertrag dem einen Teile das Recht eingeräumt werden, unter Eingriff in die selbständige Verwaltung des anderen Staates sich selbst die bedungenen Leistungen zu verschaffen. Vereinbart kann werden, daß einem Staate in bestimmtem Umfange die gleichen Vergünstigungen, wie sie anderen Staaten bereits gewährt sind, zukommen sollen (Meistbegünstigungsklausel). Der Vertrag kann auch in der Weise geschlossen werden, daß anderen Staaten der Beitritt offen steht, wozu es nur der Beitrittserklärung gegenüber den Vertragsteilen in der durch den Vertrag bestimmten Form bedarf. Gegenüber den Angehörigen der Vertragsstaaten erlangen die staatlichen Vereinbarungen nicht ohne weiteres Geltung. Der Staat ist aber — falls nicht etwa der Vertrag als ein geheim zu haltender eingegangen ist — verpflichtet, dem Vertrage durch ordnungsmäßige Verkündung solche Geltung zu verschaffen. Voraussetzung der Gültigkeit des Vertrags ist, daß sein Inhalt (die Verpflichtungs- und Aufnahmeerklärung) durch Erklärung des Staatshauptes — unter Umständen seines Vertreters — ratifiziert wird, was bei einem gegenseitigen Vertrage in der Form zu geschehen pflegt, daß die Ratifikationsurkunden beider Teile gegenseitig ausgetauscht werden.

Von den auf dem Gebiete des Privatrechts unter Beteiligung Deutschlands geschlossenen Verträgen sind hervorzuheben:

a) die das Urheberrecht betreffende Berner internationale Übereinkunft v. 9. 9. 86, revidiert in Berlin am 13. 11. 08, ergänzt durch das Berner Zusatzprotokoll v. 20. 3. 14 (Beitritt Österreichs nach Bek. v. 4. 3. 21, der Tschechoslowakei nach Bek. v. 29. 3. 21, Ungarns nach Bek. v. 31. 3. 22, der Vereinigten Staaten von Brasilien nach Bek. v. 15. 4. 22, Danzigs nach Bek. v. 27. 9. 22);

b) die den Schutz des gewerblichen Eigentums betreffende Pariser Verbandsübereinkunft v. 20. 3. 83, revidiert in Washington am 2. 6. 11 (Beitritts Polens laut Bek. v. 1. 11. 19, der freien Stadt Danzig laut Bek. v. 5. 12. 21);

c) das Berner Abkommen v. 30. 6. 20, best. durch RG. v. 3. 8. 20, über Erhaltung oder Wiederherstellung der durch den Weltkrieg betroffenen gewerblichen Eigentumsrechte (vgl. auch G. v. 6. 7. 21 über die Gewährung weiterer derartiger Vergünstigungen an Auslandsangehörige zur Erreichung gleichartiger Vergünstigungen für Deutsche und Bek. v. 13. 3. 22 über solche Vergünstigungen für die Angehörigen Österreichs; über die sonstigen an solchen Abmachungen beteiligten Staaten s. JW. 1922, 1188 f.).

Privatrechtlichen Inhalt haben ferner:

d) das internationale Übereinkommen über den Eisenbahnfrachtverkehr v. 14. 10. 90/19. 1. 06, zu welchem die Tschechoslowakei laut Bek. v. 23. 10. 22 ihren Beitritt erklärt hat. Die Liste der betreffenden Eisenbahnstrecken ist am 16. 2. 07 und 23. 1. 08 bekannt gemacht und laut Bek. v. 23. 10. 22 ergänzt worden;

e) das internationale Abkommen über den Verkehr mit Kraftfahrzeugen v. 11. 10. 09;

f) die Weltpostverträge, zuletzt die in Madrid am 30. 11. 20 von dem Weltpostverein geschlossenen , durch RG. v. 23. 11. 21 bestätigten Abkommen; der Beitritt steht nach Art. 159 anderen Staaten frei.

Auf öffentlich-rechtliche und polizeiliche Angelegenheiten beziehen sich unter anderen:

g) die internationale Übereinkunft über Maßregeln gegen Pest, Cholera und Gelbfieber v. 17. 1. 12, ratifiziert laut Bek. v. 24. 10. 21 am 30. 12. 20;

h) das internationale Abkommen über das Verbot der Nachtarbeit der gewerblichen Arbeiterinnen v. 26. 9. 06;

i) das internationale Abkommen vom gleichen Tage über das Verbot der Verwendung von weißem (gelben) Phosphor zur Anfertigung von Zündhölzern, vgl. Bek. des RKanzlers v. 31. 12. 10

k) das internationale Abkommen zur Bekämpfung des Mädchenhandels v. 18. 5. 04 und 4. 5. 10.

l) das Übereinkommen v. 23. 9. 10 über den Zusammenstoß von Schiffen;

m) das auf möglichste Beschränkung des Opiumverbrauchs gerichtete Opiumabkommen v. 23. 1. 12 (s. Art. 295 des Friedensvertrags, Bek. v. 22. 12. 20, Ausf. G. v. 30. 12. 20).

Die vorbezeichneten Verträge zu a, b, d, e, f, h, i, k, l, m sind gemäß Art. 282, 286, 295, 306 ff., 366 des Versailler Friedensvertrags aufrecht erhalten. Wieder in Kraft gesetzt ist auch nach Art. 287 abgesehen von Frankreich, Portugal und Rumänien das Haager Abkommen über den Zivilprozeß v. 17. 7. 05, während die übrigen Verträge mit den alliierten und assoziierten Mächten — so beispielsweise die Generalakte der Brüsseler Antisklaverei-Konferenz v. 2. 7. 90 —, was das Verhältnis Deutschlands zu diesen Mächten betrifft, und alle Verträge mit Österreich, Ungarn, Bulgarien und Rußland seit 1. 8. 14 aufgehoben sind (Art. 282, 290, 292).

In neuester Zeit sind Abmachungen getroffen mit Rußland durch den Rapallovertrag v. 16. 4. 22. bestätigt durch RG. v. 17. 7. 22, in welchem Vertrage beide Teile gegenseitig auf Ersatz ihrer Kriegskosten und Kriegsschulden einschließlich der Zivilschäden und der Aufwendungen für Gefangene aus der Zeit des Kriegszustandes verzichten (vgl. Art. 116 Abs. 3 des Versailler Vertrags) und sich gegenseitig das Recht der Meistbegünstigung einräumen. Der Vertrag ist ausgedehnt auf die weiteren Sowjetrepubliken durch Vertrag v. 5. 11. 22 laut Bek. v. 8. 11. 23. Ferner sind abgeschlossen der Auslieferungsvertrag mit der tschechoslowakischen Republik v. 8. 5. 22, bestätigt am 27. 1. 23, der Vertrag mit demselben Staat v. 20. 1. 22 über Rechtsschutz und Rechtshilfe in bürgerlichen Angelegenheiten, bestätigt am 7. 2. 23, das Übereinkommen mit Spanien v. 15. 1. u. 31. 8. 23 über vorläufige Beibehaltung der bisherigen Handelsbeziehungen, bestätigt am 21. 4. 23, verlängert laut Bek. v. 4. 1. 24 bis 31. 5. 24, ein Vertrag mit Dänemark v. 10. 4. 22 aus Anlaß der Abtretung von Nordschleswig, bestätigt am 1. 6. 22, ein weiteres Abkommen mit Dänemark zur Regelung des Luftverkehrs v. 25. 4. 22 bestätigt laut Bek. v. 25. 6. 23, Abkommen mit Polen über den Durchgangsverkehr v. 24. 6. 22, best. am 10. 12. 23, Abkommen mit Polen über gemeinschaftliche Deichverwaltung in der Marienwerder Niederung v. 27. 1. 23, best. am 28. 8. 23, deutsch-poln.-Oberschles. Bergwerksabkommen v. 22. 6. 22, best. laut Bek. v. 7. 9. 23, Abänderung des Schiffahrts- und Handelsvertrags mit den Niederlanden v. 3. 6. 23, best. am 26. 9. 23.

Hinsichtlich der Rechtsanwendung würde ein jeder Staat in der Lage sein, die sämtlichen Rechtsverhältnisse innerhalb seines Staatsgebiets seiner Gesetzgebungsgewalt zu unterwerfen. Er darf aber nicht außer Acht lassen, daß ihn mit den übrigen Staaten eine Rechtsgemeinschaft verbindet, daß nach den hieraus zu entnehmenden sachlichen Rücksichten das zur Anwendung zu bringende Recht zu bestimmen ist. Nach deutscher Auffassung ist für die personenrechtliche und familienrechtliche Stellung des Einzelnen das Recht der Staatsangehörigkeit — nicht das Recht des Wohnsitzes — entscheidend, wobei die Frau und die minderjährigen Kinder das Recht des Familienhauptes teilen (Art. 7—10, 13—16, 18—23 E. G. zum BGB.). Es ist jedoch in dieser Beziehung gemäß Art. 7 Abs. 3, 8, 9 Abs. 2 und 3, 16 (vgl. auch Art. 12) auf den Schutz des redlichen Verkehrs im Inlande Rücksicht zu nehmen. Die Rechtsverhältnisse am Nachlaß sind nach dem Recht der Staatsangehörigkeit des Erblassers zur Zeit des Todes zu beurteilen; für die Gültigkeit der Errichtung oder Aufhebung einer Verfügung von Todes wegen ist jedoch die Staatsangehörigkeit zur Zeit der Errichtung oder Aufhebung maßgebend (Art. 24, s. auch Abs. 2 wegen der Haftung ausländischer Erben für die Nachlaßverbindlichkeiten bei Wohnsitz des Erblassers im Auslande u. über erbrechtliche Ansprüche Deutscher Art. 25). Für die Rechte an Grundstücken gilt das Ortsrecht der belegenen Sache. Die Verpflichtungen aus unerlaubter Handlung richten sich nach dem Recht des Ortes, wo die unerlaubte Handlung begangen oder (wenn dies Recht dem Verletzten günstiger ist) zur Wirksamkeit gekommen ist (RG. 23, 305; s. auch Art. 12). Im übrigen ist das Recht des Ortes anzuwenden, dem sich die Parteien für das fragliche Rechtsverhältnis unterworfen haben. Es ist dies, wenn nicht ein anderer Vertragswille zum Ausdruck gebracht ist, das Recht des Erfüllungsorts. Für die Form des Rechtsgeschäfts (auch einer Verfügung von Todes wegen) genügt es, wenn die am Orte des Rechtsgeschäfts erforderte Form beobachtet ist (für die Eheschließung in Deutschland ist diese Form nach Art. 13 letzter Abs. unbedingt einzuhalten). Das nach vorstehenden Regeln zur Anwendung kommende Auslandsrecht kann auf ein anderes Recht weiter verweisen, auch auf deutsches Recht zurückverweisen (vgl. Art. 27). Die Anwendung fremden Rechts ist nach Art. 30 ausgeschlossen, wenn sie gegen die guten Sitten verstoßen oder mit den Grundlagen des deutschen staatlichen oder wirtschaftlichen Lebens sich in Widerspruch setzen würde.

Für die Verfolgbarkeit der Rechtsansprüche im Inlande ist kein Unterschied zu machen zwischen Inländern und Ausländern. Auch der Ausländer muß, wenn ein Gerichtsstand gegen ihn begründet ist, sich im Inlande verklagen lassen. Der allgemeine Gerichtsstand einer Person wird nach §§ 13, 16 ZPO. durch den Wohnsitz und in Ermangelung eines solchen durch den Aufenthaltsort im deutschen Reich, allenfalls durch den letzten Wohnsitz bestimmt. In Ehesachen (§ 606 ZPO.) ist das Landgericht ausschließlich zuständig, bei dem der Ehemann seinen allgemeinen Gerichtsstand hat. Der Ehefrau, die vor der Verheiratung eine Deutsche war, bleibt jedoch die Möglichkeit der Erhebung der Nichtigkeits- oder Anfechtungsklage bei dem Landgericht ihres letzten inländischen Wohnsitzes. Die Zuständigkeit für die Scheidungsklage bestimmt sich, wenn der Ehemann ein ausländischer Staatsangehöriger ist, nach Auslandsrecht. Eine Zwangsvollstreckung im Ausland findet aus einem inländischen Urteil, falls nicht der ausländische Staat eine andere Bestimmung getroffen hat, nicht statt. Ebenso wird in Deutschland nach § 722 ZPO. eine Zwangsvollstreckung aus einem ausländischen Urteil nur zugelassen, wenn ihre Zulässigkeit durch Vollstreckungsurteil ausgesprochen ist, das in den Fällen des § 328 (mangelnde Zuständigkeit des ausländischen Gerichts nach deutschem Recht usw.) zu versagen ist. Zur Anlegung eines Arrestes berechtigt der Umstand, daß im andern Falle das Urteil im Auslande vollstreckt werden müßte (§ 917 Abs. 1 ZPO.). Allgemeiner Grundsatz des

Völkerrechts ist, daß der Staat einer ausländischen Gerichtsbarkeit nicht unterliegt, falls er nicht freiwillig sich ihr unterworfen hat oder es sich um eine dingliche Klage im Gerichtsstand der belegenen Sache handelt (RG. 102, 253; Urt. des Kompet. Gerichtshofs in JW. 21, 1480).

§ 43. Wehrwesen.

Rüstungsbeschränkungen haben den großen Wert, die Angriffslust und die Neigung zu übermäßigen Ansprüchen, die zu kriegerischen Verwicklungen führen müssen, herabzudrücken und zugleich die ungemeinen Aufwendungen des einzelnen Staates für Heereszwecke auf ein erträgliches Maß zu mindern. Voraussetzung ist hierbei daß den verschiedenen Staaten gleichmäßig entsprechend der Kriegsgefahr und der Verteidigungslage solche Beschränkungen der Rüstung auferlegt werden. Hinsichtlich der Rüstungen zur See ist es gelungen, eine Verständigung zwischen Amerika, England, Frankreich und Japan durch das im Februar 22 in Washington geschlossenen Abkommen herbeizuführen. Für die nächsten zehn Jahre dürfen danach (zweijährige Kündigung zu Ende 34 zulässig) Großbritannien und die Vereinigten Staaten von Amerika auf dem Stillen Ozean eine Flotte von nicht mehr als je 525 000 Tonnen, Japan von 315 000 Tonnen und Frankreich von 170 000 Tonnen besitzen. Befestigungen dürfen auf den Inseln im Stillen Ozean nicht angelegt werden. Eine Beschränkung der Rüstungen ist außerdem durch die Friedensverträge von Versailles, von St. Germain, Sèvres und Neuylly den besiegten Staaten auferlegt. Den in dieser Hinsicht von Deutschland übernommenen Verpflichtungen ist zu Art. 159 des Versailler Vertrags die Erklärung vorausgeschickt, daß damit die Einleitung einer allgemeinen Rüstungsbeschränkung aller Nationen ermöglicht werden solle, eine Erwartung, die sich bisher in keiner Weise erfüllt hat. Im einzelnen ist in dem Friedensvertrage festgesetzt, daß die Iststärke des deutschen Landheeres nicht mehr als 100 000 Mann einschließlich der Offiziere (7 Infanterie- und 3 Kavalleriedivisionen) betragen darf (Art. 160), daß Befestigungen im Westen bis zu einer Linie von 50 km Abstand östlich des Rheins verboten sind (Art. 180, vgl. Art. 43 u. 195), daß die Seemacht den Bestand von 6 Schlachtschiffen, 6 kleinen Kreuzern, 12 Zerstörern und 12 Torpedobooten sowie ein Personal von 15 000 Mann nicht übersteigen darf (Art. 181 ff.) und daß die allgemeine Wehrpflicht in Deutschland abgeschafft ist (Art. 173). Luftstreitkräfte (Art. 198) dürfen überhaupt nicht unterhalten werden (vgl. V. v. 29.

9. 23 über Anzeigepflicht). Nur entsprechend dieser geringeren Heeresstärke ist die Anfertigung von Waffen und Munition, der Ersatz von Kriegsschiffen usw. (Art. 164 ff. 190) zulässig. Abgesehen von diesen Beschränkungen, den Gebietsverlusten, dem Verlust sämtlicher Kolonien, der Unterseekabel und aller Auslandsrechte (Art. 118) ist Deutschland die Verpflichtung zu Naturallieferungen (insbesondere Kohlenlieferungen nach Anl. V zu Art. 244, Überlassung von Handelsschiffen nach Anl. III zu demselben Art.) und zur Zahlung einer (durch das Londoner Ultimatum im Frühjahr 1921 auf 132 Goldmilliarden bemessen gewesenen) Geldentschädigung von solcher Höhe auferlegt, daß es danach nicht sowohl auf Erlangung einer Entschädigung, als auf dauernde Schwächung Deutschlands abgesehen ist. Zur Ausführung der Verpflichtungen aus dem Friedensvertrage ist in Deutschland das G. v. 31. 8. 19 über Enteignungen und Entschädigungen nebst AusfG. vom gleichen Tage, das die verschiedenen nach dem Friedensvertrage zu bewirkenden Leistungen regelt, und G. v. 24. 4. 23 über Sicherstellung streitiger Leistungen ergangen, ferner das G. v .29. 6. 21, die V. vom 5. 5. 22 und 29. 9. 23 über Beschränkung des Luftfahrzeugbaues, das Reichsausgleichsges. v. 24. 4. 20 /28. 10. 23 und in neuer F. v. 20. 11. 23 über Abwicklung der Schulden deutscher und feindlicher Staatsangehöriger aus der Kriegszeit und Vorkriegszeit, wobei gemäß Art. 296 d des Friedensvertrags die Währung der beteiligteu feindlichen Macht nach dem Umrechnungskurse vor dem Kriegsbeginn zugrunde zu legen ist. Über die Abrechnung gegenüber dem RAusgleichsamt s. §§ 25—27 G. v. 24. 4. 20, über die Verlängerung der Anmeldefrist s. G. v. 18. 7. 21, über die Anmeldepflicht auch V. v. 22. 12. 23. Die aus Anlaß des Versailler Vertrags das Reich treffenden Lasten sind durch das REntlastungs-G. v. 4. 6. 23 (s. wegen der Liquidationsschäden die Anlage 1 zu diesem Ges.) und sodann durch die KriegsschädenV. v. 28. 10. 23 (vgl. auch V. v. 24. 10. 23 wegen Einstellung sonstiger Entschädigungszahlungen) herabgesetzt worden. Zur Sicherheit für Erfüllung der Verpflichtungen des Friedensvertrags hat Frankreich sich die Besetzung der deutschen Gebiete westlich der Rheins auf die Dauer von 15 Jahren, teilweise 5 Jahren oder 10 Jahren vorbehalten (Art. 428 ff.).

Über die zulässigen Kriegsmittel haben sich im Völkerrecht bestimmte Regeln herausgebildet, zumeist in Ausgestaltung des Grundsatzes, daß jede unnötige Grausamkeit zu vermeiden ist. Hierauf beruht es, daß Waffen und Geschosse, die unnötige Leiden verursachen, nicht verwendet werden dürfen (Haager Abkommen über Gesetze und Gebräuche des Landkriegs v. 18. 10. 07 Art. 23, vgl. Zusatzerklärung der Vertragschließenden v. 29. 7. 99 über Dumdum Geschosse; die früher geltende Petersburger Konvention hatte den Gebrauch von Sprengstoffen im Gewicht von unter 400 gr verboten), daß Kriegsgefangene — als welche nur Angehörige der organisierten und mit Abzeichen versehenen Kriegsmacht und die bei ihr zugelassenen Personen, nicht Spione zu behandeln sind (Art. 1 ff., 29 ff. das.) — von dem Staat in seine Obhut zu nehmen sind (Art. 4 ff.) daß Lazarette von allen feindlichen Handlungen verschont bleiben müssen (Genfer Konvention v. 22. 8. 64, Haager Abkommen über Anwendung der gleichen Grundsätze auf den Seekrieg v. 18. 10. 07) und daß die kriegerischen Maßnahmen nur gegen das feindliche Heer, nicht gegen die bürgerliche Bevölkerung sich richten dürfen. Ihre Privatrechte bleiben geschützt (vgl. Art. 46 ff. des Haager Abkommens über Gesetze und Gebräuche des Landkriegs v. 18. 10. 07). Nach dem Haager Abkommen vom gleichen Tage über Beschießung durch Seestreitkräfte ist diesen untersagt, bürgerliche Örtlichkeiten zu beschießen. Im Landkriege dürfen nichtbefestigte Ortschaften nicht bombardiert worden. Die feindlichen Bewohner dürfen nur gegen angemessene Vergütung zu Lieferungen für das Heer herangezogen werden. Die Freiheit des Privateigentums gilt jedoch nicht allgemein für den Seekrieg, da sonst eine wirkungsvolle Blockade nicht durchgeführt werden könnte. Die Einziehung eines neutralen Schiffes ist deshalb wegen versuchten Blockadebruchs innerhalb des Handlungsbereichs der blockierenden Seemacht zulässig, vorausgesetzt, daß eine tatsächliche Wirksamkeit der Blockade besteht, daß sie ordnungsmäßig bekanntgegeben war und daß den neutralen Schiffen eine angemessene Frist zum Auslaufen gewährt ist. Zulässig ist ferner, ohne daß ein Blockadebruch versucht zu sein braucht, die Beschlagnahme von Kriegskonterbande auf dem Kriegsschauplatz, wobei zwischen absoluter Kriegskonterbande die unmittelbar kriegerischen Zwecken dient, und relativer Kriegskonterbande, die dem Feinde bei der Kriegführung wesentliche Dienste leisten kann, zu unterscheiden ist, Der letztere Begriff ist abweichend von der Londoner Seerechtsdeklaration aus dem Jahre 1909 von England in den späteren Erklärungen v. 20. 8. und 29. 10. 14 erheblich erweitert worden. Die Beschlagnahme der Kriegskonterbande hat, wenn diese mehr als die Hälfte der Ware ausmacht (so die Londoner Seerechtsdeklaration), zugleich die Aufbringung des Schiffes zur Folge. Durch die Sperrmaßnahmen Englands gegen Deutschland, namentlich seit März 15, ist die sogenannte Fernblockade (Absperrung bestimmter Meeresteile) eingeführt, ein Verfahren, zu dessen Abwehr sich auch Deutschland ebenfalls der Fernblockade bedient hat. Neben dem Recht der Blockade und der Kriegskonterbande besteht das Seebeuterecht, das bezüglich des nicht durch neutrale Flagge gedeckten feindlichen Privateigentums an Gütern oder Schiffen überall auf freiem Meere von den Kriegsschiffen des Gegners ausgeübt werden kann. Über die Rechtmäßigkeit der Wegnahme von Schiff oder Ladung haben die nationalen Prisengerichte zu entscheiden (vgl. Pr. Prisenreglement v. 20. 6. 64, deutsche PrisenO. v. 30. 9. 09 [im RGBl. 1914, 275], Prisengerichtsordnung v. 15. 4. 11/ V. v. 11. 12. 15 auf Grund des G. über Prisengerichtsbarkeit v. 3. 5. 84). Der der zweiten Haager Friedenskonferenz vorgelegte Entwurf über Errichtung eines internationalen Prisenhofs ist nicht in Kraft getreten. Gültigkeit haben dagegen erlangt außer den bereits erwähnten Abkommen v. 18. 10. 07 über Gesetze und Gebräuche des Landkriegs, über Anwendung der Genfer Konvention auf den Seekrieg und über Beschießung durch Seestreitkräfte die weiteren Abkommen über friedliche Erledigung internationaler Streitfälle, über Unzulässigkeit von Waffengewalt bei Eintreibung von Vertragsschulden, über den Zeitpunkt des Beginns der Feindseligkeiten, über Rechte und Pflichten der Neutralen im Falle des Landkriegs, über Behandlung der feindlichen Kauffahrteischiffe bei Ausbruch der Feindseligkeiten, über Umwandlung von Kauffahrteischiffen in Kriegsschiffe, über das nur mit Beschränkungen gestattete Auslegen von Kontaktminen, über Beschränkungen der Ausübung des Beuterechts im Seekriege sowie über Rechte und Pflichten der Neutralen im Falle des Seekriegs. Die vertragschließenden Mächte, welche diese Abkommen bestätigt haben, sind einschließlich der von einzelnen Mächten gemachten Vorbehalte in der diese Abkommen betreffenden Bek. des Reichskanzlers v. 18. 10. 07 angeführt.

Um die Abstellung eines ihm von einem andern Staate zugefügten Unrechts zu erreichen, kann der Staat zu Repressalien schreiten. Durch die Anwendung solcher Maßnahmen — welche jedoch die durch die Pflicht der Menschlichkeit gezogenen Grenzen nicht überschreiten dürfen — wird der Kriegszustand noch nicht hergestellt.

Sachverzeichnis.

(Die Zahlen bezeichnen die Seite.)

Kolibri 360 GmbH
Ferdinand-Jühlke-Straße 7
99095 Erfurt, Deutschland
produktsicherheit@kolibri360.de